Thomas Sauerland
Allgemeines Verwaltungsrecht

Allgemeines Verwaltungsrecht

mit Verwaltungsprozessrecht

von

Dr. iur. Thomas Sauerland, Dipl.-Kfm.
Professor an der Hochschule des Bundes für öffentliche Verwaltung

2. Auflage 2020

C.H.BECK

Zitiervorschlag: *Sauerland* AllgVerwR Rn.

www.beck.de

ISBN 978 3 406 72295 0

Wilhelmstraße 9, 80801 München
Druck: Druckhaus Nomos
In den Lissen 12, 76547 Sinzheim

Satz: Fotosatz Buck,
Zweikirchener Straße 7, 84036 Kumhausen

Umschlaggestaltung: Martina Busch Grafikdesign, Homburg Saar
© Elena Genova, iStockphoto

CO_2 neutral
chbeck.de/nachhaltig

Gedruckt auf säurefreiem, alterungsbeständigem Papier
(hergestellt aus chlorfrei gebleichtem Zellstoff)

Vorwort

Dieses Lernbuch wendet sich sowohl an Studienanfänger als auch an fortgeschrittene Studierende an Fach-, Verwaltungs- und Polizeihochschulen, die das Allgemeine Verwaltungsrecht in Bachelor- oder Diplomstudiengängen studieren. Darüber hinaus ist das Buch für Studierende in juristischen oder verwaltungswissenschaftlichen Masterstudiengängen zur Wiederholung und gezielten Prüfungsvorbereitung von Nutzen.

Nach der Lektüre sollen die Studierenden das System des Verwaltungsrechts und die öffentlich-rechtlichen Grundlagen des Verwaltungshandelns erläutern und in ausgewählten Bereichen auf Fallbeispiele aus der Verwaltungspraxis anwenden können. Sie sollen ferner zwischen den verschiedenen Arten des Verwaltungsrechtsschutzes differenzieren und die Erfolgsaussichten eines Rechtsbehelfs prüfen können.

Um die Arbeit mit dem Buch und somit zugleich das Verständnis für das nicht leichte Rechtsgebiet des Allgemeinen Verwaltungsrechts zu erleichtern, wurden jedem Kapitel konkret formulierte Lernziele vorangestellt. Zahlreiche Abbildungen, erläuternde Beispiele aus der Praxis, Zusammenfassungen und Kontrollfragen am Ende eines Kapitels dienen sowohl der Konzentration auf das Wesentliche als auch der Lernzielkontrolle. Damit einher geht eine didaktische Reduktion des Lernstoffes: Da namentlich das Vollstreckungsrecht an Verwaltungshochschulen mitunter im Kontext des Polizei- und Ordnungsbehördenrechts und folglich des Besonderen Verwaltungsrechts gelehrt wird, wurde auf seine Darstellung verzichtet. Mangels Prüfungsrelevanz gilt Entsprechendes für das Staatshaftungsrecht.

Die vorliegende 2. Auflage wurde grundlegend überarbeitet und aktualisiert sowie um die Abschnitte über den außergerichtlichen und gerichtlichen Verwaltungsrechtsschutz erweitert. Für aufmerksames Korrekturlesen bin ich Herrn *David Binder* M. A. zu Dank verpflichtet.

Möge dieses Buch dazu beitragen, bei den Studierenden Interesse für ein spannendes und dynamisches Teilgebiet des öffentlichen Rechts zu wecken!

Anregungen und (konstruktive) Kritik sind mir jederzeit willkommen. Sie erreichen mich unter der Anschrift der Hochschule des Bundes für öffentliche Verwaltung, Abteilung Masterstudiengang, Willy-Brandt-Straße 1, 50321 Brühl, oder elektronisch unter meiner E-Mail-Adresse Thomas.Sauerland@hsbund.de.

Brühl, im September 2019 *Thomas Sauerland*

Inhaltsverzeichnis

Abkürzungsverzeichnis

aA	anderer Ansicht
abl.	ablehnend
aE	am Ende
aF	alte Fassung
Abs.	Absatz
AEUV	Vertrag über die Arbeitsweise der Europäischen Union
AG	Aktiengesellschaft
allg.	allgemein, allgemeiner
AO	Abgabenordnung
AöR	Archiv des öffentlichen Rechts (Zeitschrift)
Art.	Artikel
AsylG	Asylgesetz
AufenthG	Gesetz über den Aufenthalt, die Erwerbstätigkeit und die Integration von Ausländern im Bundesgebiet (Aufenthaltsgesetz)
AufenthV	Aufenthaltsverordnung
Aufl.	Auflage
ausdr.	ausdrücklich
ausf.	ausführlich
BAföG	Bundesgesetz über die individuelle Förderung der Ausbildung (Bundesausbildungsförderungsgesetz)
BauGB	Baugesetzbuch
BayVBl.	Bayerische Verwaltungsblätter (Zeitschrift)
BayVerf	Verfassung des Freistaates Bayern
BBesG	Bundesbesoldungsgesetz
BBG	Bundesbeamtengesetz
Bd.	Band
BeamtStG	Gesetz zur Regelung des Statusrechts der Beamtinnen und Beamten in den Ländern (Beamtenstatusgesetz)
BeckRS	Beck'sche Rechtsprechungssammlung (abrufbar in beck-online)
BEGTPG	Gesetz über die Bundesnetzagentur für Elektrizität, Gas, Telekommunikation, Post und Eisenbahnen
BEVVG	Gesetz über die Eisenbahnverkehrsverwaltung des Bundes (Bundeseisenbahnverkehrsverwaltungsgesetz)
BGB	Bürgerliches Gesetzbuch
BGBl.	Bundesgesetzblatt
BGH	Bundesgerichtshof
BGHZ	Amtliche Entscheidungssammlung des Bundesgerichtshofs in Zivilsachen
BHO	Bundeshaushaltsordnung

BImSchG	Gesetz zum Schutz vor schädlichen Umwelteinwirkungen durch Luftverunreinigungen, Geräusche, Erschütterungen und ähnliche Vorgänge (Bundes-Immissionsschutzgesetz)
BJagdG	Bundesjagdgesetz
BNotO	Bundesnotarordnung
BPolG	Gesetz über die Bundespolizei (Bundespolizeigesetz)
BPolZV	Verordnung über die Zuständigkeit der Bundespolizeibehörden
BVerfG	Bundesverfassungsgericht
BVerfGE	Amtliche Entscheidungssammlung des Bundesverfassungsgerichts
BVerwG	Bundesverwaltungsgericht
BVerwGE	Amtliche Entscheidungssammlung des Bundesverwaltungsgerichts
BW	Baden-Württemberg
BWPolG	Polizeigesetz Baden-Württemberg
c.i.c.	culpa in contrahendo
dh	das heißt
DAAD	Deutscher Akademischer Austauschdienst
DFG	Deutsche Forschungsgemeinschaft
diff.	differenzierend
DÖV	Die öffentliche Verwaltung (Zeitschrift)
DVBl	Deutsches Verwaltungsblatt (Zeitschrift)
eV	eingetragener Verein
EG	Europäische Gemeinschaft
EGGVG	Einführungsgesetz zum Gerichtsverfassungsgesetz
EnWG	Gesetz über die Elektrizitäts- und Gasversorgung (Energiewirtschaftsgesetz)
EStR	Einkommensteuer-Richtlinien
EU	Europäische Union
EuGH	Europäischer Gerichtshof
EUR	Euro
EUV	Vertrag über die Europäische Union
FeV	Fahrerlaubnisverordnung
f.	folgende (Seite)
ff.	folgende (Seiten)
Fn.	Fußnote
GastG	Gaststättengesetz
GG	Grundgesetz
ggf.	gegebenenfalls
ggü.	gegenüber
GmbH	Gesellschaft mit beschränkter Haftung
GmS-OGB	Gemeinsamer Senat der obersten Gerichtshöfe des Bundes
GVBl.	Gesetz- und Verordnungsblatt
GVG	Gerichtsverfassungsgesetz
hM	herrschende Meinung

Hs.	Halbsatz
HwO	Gesetz zur Ordnung des Handwerks (Handwerksordnung)
idF	in der Fassung
iSd	im Sinne des/der
iSv	im Sinne von
iVm	in Verbindung mit
JA	Juristische Arbeitsblätter (Zeitschrift)
JURA	Juristische Ausbildung (Zeitschrift)
JuS	Juristische Schulung (Zeitschrift)
JZ	Juristenzeitung (Zeitschrift)
krit.	kritisch
LOG NRW	Gesetz über die Organisation der Landesverwaltung (Landesorganisationsgesetz)
Ls.	Leitsatz
mAnm	mit Anmerkung
mwN	mit weiteren Nachweisen
Nachw.	Nachweise
nChr	nach Christi Geburt
NJW	Neue Juristische Wochenschrift (Zeitschrift)
NRW Verf	Verfassung für das Land Nordrhein-Westfalen
NVwZ	Neue Zeitschrift für Verwaltungsrecht (Zeitschrift)
NZWiSt	Neue Zeitschrift für Wirtschafts-, Steuer- und Unternehmensstrafrecht (Zeitschrift)
oÄ	oder Ähnliche/s
OLG	Oberlandesgericht
OVG	Oberverwaltungsgericht
PassG	Passgesetz
PBefG	Personenbeförderungsgesetz
PolG NRW	Polizeigesetz des Landes Nordrhein-Westfalen
RG	Reichsgericht
Rn.	Randnummer
Rspr.	Rechtsprechung
S.	Seite, Satz, Siehe
SächsPolG	Polizeigesetz des Freistaates Sachsen
SGB	Sozialgesetzbuch
sog.	sogenannte, sogenannter
StAG	Staatsangehörigkeitsgesetz
stRspr	ständige Rechtsprechung
StGB	Strafgesetzbuch
StPO	Strafprozessordnung
str.	streitig
StVG	Straßenverkehrsgesetz
StVO	Straßenverkehrsordnung
ThürVBl.	Thüringer Verwaltungsblätter (Zeitschrift)
ua	unter anderem
Überbl.	Überblick
umstr.	umstritten
unbestr.	unbestritten

UNO	United Nations Organization
UStAE	Umsatzsteuer-Anwendungserlass
usw	und so weiter
uU	unter Umständen
VA	Verwaltungsakt
Var.	Variante
VBlBW	Verwaltungsblätter für Baden-Württemberg (Zeitschrift)
VerfGH	Verfassungsgerichtshof
VG	Verwaltungsgericht
VGH	Verwaltungsgerichtshof
vgl.	vergleiche
VR	Verwaltungsrundschau (Zeitschrift für Verwaltung in Praxis und Wissenschaft)
VV	Verwaltungsvorschriften
VV-BHO	Allgemeine Verwaltungsvorschriften zur Bundeshaushaltsordnung
VVDStRL	Veröffentlichungen der Vereinigung der Deutschen Staatsrechtslehrer
VwGO	Verwaltungsgerichtsordnung
VwVfG	Verwaltungsverfahrensgesetz
VwVG	Verwaltungs-Vollstreckungsgesetz
VwZG	Verwaltungszustellungsgesetz
WaffG	Waffengesetz
zahlr.	zahlreich
zB	zum Beispiel
zT	zum Teil
zust.	zustimmend
zutr.	zutreffend

Literaturverzeichnis

1. Lehrbücher

Battis, U., Allgemeines Verwaltungsrecht, 3. Aufl. 2002

Brühl, R., Verwaltungsrecht für die Fallbearbeitung, 9. Aufl. 2018

Bull, H. P./Mehde, V., Allgemeines Verwaltungsrecht mit Verwaltungslehre, 9. Aufl. 2015 (zit.: *Bull/Mehde* AllgVerwR)

Detterbeck, S., Allgemeines Verwaltungsrecht, 16. Aufl. 2018 (zit.: *Detterbeck* AllgVerwR)

Detterbeck, S., Öffentliches Recht, 11. Aufl. 2018

Erbguth, W., Allgemeines Verwaltungsrecht, 9. Aufl. 2018

Erichsen, U./Ehlers, D., Allgemeines Verwaltungsrecht, 14. Aufl. 2010 (zit.: *Bearbeiter* in Erichsen/Ehlers AllgVerwR)

Hendler, R., Allgemeines Verwaltungsrecht, 3. Aufl. 2001 (zit.: *Hendler* AllgVerwR)

Hofmann, H./Gerke, J./Hildebrandt, U.. J., Allgemeines Verwaltungsrecht, 11. Aufl. 2016

Ipsen, J., Allgemeines Verwaltungsrecht, 11. Aufl. 2019 (zit.: *Ipsen* AllgVerwR)

Martini, M., Verwaltungsprozessrecht und Allgemeines Verwaltungsrecht, 6. Aufl. 2017 (zit.: *Martini* VerwProzR)

Maurer, H./Waldhoff, C., Allgemeines Verwaltungsrecht, 19. Aufl. 2017 (zit.: *Maurer/Waldhoff* AllgVerwR)

Peine, F.-J./Siegel, T., Allgemeines Verwaltungsrecht, 12. Aufl. 2018 (zit.: *Peine/Siegel* AllgVerwR)

Schenke, W.-R., Verwaltungsprozessrecht, 16. Aufl. 2019 (zit.: *Schenke* VerwProzR)

Schmitt Glaeser, W./Horn, H.-D., Verwaltungsprozessrecht, 15. Aufl. 2000 (zit.: *Schmitt Glaeser/Horn* VerwProzR)

Wallerath, M., Allgemeines Verwaltungsrecht, 6. Aufl. 2009 (zit.: *Wallerath* AllgVerwR)

Wienbracke, M., Allgemeines Verwaltungsrecht, 4. Aufl. 2015 (zit.: *Wienbracke* AllgVerwR)

Will, M., Allgemeines Verwaltungsrecht, 2012 (zit.: *Will* AllgVerwR)

Wolff, H. J./Bachof, O./Stober, R./Kluth, W., Verwaltungsrecht I, 13. Aufl. 2017 (zit.: *Bearbeiter* in Wolff/Bachof/Stober/Kluth VerwR I)

2. Kommentare

Bader, J./Ronellenfitsch, M., Verwaltungsverfahrensgesetz, 2. Aufl. 2016

Fehling, M./Kastner, B./Störmer, R., Verwaltungsrecht: VwVfG/VwGO, 4. Aufl. 2016

Jarass, H./Pieroth, B., Grundgesetz, 15. Aufl. 2018 (zit.: Jarass/Pieroth/*Bearbeiter*)

Knack, H. J./Hennecke, H.-G., Verwaltungsverfahrensgesetz, 10. Aufl. 2014 (zit.: Knack/Hennecke/*Bearbeiter*)

Kopp, F./Ramsauer, U., Verwaltungsverfahrensgesetz, 19. Aufl. 2018 (zit.: *Kopp/Ramsauer*)

Mann, T./Sennekamp, C./Uechtritz, M., Verwaltungsverfahrensgesetz, 2. Aufl. 2019
Obermayer, K./Funke-Kaiser, M., Verwaltungsverfahrensgesetz, 5. Aufl. 2018 (zit.: Obermayer/Funke/*Bearbeiter*)
Sachs, M., Grundgesetz, 8. Aufl. 2018 (zit.: Sachs/*Bearbeiter*)
Stelkens, P./Bonk, H. J./Sachs, M., Verwaltungsverfahrensgesetz, 9. Aufl. 2018 (zit.: Stelkens/Bonk/Sachs/*Bearbeiter*)
Ziekow, J., Verwaltungsverfahrensgesetz, 4. Aufl. 2019

3. Weiterführende Literatur und Fallsammlungen

Becker, J., Fälle und Lösungen zum Verwaltungsrecht, 2. Aufl. 2006
Böhm, M./Gaitanides, C., Fälle zum Allgemeinen Verwaltungsrecht, 4. Aufl. 2007
Brinktrine, R./Kastner, B., Fallsammlung zum Verwaltungsrecht, 2. Aufl. 2005
Englisch, J./Cryns, A., Fälle und Lösungen zum Allgemeinen Verwaltungsrecht, 2008
Heyen, E. V./Collin, P./Spieker gen. Döhmann, I., 40 Klausuren aus dem Verwaltungsrecht, 11. Aufl. 2017
Peine, F.-J., Klausurenkurs im Verwaltungsrecht, 6. Aufl. 2016
Richter, I./Schuppert, G. F./Bumke, C., Casebook Verwaltungsrecht, 3. Aufl. 2000
Seidel, A./Reimer, E./Möstl, M., Allgemeines Verwaltungsrecht mit Kommunalrecht, 3. Aufl. 2019
Stein, R., Wiederholungs- und Vertiefungskurs im Allgemeinen Verwaltungsrecht und Verwaltungsprozessrecht, 2. Aufl. 2017
Stein, V., Fälle und Erläuterungen zum Allgemeinen Verwaltungsrecht/Verwaltungsprozessrecht, 2001
Suckow, H./Weidemann, H., Allgemeines Verwaltungsrecht und Verwaltungsrechtsschutz, 17. Aufl. 2019
Wagner, M., Prüfungswissen Bundespolizeirecht – Grundlagenwissen, Würdigungstechnik, Prüfungsschemata, Klausuren, Lösungen, 4. Aufl. 2019

Abbildungsverzeichnis

1. Abschnitt. Grundlagen der Verwaltung

§ 1 Grundbegriffe des Verwaltungsrechts

Lernziele: Sie sollen nach dem Studium dieses Kapitels
1. den Begriff der „Verwaltung" erläutern,
2. das Allgemeine und das Besondere Verwaltungsrecht abgrenzen und
3. beurteilen, ob ein Sachverhalt dem öffentlichen Recht oder dem Privatrecht zugehörig ist.

Die Beschäftigung mit dem „Verwaltungsrecht" setzt gewisse Vorstellungen von den beiden Begriffskomponenten voraus, der „Verwaltung" und dem „Recht" der Verwaltung. 1

A. Begriff der „Verwaltung"

Der Begriff der „Verwaltung" wird in einer Reihe von Gesetzen verwendet (grundlegend in Art. 83 GG und zB in § 1 VwVfG). Dennoch existiert bis heute keine trennscharfe Definition. 2

I. Eingrenzung auf die „öffentliche" Verwaltung

Eine erste Eingrenzung des Verwaltungsbegriffs kann zunächst dadurch vorgenommen werden, dass die Betrachtung auf die „öffentliche" Verwaltung, dh auf die Verwaltung des Staates und der staatlichen Einrichtungen beschränkt wird, die im Mittelpunkt der Verwaltungsrechtswissenschaft stehen. Nicht behandelt wird demgegenüber die private Verwaltung. Dazu zählt etwa die Verwaltung eigenen oder fremden Vermögens, die Verwaltung eines Industrieunternehmens oder die Verwaltung eines privaten Vereins. Zwar mögen sich in verwaltungstechnischer Hinsicht gemeinsame Strukturprinzipien finden, die für einen Großteil aller Verwaltungen maßgeblich sind. Dennoch bildet die öffentliche Verwaltung organisatorisch, funktionell und rechtlich einen in sich geschlossenen Komplex, der von der privaten Verwaltung klar abgrenzbar ist.[1] 3

II. Verwaltung im grundgesetzlichen Funktionengefüge

Nach dem grundgesetzlichen Gewaltenteilungsprinzip (besser: Funktionentrennung[2]) übt das Volk die Staatsgewalt durch besondere Organe der Gesetzgebung, der vollziehenden Gewalt und der Rechtsprechung aus (Art. 20 II 2 GG). 4

---

1 *Detterbeck* AllgVerwR Rn. 2.
2 Dazu *Horn*, Grundrechtsunmittelbare Verwaltung, 1999, 43 ff.

Daraus ergibt sich folgendes Bild der grundgesetzlichen Funktionen:

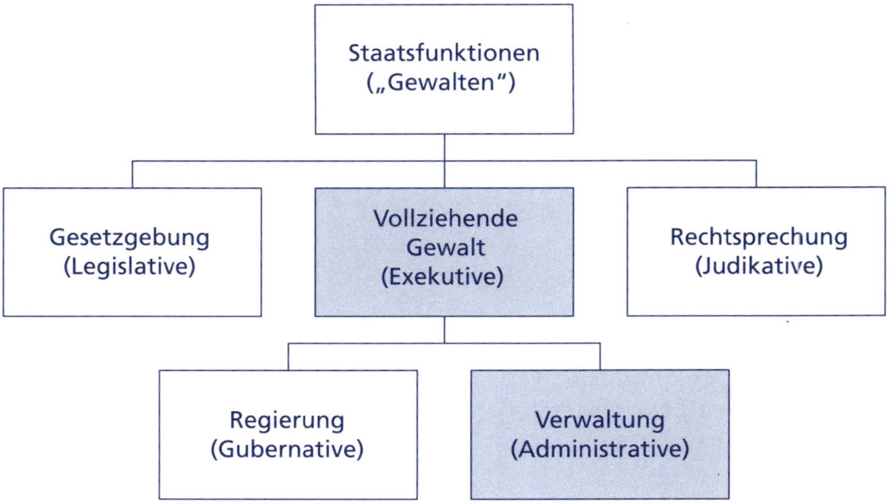

Abb. 1: Funktionen unter dem Grundgesetz

5 Die Verwaltung zählt hierbei zur vollziehenden Gewalt (Exekutive). Diese setzt sich zusammen aus Regierung (Gubernative) und Verwaltung (Administrative).[3] Die Verwaltung ist demnach nur ein Teil der vollziehenden Gewalt. Die spezifisch staatsleitende und richtungsweisende Regierungstätigkeit, wie etwa das Treffen politischer Entscheidungen oder die Bestimmung der Richtlinien der Politik durch den Bundeskanzler nach Art. 65 S. 1 GG, ist keine administrative Tätigkeit. Vielmehr handelt es sich um Maßnahmen eines Verfassungsorgans, die es in Ausübung seiner verfassungsrechtlichen Kompetenz trifft.[4] Dennoch können auch Verfassungsorgane im Einzelfall verwaltend tätig werden. Die Abgrenzung zwischen Verwaltungstätigkeit und Regierungstätigkeit ist daher schwierig.[5]

Beispiele: Verwaltungstätigkeiten üben auch das Bundespräsidialamt, das Bundeskanzleramt und die Bundestagsverwaltung aus.

III. Mehrdeutigkeit des Verwaltungsbegriffs

6 Aufgrund der Vielschichtigkeit des Verwaltungsbegriffs und der Überschneidungen der Staatsfunktionen haben sich unter anderem folgende Deutungen des Verwaltungsbegriffs herausgebildet:

---

3 Gegen die Differenzierung zwischen Gubernative und Administrative *Frotscher*, Regierung als Rechtsbegriff, 1975, 222 ff.

4 *Detterbeck* AllgVerwR Rn. 4.

5 Vgl. exemplarisch zur umstr. Einordnung regierungsamtlicher Warnungen BVerfGE 105, 279 (301) = NJW 2002, 2626: „staatsleitend“; BVerwGE 87, 37 ff. = NJW 1991, 1766; dagegen *Huber* JZ 2003, 290 (295 f.); *Murswiek* NVwZ 2003, 1 (7).

- Verwaltung im organisatorischen (institutionellen) Sinne ist die Gesamtheit der Verwaltungsträger, Verwaltungsorgane und sonstigen Verwaltungseinrichtungen, die überwiegend materielle Verwaltungstätigkeit ausüben.[6]

> **Beispiele:** Bundesverwaltungsamt; Bundespolizeipräsidium; Bundeskriminalamt; Bezirksregierungen; Landrätinnen und Landräte; Oberbürgermeisterinnen und Oberbürgermeister. – Parlamente, Regierungen und Gerichte üben zwar auch, aber nicht überwiegend Verwaltungstätigkeiten aus; sie gehören deshalb nicht zur Verwaltung im organisatorischen Sinne.

- Verwaltung im formellen Sinne ist die gesamte Tätigkeit der Verwaltung im organisatorischen Sinne.[7]
- Verwaltung im materiellen Sinne ist die Verwaltungstätigkeit, dh diejenige Staatstätigkeit, die die Wahrnehmung der Verwaltungsaufgaben zum Gegenstand hat.[8]

> **Beispiele:** Ein Beamter des Bundesverwaltungsamtes verleiht einem Ausländer die deutsche Staatsangehörigkeit nach § 8 StAG. Ein Bundespolizist erteilt einer im Hauptbahnhof Köln herumpöbelnden Person einen Platzverweis nach § 38 BPolG. – Auch Legislativorgane oder die Rechtsprechung können materielle Verwaltungsaufgaben wahrnehmen: Der Präsident des Deutschen Bundestages setzt nach § 19a I PartG jährlich die Höhe der staatlichen Mittel für die politischen Parteien fest. Der Präsident eines Landgerichts, der zugleich Vorsitzender Richter der 1. Kammer des Landgerichts ist, befördert eine Beamtin der Gerichtsverwaltung und wird insoweit nicht rechtsprechend, sondern verwaltend tätig.

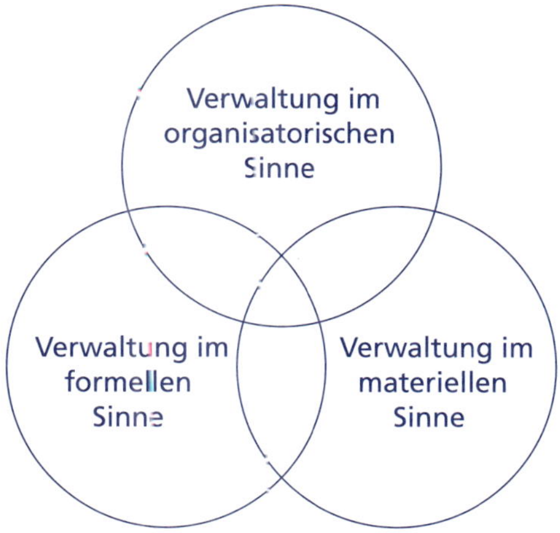

Abb. 2: Mehrdeutigkeit des Verwaltungsbegriffs

---

6 *Bull/Mehde* AllgVerwR Rn. 18.
7 *Bull/Mehde* AllgVerwR Rn. 22.
8 *Bull/Mehde* AllgVerwR Rn. 19.

7 Grundlegend für das weitere Verständnis ist die Unterscheidung zwischen Verwaltung im materiellen und Verwaltung im organisatorischen Sinne. Beide Begriffe decken sich in der Praxis nicht, sondern bilden zwei sich überschneidende Kreise. Materielle Verwaltungsaufgaben werden zwar überwiegend, nicht jedoch ausschließlich von Verwaltungsorganen wahrgenommen. So werden in einem gewissen Umfang auch Parlamente (Parlamentsverwaltung)[9] und Gerichte (Justizverwaltung)[10] verwaltend tätig. Verwaltungsorgane wiederum können ebenfalls zur Rechtsetzung befugt sein. Zu denken ist an den Erlass von Rechtsverordnungen, Satzungen oder Verwaltungsvorschriften. Während die Verwaltung im organisatorischen Sinne durch die nach außen klar abgrenzbare staatliche Verwaltungsorganisation bestimmt werden kann, fehlt eine präzise Definition der Verwaltung im materiellen Sinne bis heute.

IV. Verwaltung im materiellen Sinne

8 Überwiegend wird der materielle Verwaltungsbegriff negativ bestimmt (Subtraktionslehre). Ausgangspunkt der negativen Begriffsbestimmung ist die Gewaltenteilungslehre, die, wie bereits dargelegt (→ Rn. 4 f.), zwischen Gesetzgebung, vollziehender Gewalt und Rechtsprechung unterscheidet.

!

Definition: Nach der Subtraktionslehre ist die Verwaltung diejenige Staatstätigkeit, die weder Gesetzgebung noch Rechtsprechung ist. Anders formuliert: Verwaltung ist nicht der Erlass von Gesetzen und nicht die Entscheidung von Rechtsstreitigkeiten oder Verhängung von Strafen.[11]

9 Da einer rein negativen Abgrenzung aber wenig Erkenntniswert zukommt, wollen andere die Verwaltung im materiellen Sinne positiv bestimmen. Abgestellt wird dabei auf einzelne positive Merkmale, wie etwa die Verwirklichung der Staatszwecke im Einzelfall, die Sozialgestaltung im Rahmen der Gesetze und auf dem Boden des Rechts, den Einsatz hoheitlicher Mittel, die Weisungsgebundenheit, die Rechtsanwendung, den planmäßigen zweckgerichteten Vollzug bereits getroffener politischer Entscheidungen, die Dienstleistung usw.[12]

---

9 Vgl. BVerwG NJW 1976, 637 f.: Eröffnung des Verwaltungsrechtswegs gem. § 40 I 1 VwGO bei Klagen im Zusammenhang mit Petitionen zum Bundestag.

10 Bei Justizverwaltungsakten ist allerdings nicht der Rechtsweg zu den Verwaltungsgerichten, sondern nach § 23 EGGVG zu den ordentlichen Gerichten eröffnet. Dazu *Sauerland* NZWiSt 2015, 246 ff.

11 Vgl. *Otto Mayer,* Deutsches Verwaltungsrecht, Bd. I, 3. Aufl. 1924, Nachdruck 1969, 7.

12 Zu weiteren Definitionsversuchen s. *Stober* in Wolff/Bachof/Stober/Kluth VerwR I § 3.

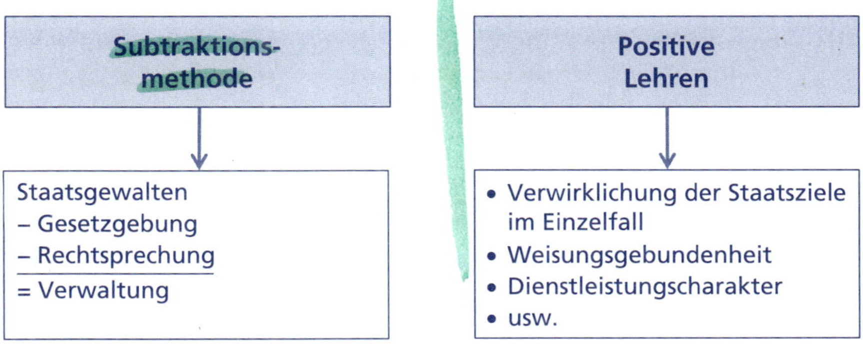

Abb. 3: Verwaltung im materiellen Sinne

Die jeweiligen Merkmale weisen zwar in der Tat auf einzelne wesentliche Aspekte der Verwaltung im materiellen Sinne hin. Insgesamt bleiben die Ansätze aber abstrakt und wenig präzise. Letztlich liegt dies in der Vielgestaltigkeit der Verwaltung begründet. „Verwaltung" lässt sich daher im Ergebnis nur beschreiben, nicht aber mathematisch exakt definieren. 10

V. Einteilung der materiellen Verwaltungstätigkeit

Die Komplexität der Verwaltung bietet Anknüpfungspunkte für verschiedene Unterscheidungen. 11

1. Gegenstand der Verwaltung

Die zahlreichen Aufgabenbereiche der Verwaltung spiegeln sich bereits in den Bezeichnungen Bauverwaltung, Schulverwaltung, Sozialverwaltung, Finanzverwaltung, Bundeswehrverwaltung usw wider. 12

2. Rechtswirkungen der Verwaltung für den Bürger

Eine Differenzierung nach den Rechtswirkungen des Verwaltungshandelns für den Bürger führt zur traditionellen Unterscheidung zwischen Eingriffs- und Leistungsverwaltung. Hinzugetreten ist vor einigen Jahren die Regulierungsverwaltung. 13

Definition: Charakteristisch für die Eingriffsverwaltung ist, dass sie in Rechte des Bürgers eingreift und dessen Freiheit und Eigentum beschränkt. Eingriffsverwaltung bedeutet also, dass die Verwaltung dem Bürger Verpflichtungen oder Belastungen auferlegt. Die Verwaltung tritt hier befehlend durch Gebote oder Verbote auf und setzt ihre Befehle notfalls mit Zwang durch.[13]

Beispiel: Eine Bundespolizistin erlässt einen Platzverweis gegen einen im Hauptbahnhof Köln randalierenden Angehörigen der Drogenszene.

13 *Wienbracke* AllgVerwR Rn. 6.

Definition: Leistungsverwaltung ist demgegenüber anzunehmen, wenn die Verwaltung dem Bürger Leistungen oder sonstige Vergünstigungen gewährt. Im Bereich der Leistungsverwaltung tritt die Verwaltung helfend und fördernd auf.[14]

Beispiele: Das Bundesverwaltungsamt bürgert eine Ausländerin in den deutschen Staatsverband ein. Die Hochschule des Bundes für öffentliche Verwaltung gewährt einer Studierenden Einsicht in die über ihr geführten Prüfungsakten der Zwischenprüfung.

14 Der Begriff der Gewährleistungs- oder Regulierungsverwaltung beschreibt eine relativ neue Verwaltungstätigkeit, die durch die Privatisierung insbesondere der Deutschen Bundespost und der Deutschen Bundesbahn entstanden ist. Der Staat lässt bestimmte bisher von ihm wahrgenommene Aufgaben durch Private erfüllen. Dies können private Unternehmen sein, die der Staat zu diesem Zweck errichtet hat (Deutsche Post AG, Deutsche Postbank AG, Deutsche Telekom AG), aber auch natürliche Personen und bereits existierende juristische Personen des Privatrechts. Zwar ist es zulässig, dass der Staat bislang von ihm wahrgenommene Tätigkeiten dem durch Markt und Wettbewerb geprägten privatwirtschaftlichen Sektor überlässt. Er muss dann aber, wenn und weil die Tätigkeiten im Interesse der Bevölkerung notwendig sind, durch geeignete Maßnahmen sicherstellen, dass sie von den Privatunternehmern auch in angemessener Weise wahrgenommen werden. Der Staat muss insoweit „gewährleisten", dass die Aufgaben erfüllt werden; er tut dies, indem er „regulierend" in das Marktgeschehen eingreift.[15]

Beispiele: Staatliche Festsetzung der Netznutzungsentgelte im Telekommunikationssektor; Genehmigung des Portos für Briefsendungen im Postsektor.

15 3. Grad der Gesetzesbindung der Verwaltung

Definition: Die gesetzesabhängige oder gesetzesakzessorische Verwaltung steht für den Vollzug der Gesetze durch die Verwaltung. Die Verwaltungstätigkeit wird folglich durch spezielle gesetzliche Regelungen bestimmt und geleitet.[16]

---

14 Zur Leistungsverwaltung wird auch die sog. Daseinsvorsorge gezählt. Die Daseinsvorsorge umfasst nach hM alle zur Befriedigung der Bürger erforderlichen staatlichen Leistungen; etwa VGH BW VBlBW 2013, 93 (95); *Doerfert* JA 2006, 316 ff.

15 Keinesfalls handelt es sich bei der Regulierungsverwaltung um Leistungsverwaltung. Die Regulierungsverwaltung stellt auch keine eher punktuell wirkende Eingriffsverwaltung dar. Vielmehr ist sie „flächendeckend" in die Zukunft gerichtet, indem sie etwa die Rahmenbedingungen für privatwirtschaftliche Leistungen festlegt (vgl. zB die Festlegung der Netznutzungsentgelte im Elektrizitäts- und Gassektor durch die Bundesnetzagentur nach § 23a EnWG).

16 *Maurer/Waldhoff* AllgVerwR § 1 Rn. 24.

Beispiele: Der Präsident einer Bundesbehörde ernennt einen Beamten nach §§ 10 ff. BBG. – Eine Polizistin erteilt einen Platzverweis nach § 38 BPolG oder den Landespolizeigesetzen.

Definition: Die gesetzesunabhängige oder gesetzesfreie Verwaltung ist gesetzlich nicht bestimmt, sondern kann ohne besondere gesetzliche Grundlage aus eigener Initiative tätig werden.[17] Dabei muss sie allerdings die allgemeinen rechtlichen Grenzen beachten (zB grundgesetzliche Bestimmungen, allgemeine Grundsätze des Verwaltungsrechts, Zuständigkeitsregelungen).

Beispiel: Das Bundesministerium des Innern, für Bau und Heimat vergibt eine Zuwendung iHv 50 Mio. EUR an einen Olympiastützpunkt zur Förderung des Baus einer Ruderbahn. Rechtliche Grundlage der Gewährung der Zuwendung ist lediglich ein Titel im Haushaltsplan des Bundes. Ein eigenes „Subventionsgesetz" existiert zumindest im Bereich der Sportförderung nicht.

Einteilung der Verwaltungstätigkeit

- **Auswirkungen auf den Bürger**
  - Eingriffsverwaltung
  - Leistungsverwaltung
  - Regulierungsverwaltung
- **Grad der Gesetzesbindung**
  - Gesetzesabhängige/-akzessorische Verwaltung
  - Gesetzesunabhängige/-freie Verwaltung

B. Begriff des „Rechts" der Verwaltung

Das Recht der Verwaltung oder das Verwaltungsrecht ist die Gesamtheit der geschriebenen oder ungeschriebenen Rechtsnormen, die in spezifischer Weise für die Verwaltung – die Verwaltungstätigkeit, das Verwaltungsverfahren und die Verwaltungsorganisation – gelten. Es ist das „der Verwaltung eigene Recht"[18]. 16

I. Trennung von Allgemeinem und Besonderem Verwaltungsrecht

Das Verwaltungsrecht ist ein Teilgebiet des öffentlichen Rechts. Das öffentliche Recht lässt sich in folgende Teilbereiche untergliedern: 17

17 *Maurer/Waldhoff* AllgVerwR § 1 Rn. 25.
18 Zitiert nach *Maurer/Waldhoff* AllgVerwR § 3 Rn. 1.

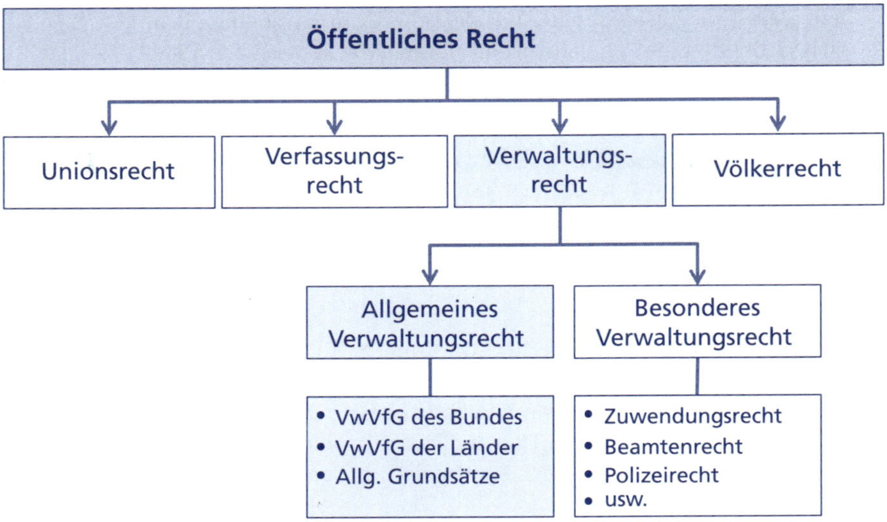

Abb. 4: Teilgebiete des öffentlichen Rechts

18 Das Strafrecht (insbesondere das StGB), das Gerichtsverfassungsrecht (GVG) und das gerichtliche Verfahrensrecht (ZPO, ArbGG, StPO usw) gehören formell auch zum öffentlichen Recht, werden aber nicht zum öffentlichen Recht im engeren Sinne gerechnet. Es handelt sich um mittlerweile verselbstständigte Rechtsgebiete.

Definition: Das Allgemeine Verwaltungsrecht umfasst diejenigen Regelungen, Grundsätze und Rechtsbegriffe, die übergreifend für alle Bereiche der Verwaltung maßgebend sind. Hierzu gehören vor allem die Bestimmungen über den Verwaltungsaufbau und die Verwaltungsorganisation, über die Handlungsformen der Verwaltung, das Verwaltungsverfahren, die Verwaltungsvollstreckung und die Staatshaftung.[19]

19 Das Allgemeine Verwaltungsrecht ist allerdings nicht – wie der Allgemeine Teil des BGB oder des StGB – Bestandteil einer größeren gesetzlichen Kodifikation. Einige, wenn auch wichtige Bereiche des Allgemeinen Verwaltungsrechts sind in den Verwaltungsverfahrensgesetzen des Bundes und der Länder geregelt. Im Übrigen wird das Allgemeine Verwaltungsrecht durch von der Rechtsprechung entwickelte – ungeschriebene – allgemeine Grundsätze bestimmt.

Merke: Das Besondere Verwaltungsrecht betrifft dagegen spezielle Verwaltungsbereiche, die meistens in einem oder sogar mehreren Gesetzen geregelt sind.[20]

19 *Detterbeck* AllgVerwR Rn. 12.

20 Zum Verhältnis von Allgemeinem und Besonderem Verwaltungsrecht *Maurer/Waldhoff* AllgVerwR § 3 Rn. 4.

Beispiele: Dementsprechend gibt es das Polizei- und Ordnungsrecht (etwa normiert im BPolG), das Steuerrecht, das Sozialrecht, das Kommunalrecht, das Beamtenrecht usw.

Die Rechtsgebiete des Besonderen Verwaltungsrechts sind in einer unüberschaubaren Vielzahl von Spezialgesetzen geregelt. Ihre genaue Kenntnis wird nicht einmal von einem Spezialisten des Verwaltungsrechts verlangt werden können. „Das Allgemeine Verwaltungsrecht müssen Sie beherrschen [...]; das Besondere Verwaltungsrecht müssen Sie lediglich in sehr wenigen Teilbereichen kennen [...]."[21] 20

Das Allgemeine und das Besondere Verwaltungsrecht sind eng miteinander verzahnt. Das Besondere Verwaltungsrecht greift auf die Rechtsgrundsätze des Allgemeinen Verwaltungsrechts zurück.

Beispiele: Die Merkmale des Verwaltungsakts gem. §35 VwVfG gelten im gesamten Verwaltungsrecht. Sie müssen dadurch nicht in allen Gesetzen des Besonderen Verwaltungsrechts niedergelegt werden. Es reicht, dass der Verwaltungsakt ein einziges Mal im VwVfG definiert wird.

II. Unterscheidung von öffentlichem Recht und Privatrecht

1. Notwendigkeit der Abgrenzung

Die deutsche Rechtsordnung gliedert sich in zwei große Bereiche, das öffentliche Recht und das Privatrecht. Dabei bildet das Verwaltungsrecht einen Teilbereich des öffentlichen Rechts und steht damit dem Privatrecht gegenüber. Die praktische Notwendigkeit, zwischen beiden Rechtsgebieten abzugrenzen, besteht insbesondere in den folgenden Fällen: 21

- Das VwVfG gilt nach seinem §1 I nur für die öffentlich-rechtliche Verwaltungstätigkeit der Behörden, nicht hingegen für das privatrechtliche Handeln der Behörden.
- Verwaltungsakte als wichtige behördliche Handlungsinstrumente sind nach §35 S.1 VwVfG nur Maßnahmen auf dem Gebiet des öffentlichen Rechts. Auf dem Gebiet des Privatrechts dürfen keine Verwaltungsakte erlassen werden.
- Die Verwaltungsgerichte entscheiden nach §40 I VwGO nur über öffentlich-rechtliche Streitigkeiten. Privatrechtliche Streitigkeiten gehören nach §13 GVG vor die ordentlichen Gerichte.
- Ein Amtshaftungsanspruch des Bürgers gegen den Staat nach §839 BGB, Art.34 GG setzt öffentlich-rechtliches Handeln voraus. Handelt der Staat privatrechtlich, kommen andere Ansprüche in Betracht.

2. Abgrenzungstheorien

Eine genaue Abgrenzung zwischen öffentlichem Recht und Privatrecht wird kontrovers diskutiert. Es existiert eine Vielzahl von Abgrenzungstheorien, von denen die drei wichtigsten herausgegriffen werden sollen. 22

[21] *Peine* AllgVerwR Rn. 185.

a) Interessentheorie

Definition: Nach der Interessentheorie gehören diejenigen Rechtsvorschriften, die den Schutz des öffentlichen Interesses bezwecken, zum öffentlichen Recht. Zum Privatrecht zählen dagegen die Bestimmungen, die dem Individualinteresse des einzelnen Bürgers dienen.[22]

23 Diese Theorie zeigt einen wichtigen Aspekt auf. Sie ermöglicht aber schon deshalb keine trennscharfe Abgrenzung, weil viele Vorschriften sowohl öffentliche als auch private Interessen verfolgen.

Beispiel: Familienrechtliche Vorschriften des BGB über das Verhältnis von Eltern und Kindern bzw. Betreuern und Betreuten.

b) Subordinationstheorie

Definition: Die Subordinationstheorie (auch Subjektionstheorie oder Über-/Unterordnungstheorie genannt) stellt das Rechtsverhältnis der Beteiligten in den Mittelpunkt. Besteht zwischen dem Staat und dem beteiligten Bürger im konkreten Fall ein Über-/Unterordnungsverhältnis, sind staatliche Maßnahmen oder Rechtsakte, die zu diesem Rechtsverhältnis gehören, öffentlich-rechtlicher Natur. Gleiches gilt für Rechtsstreitigkeiten, die dieses Rechtsverhältnis betreffen. Besteht zwischen Staat und Bürger im konkreten Fall dagegen ein Gleichordnungsverhältnis, sind hierzu gehörende Maßnahmen sowie Rechtsstreitigkeiten privatrechtlicher Natur.[23]

24 Typisch für das öffentliche Recht ist deshalb die einseitig verbindliche Regelung (Verwaltungsakt), für das Privatrecht der beidseitig abgeschlossene Vertrag.

25 Die Subordinationstheorie geht auf das 19. Jahrhundert zurück, in dem die Verwaltung im Wesentlichen auf den Bereich der Gefahrenabwehr und damit die Eingriffsverwaltung beschränkt war. Sie verkennt jedoch, dass auch im Privatrecht Über- und Unterordnungsverhältnisse und im öffentlichen Recht vertragliche Beziehungen und damit Gleichordnungsverhältnisse existieren.

Beispiel: Eltern-Kind-Verhältnis im Familienrecht; arbeitsrechtliches Direktionsrecht des Arbeitgebers. – Verwaltungsrechtlicher Vertrag gem. §§ 54 ff. VwVfG.

---

22 Die Interessentheorie wird auf den römischen Juristen Ulpian (170–238 nChr) zurückgeführt (*Maurer/Waldhoff* AllgVerwR § 3 Rn. 11).

23 Die Subordinationstheorie wurde namentlich vom RG vertreten (exemplarisch RGZ 166, 281 [287]). Sie fand aber auch noch nach dem Zweiten Weltkrieg Beachtung in der höchstrichterlichen Rspr. (exemplarisch BGHZ 14, 222 [227] = NJW 1954, 1486; BVerwGE 29, 159 [161]).

c) Sonderrechtstheorie

Definition: Die Sonderrechtstheorie (auch Zuordnungstheorie oder modifizierte Subjektstheorie genannt) stellt auf die Zuordnungssubjekte, dh die Adressaten der jeweiligen Rechtsnormen ab. Sie bejaht dann öffentliches Recht, wenn die jeweilige Rechtsnorm stets und in jedem denkbaren Anwendungsfall einen Träger hoheitlicher Gewalt als solchen berechtigt oder verpflichtet. Das öffentliche Recht ist demnach das Sonderrecht des Staates, das Privatrecht das Jedermannsrecht.[24]

Die Sonderrechtstheorie wird insbesondere zur Abgrenzung von öffentlich- 26
rechtlichen und privatrechtlichen Streitigkeiten herangezogen. Sie verlangt in diesem Zusammenhang zwei Denkschritte:

1. Zunächst muss entschieden werden, welche Rechtsnormen streitentscheidend sind.
2. Danach wird geprüft, ob es sich bei den streitentscheidenden Normen um öffentlich-rechtliche oder privatrechtliche Vorschriften handelt.

Klausurhinweis: Keine der genannten Theorien hat sich bislang durchsetzen können. Indes enthält jede von ihnen einen wahren Kern: So sprechen das öffentliche Interesse, das Innehaben von Hoheitsgewalt und der Bezug auf den Staat jeweils für die Annahme von öffentlichem Recht. In Klausuren ist es häufig offensichtlich, dass eine öffentlich-rechtliche Streitigkeit vorliegt. Dies gilt insbesondere im Gefahrenabwehrrecht. In diesem Fall sind breite Ausführungen zu den Abgrenzungstheorien verfehlt. Vielmehr ist diejenige Theorie herauszugreifen, mit deren Hilfe sich das offensichtlich richtige Ergebnis am leichtesten begründen lässt.

Abgrenzungstheorien

- Interessentheorie
- Subordinationstheorie (Subjektionstheorie, Über-/Unterordnungstheorie)
- Sonderrechtstheorie (Zuordnungstheorie, modifizierte Subjektstheorie)

3. Zuordnung gesetzlich nicht eindeutig erfasster Fälle

Nicht einfach zu beurteilen sind insbesondere Sachverhalte, bei denen entweder überhaupt keine Rechtsnorm ersichtlich ist oder sowohl öffentlich-rechtliche als auch privatrechtliche Rechtsnormen einschlägig sein könnten. In diesen Konstellationen sind der Gesamtzusammenhang und der Zweck der Tätigkeit für die Einordnung entscheidend.

[24] *Bull/Mehde* AllgVerwR Rn. 71.

a) Tatsächliches Handeln

27 Zuordnungsschwierigkeiten bereiten regelmäßig tatsächliche Handlungen (sog. Realakte), die keine gesetzliche Grundlage haben, wie zB die Teilnahme am Straßenverkehr.

Beispiel: Die Fahrt eines Beamten mit einem Dienstfahrzeug zu einer Besprechung in einem anderen Dienstgebäude. Das „Autofahren" als solches ist weder öffentlich-rechtlich noch privatrechtlich, sondern „neutral".

28 Nach Auffassung des BGH ist auf die Zwecksetzung der Fahrt mit dem Dienst-Kfz abzustellen.[25] Die Teilnahme am Straßenverkehr soll öffentlich-rechtlich zu beurteilen sein, wenn sie zur Wahrnehmung hoheitlicher Aufgaben erfolgt.

Beispiel: Streifenwagenfahrt einer Polizistin.

29 Dagegen ist sie nach der Rechtsprechung als privatrechtlich einzustufen, wenn sie der Erledigung erwerbswirtschaftlicher Geschäfte dient.

Beispiel: Kauf von Büromaterial.

30 Nach einer anderen Auffassung im Schrifttum[26] soll eine Dienstfahrt als Teilnahme am allgemeinen Straßenverkehr grundsätzlich dem Privatrecht zuzuordnen sein. Eine Qualifikation als öffentlich-rechtliche Tätigkeit soll hingegen nur bei der Inanspruchnahme von Sonderrechten nach § 35 StVO in Betracht kommen.

31 Umstritten ist die Qualifikation des Anspruchs auf Widerruf ehrverletzender Äußerungen in Rundfunk- oder Fernsehsendungen der öffentlich-rechtlichen Rundfunkanstalten. Da nicht nur die Organisation, sondern auch die Tätigkeit dieser Rundfunkanstalten in öffentlich-rechtlichen Vorschriften geregelt ist (Rundfunkstaatsverträge, Rundfunkgesetze usw), ist die Sendetätigkeit dieser Anstalten ebenfalls öffentlich-rechtlicher Natur.[27] Dennoch wollen das BVerwG und der BGH Widerrufs- und Unterlassungsansprüche gegen ehrverletzende Äußerungen im öffentlich-rechtlichen Rundfunk dem privaten Recht zuordnen.[28] Weil der Ehrenschutz im Zusammenhang mit der Ausstrahlung von Rundfunk- und Fernsehsendungen nicht durch spezielle öffentlich-rechtliche Vorschriften geregelt sei, müsse auf die für jedermann geltenden Vorschriften des privaten Rechts zurückgegriffen werden. Gegen diese Auffassung spricht jedoch, dass sich Widerrufs- und Unterlassungsansprüche regelmäßig nicht auf besondere Vorschriften stützen lassen, sondern ihre Rechtsgrundlage im Gewohnheitsrecht finden.

32 Ansprüche auf Rückzahlung zu Unrecht gewährter Geldleistungen bestimmen sich nach der Rechtsnatur des zugrundeliegenden Leistungsverhältnisses. Beruht das Leistungsverhältnis auf privatrechtlichen Normen, sind die Vorschrif-

---

[25] BGHZ 29, 38 (41 f.) = NJW 1959, 481; BGH DÖV 1979, 865 f.

[26] *Maurer/Waldhoff* AllgVerwR § 3 Rn. 30 mwN.

[27] *Maurer/Waldhoff* AllgVerwR § 3 Rn. 32 mwN; *Bettermann* NJW 1977, 513 ff.

[28] BVerwG DVBl 1994, 1245; ebenso BGHZ 66, 182 (185 ff.) = NJW 1976, 1198.

ten der §§ 812 ff. BGB einschlägig.[29] Ist das Leistungsverhältnis öffentlich-rechtlich, ist der öffentlich-rechtliche Erstattungsanspruch anwendbar.[30] Fehlt es an einem rechtlichen Leistungsverhältnis, ist auf den Gesamtzusammenhang abzustellen. „Daher ist auch dann, wenn eine öffentlich-rechtliche Geldleistung, etwa eine monatliche Pensionszahlung, nach dem Tode des Berechtigten für eine gewisse Zeit an den Erben weiterbezahlt wurde, der öffentlich-rechtliche Erstattungsanspruch gegeben."[31]

Einordnung von Realakten

- Dienstfahrten
- Widerruf und Unterlassung ehrverletzender Äußerungen in Rundfunk- oder Fernsehsendungen
- Ansprüche auf Rückzahlung zu Unrecht gewährter Geldleistungen

b) Rechtshandlungen

Auch die Einordnung von Rechtshandlungen kann problematisch sein. Das 33 zeigt das Hausverbot des Behördenleiters gegen einen störenden Besucher seines Verwaltungsgebäudes. Das Hausverbot kann auf privatrechtlichen Besitz- und Eigentumsrechten (§§ 859 f., 903, 1004 BGB) oder auf der öffentlich-rechtlichen Sachherrschaft beruhen. Es ist in der Konsequenz entweder als privatrechtlicher oder als öffentlich-rechtlicher Rechtsakt zu qualifizieren. Die Rechtsprechung unterscheidet nach dem Zweck des Besuchs, nämlich danach, ob der vom Hausverbot Betroffene das Behördengebäude zur Wahrnehmung öffentlich-rechtlicher Angelegenheiten

Beispiele: Einreichung eines Antrags auf Erteilung einer Genehmigung; Vorsprache bei einem Beschäftigten in einer dienstlichen Angelegenheit.

oder zur Erledigung privatrechtlicher Geschäfte bzw. ohne unmittelbaren Bezug zu den behördlichen Aufgaben betritt.[32]

Beispiele: Verkauf von Büromaterial; Werbung für Krankenversicherungsagentur.

Demgegenüber will das überwiegende Schrifttum den Zweck des Hausverbots 34 in den Vordergrund rücken. Da ein Hausverbot regelmäßig die ordnungsgemäße Erledigung der öffentlichen Verwaltungsaufgaben sicherstellen soll, ist es nach dieser Auffassung als öffentlich-rechtlich einzuordnen.[33]

---

29 *Maurer/Waldhoff* AllgVerwR § 3 Rn. 33. AA BVerwGE 84, 274 = NJW 1990, 2482.

30 Zum öffentlich-rechtlichen Erstattungsanspruch ausf. *Detterbeck* AllgVerwR Rn. 1235 ff.; *Detterbeck* in Detterbeck/Windthorst/Sproll, Staatshaftungsrecht, 2000, § 26 Rn. 6 ff.

31 Zitiert nach *Maurer/Waldhoff* AllgVerwR § 3 Rn. 33.

32 BGHZ 33, 230 ff. = NJW 1961, 308; BVerwGE 35, 103 ff. = BeckRS 1970, 30432038.

33 *Klenke* NWVBl. 2006, 84 ff.; *Ronellenfitsch* VerwArch 73 (1982), 469 ff.

c) Zweistufentheorie

35 Insbesondere im Bereich der Leistungsverwaltung bereiten Rechtsverhältnisse Schwierigkeiten, die teils öffentlich-rechtlich, teils privatrechtlich strukturiert sind. Hier setzt die Zweistufentheorie an.[34] Sie unterscheidet bei bestimmten Rechtsverhältnissen zwischen zwei Stufen (Verfahrensabschnitten):

1. Stufe (Frage des „Ob"): Die Entscheidung der Verwaltung, ob sie handelt, ist öffentlich-rechtlich.
2. Stufe (Frage des „Wie"): Die Art und Weise, wie die Verwaltung handelt, kann öffentlich-rechtlich oder privatrechtlich sein.[35] Der Grund hierfür besteht in der Formenwahlfreiheit der Verwaltung. Die Verwaltung kann ihre Aufgaben im Bereich der Leistungsverwaltung auch in privatrechtlicher Form erfüllen, sofern öffentlich-rechtliches Handeln nicht ausdrücklich vorgeschrieben ist.

36 Die Zweistufentheorie gelangt vor allem bei der Benutzung kommunaler öffentlicher Einrichtungen und im Subventionswesen zur Anwendung. Im Subventionswesen sind im Wesentlichen zwei Fallgruppen zu unterscheiden:[36]

- die Vergabe verlorener (nicht rückzahlbarer) Zuschüsse und
- die Vergabe (zinsgünstiger) Subventionsdarlehen.

37 Verlorene Zuschüsse werden von den Behörden stets in öffentlich-rechtlichen Formen bewilligt, dh entweder einseitig durch Verwaltungsakt oder zweiseitig aufgrund eines öffentlich-rechtlichen Vertrages, der zwischen Behörde und Subventionsempfänger geschlossen wird. An die öffentlich-rechtliche Bewilligung schließt sich die Auszahlung an.[37]

Beispiel: Abwrackprämie in den Jahren 2008/09.

38 Die Auszahlung stellt keine eigene Stufe, sondern lediglich den Vollzug der Bewilligung dar. Auch sie ist öffentlich-rechtliches Handeln, nämlich tatsächliches Verwaltungshandeln (Realakt). Dies gilt selbst dann, wenn die Auszahlung auf Veranlassung der Behörde hin durch eine zwischengeschaltete Privatbank erfolgt. Die Privatbank fungiert dann als Zahlstelle der Behörde. In Fällen verlorener Zuschüsse ist folglich das gesamte Subventionsverhältnis zwischen Bürger und Behörde öffentlich-rechtlich ausgestaltet. Obwohl rechtstechnisch zwischen zwei Stufen unterschieden werden kann – der Bewilligung und der Auszahlung –, gelangt die Zweistufentheorie nicht zur Anwendung.[38]

39 Klagen des Bürgers auf Gewährung verlorener Zuschüsse sind daher nach § 40 I VwGO stets vor den Verwaltungsgerichten zu erheben. Gleiches gilt, wenn ein

---

[34] Ausf. zur Zweistufentheorie *Kramer/Bayer/Fiebig/Freudenreich* JA 2011, 810 ff.; aus der Rspr. VGH München NJW 2013, 249 ff.; BVerwGE 1, 308 = NJW 1955, 437; BGHZ 40, 206 (210) = NJW 1964, 196.

[35] *Kopp/Ramsauer* VwVfG § 35 Rn. 77 ff.

[36] Zu weiteren Subventionsarten *Maurer/Waldhoff* AllgVerwR § 17 Rn. 30 f.

[37] *Detterbeck* AllgVerwR Rn. 912.

[38] Vgl. BVerwG NJW 1969, 809; BGHZ 57, 130 ff. = NJW 1972, 210; BGH NVwZ 1985, 517 f.

verlorener Zuschuss zwar bewilligt, aber nicht ausgezahlt wurde. Auch für eine entsprechende Zahlungsklage ist der Verwaltungsrechtsweg gegeben.

Anders verhält es sich im Falle der Gewährung von Subventionsdarlehen durch die Behörden. Hier wird zwischen zwei rechtlich selbstständigen Stufen unterschieden: 40

1. Auf der ersten Stufe entscheidet die Behörde darüber, ob das beantragte Darlehen bewilligt oder versagt wird. Diese Entscheidung ist ein Verwaltungsakt. Die erste Stufe wird auch als „Grundverhältnis" bezeichnet.[39]

Beispiel: Bewilligung eines zinsgünstigen Darlehens bei Energiesparhäusern.

2. Auf der zweiten Stufe wird in Vollzug des Bewilligungsbescheids und zur Abwicklung der Subvention ein privatrechtlicher Darlehensvertrag nach § 488 BGB zwischen der Behörde und dem Subventionsempfänger geschlossen. Hier steht folglich das „Wie", dh die Darlehensmodalitäten im Mittelpunkt. Die zweite Stufe wird auch als „Abwicklungsverhältnis" bezeichnet. Sie ist privatrechtlich ausgestaltet.[40]

Beispiel: Auszahlung einer Rate des Darlehens durch die KfW-Bank.

Klagen auf Bewilligung eines Subventionsdarlehens (erste Stufe) sind daher öffentlich-rechtliche Streitigkeiten, für die der Verwaltungsrechtsweg eröffnet ist. Klagen, die die zweite Stufe betreffen (zB Klage auf Auszahlung eines Darlehens), sind hingegen privatrechtliche Streitigkeiten, die vor den Zivilgerichten ausgefochten werden müssen. 41

Subventionswesen

- Verlorene Zuschüsse: öffentlich-rechtlich
- Subventionsdarlehen
  1. Stufe, dh Entscheidung über Bewilligung („ob"): öffentlich-rechtlich
  2. Stufe, dh Entscheidung über Modalitäten, Auszahlung („wie"): privatrechtlich

C. Kontrollfragen

1. Wie unterscheiden sich die Tätigkeiten der Regierung und Verwaltung voneinander? Kann die Bundesregierung Verwaltungstätigkeiten ausüben? (→ Rn. 4 f.)
2. Nennen Sie Beispiele für Eingriffs- und für Leistungsverwaltung! (→ Rn. 13)

---

[39] *Hendler* AllgVerwR Rn. 497; grdl. bereits *H. P. Ipsen*, Öffentliche Subventionierung Privater, 1956, 62 ff.

[40] Ausf. *Kopp/Ramsauer* VwVfG § 35 Rn. 78; *Detterbeck* AllgVerwR Rn. 913; *Maurer/Waldhoff* AllgVerwR § 17 Rn. 12.

3. Erläutern Sie die Begriffe gesetzesakzessorische und gesetzesfreie Verwaltung! (→ Rn. 15)
4. Definieren Sie die beiden folgenden Theorien:
   a) Subordinationstheorie,
   b) Sonderrechtstheorie! (→ vor Rn. 24; → vor Rn. 26)
5. Ist § 10 BBG über die Ernennung von Bundesbeamten eine öffentlich-rechtliche oder eine privatrechtliche Rechtsnorm? (→ Rn. 24 ff.)
6. Antragsteller *A* beantragt beim Bundesverwaltungsamt die Gewährung eines nicht rückzahlbaren Zuschusses iHv 10.000 EUR aus den Mitteln des Bundesverkehrsministeriums für die Durchführung einer Verkehrssicherheitsschulung an einer Schule. Der Antrag wird abgelehnt. Muss *A* vor dem zuständigen Verwaltungsgericht oder Zivilgericht klagen? (→ Rn. 36)

§ 2 Rechtsquellen des Verwaltungsrechts

Lernziele: Sie sollen nach dem Studium dieses Kapitels
1. die Arten der Rechtsquellen beschreiben,
2. insbesondere zwischen formellen und materiellen Gesetzen unterscheiden und
3. die Rangordnung der Rechtsquellen darstellen.

A. Arten von Rechtsquellen

1 Unter Rechtsquellen werden die Rechtsgrundlagen verstanden, die das Verwaltungshandeln ermöglichen und zugleich beschränken.[41] Anders formuliert: Rechtsquellen des Verwaltungsrechts sind „das für die Verwaltung maßgebende Recht"[42]! Sie lassen sich vereinfachend in geschriebenes und ungeschriebenes Recht unterteilen.

I. Geschriebenes Recht

1. Verfassung

Definition: Das Verfassungsrecht besteht aus den im Grundgesetz und in den Landesverfassungen normierten Rechtssätzen.[43]

2 Verfassungsrechtsnormen zählen nicht zum Verwaltungsrecht im engeren Sinne. Sie bilden jedoch das rechtliche Fundament des Staates und damit auch der Verwaltung. Die Verfassung regelt nicht nur den Aufbau und die Organisation

---

41 Allg. zu den Rechtsquellen des Verwaltungsrechts *Merten* JURA 1981, 169 ff., 236 ff.; *v. Olshausen* JA 1983, 177 ff.
42 *Detterbeck* AllgVerwR Rn. 86.
43 *Maurer/Waldhoff* AllgVerwR § 4 Rn. 15.

der Staatsgewalt sowie die Kompetenzen der Staatsorgane, sondern vor allem allgemeine rechtsstaatliche Grundsätze und individuelle Rechte einzelner Bürger gegenüber dem Staat (Grundrechte).

Änderungen des Grundgesetzes und der Landesverfassungen können in der Regel nur mit einer qualifizierten Mehrheit der zuständigen Gesetzgebungsorgane beschlossen werden (zB Art. 79 II GG: Erforderlichkeit der Zustimmung von zwei Dritteln der Mitglieder des Bundestages und von zwei Dritteln der Stimmen des Bundesrates). 3

2. Formelle Gesetze

Definition: Formelle Gesetze sind die von den verfassungsrechtlich zuständigen Gesetzgebungsorganen im dafür vorgesehenen Gesetzgebungsverfahren formal als Gesetze erlassene Hoheitsakte, die sog. Parlamentsgesetze. Zu unterscheiden ist zwischen formellen Bundesgesetzen und formellen Landesgesetzen.[44]

Formelle Bundesgesetze sind die im Verfahren nach Art. 76–82 GG vom Bundestag unter Mitwirkung des Bundesrates beschlossenen und im Bundesgesetzblatt verkündeten Gesetze. Formelle Landesgesetze sind dementsprechend die von den Landtagen und gegebenenfalls weiteren Landesverfassungsorganen beschlossenen und in den Gesetzblättern der Länder verkündeten Gesetze. 4

Beispiele: VwVfG, AufenthG, BGB, StGB als formelle Bundesgesetze.

Merke: Entscheidend für die Qualifizierung eines Hoheitsaktes als formelles Gesetz sind also nicht die Inhalte der hoheitlichen Regelung, sondern ausschließlich die äußere Form und das Verfahren des Zustandekommens.

3. Materielle Gesetze

a) Begriff

Materielle Gesetze sind alle generell-abstrakten Vorschriften, die Rechte oder Pflichten für außerhalb der Verwaltung stehende Rechtspersonen begründen, ändern oder aufheben, also allgemein-verbindliche Regelungen. Sie stehen in Gegensatz zu Regelungen, die nur nachgeordnete Behörden oder Beschäftigte innerhalb der Verwaltung verpflichten.[45] Die Qualifizierung als materielles Gesetz knüpft an den Inhalt des erlassenen Hoheitsaktes an.

Der Begriff „generell" umschreibt den Personenkreis, an den die Vorschrift adressiert ist, oder den personellen Anwendungsbereich. „Generell" bedeutet 5

[44] *Bull/Mehde* AllgVerwR Rn. 511.

[45] *Bull/Mehde* AllgVerwR Rn. 511. Krit. zur „dualistischen Gesetzesdoktrin" *Hesse*, Grundzüge des Verfassungsrechts der Bundesrepublik Deutschland, 20. Aufl. 1995, Rn. 506.

Geltung nicht nur für eine bestimmte Person, sondern grundsätzlich für jedermann. Demgegenüber richtet sich eine „individuelle" Regelung an eine bestimmte Person oder bestimmbare Personengruppe.

6 Der Terminus „abstrakt" bezieht sich auf den sachlichen Geltungsbereich einer Norm. „Abstrakt" meint Geltung für eine Vielzahl von Fällen. Betrifft eine Regelung dagegen nur einen bestimmten Fall, ist sie „konkret".[46]

Merke: Die meisten formellen Gesetze sind zugleich auch materielle Gesetze. Es gibt aber auch Gesetze im nur formellen Sinne, die nicht zugleich materielle Gesetze sind. Hierzu gehört etwa das Haushaltsgesetz nach Art. 110 II 1 GG. Es erzeugt für den Bürger keine unmittelbaren Rechte oder Pflichten (vgl. § 3 II BHO).

b) Rechtsverordnungen

Definition: Rechtsverordnungen sind materielle Gesetze, die von Exekutivorganen (Regierung, Minister oder Verwaltungsbehörden) erlassen werden. Von den formellen Gesetzen unterscheiden sie sich nicht in ihrer Wirkung, sondern nur durch die erlassende Stelle.[47]

Beispiele: StVO; AufenthV.

7 Ebenso wie es formelle Bundes- und Landesgesetze gibt, wird zwischen Bundes- und Landesrechtsverordnungen differenziert. Bundesrechtsverordnungen werden von Bundesbehörden und Landesrechtsverordnungen von Landesbehörden erlassen. Entscheidend für die Abgrenzung ist nicht das Gesetz, das zum Erlass einer Rechtsverordnung ermächtigt (vgl. Art. 80 I GG); entscheidend ist die erlassende Stelle. Erlässt folglich eine Landesbehörde eine Rechtsverordnung, handelt es sich auch dann um eine Landesrechtsverordnung, wenn ein Bundesgesetz die erlassende Behörde ermächtigt hat.[48]

c) Satzungen

8 Recht kann nicht nur vom Bund und den Ländern als Träger originärer hoheitlicher Staatsgewalt, sondern auch von Trägern abgeleiteter hoheitlicher Staatsgewalt, wie etwa Gemeinden oder Kreisen, gesetzt werden, sofern diesen durch verfassungsrechtliche oder einfachgesetzliche Ermächtigung die Befugnis zur Rechtsetzung verliehen worden ist. Diese verliehene Rechtsetzungsbefugnis wird Autonomie genannt.

Definition: „Satzungen sind Rechtsvorschriften, die von einer dem Staat eingeordneten juristischen Person des öffentlichen Rechts im Rahmen der

---

46 *Detterbeck* AllgVerwR Rn. 89.
47 Ausf. zu Rechtsverordnungen *Maurer/Waldhoff* AllgVerwR § 13.
48 Str.; wie hier BVerfGE 18, 407 ff. = NJW 1965, 1371.

ihr gesetzlich verliehenen Autonomie mit Wirkung für die ihr angehörenden und unterworfenen Personen erlassen werden."[49]

9 Im Unterschied zu formellen Gesetzen und Rechtsverordnungen werden Satzungen also nicht unmittelbar vom Staat als solchem erlassen. Erlassende Stellen sind vielmehr rechtlich selbstständige juristische Personen des öffentlichen Rechts.

Beispiele: Gemeinden; Landkreise; staatliche Universitäten; Industrie- und Handelskammern; Handwerkskammern; Ärztekammern; öffentlich-rechtliche Rundfunkanstalten usw.

10 Von Rechtsverordnungen unterscheiden sich Satzungen dadurch, dass sie nur die speziellen Selbstverwaltungsangelegenheiten der satzungserlassenden Körperschaft regeln.

Beispiel: Kommunale Bebauungspläne (§ 10 I BauGB); universitäre Promotionsordnungen; Prüfungsordnungen von Industrie- und Handelskammern; Gebührenordnungen von Handwerkskammern.

11 Ebenso wie bei formellen Gesetzen und Rechtsverordnungen ist auch bei den Satzungen zwischen Bundes- und Landesrecht zu unterscheiden. Erlässt eine dem Bund eingegliederte juristische Person des öffentlichen Rechts, zB die Bundesagentur für Arbeit, eine Satzung, handelt es sich um eine bundesrechtliche Satzung. Ist die satzungserlassende Stelle dagegen einem Bundesland eingegliedert, liegt eine landesrechtliche Satzung vor.

4. Verwaltungsvorschriften

Definition: Verwaltungsvorschriften sind generell-abstrakte Regelungen oder Anordnungen, die innerhalb der Verwaltungsorganisation von vorgesetzten Behörden an nachgeordnete Behörden oder von Vorgesetzten an untergeordnete Bedienstete gerichtet sind. Sie betreffen die Organisation, den internen Dienstbetrieb, das Verwaltungsverfahren oder den Vollzug von Rechtsvorschriften.[50]

Beispiel: Geschäftsverteilungspläne.

12 Charakteristisch für Verwaltungsvorschriften ist, dass sie sich zunächst auf den verwaltungsinternen Bereich beschränken. Die hM spricht deshalb auch von Innenrecht – im Gegensatz zum Außenrecht.[51] Das hat unter anderem zur Folge, dass verwaltungsgerichtlicher Rechtsschutz unmittelbar gegen die Verwaltungsvorschriften nach der hM nicht zur Verfügung stehen soll. Der Bürger

---

49 BVerfGE 33, 125 (156) = NJW 1972, 1504.

50 Dazu umfassend *Sauerland*, Die Verwaltungsvorschrift im System der Rechtsquellen, 2005.

51 Vgl. die Nachw. bei *Sauerland*, Die Verwaltungsvorschrift im System der Rechtsquellen, 2005, 42 f., 100 ff.

kann sich aber in jedem Fall gegen die ihn betreffende behördliche Einzelfallentscheidung vor den Verwaltungsgerichten wehren. Es existieren freilich auch außenwirksame Verwaltungsvorschriften, die sogar von den Gerichten beachtet werden müssen. Es handelt sich um die Gruppe der normkonkretisierenden Verwaltungsvorschriften.[52]

13 Ob Verwaltungsvorschriften zu den Rechtsquellen des Verwaltungsrechts gehören, wird kontrovers diskutiert. Unabhängig von ihrer Außenwirkung gegenüber den Bürgern entfalten Verwaltungsvorschriften jedenfalls Verbindlichkeit gegenüber den Behörden und Verwaltungsbediensteten, an die sie gerichtet sind. Nach zutreffender Auffassung sind sie daher Rechtsquellen des Verwaltungsrechts.

II. Ungeschriebenes (Gewohnheits-)Recht

Definition: Ungeschriebenes Gewohnheitsrecht entsteht unter folgenden Voraussetzungen:
- gleichmäßige, langdauernde Übung (objektives Element),
- allgemeine Überzeugung von der Rechtmäßigkeit der Übung (subjektives Element) und
- Formulierbarkeit der Übung als Rechtssatz (inhaltliche Bestimmtheit).[53]

14 Gewohnheitsrecht kann sich auf allen Ebenen des Rechts bilden; sogar Verfassungsgewohnheitsrecht ist nach nicht unumstrittener Ansicht denkbar.[54] Von Bedeutung ist das Gewohnheitsrecht heute vor allem im Völkerecht sowie im Staatshaftungsrecht, einem Teilgebiet des Allgemeinen Verwaltungsrechts.

Beispiel: Die Verbote von Sklaverei und Rassendiskriminierung sind im Völkerrecht gewohnheitsrechtlich anerkannt. – Im Staatshaftungsrecht findet der Entschädigungsanspruch aus enteignungsgleichem Eingriff seine Grundlage in §§ 74 und 75 der Einleitung des Allgemeinen Landrechts für die Preußischen Staaten vom 1.6.1794, die gewohnheitsrechtlich bis heute fortgelten.

Nationale Rechtsquellen
- Verfassung
- Formelle Gesetze
- Rechtsverordnungen
- Satzungen
- Verwaltungsvorschriften
- Ungeschriebenes Gewohnheitsrecht

---

52 Vgl. dazu umfassend *Sauerland*, Die Verwaltungsvorschrift im System der Rechtsquellen, 2005, 64 f., 238 ff., 243 ff., 254 ff.

53 Zur Entstehung von Gewohnheitsrecht *Krebs/Becker* JuS 2013, 97 ff.

54 Vgl. BVerfGE 1, 144 (151) = BeckRS 2016, 112112; BVerfGE 29, 221 (234) = NJW 1971, 365.

B. Europäisches Unionsrecht

15 Dem europäischen Unionsrecht kommt insbesondere im Besonderen Verwaltungsrecht eine herausragende Bedeutung zu. Zu erwähnen ist exemplarisch das Asyl- und Flüchtlingsrecht sowie das Umweltrecht. Zu unterscheiden sind das primäre Unionsrecht und das sekundäre Unionsrecht: Das primäre Unionsrecht wird in erster Linie durch das Zusammenwirken der Mitgliedstaaten der Europäischen Union geschaffen. Das sekundäre Unionsrecht wird auf der Grundlage des primären Unionsrechts durch die Organe der Europäischen Union erlassen.

I. Primäres Unionsrecht

16 Zum primären Unionsrecht zählen der Vertrag über die Europäische Union (EUV) und der Vertrag über die Arbeitsweise der Europäischen Union (AEUV) einschließlich der jeweiligen Anlagen und Protokolle. Gewohnheitsrechtliche Rechtssätze und ungeschriebene allgemeine Rechtsgrundsätze gehören ebenfalls zum primären Unionsrecht. Die im primären Unionsrecht gewährleisteten Rechte sind für die Bürger vor den deutschen Gerichten einklagbar.[55]

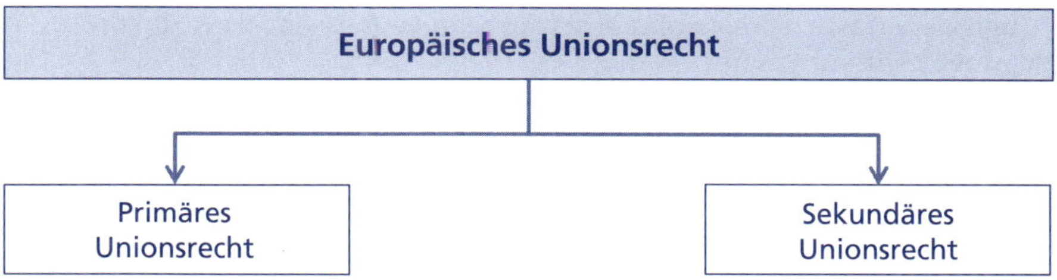

Abb. 5: Europäisches Unionsrecht

II. Sekundäres Unionsrecht

17 Das sekundäre Unionsrecht besteht aus denjenigen Rechtsvorschriften, die von den EU-Organen (Europäischer Rat, Kommission, Europäisches Parlament) aufgrund des primären Unionsrechts erlassen werden. Von besonderer Bedeutung sind die in Art. 288 AEUV genannten sekundären Unionsakte.

1. Verordnungen 18

Definition: Verordnungen nach Art. 288 II AEUV sind generell-abstrakte Regelungen, die für jedermann verbindlich sind und unmittelbar in jedem Mitgliedstaat gelten. Verordnungen müssen von allen nationalen Behörden (und Gerichten) beachtet werden. Auch die Bürger müssen sie befolgen und können ihre Einhaltung vor deutschen Gerichten einklagen.[56]

[55] Unmittelbare Rechte und Pflichten für die Bürger erzeugen Rechtssätze des primären Unionsrechts freilich nur, sofern sie inhaltlich unbedingt und hinreichend bestimmt sind; dazu *Bull/Mehde* AllgVerwR Rn. 214.

[56] Vgl. Art. 288 II AEUV.

2. Richtlinien

Definition: Richtlinien gem. Art. 288 III AEUV wenden sich grundsätzlich nur an die Mitgliedstaaten der EU. Sie enthalten lediglich Zielvorgaben, die von den Mitgliedstaaten der EU vollständig und fristgerecht in nationales Recht umgesetzt werden müssen. Wie dies geschieht, entscheiden die Mitgliedstaaten selbst. In Deutschland erfolgt die Umsetzung in deutsches Recht in der Regel durch formelle Gesetze des Bundes oder der Länder.[57]

19 Richtlinien gelten für die Bürger nicht unmittelbar, dh der einzelne Bürger wird durch eine Richtlinie weder berechtigt noch verpflichtet. Rechte und Pflichten erwirbt er erst durch den deutschen Umsetzungsakt.

Allerdings gibt es Ausnahmen von der fehlenden unmittelbaren Wirkung von Richtlinien. Eine unmittelbare Wirkung der Richtlinien zugunsten der Bürger gegen den Staat ist unter den folgenden zwei Voraussetzungen anzunehmen:

1. Die Richtlinie muss inhaltlich unbedingt und hinreichend bestimmt sein. Inhaltlich unbedingte Richtlinien räumen den Mitgliedstaaten bei der Umsetzung keinen Gestaltungsspielraum ein. Der sachliche Regelungsbereich und der erfasste Personenkreis der Richtlinien müssen ferner durch Auslegung bestimmbar sein.
2. Die Richtlinie wurde trotz Ablaufs der Umsetzungsfrist nicht ordnungsgemäß in deutsches Recht umgesetzt.

Sind diese beiden Voraussetzungen erfüllt, wirkt die Richtlinie unmittelbar zugunsten der Bürger, die sich dann vor den staatlichen Behörden oder Gerichten auf sie berufen können.[58] Eine unmittelbare Wirkung zulasten der Bürger gibt es hingegen nicht. Eine Richtlinie, die den Bürgern Belastungen auferlegt, darf ihnen gegenüber – auch im Falle ihrer Nichtumsetzung in nationales Recht – nicht angewendet werden.[59]

20 3. Beschlüsse

Definition: Beschlüsse iSv Art. 288 IV AEUV sind Einzelfallregelungen des Rates oder der Kommission. Sie sind für ihre Adressaten – Mitgliedstaaten, Wirtschaftsunternehmen oder Bürger – verbindlich.

---

[57] Vgl. Art. 288 III AEUV.

[58] In seiner jüngeren Rspr. differenziert der EuGH zwischen der subjektiven unmittelbaren Wirkung und der objektiven unmittelbaren Wirkung von Richtlinien (EuGH Slg. 1996, I-2281 [2320]; Slg. 1995, I-2189 [2224]). Entfaltet eine Richtlinie subjektive unmittelbare Wirkung, kann der Bürger sich unmittelbar auf die Richtlinie berufen. Objektive unmittelbare Wirkung bedeutet, dass die nationalen Behörden und Gerichte die Richtlinie beachten müssen.

[59] EuGH NJW 2004, 3549 Rn. 108.

4. Empfehlungen und Stellungnahmen 21

Definition: Die in Art. 288 V AEUV genannten Empfehlungen und Stellungnahmen sind gegenüber Mitgliedstaaten und Bürgern rechtlich unverbindlich.

Europäisches Unionsrecht

- Primäres Unionsrecht
- Sekundäres Unionsrecht (Art. 288 AEUV)
  - Verordnungen
  - Richtlinien
  - Beschlüsse
  - Empfehlungen
  - Stellungnahmen

C. Völkerrecht

Grundlage behördlichen Handelns kann auch Völkerrecht sein. Zu unterschei- 22
den sind allgemeine Regeln des Völkerrechts und Völkervertragsrecht.

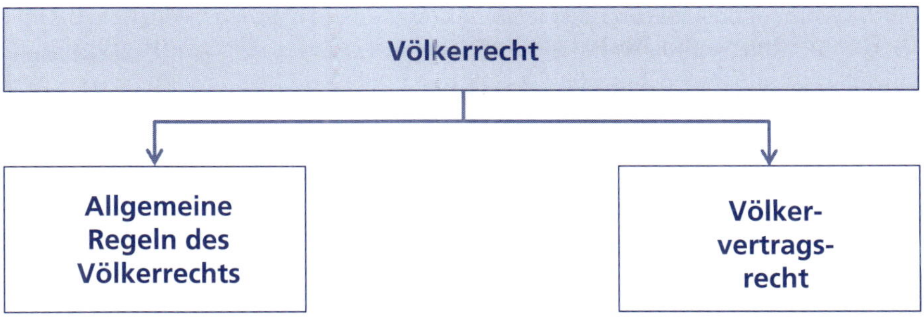

Abb. 6: Völkerrecht

I. Allgemeine Regeln des Völkerrechts

Die allgemeinen Regeln des Völkerrechts sind unmittelbar ohne weiteren Zwi- 23
schenakt des deutschen Gesetzgebers Bestandteil des Bundesrechts (Art. 25 S. 1 GG). Sie müssen von den Behörden angewandt werden und stehen im Rang über den formellen Bundesgesetzen, aber unter dem Grundgesetz (Art. 25 S. 2 GG).

Allgemeine Regeln des Völkerrechts werden durch das Völkergewohnheitsrecht 24
gebildet. Sie müssen auf einer allgemeinen, gefestigten, dh von der überwiegenden Mehrheit der Staaten getragenen Übung beruhen.[60] „Allgemein“ sind Regeln des Völkerrechts dann, wenn sie für alle von ihnen betroffenen Völker-

---

[60] BVerfGE 23, 288 (317) = NJW 1968, 1667.

rechtssubjekte gelten oder sie zumindest „von der weitaus größeren Zahl der Staaten – nicht notwendigerweise auch von der Bundesrepublik Deutschland – anerkannt“ werden.[61]

Beispiele: Verbot der Folter; Verbot der Diskriminierung aufgrund der ethischen Zugehörigkeit.

II. Völkervertragsrecht

25 Völkervertragsrecht hat den Rang, den der erforderliche Transformationsakt einnimmt. So muss nach Art. 59 II 1 GG die Transformation des völkerrechtlichen Vertrages in innerstaatliches Recht durch ein formelles Bundesgesetz erfolgen. In diesem Fall erhält das Völkerrecht den Rang eines formellen Bundesgesetzes. In den Fällen des Art. 32 III GG kommt ihm der Rang eines formellen Landesgesetzes und in den Fällen des Art. 59 II 2 GG der Rang einer Bundesrechtsverordnung oder einer Bundesverwaltungsvorschrift zu.[62]

Völkerrecht
- Allgemeine Regeln des Völkerrechts (Art. 25 GG)
- Völkervertragsrecht (Art. 59 II und 32 III GG)

D. Rangordnung der Rechtsquellen

I. Rangordnung des nationalen Rechts

26 Die Rangordnung der nationalen Rechtsquellen lässt sich anhand einer Normenpyramide darstellen.

Abb. 7: Normenpyramide

[61] BVerfGE 16, 27 (33) = NJW 1963, 1732.
[62] BVerfGE 128, 326 ff. = BeckRS 2011, 50108.

Besteht zwischen einzelnen (deutschen) Rechtsnormen inhaltlich ein Widerspruch, bricht das ranghöhere Recht das rangniedrigere Recht. Für das Verhältnis zwischen Bundesrecht und Landesrecht folgt dies unmittelbar aus Art. 31 GG („Bundesrecht bricht Landesrecht"). Der Begriff „brechen" heißt, dass das rangniedrigere Recht nichtig ist.[63] Zu beachten ist aber, dass nur rechtmäßiges Recht das kollidierende Recht einer niedrigeren Stufe „brechen" kann. Denn rechtswidrige Rechtsnormen sind per se nichtig. Sie können deshalb anderes Recht nicht mehr brechen.[64] 27

Kollidieren Rechtsnormen derselben Stufe, gelten folgende Grundregeln: 28

- Das jüngere Recht geht dem älteren Recht vor („lex posterior derogat legi priori").
- Das spezielle Recht geht dem allgemeinen Recht vor („lex specialis derogat legi generali").

Zusammenfassend symbolisiert die Normenpyramide zwei Grundprinzipien:

- Nichtigkeit einer Rechtsnorm, die mit einer höherrangigen Rechtsnorm unvereinbar ist, und
- Vorrang nur rechtmäßiger Rechtsnormen.

Die Zuordnung des ungeschriebenen Rechts ist nicht einfach. Denkbar ist Gewohnheitsrecht jedenfalls auf allen Stufen des nationalen Rechts.[65] 29

Beispiel: Entschädigungsanspruch aus enteignungsgleichem Eingriff im Staatshaftungsrecht; Observanz (örtlich begrenztes Gewohnheitsrecht).

Verwaltungsvorschriften sollen sich nach hM als grundsätzlich bloßes Innenrecht nicht in die Normenpyramide einfügen lassen.[66] 30

Rangordnung der nationalen Rechtsquellen

- Bundesrecht bricht Landesrecht (Art. 31 GG).
- Höherrangiges Recht bricht rangniedrigeres Recht.
- Jüngeres Recht verdrängt älteres Recht.
- Spezielles Recht verdrängt allgemeines Recht.

---

63 BVerfGE 121, 317 (349) = NJW 2008, 2409. Streitig ist allerdings, ob kollidierendes Landesverfassungsrecht „gebrochen" (so die hM, etwa Sachs/*Huber* GG Art. 31 Rn. 24a mwN) oder nur „überlagert" wird (so *Sacksofsky* NVwZ 1993, 235 [239]). Der Wortlaut des Art. 31 GG unterscheidet nicht zwischen Landesverfassungsrecht und sonstigem Landesrecht und spricht daher für die hM. Im Übrigen kann das BVerfG statt der Nichtigkeit lediglich die Unvereinbarkeit einer verfassungswidrigen Norm mit dem GG feststellen, etwa wenn ein „Rechtsvakuum" (Jarass/Pieroth/*Jarass* GG Art. 20 Rn. 35a) der verfassungsmäßigen Ordnung noch ferner stünde (BVerfGE 117, 163 [201] = BeckRS 2007, 21754) oder der Gesetzgeber Zeit für eine Neuregelung benötigt (BVerfGE 103, 1 [19] = NJW 2001, 353).

64 *Detterbeck* AllgVerwR Rn. 119.

65 Vgl. BVerfGE 61, 149 (203 f.) = NJW 1983, 25.

66 Abl. *Sauerland*, Die Verwaltungsvorschrift im System der Rechtsquellen, 2005, 275 ff.

II. Rangordnung des europäischen Unionsrechts

31 Innerhalb der Unionsrechtsordnung geht das primäre dem sekundären Unionsrecht vor. Innerhalb des sekundären Unionsrechts wiederum genießen die Verordnungen Vorrang vor den Richtlinien und diese vor den Beschlüssen und sonstigen Rechtsakten. Bei EU-Recht gleicher Rangordnung geht das jüngere dem älteren und das spezielle dem allgemeinen Recht vor.[67]

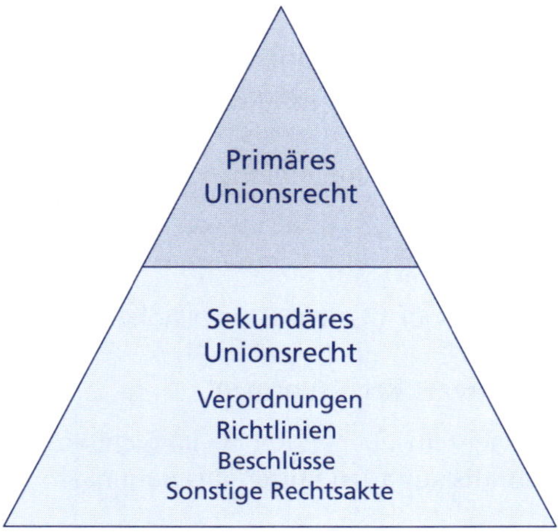

Abb. 8: Rechtsquellen des Unionsrechts

III. Rangordnung zwischen Unionsrecht und nationalem Recht

32 Besteht ein Widerspruch zwischen Unionsrecht und nationalem Recht, kommt dem EU-Recht kein Geltungsvorrang, sondern ein Anwendungsvorrang zu. Das deutsche Recht wird zwar nicht ungültig, es darf aber nicht mehr angewendet werden. Das Unionsrecht geht nicht nur dem einfachen Gesetzesrecht, sondern (in eingeschränkter Weise) auch dem Verfassungsrecht vor.[68] Der Anwendungsvorrang des Unionsrechts gilt allerdings nur unter bestimmten Voraussetzungen:

1. Die vorrangige Unionsrechtsnorm muss unmittelbar anwendbar sein. Nicht unmittelbar wirkenden Richtlinien kommt deshalb auch nach Ablauf der Umsetzungsfrist kein Anwendungsvorrang zu.
2. Die fragliche EU-Vorschrift, die im konkreten Fall dem deutschen Recht widerspricht, darf nicht gegen höherrangiges EU-Recht verstoßen.
3. Zuletzt muss die in Rede stehende EU-Vorschrift den Vorgaben des Art. 23 I 3 GG entsprechen.

33 Die genauen Voraussetzungen des Anwendungsvorrangs des Unionsrechts sind höchst umstritten und sollen deshalb hier nur kurz erwähnt werden.[69]

---

[67] *Detterbeck* AllgVerwR Rn. 160.

[68] Grdl. EuGH Slg. 1964, 1 – Costa/ENEL; ferner BVerfGE 73, 339 ff. – Solange II; BVerfGE 89, 155 (175 ff.) = NJW 1993, 3047 – Maastricht; BVerfGE 102, 147 = NJW 2000, 3124 – Marktorganisation für Bananen.

[69] Zur Vertiefung *Ehlers* JURA 2011, 187 ff.; *Polzin* JuS 2012, 1 ff.

E. Kontrollfragen

1. Was ist der Unterschied zwischen formellen und materiellen Gesetzen? (→ Rn. 4 f.)
2. Welches Parlamentsgesetz ist ein Gesetz im nur formellen Sinne? (→ Rn. 6)
3. Wodurch unterscheiden sich Satzungen und Rechtsverordnungen? (→ Rn. 9)
4. Was sind Verwaltungsvorschriften? (→ vor Rn. 12)
5. Verwaltungsrechtliche Grundsätze finden sich ebenfalls im Europäischen Unionsrecht. Aus welchen Rechtsquellen besteht das sekundäre Unionsrecht? (→ Rn. 17 ff.)
6. Welche beiden Arten von Völkerrecht gibt es? Welchen Rang hat das Völkerrecht im innerstaatlichen Recht? (→ Rn. 22 ff.)
7. Skizzieren Sie die Normenpyramide! Welche Aussagen hinsichtlich der Rangordnung der Rechtsquellen des Verwaltungsrechts können mit ihrer Hilfe getroffen werden? (→ Rn. 26 ff.)

§ 3 Verwaltungsverfahrensgesetze des Bundes und der Länder

Lernziel: Sie sollen nach dem Studium dieses Kapitels die Anwendungsbereiche der Verwaltungsverfahrensgesetze des Bundes und der Länder kennen.

A. Verwaltungsverfahrensgesetz des Bundes

Die Verwaltungsverfahrensgesetze des Bundes und der Bundesländer sind wichtige Rechtsquellen des Verwaltungsrechts. Sie sollen deshalb kurz gesondert dargestellt werden. Die Verwaltungsverfahrensgesetze regeln wichtige Teilbereiche der Tätigkeit von Bundes- und Landesbehörden. Sie schaffen einen einheitlichen Rahmen für das Handeln der Verwaltung, bewirken so eine Vereinfachung der Verwaltungstätigkeit und entlasten zugleich die Bundes- und Landesgesetzgeber, die weniger Spezialvorschriften schaffen müssen.[70] 1

Eine vollständige Regelung des Allgemeinen Verwaltungsrechts enthalten die Verwaltungsverfahrensgesetze allerdings nicht. Von besonderer Praxis- und damit Prüfungsrelevanz sind vor allem die folgenden Bestimmungen: 2

- § 28 VwVfG: Anhörung Beteiligter,
- § 35 VwVfG: Begriff des Verwaltungsakts,
- § 41 VwVfG: Bekanntgabe eines Verwaltungsakts,
- § 43 VwVfG: Wirksamkeit eines Verwaltungsakts,
- § 44 VwVfG: Nichtigkeit eines Verwaltungsakts,
- § 45 VwVfG: Heilung von Verfahrens- und Formfehlern,

[70] Zu den Funktionen der Verwaltungsverfahrensgesetze *Maurer/Waldhoff* AllgVerwR § 5 Rn. 8.

- §46 VwVfG: Unbeachtlichkeit von Verfahrens- und Formfehlern,
- §§48–49 VwVfG: Rücknahme und Widerruf eines Verwaltungsakts.

3 Das Verwaltungsverfahrensgesetz des Bundes findet nach seinem §1 I Nr. 2 auch auf die Tätigkeit der Länder, Gemeinden und Gemeindeverbände und der sonstigen der Aufsicht der Länder unterstehenden juristischen Personen des öffentlichen Rechts Anwendung, wenn sie Bundesrecht im Rahmen der Bundesauftragsverwaltung (Art. 85 GG) ausführen. Die Vorschrift hat keine praktische Bedeutung, da die Länder eigene Verwaltungsverfahrensgesetze erlassen haben, die dem Verwaltungsverfahrensgesetz des Bundes vorgehen (§1 III VwVfG; → Rn. 7).

4 Nach §1 I Nr. 1 VwVfG gilt das Verwaltungsverfahrensgesetz des Bundes nur für die öffentlich-rechtliche Verwaltungstätigkeit der Behörden des Bundes und der bundesunmittelbaren Körperschaften, Anstalten und Stiftungen des öffentlichen Rechts. Handeln Bundesbehörden dagegen privatrechtlich, findet das VwVfG keine Anwendung.

Beispiele:
- Behörden des Bundes: Bundesamt für Migration und Flüchtlinge; Bundesverwaltungsamt; Bundespolizeipräsidium; Bundeskriminalamt.
- Bundesunmittelbare Körperschaften des öffentlichen Rechts: Bundesrechtsanwaltskammer; Bundesagentur für Arbeit.
- Bundesunmittelbare Anstalten des öffentlichen Rechts: Technisches Hilfswerk; Bundesanstalt für Finanzdienstleistungsaufsicht.
- Bundesunmittelbare Stiftungen des öffentlichen Rechts: Stiftung Preußischer Kulturbesitz; Stiftung Bundeskanzler Adenauer-Haus.

5 Das Verwaltungsverfahrensgesetz des Bundes kommt nicht zur Anwendung, wenn andere Rechtsvorschriften des Bundes inhaltsgleiche oder abweichende Regelungen enthalten (Grundsatz der Subsidiarität, vgl. §1 I Hs. 2 VwVfG). Erfasst werden andere formelle Gesetze oder Rechtsverordnungen des Bundes, nicht dagegen Satzungen oder Verwaltungsvorschriften.[71]

Beispiel: §35 StAG über die Rücknahme von Einbürgerungen verdrängt als lex specialis die allgemeine Rücknahmevorschrift in §48 VwVfG.

6 § 2 II und III VwVfG bezeichnet bestimmte juristische Personen oder Behörden sowie bestimmte Sachbereiche, für die das VwVfG des Bundes insgesamt nicht gilt.

Beispiele: Zu nennen sind insbesondere die Finanzverwaltung (§2 II Nr. 1 VwVfG), deren Verfahrensrecht sich in der AO findet, oder die Sozialverwaltung (§2 II Nr. 4 VwVfG), die das SGB anwendet.

7 Haben Bundesländer die Verwaltungstätigkeit ihrer Landesbehörden in eigenen Verwaltungsverfahrensgesetzen geregelt, gilt nach §1 III VwVfG für deren Tätigkeit nicht das Verwaltungsverfahrensgesetz des Bundes, sondern das

---

71 Stelkens/Bonk/Sachs/*Schmitz* VwVfG §1 Rn. 211 ff.

entsprechende Landesverwaltungsverfahrensgesetz. Mittlerweile haben sämtliche Bundesländer entweder eigene Verwaltungsverfahrensgesetze erlassen oder das Verwaltungsverfahrensgesetz des Bundes durch Verweisungsgesetz als Landesrecht übernommen.

Merke: Für die öffentlich-rechtliche Verwaltungstätigkeit der Bundesbehörden gilt (abgesehen von den Ausnahmen des §2 VwVfG) das Bundes-VwVfG. Für die öffentlich-rechtliche Verwaltungstätigkeit der Landes- und Kommunalbehörden gilt das Landes-VwVfG des jeweiligen Bundeslandes.

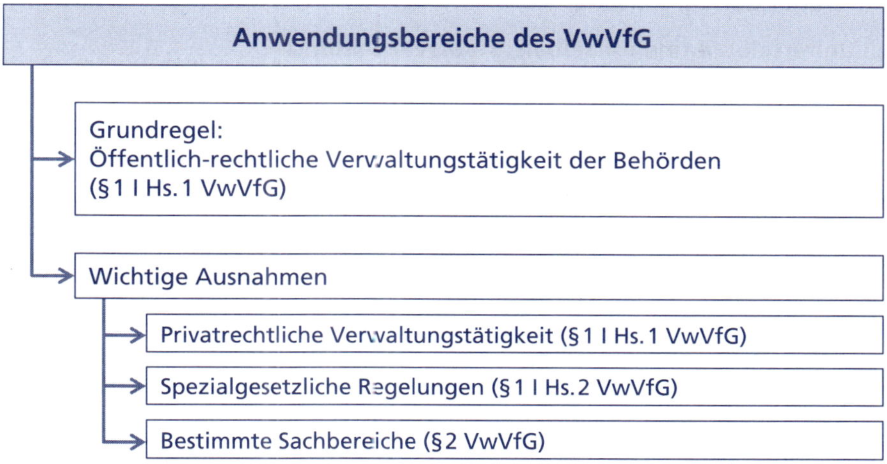

Abb. 9: Anwendungsbereich des Verwaltungsverfahrensgesetzes des Bundes

B. Verwaltungsverfahrensgesetze der Länder

Sämtliche Bundesländer haben eigene Verwaltungsverfahrensgesetze erlassen. 8
Die meisten stimmen fast wörtlich mit dem Verwaltungsverfahrensgesetz des Bundes überein. Ihr Anwendungsbereich ist damit in ähnlicher Weise beschränkt wie der des Bundes-Verwaltungsverfahrensgesetzes.

C. Kontrollfragen

1. Wann sind die Verwaltungsverfahrensgesetze des Bundes und der Länder anwendbar? (→ Rn. 4)
2. Erläutern Sie den Grundsatz der Subsidiarität des Verwaltungsverfahrensgesetzes des Bundes! (→ Rn. 5)

§4 Organisation der Verwaltung

Lernziele: Sie sollen nach dem Studium dieses Kapitels
1. den Aufbau der Verwaltungen des Bundes und der Länder kennen,
2. zwischen Körperschaften, Anstalten und Stiftungen des öffentlichen Rechts unterscheiden und
3. beurteilen, unter welchen Voraussetzungen natürliche oder juristische Personen des Privatrechts hoheitliche Aufgaben wahrnehmen dürfen.

A. Träger der Verwaltung

I. Unmittelbare und mittelbare Staatsverwaltung

1 Gemäß Art. 20 I GG ist die Bundesrepublik Deutschland ein Bundesstaat. Dem Bundesstaatsprinzip zufolge besteht der Staat aus dem Bund und den Bundesländern (= Länder iSd Art. 30 GG).

Definition: Erfüllen der Bund oder die Länder die Verwaltungsaufgaben selbst durch eigene Behörden, spricht man von unmittelbarer Staatsverwaltung.

Beispiele: Bundesverwaltungsamt; Bundeskriminalamt; Bundesamt für Verfassungsschutz; Bundesnachrichtendienst. – Regierungspräsidien; Landeskriminalämter; Landesämter für Verfassungsschutz.

Definition: Der Staat kann die Verwaltungsaufgaben auch auf selbstständige, rechtsfähige Organisationseinheiten übertragen. Diese Organisationseinheiten werden dem Staat – Bund oder Ländern – zwar zugerechnet, sind aber rechtlich eigenständig. Werden Verwaltungsaufgaben von solchen rechtlich autonomen Verwaltungsträgern wahrgenommen, handelt es sich um mittelbare Staatsverwaltung.

Beispiele: Bundesagentur für Arbeit; Stiftung Preußischer Kulturbesitz. – Gemeinden; Kreise; Industrie- und Handelskammern; Handwerkskammern; Rechtsanwaltskammern.

2 Da die Bundesrepublik Deutschland ein zweigliedriger Bundesstaat ist, in dem die staatlichen Aufgaben durch den Bund und die Länder wahrgenommen werden, ergibt sich folgende Aufteilung der Staatsverwaltung:

3 Die unmittelbare Staatsverwaltung gliedert sich in

- die unmittelbare Bundesverwaltung

Beispiele: Bundesinnenministerium; Bundesverwaltungsamt; Bundespolizeipräsidium.

- und die unmittelbare Landesverwaltung.

Beispiele: Landesministerien; Regierungspräsidien; Finanzämter.

Die mittelbare Staatsverwaltung unterfällt in 4

- die mittelbare Bundesverwaltung

Beispiele: Bundesagentur für Arbeit; Stiftung Preußischer Kulturbesitz.

und die mittelbare Landesverwaltung.

Beispiele: Gemeinden; Kreise; Handwerkskammern; öffentlich-rechtliche Rundfunkanstalten; Universitäten.

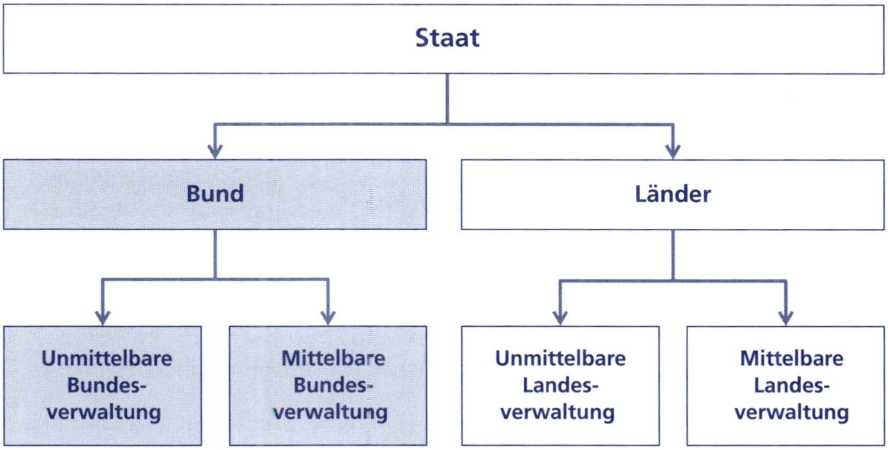

Abb. 10: Aufbau der Staatsverwaltung

Im Falle der unmittelbaren Staatsverwaltung sind entweder der Bund oder die Länder Verwaltungsträger. Im Falle der mittelbaren Staatsverwaltung sind die jeweiligen rechtlich selbstständigen Verwaltungseinheiten die Verwaltungsträger. 5

II. Juristische Personen des öffentlichen Rechts

1. Überblick

Definition: Juristische Personen sind fiktive Rechtsgebilde mit eigener Rechtspersönlichkeit. Sie sind selbst Träger von Rechten und Pflichten und können selbst klagen oder verklagt werden.[72]

Wird die Rechtsfähigkeit der juristischen Personen durch Vorschriften des Privatrechts geregelt, handelt es sich um juristische Personen des Privatrechts. 6

[72] Näher *Schnapp* JURA 1980, 69 (70).

Beispiele: Aktiengesellschaft (Aktiengesetz); Gesellschaft mit beschränkter Haftung (GmbH-Gesetz); eingetragener Verein (BGB).

7 Liegen die Rechtsgrundlagen der juristischen Personen dagegen im öffentlichen Recht, handelt es sich um juristische Personen des öffentlichen Rechts.

Beispiele: Gemeinden (Art. 28 II GG); Industrie- und Handelskammern (IHK-Gesetz).

8 Verwaltungsträger der mittelbaren Staatsverwaltung sind stets – vom Ausnahmefall des Beliehenen abgesehen – juristische Personen des öffentlichen Rechts. Sie werden durch die Verfassung, durch Gesetz oder durch einen staatlichen Hoheitsakt, der auf einem Gesetz beruht, gegründet. Bei den juristischen Personen des öffentlichen Rechts unterscheidet man zwischen den Körperschaften des öffentlichen Rechts, den Anstalten des öffentlichen Rechts und den Stiftungen des öffentlichen Rechts.

2. Körperschaften des öffentlichen Rechts

Definition: Körperschaften des öffentlichen Rechts sind mitgliedschaftlich verfasste, aber unabhängig vom Wechsel der Mitglieder bestehende Organisationen, die selbstverantwortlich hoheitliche Aufgaben unter staatlicher Aufsicht wahrnehmen.[73]

Beispiel: Die „Mitglieder“ der Stadt München – eine Körperschaft des öffentlichen Rechts – sind ihre Einwohner: Ohne Einwohner keine Kommune! Dennoch ist der Bestand der Stadt München unabhängig vom Zuzug oder Wegzug einzelner Einwohner.

9 Folgende Arten von Körperschaften des öffentlichen Rechts werden gemeinhin unterschieden:

- Bei den Gebietskörperschaften ist der Wohnsitz oder der Geschäftssitz der Mitglieder für die Mitgliedschaft bestimmend.

Beispiele: Gemeinden und Gemeindeverbände, wie zB die Kreise.

- Die Mitgliedschaft bei den Personalkörperschaften richtet sich nach bestimmten individuellen Eigenschaften.[74]

Beispiele: Rechtsanwaltskammern; Ärztekammern; staatliche Universitäten.

- Bei den Realkörperschaften knüpft die Mitgliedschaft an Eigentum oder Besitz an.

---

73 *Wallerath* AllgVerwR §5 Rn. 7.

74 Staaten enthalten Elemente sowohl von Gebiets- wie auch von Personalkörperschaften; vgl. hierzu *Doehring*, Allgemeine Staatslehre, 3. Aufl. 2004, Rn. 36 ff.

Beispiele: Industrie- und Handelskammern, deren Mitglieder nach § 2 I IHK-Gesetz eine Betriebsstätte unterhalten; Jagdgenossenschaften, deren Mitglieder nach § 9 I BJagdG die Eigentümer der Grundflächen sind, die zu einem gemeinschaftlichen Jagdbezirk gehören.

- Die Mitglieder von Verbandskörperschaften können nur juristische Personen sein.

Beispiel: Kommunale Zweckverbände wie der Kommunalverband Ruhrgebiet.

3. Anstalten des öffentlichen Rechts

Definition: Anstalten des öffentlichen Rechts sind mit Personal- und Sachmitteln ausgestattete Organisationen. Sie haben keine Mitglieder, sondern Benutzer.

Unterschieden wird zwischen vollrechtsfähigen, teilrechtsfähigen und nichtrechtsfähigen Anstalten: 10

- Vollrechtsfähige Anstalten können Träger prinzipiell aller Rechte und Pflichten sein. Sie haben oft Dienstherrenfähigkeit, können also eigene Beamtinnen und Beamte haben.

Beispiele: Filmförderungsanstalt. – Sparkassen; öffentlich-rechtliche Rundfunkanstalten, wie zB ARD oder ZDF.

- Teilrechtsfähige Anstalten sind nur außenstehenden Dritten gegenüber vermögensrechtlich selbstständig, im Übrigen jedoch in die unmittelbare Staatsverwaltung eingegliedert. Soweit die Selbstständigkeit reicht, können sie vor den Gerichten selbst klagen oder auch verklagt werden.

Beispiel: Deutscher Wetterdienst (vgl. § 1 I Gesetz über den Deutschen Wetterdienst).

- Nichtrechtsfähige Anstalten wiederum sind nur organisatorisch selbstständig, rechtlich aber Teil einer juristischen Person des öffentlichen Rechts.

Beispiele: Kommunale Schulen; Schwimmbäder (früher auch „Badeanstalten“ genannt).

Manchmal führen Bundes- oder Landesbehörden noch den Bestandteil „-anstalt“ in ihrer Bezeichnung, obwohl sie nicht selbstständig, sondern in die unmittelbare Bundes- oder Landesverwaltung eingegliedert sind. Trotz ihres irreführenden Namens handelt es sich um obere Bundes- oder Landesbehörden und nicht um „Anstalten“ im eigentlichen Sinne. 11

Beispiele: Bundesanstalt für Materialforschung und -prüfung; Biologische Bundesanstalt für Land- und Forstwirtschaft; Physikalisch-Technische Bundesanstalt. – Hessische Landesanstalt für Umwelt (seit dem 1.1.2000: Hessisches Landesamt für Umwelt und Geologie).

12 4. Stiftungen des öffentlichen Rechts

Definition: Stiftungen des öffentlichen Rechts sind rechtlich verselbstständigte Vermögensmassen, denen ein Stifter zweckgebunden Vermögenswerte (Kapital oder Sachwerte) zur Erfüllung bestimmter öffentlicher Aufgaben übertragen hat. Stiftungen haben weder Mitglieder noch Benutzer, sondern Nutznießer oder Destinatäre.[75]

Beispiele: Stiftung Preußischer Kulturbesitz; Stiftung Bundeskanzler-Adenauer-Haus.

B. Beliehene und Verwaltungshelfer

I. Beliehene

Definition: Beliehene sind natürliche oder juristische Personen des Privatrechts, denen durch oder aufgrund eines Gesetzes die Befugnis eingeräumt worden ist, einzelne hoheitliche Verwaltungsaufgaben im eigenen Namen und in eigener Verantwortung wahrzunehmen.[76]

13 Entsprechend der Beleihung ist der Private Behörde iSd §1 IV VwVfG und kann selbst Verwaltungsakte erlassen. Die Beleihung bedarf einer formell-gesetzlichen Grundlage.[77]

Beispiele: Luftsicherheitsassistenten (§16a LuftSiG); Bezirksschornsteinfegermeister (§8 I Schornsteinfeger-Handwerksgesetz); Sachverständige des TÜV (nicht der TÜV selbst; §29 II 2 StVZO); Notare (§1 BNotO); Postunternehmen bei der Zustellung (§33 I PostG).

14 Beliehene sind Verwaltungsträger. Sie gehören zur mittelbaren Staatsverwaltung. Handeln sie im eigenen Namen, was der Regelfall ist, sind sie im Verwaltungsprozess selbst Partei. Ansonsten sind Klagen gegen den beleihenden Verwaltungsträger zu richten.[78]

15 II. Verwaltungshelfer

Definition: Vom Beliehenen ist der Verwaltungshelfer zu unterscheiden. Der Verwaltungshelfer handelt nicht selbstständig, sondern nimmt nur Hilfstätigkeiten im Auftrag und nach Weisung der ihn beauftragenden Behörde wahr. Ihm steht keine abschließende eigene Entscheidungsbefugnis zu. Sein

---

75 *Wallerath* AllgVerwR §5 Rn. 24.
76 *Wienbracke* AllgVerwR Rn. 51.
77 BremStGH NVwZ 2003, 81 ff.
78 *Menger* VerwArch 67 (1976), 205 (209).

Handeln wird unmittelbar der Behörde zugerechnet, für die er tätig wird. Der Verwaltungshelfer ist daher nicht selbst Verwaltungsträger.[79]

Beispiele: Der im Auftrag der Polizei eine Blutprobe entnehmende Arzt; der Bürger, der nach einem Unfall von der Polizei beauftragt wird, den Verkehr durch Handzeichen zu regeln; Schülerlotsen; die sog. Ordnungsschüler (etwa bei der Pausen- oder Klassenaufsicht) oder der beim Turnen Hilfestellung leistende Schüler.

C. Verwaltungsaufbau

I. Bundesverwaltung

1. Unmittelbare Bundesverwaltung

Die Aufgaben der unmittelbaren Bundesverwaltung werden von Bundesbehörden wahrgenommen. Die unmittelbare Bundesverwaltung hat grundsätzlich – soweit überhaupt ein eigener Unterbau besteht – einen vierstufigen Aufbau. 16

1. Oberste Bundesbehörden sind der Bundespräsident mit dem Bundespräsidialamt, der Bundeskanzler mit dem Bundeskanzleramt, die Bundesminister mit den Bundesministerien sowie der Bundesrechnungshof und die Bundesbank. Sie sind keiner anderen Bundesbehörde untergeordnet und für das gesamte Bundesgebiet zuständig.
2. Den Bundesministerien unterstellt sind ca. 70 obere Bundesbehörden. Die Rechtsgrundlage für ihre Errichtung findet sich in Art. 87 GG.

Beispiele: Bundespolizeipräsidium; Bundesverwaltungsamt; Statistisches Bundesamt; Bundeskriminalamt; Bundesamt für den Verfassungsschutz.

Bundesoberbehörden sind einer obersten Bundesbehörde weisungsunterworfen und für das gesamte Bundesgebiet zuständig. Unter bestimmten Voraussetzungen können ihnen Mittel- oder Unterbehörden nachgeordnet werden.

Beispiele: Das Bundespolizeipräsidium ist eine Bundesoberbehörde; die ihm unterstellten Bundespolizeidirektionen sind untere Bundesbehörden (vgl. § 57 II BPolG). Dem Bundesverwaltungsamt sind demgegenüber keine Behörden nachgeordnet.

3. Bundesmittelbehörden werden definiert als einer obersten oder oberen Bundesbehörde unterstellte Behörden mit räumlich und fachlich beschränktem Zuständigkeitsbereich. Sie sind den unteren Bundesbehörden übergeordnet.

Beispiele: Generaldirektion Wasserstraßen und Schifffahrt; früher auch Wehrbereichsverwaltungen und Bundesfinanzdirektionen.

[79] *Wallerath* AllgVerwR § 5 Rn. 28.

In der Bundesverwaltung stellen Mittelbehörden derzeit eine Ausnahme dar.[80]

4. Bundesunterbehörden sind in der Regel einer Bundesoberbehörde oder einer Bundesmittelbehörde nachgeordnet.

Beispiele: Bundespolizeidirektionen; Hauptzollämter; Wasserstraßen- und Schifffahrtsämter.

Im Bereich des Bundesverwaltungsamts und der meisten weiteren Bundesoberbehörden existieren keine Unterbehörden.[81]

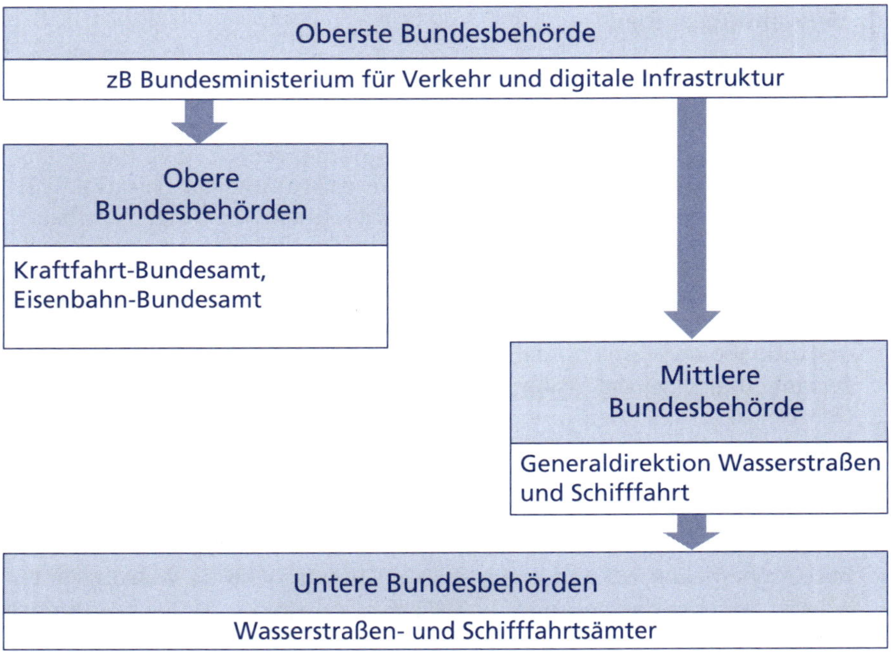

Abb. 11: Aufbau der Bundesverwaltung

2. Mittelbare Bundesverwaltung

17 Zur mittelbaren Bundesverwaltung zählen die rechtlich selbstständigen juristischen Personen des öffentlichen Rechts, die Aufgaben der Bundesverwaltung wahrnehmen und der Bundesaufsicht unterliegen. Trotz ihrer rechtlichen Selbstständigkeit werden sie als bundesunmittelbare Körperschaften, Anstalten oder Stiftungen des öffentlichen Rechts bezeichnet (vgl. Art. 86 S. 1, 87 II 1 und III 1 GG).[82]

---

[80] §57 II BPolG benennt das Bundespolizeipräsidium als Bundesoberbehörde und die Bundespolizeidirektionen als untere Bundesbehörden. Mittelbehörden existieren im Umkehrschluss nicht. Dazu *Wagner* DÖV 2009, 66 ff.; *Wagner* JURA 2009, 96 ff.

[81] So im Bereich der Bundesnetzagentur; vgl. §1 S. 2 BEGTPG v. 7.7.2005 (BGBl. I 2009).

[82] Dazu *Detterbeck* AllgVerwR Rn. 217.

Beispiele: Deutsche Rentenversicherung Bund; Deutsche Rentenversicherung Knappschaft-Bahn-See; Bundesagentur für Arbeit; Filmförderungsanstalt; Bundesanstalt Technisches Hilfswerk; Stiftung Preußischer Kulturbesitz.

II. Landesverwaltung

1. Unmittelbare Landesverwaltung

Die Aufgaben der unmittelbaren Landesverwaltung werden von Landesbehörden wahrgenommen. Die unmittelbare Landesverwaltung ist in den größeren Bundesländern fast durchweg dreistufig, in Nordrhein-Westfalen sogar vierstufig ausgestaltet. Zur Verdeutlichung kann das nordrhein-westfälische Gesetz über die Organisation der Landesverwaltung (Landesorganisationsgesetz – LOG NRW) vom 10. Juli 1962[83] herangezogen werden. 18

Grundsätzlich können die Behörden der allgemeinen Landesverwaltung und die Sonderbehörden unterschieden werden: 19

Die allgemeinen Verwaltungsbehörden sind für alle Verwaltungsaufgaben zuständig, die nicht in den Zuständigkeitsbereich der Sonderbehörden fallen. 20

Der Aufbau der allgemeinen Verwaltungsbehörden gliedert sich in Nordrhein-Westfalen wie folgt: 21

1. Oberste Landesbehörden.

Beispiele: Ministerpräsident/-in mit Staatskanzlei; Landesministerien; Landesrechnungshof.

2. Landesoberbehörden.

Beispiele: Landesamt für Besoldung und Versorgung; Landeskriminalamt.

3. Landesmittelbehörden.

Beispiel: Bezirksregierungen.

4. Untere Landesbehörden.

Beispiel: Landrätinnen und Landräte; Kreispolizeibehörden.

Sonderbehörden sind für ganz bestimmte Verwaltungsaufgaben zuständig. 22

Sie sind in ähnlicher Weise aufgebaut wie die allgemeinen Verwaltungsbehörden:

1. Oberste Landesbehörden.

Beispiele: Ministerpräsident/-in mit Staatskanzlei; Landesministerien.

2. Höhere Sonderbehörden sind einer obersten Landesbehörde nachgeordnet und verfügen über untere Sonderbehörden.

---

[83] GVBl. NRW 1962, 421, zuletzt geändert durch Art. 2 des Gesetzes v. 1.10.2013 (GVBl. NRW 2013, 566)

Beispiele: Oberfinanzdirektion Nordrhein-Westfalen; in Nordrhein-Westfalen sind dem „Landesbetrieb Wald und Holz" die Aufgaben der höheren Forstbehörde übertragen worden.

Zu den höheren Sonderbehörden zählen auch die Landesoberbehörden (Landesämter), die ganz bestimmte Aufgaben erfüllen. Landesoberbehörden sind für das gesamte Bundesland zuständig.

Beispiele: Landeskriminalamt; in Nordrhein-Westfalen zusätzlich das Landesamt für Zentrale Polizeiliche Dienste oder das Landesamt für Ausbildung, Fortbildung und Personalangelegenheiten der Polizei.

3. Untere Sonderbehörden sind einer höheren Sonderbehörde nachgeordnet.

Beispiele: Kreispolizeibehörden; Finanzämter.

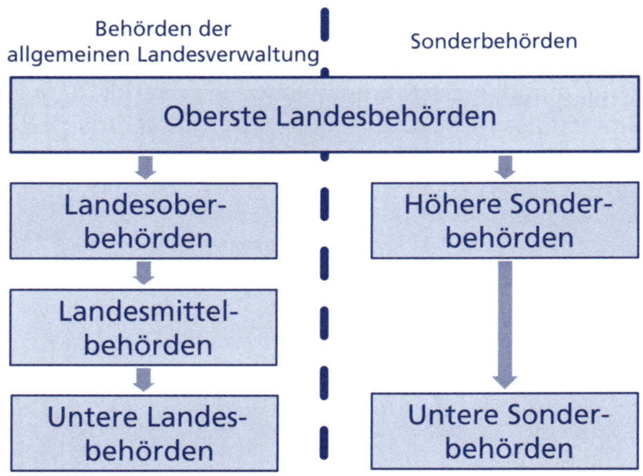

Abb. 12: Aufbau der Landesverwaltung

2. Mittelbare Landesverwaltung

23 Zur mittelbaren Landesverwaltung zählen die rechtlich selbstständigen juristischen Personen des öffentlichen Rechts, die Aufgaben der Landesverwaltung wahrnehmen und der Landesaufsicht unterliegen. Auch hier wird – obwohl es sich um mittelbare Landesverwaltung handelt – von landesunmittelbaren Körperschaften, Anstalten und Stiftungen des öffentlichen Rechts (vgl. §§18–21 LOG NRW) gesprochen.[84]

Beispiele: Gemeinden; Kreise; kreisfreie Städte; Industrie- und Handelskammern; Universitäten; allgemeine Fachhochschulen (im Gegensatz zu den Verwaltungshochschulen).

---

[84] *Hendler* AllgVerwR Rn. 31.

D. Kontrollfragen

1. Wie kann der Staat Verwaltungsaufgaben erfüllen? (→ Rn. 1)
2. Wodurch unterscheidet sich eine juristische Person des öffentlichen Rechts von einer juristischen Person des Privatrechts? (→ Rn. 6 f.)
3. Definieren Sie die folgenden Begriffe! (→ Rn. 9 ff.)
   a) Körperschaft des öffentlichen Rechts,
   b) Anstalt des öffentlichen Rechts und
   c) Stiftung des öffentlichen Rechts.
4. Was ist ein Beliehener? Worin unterscheidet er sich von einem Verwaltungshelfer? (→ Rn. 13 ff.)
5. Wie ist die unmittelbare Bundesverwaltung aufgebaut? (→ Rn. 16)

2. Abschnitt. Grundsätze des Verwaltungshandelns

§ 5 Grundrechtsbindung der Verwaltung

Lernziele: Nach dem Studium dieses Kapitels sollen Sie
1. die Erscheinungsformen des privatrechtlichen Handelns der Verwaltung kennen und
2. die Grundrechtsbindung der Verwaltung beurteilen, wenn die Verwaltung privatrechtlich tätig wird.

A. Einleitung

Handelt die Verwaltung in öffentlich-rechtlichen Formen, ist sie an die Grundrechte gebunden. Art. 1 III und Art. 20 III GG artikulieren diese „Grundrechtsunmittelbarkeit"[85] der Verwaltung an prominenter Stelle. Die Verwaltung kann jedoch nicht nur öffentlich-rechtlich handeln, sondern sich grundsätzlich auch auf die Ebene des Privatrechts begeben und wie der Bürger privatrechtlich handeln. Sie kann also zB einen Kaufvertrag nach § 433 BGB oder einen Werkvertrag nach § 631 BGB abschließen. Dabei stellt sich die Frage, welchen Bindungen die Verwaltung im Rahmen ihres privatrechtlichen Handelns unterliegt. 1

B. Zulässigkeit privatrechtlichen Handelns

Einer besonderen Ermächtigungsgrundlage zum privatrechtlichen Handeln bedarf die Verwaltung nicht. Insbesondere im Bereich der Leistungsverwaltung gilt der Grundsatz der Formenwahlfreiheit.[86] Die Verwaltung hat also ein Wahlrecht, ob sie öffentlich-rechtlich oder privatrechtlich handelt. Etwas anderes gilt nur, soweit die Rechtsform gesetzlich vorgeschrieben ist oder sich aus allgemeinen Rechtsgrundsätzen ergibt. 2

Beispiele: § 10 I Nr. 1 BBG: Begründung des Beamtenverhältnisses nur durch Verwaltungsakt; § 49a I 2 VwVfG: Festsetzung der zu erstattenden Leistung nur durch Verwaltungsakt.

C. Bindung der Verwaltung

Kontrovers diskutiert wird die Frage, ob die Verwaltung an die Grundrechte gebunden ist, wenn sie privatrechtlich handelt. 3

---

85 In Anlehnung an *Horn*, Die grundrechtsunmittelbare Verwaltung, 1999.

86 BVerwGE 96, 71 (73 f.) = NJW 1994, 2968; BVerwGE 92, 56 (64) = NJW 1993, 2695; BGH NJW 1985, 200; aA *Kempen*, Die Formenwahlfreiheit der Verwaltung, 1989, 127 f.

I. Verwaltungsprivatrecht

Definition: Im Bereich des Verwaltungsprivatrechts handelt die Verwaltung, wenn sie unmittelbar Verwaltungsaufgaben in der Rechtsform des Privatrechts erfüllt.[87]

Beispiele: Anwendungsfälle finden sich in der Verkehrs-, Wasser-, Gas- und Stromversorgung, die häufig durch juristische Personen des Privatrechts (zB GmbH oder AG) wahrgenommen werden, an denen Hoheitsträger (zB Gemeinden) beteiligt sind.[88]

4 Gerade weil die Verwaltung unmittelbar öffentliche Aufgaben erfüllt, unterliegt sie trotz der Inanspruchnahme des Privatrechts den spezifischen öffentlich-rechtlichen Bindungen. So ist die Verwaltung insbesondere unmittelbar und in vollem Umfang an die Grundrechte gebunden. Das auf diese Weise öffentlich-rechtlich überlagerte Privatrecht bezeichnet man als Verwaltungsprivatrecht.[89] Einer Grundrechtsbindung unterliegen im Bereich des Verwaltungsprivatrechts aber nicht nur die Verwaltung selbst, sondern auch die von ihr beherrschten Privatrechtssubjekte, deren sich die Verwaltung zur Erfüllung ihrer Aufgaben bedient.[90]

II. Fiskalische Hilfsgeschäfte (Bedarfsdeckungsgeschäfte)

Definition: Fiskalische Hilfsgeschäfte (Bedarfsdeckungsgeschäfte) liegen vor, wenn die Verwaltung Rechtsgeschäfte tätigt, um sich in den Stand zu setzen, öffentliche Aufgaben zu erfüllen.[91]

Beispiele: „Klassische" Beispiele sind der Kauf von Büromaterial, die Vergabe von Aufträgen für den Straßenbau, Waffenkäufe der Bundeswehr oder die Einstellung von Tarifbeschäftigten.

5 Im Unterschied zum Bereich des Verwaltungsprivatrechts werden durch fiskalische Hilfsgeschäfte nicht unmittelbar öffentliche Aufgaben erfüllt. Es besteht nur ein mittelbarer Bezug zu solchen Aufgaben. Aus diesem Grund lehnt die zivilgerichtliche Rechtsprechung in diesem Bereich eine unmittelbare Grundrechtsbindung ab.[92] Das BVerfG und Teile der Literatur gehen indes von einer

---

[87] BGH NVwZ 2007, 246 ff.; NJW 2003, 2451 (2452); ausf. *U. Stelkens*, Verwaltungsprivatrecht, 2005, 23 ff.

[88] Vgl. BVerfGE 75, 192 (199 f.) = BeckRS 9998, 169691; BVerwGE 41, 195 (196 f.) = BeckRS 1972, 30425405; BGHZ 154, 146 (150) = NJW 2003, 1658.

[89] Etwa BGHZ 155, 166 (175) = NJW 2003, 2451 zur Grundrechtsbindung der Sparkassen als Anstalten des öffentlichen Rechts.

[90] BVerfGE 128, 226 (245 ff.) = NJW 2011, 1201; BVerwG NJW 1990, 134. Zur Problematik der sog. gemischtwirtschaftlichen Unternehmen *Goldhammer* JuS 2014, 891 ff.

[91] *Detterbeck* AllgVerwR Rn. 907.

[92] BGHZ 97, 312 (316) = NJW 1986, 2359.

vollen Grundrechtsbindung aus.[93] Einigkeit herrscht aber dahingehend, dass jedenfalls eine uneingeschränkte Bindung der Verwaltung an den allgemeinen Gleichheitssatz aus Art. 3 I GG (Willkürverbot) besteht.

III. Erwerbswirtschaftliche Betätigung

Definition: Die erwerbswirtschaftliche Betätigung des Staates ist dadurch gekennzeichnet, dass sich der Staat primär nach wirtschaftlichen Grundsätzen und in der Absicht der Gewinnerzielung betätigt.[94]

Beispiele: Eine erwerbswirtschaftliche Betätigung des Staates liegt etwa beim Betrieb staatlicher Unternehmen vor, wie zB bei staatlichen Bierbrauereien oder Molkereien, der Unterhaltung von Staatsforsten, der Beteiligung des Landes Niedersachsen an der Volkswagen AG oder dem Verkauf staatlichen Eigentums (Privatisierungserlöse).

Auch wenn mit der erwerbswirtschaftlichen Betätigung bestimmte öffentliche 6
Zwecke mitverfolgt werden, besteht nur noch ein marginaler Bezug zur Wahrnehmung hoheitlicher Aufgaben. Während Teile des Schrifttums deshalb betonen, dass die Grundrechte nicht überstrapaziert werden dürften,[95] hält das BVerfG demgegenüber eine uneingeschränkte Grundrechtsbindung des Staates für geboten. Der Staat sei insbesondere aufgrund seiner Wirtschaftsmacht umfassend zum Schutze der Wettbewerbsfreiheit und der Wettbewerbsgleichheit verpflichtet.[96] Einigkeit besteht in jedem Fall darin, dass die erwerbswirtschaftliche Betätigung nicht dazu benutzt werden darf, den Schutz der Grundrechte im Einzelfall auszuschließen oder mit einer Sache willkürlich zu verfahren.

Privatrechtliches Handeln der Verwaltung
- Verwaltungsprivatrecht
- Fiskalische Hilfsgeschäfte
- Erwerbswirtschaftliche Betätigung

D. Kontrollfragen

Wann bewegt sich die Verwaltung im Bereich
1. des Verwaltungsprivatrechts und
2. der fiskalischen Hilfsgeschäfte, und
3. wann betätigt sie sich erwerbswirtschaftlich? (→ Rn. 4 ff.)

---

[93] BVerfGE 98, 365 (395).
[94] *Detterbeck* AllgVerwR Rn. 908.
[95] *Zippelius/Würtenberger,* Deutsches Staatsrecht, 32. Aufl. 2008, § 18 Rn. 12 f.
[96] BVerfGE 128, 226 (244) = NJW 2011, 1201.

§6 Gesetzmäßigkeit der Verwaltung

Lernziele: Sie sollen nach dem Studium dieses Kapitels
1. den Grundsatz vom Vorrang des Gesetzes erläutern,
2. den Grundsatz vom Vorbehalt des Gesetzes am praktischen Fall prüfen,
3. den Zusammenhang zwischen Gesetzesvorbehalt und Wesentlichkeitslehre beschreiben.

A. Einleitung

1 Der Grundsatz der Gesetzmäßigkeit der Verwaltung ist verfassungsrechtlich verankert. Er bindet die Verwaltung an die Regelungen des Gesetzgebers und unterwirft die Verwaltung damit zugleich der Kontrolle der Verwaltungsgerichtsbarkeit, welche die Vollziehung der Gesetze durch die Verwaltung zu kontrollieren hat.

2 Der Grundsatz der Gesetzmäßigkeit der Verwaltung enthält zwei Komponenten:

- den Grundsatz des Vorrangs des Gesetzes und
- den Grundsatz des Vorbehalts des Gesetzes.

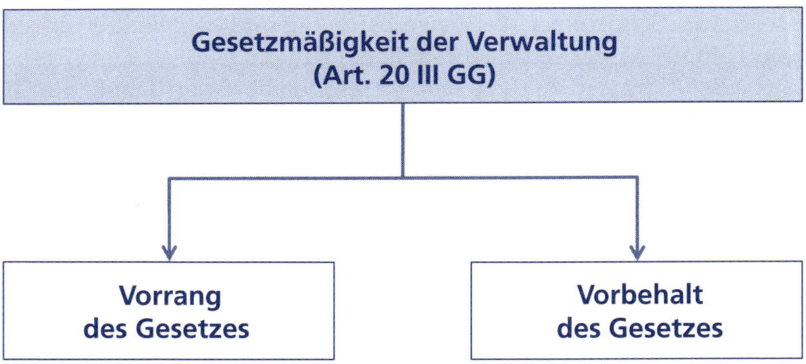

Abb. 13: Gesetzmäßigkeit der Verwaltung

B. Vorrang des Gesetzes

Definition: Der Vorrang des Gesetzes bringt die Bindung der Verwaltung an die bestehenden Gesetze zum Ausdruck.[97]

3 Er besagt, dass die Verwaltungsbehörden

- positiv den Gesetzen entsprechend handeln müssen (Handlungspflicht) und

[97] *Ehlers* in Erichsen/Ehlers AllgVerwR §2 Rn. 39.

- negativ keine gegen die Gesetze verstoßenden Maßnahmen treffen dürfen (Unterlassungspflicht).[98]

Das Vorrangsprinzip gilt uneingeschränkt und unbedingt für den gesamten Bereich der Verwaltung. Dies ergibt sich bereits aus der Verbindlichkeit der geltenden Gesetze und wird durch Art. 20 III Hs. 2 GG bestätigt. 4

Unter Gesetz iSv Art. 20 III GG versteht die hM nicht nur Gesetze im formellen Sinne, also Parlamentsgesetze, sondern auch Gesetze im materiellen Sinne, also auch Rechtsverordnungen und Satzungen.[99] Europäisches Unionsrecht wird von Art. 20 III GG nicht erfasst (umstritten); es bindet aber kraft eigenen Rechts und in gleicher Weise.[100] 5

Fraglich erscheint, ob die Handlungspflicht auch in den Fällen greift, in denen die Verwaltung ein bestimmtes Gesetz für verfassungswidrig und damit für nichtig oder eine untergesetzliche Norm für mit höherrangigem Recht für unvereinbar hält. Zwar ergibt sich aus Art. 20 III GG eine Pflicht der Verwaltung zur Prüfung, ob die anzuwendende Norm mit höherrangigem Recht vereinbar ist. Eine Nichtanwendung formeller Gesetze wegen Verstoßes gegen das Grundgesetz dagegen ist den Verwaltungsbehörden wegen der ausschließlich dem BVerfG zugewiesenen Verwerfungskompetenz (vgl. Art. 93 I Nr. 2, Art. 100 I GG) verwehrt. Gleiches gilt für die Fachgerichte, die bei Zweifeln an der Verfassungsmäßigkeit eines formellen Gesetzes ein Normenkontrollverfahren nach Art. 100 I GG anzustrengen haben. Solange das BVerfG das formelle Gesetz nicht für nichtig erklärt hat, sind vollziehende Gewalt und Rechtsprechung grundsätzlich verpflichtet, das Gesetz auch anzuwenden. Bedenken gegen die Verfassungsmäßigkeit eines Parlamentsgesetzes kann der einzelne Amtswalter oder die Behörde nur auf dem Wege der Remonstration geltend machen.[101] 6

C. Vorbehalt des Gesetzes

I. Begriffsbestimmung

Nach dem Grundsatz vom Vorbehalt des Gesetzes darf die Verwaltung in bestimmten Fällen und unter bestimmten Voraussetzungen nur tätig werden, wenn sie dazu durch ein formelles Gesetz ermächtigt worden ist.[102]

Das Prinzip vom Vorbehalt des Gesetzes verlangt also mehr als das Prinzip vom Vorrang des Gesetzes. Während das Vorrangsprinzip nur den Verstoß gegen bestehende Gesetze verbietet, verlangt das Vorbehaltsprinzip darüber hinaus eine gesetzliche Grundlage für die Verwaltungstätigkeit. Das Fehlen einer gesetzlichen Ermächtigung schließt nicht nach dem Vorrangsprinzip, sehr wohl aber nach dem Vorbehaltsprinzip ein Tätigwerden der Verwaltung aus. 7

---

98 *Detterbeck* AllgVerwR Rn. 257.
99 Sachs/*Sachs* GG Art. 20 Rn. 118.
100 AA exemplarisch Jarass/Pieroth/*Jarass* GG Art. 20 Rn. 38.
101 Zum Remonstrationsverfahren *Sauerland* ZBR 2007, 191 ff.
102 *Ehlers* in Erichsen/Ehlers AllgVerwR § 2 Rn. 40 ff.

II. Herleitung

8 Der Grundsatz des Gesetzesvorbehalts wird verschiedentlich aus Art. 20 III GG hergeleitet. Andere stellen dagegen auf das Demokratieprinzip oder allgemein auf die Grundrechte ab, die Freiheit und Eigentum schützen. Gelegentlich wird auf den Gewaltenteilungsgrundsatz verwiesen. Letztlich vermag jeder Begründungsansatz Teilaspekte des Vorbehalts des Gesetzes zu erklären. Überwiegend wird er deshalb aus einer Gesamtschau der eben skizzierten grundgesetzlichen Komponenten abgeleitet.[103]

1. Grundrechtliche Gesetzesvorbehalte

9 Die grundrechtlichen Gesetzesvorbehalte äußern sich in der Formulierung, dass Grundrechtseingriffe nur „durch Gesetz" oder „aufgrund eines Gesetzes" zulässig sind (s. etwa Art. 2 II 3, Art. 8 II, Art. 12 I 2 GG). Hierbei handelt es sich um spezielle Gesetzesvorbehalte, die eine Ausprägung des – allgemeinen – Vorbehalts des Gesetzes darstellen und diesem als speziellere Regelungen vorgehen.[104]

2. Organisatorische Gesetzesvorbehalte

10 Die organisatorischen oder institutionellen Gesetzesvorbehalte verwenden entsprechende Formulierungen, beziehen sich aber nicht auf Grundrechte oder grundrechtsgleiche Rechte, sondern auf organisatorische Maßnahmen und staatspolitische Entscheidungen (s. etwa Art. 28 II, Art. 29 II, Art. 59 II, Art. 87 III, Art. 110 II, Art. 115 I GG). In diesen Fällen sind Rechte der Bürger nicht unmittelbar betroffen. Vielmehr stehen grundlegende Fragen der Staatsorganisation im Mittelpunkt, die nach der Verfassung einer gesetzgeberischen Entscheidung bedürfen.[105]

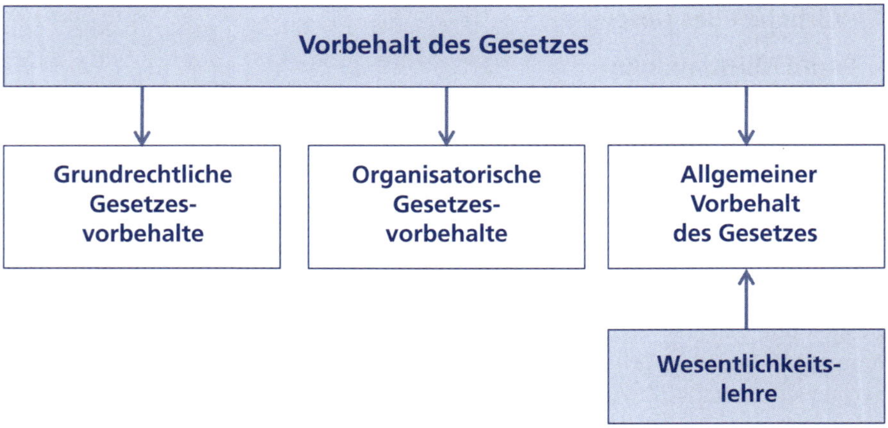

Abb. 14: Vorbehalt des Gesetzes

---

[103] BVerfGE 40, 237 (248 f.) = NJW 1976, 34; BVerwGE 72, 265 (266) = NJW 1986, 1120: Art. 20 III GG. Zutr. werden überwiegend das Demokratie- und Rechtsstaatsprinzip herangezogen; vgl. *Ossenbühl* in Isensee/Kirchhof, HStR V, 3. Aufl. 2007, § 101 Rn. 41 ff.

[104] *Detterbeck* AllgVerwR Rn. 262.

[105] Jarass/Pieroth/*Jarass* GG Art. 20 Rn. 52.

3. Wesentlichkeitslehre

Die Wesentlichkeitslehre trifft Aussagen darüber, welche Angelegenheiten in 11
einem formellen Gesetz geregelt werden müssen. Nach der Wesentlichkeitslehre muss der Gesetzgeber „in grundlegenden normativen Bereichen alle wesentlichen Entscheidungen selbst treffen“[106]!

- Was wesentlich ist, richtet sich vor allem, aber nicht nur nach der Grundrechtsrelevanz einer staatlichen Maßnahme. Greift eine staatliche Maßnahme in Grundrechte ein, ist sie wesentlich. Das Erfordernis einer formellen gesetzlichen Grundlage folgt dann aber bereits aus dem grundrechtlichen Gesetzesvorbehalt des jeweiligen Grundrechts oder jedenfalls aus dem allgemeinen Vorbehalt des Gesetzes.
- Das Kriterium der Wesentlichkeit stellt darüber hinaus darauf ab, wie bedeutend, gewichtig, grundlegend und intensiv eine Regelung in grundrechtlicher Hinsicht ist. Dabei spielen nicht nur die Interessen der grundrechtsberechtigten Bürger, sondern auch die ergänzenden oder entgegenstehenden Interessen der Allgemeinheit eine Rolle.

Die „Wesentlichkeit“ erweist sich dabei nicht als fester Begriff, sondern eher als 12
„eine Art Gleitformel“[107]. Je wesentlicher eine Angelegenheit für den Bürger oder die Allgemeinheit ist, desto höhere Anforderungen werden an den Gesetzgeber gestellt. Die Wesentlichkeitslehre beantwortet dabei nicht nur die Frage, „ob“ überhaupt eine bestimmte Angelegenheit in einem Gesetz geregelt werden muss. Sie bestimmt auch, „wie weit“ eine gesetzliche Regelung gehen muss, anders formuliert: „wie bestimmt“ ein Gesetz sein muss.[108]

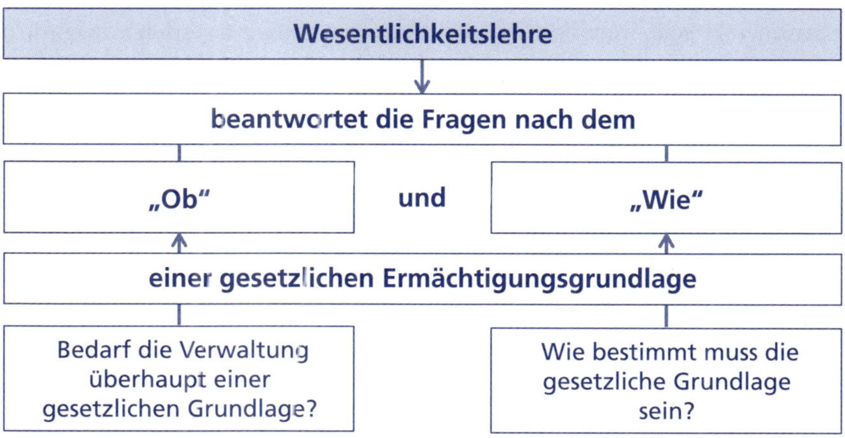

Abb. 15: Wesentlichkeitslehre

[106] BVerfGE 49, 89 (126) – Kalkar I.
[107] *Maurer/Waldhoff* AllgVerwR § 6 Rn. 14.
[108] *Horn*, Die grundrechtsunmittelbare Verwaltung, 1999, 43–55, 62–64, 89 f.

13 Daraus folgt für die Regelungsdichte eines Gesetzes: Je nachhaltiger die Grundrechte des einzelnen Bürgers betroffen oder bedroht sind, je gewichtiger die Auswirkungen für die Allgemeinheit sind, desto präziser und detaillierter muss die gesetzliche Regelung sein.

14 Es besteht folglich eine Stufenfolge von den

- ganz wesentlichen Angelegenheiten, die der ausschließlichen Regelung durch den Parlamentsgesetzgeber bedürfen,

> **Beispiel:** Vorläufige Festnahme einer Person durch die Polizei nach §127 II StPO.

- über die minder wesentlichen Angelegenheiten, die auch durch den Rechtsverordnungsgeber (auf Bundesebene nach Art. 80 I GG) geregelt werden dürfen,

> **Beispiel:** Regelung der Höchstgeschwindigkeit auf öffentlichen Straßen durch die Straßenverkehrsordnung – eine Rechtsverordnung.

- bis zu den unwesentlichen Angelegenheiten, die nicht unter den Vorbehalt des Gesetzes fallen und somit von der Verwaltung ohne gesetzliche Ermächtigungsgrundlage erledigt werden dürfen.

> **Beispiele:** Dienstwagenfahrt des Beschäftigten einer Behörde; Bewilligung von Zuwendungen in nicht grundrechtsrelevanten Bereichen.

15 Die Wesentlichkeitslehre konkretisiert den Grundsatz vom Vorbehalt des Gesetzes somit näher. Der Vorbehalt des Gesetzes besagt zunächst nur, dass in bestimmten Fällen „irgendein" formelles Gesetz erlassen werden muss; er trifft jedoch keine Aussage darüber, welchen Inhalt und welche Regelungsdichte das Gesetz aufweisen muss. Deutlich wird damit, dass sich im Einzelfall mit der Wesentlichkeitslehre nur schwer eindeutige Ergebnisse erzielen lassen. Letztlich fällt somit dem BVerfG die Aufgabe zu, der Wesentlichkeit mit ihren verschiedenen Auswirkungen schärfere Konturen zu verleihen.[109]

III. Einzelfälle zum Vorbehalt des Gesetzes

1. Eingriffsverwaltung

16 Eingriffe in Freiheit und Eigentum müssen durchweg auf eine parlamentsgesetzliche Grundlage gestützt werden. Demnach bedürfen belastende Verwaltungsakte stets einer gesetzlichen Ermächtigungsgrundlage. Der Eingriffsvorbehalt ist gleichsam die Urform des Gesetzesvorbehalts.

> **Beispiele:** Festnahme einer Person durch die Polizei; Erlass eines Steuerbescheides durch eine Finanzbehörde.

---

[109] Zum Verhältnis von Vorbehalt des Gesetzes und Regelungsdichte *Detterbeck* AllgVerwR Rn. 276 ff.

2. Leistungsverwaltung

Die Frage, ob und inwieweit der Vorbehalt des Gesetzes die Leistungsverwaltung erfasst, ist umstritten. Dies gilt vor allem für die Gewährung von Zuwendungen oder sonstigen finanziellen Leistungen des Staates an Private. Hervorzuheben ist zunächst, dass die Vergabe von Zuwendungen in aller Regel nicht in Rechte der Bürger eingreift, mithin keine Eingriffsverwaltung darstellt. Dennoch ist die staatliche Leistungsgewährung für eine Existenz der Bürger in Freiheit oft nicht weniger bedeutsam als das Unterlassen eines Eingriffs.[110] 17

- Nach der herrschenden Rechtsprechung und Teilen der Literatur bedürfen Zuwendungen keiner speziellen Grundlage in einem formellen Gesetz; vielmehr genügt „jede andere parlamentarische Willensäußerung, insbesondere die etatmäßige Bereitstellung der zu Subventionen erforderlichen Mittel"[111]. So verfährt auch die Verwaltungspraxis. Der Bund und die Länder weisen Finanzmittel in ihren Haushaltsplänen aus. Der Haushaltsplan des Bundes wird durch Bundesgesetz festgestellt (Art. 110 II GG); entsprechendes gilt in den Ländern. Die konkreten Voraussetzungen der Mittelvergabe werden dann in Verwaltungsvorschriften geregelt.
- Nach der von einer Mindermeinung in der Literatur vertretenen Lehre vom Totalvorbehalt hingegen bedarf jedwedes Verwaltungshandeln einer formell-gesetzlichen Ermächtigungsgrundlage.[112] Die Subventionsvergabe soll daher nur aufgrund spezieller Subventionsgesetze zulässig sein. In diesen Gesetzen sollen Art und Maß der Subvention, der Kreis der Begünstigten und die Bewilligungsvoraussetzungen normiert sein. Die Regelungsdichte der Subventionsgesetze soll dabei von der Wesentlichkeitslehre abhängen. Je grundrechtsrelevanter und je größer die Auswirkungen der Subventionsvergabe auf den Markt und die Wettbewerbssituation seien, desto detaillierter müsse das jeweilige Subventionsgesetz sein.[113]

Gegen die Auffassung vom Totalvorbehalt spricht insbesondere, dass Subventionen regelmäßig weder auf die Wettbewerbssituation noch auf die Grundrechtsausübung von Marktteilnehmern einwirken. 18

> **Beispiel:** Die Deutsche Gesellschaft für die Vereinten Nationen eV setzt sich für die Verwirklichung der Ziele und Prinzipien der UNO ein. Der Bund fördert die Gesellschaft jährlich mit knapp 1 Mio. EUR, ohne dass die Zuwendung dem Vorbehalt des Gesetzes unterfiele. Ein Titel im Kapitel 0502 „Bilaterale Zusammenarbeit und Pflege der Auslandsbeziehungen" im Haushaltsplan des Bundes reicht insoweit aus.

In diesen Bereichen stets ein formelles Gesetz zu fordern, wird von der Wesentlichkeitslehre nicht verlangt. Zudem würde ein Totalvorbehalt, der für jedwedes

110 BVerfGE 40, 237 (249) = NJW 1976, 34.
111 BVerwGE 90, 112 (126) = NJW 1992, 2496.
112 *Rupp*, Grundfragen der heutigen Verwaltungsrechtslehre, 2. Aufl. 1991, 143; *Jesch*, Gesetz und Verwaltung, 1961, 175 ff.; *Achterberg*, Allgemeines Verwaltungsrecht, 2. Aufl. 1986, § 18 Rn. 29.
113 Ähnlich auch *Maurer/Waldhoff* AllgVerwR § 6 Rn. 21.

Handeln der Verwaltung ein Gesetz fordert, die Funktionsfähigkeit der Verwaltung gefährden. Es ist deshalb der ersten Auffassung zu folgen.

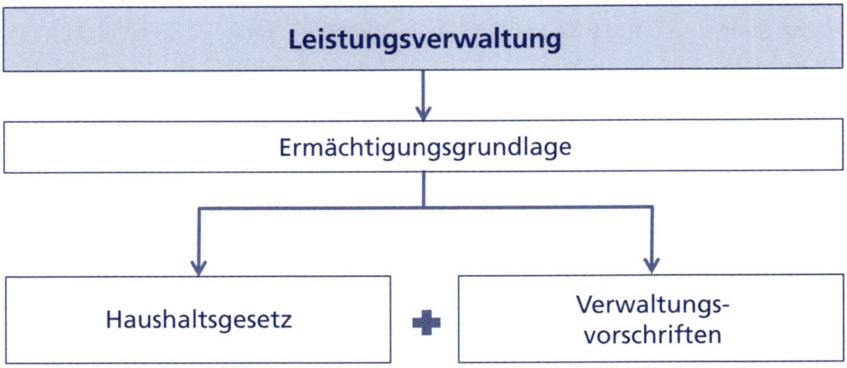

Abb. 16: Vorbehalt des Gesetzes in der Leistungsverwaltung

3. Verwaltungsorganisation und Verwaltungsverfahren

19 Der Vorbehalt des Gesetzes gilt nicht nur für die materiell-rechtlichen Beziehungen zwischen Staat und Bürger, sondern erstreckt sich auch auf den verwaltungsorganisatorischen Bereich. Zwar gibt es keinen verfassungsrechtlichen Grundsatz, dass die Behördenorganisation und Behördenzuständigkeit bis in alle Einzelheiten in einem formellen Gesetz geregelt sein müssen. Zumindest die Grundzüge der Behördenzuständigkeiten, des Verwaltungsverfahrens und der Verwaltungsorganisation sind aber wegen ihrer teilweise erheblichen Bedeutung für das Staat-Bürger-Verhältnis einem formellen Gesetz vorbehalten.[114]

> **Beispiele:** Dass der DAAD eV und die DFG eV auf dem Gebiet der Zuwendungen hoheitlich tätig werden dürfen, ist von wesentlicher Bedeutung für das Staat-Bürger-Verhältnis. Folglich muss die Beleihung auf einer gesetzlichen Grundlage beruhen. Die Grundlage findet sich in § 44 III BHO. – Die Zusammenlegung des Innenministeriums und des Justizministeriums in Nordrhein-Westfalen Ende der 1990iger Jahre bedurfte wegen ihrer Wesentlichkeit einer parlamentsgesetzlichen Grundlage, die seinerzeit fehlte.[115]

4. Sonderrechtsverhältnisse (besondere Gewaltverhältnisse)

20 Das besondere Gewaltverhältnis wurde von der Verwaltungslehre des 19. Jahrhunderts entwickelt. Es beschreibt Rechtsverhältnisse, in denen der Bürger in einer viel engeren Beziehung zum Staat steht als im allgemeinen Staat-Bürger-Verhältnis. Betroffen sind insbesondere das Strafvollzugsverhältnis, das Schulverhältnis, das Beamtenverhältnis oder das Soldatenverhältnis. Nach der früheren Auffassung, die heute so nicht mehr vertreten wird, wurde der in einem besonderen Gewaltverhältnis stehende Bürger gleichsam in den Verwaltungs-

[114] *Maurer/Waldhoff* AllgVerwR § 6 Rn. 30.
[115] VerfGH NRW NJW 1999, 1243 ff.

bereich einbezogen; er unterlag in „besonderer“ Weise der Staatsgewalt (deshalb auch „besonderes“ Gewaltverhältnis).[116]

21 Die Folge der besonderen Gewaltunterworfenheit war, dass die Grundrechte und der Vorbehalt des Gesetzes – die nur das allgemeine Staat-Bürger-Verhältnis bestimmten – nicht galten. Deshalb sollte der Staat auch ohne besondere formell-gesetzliche Ermächtigung berechtigt sein, in Grundrechte der Gewaltunterworfenen einzugreifen. Die rechtlichen Beziehungen innerhalb dieser Verhältnisse konnte die Verwaltung durch Verwaltungsvorschriften oder Anstaltsordnungen regeln. Diese Lehre wurde bis in den 1970iger Jahren vertreten.[117]

a) Strafvollzugsverhältnis

22 In seiner Strafgefangenen-Entscheidung[118] erklärte das BVerfG die Grundrechte auch im Strafvollzugsverhältnis für anwendbar. Es ging um folgenden Fall: Ein Strafgefangener schrieb an eine außerhalb der Anstalt befindliche Person einen Brief mit abfälligen und beleidigenden Äußerungen über den Anstaltsleiter, einige Vollzugsbeamte und die Verhältnisse innerhalb der Anstalt. Der Brief wurde – wie üblich – kontrolliert und wegen seines beleidigenden Inhalts angehalten. Die Kontrolle und das Anhalten des Briefes stützten sich auf die Dienst- und Vollzugsordnung, die den Charakter einer verwaltungsinternen Verwaltungsvorschrift hatte. Der Strafgefangene klagte beim damals zuständigen OLG. Dieses bestätigte die Maßnahme. Die Grundrechte des Strafgefangenen seien von vornherein beschränkt, soweit es der Anstaltszweck erfordere; eine formell-gesetzliche Grundlage sei nicht erforderlich.

23 Das BVerfG stellte demgegenüber lapidar fest, dass die Grundrechte auch im Strafvollzug gelten würden und nur durch oder aufgrund eines Gesetzes beschränkt werden dürften. Zur Begründung verwies das BVerfG auf die Bestimmung in Art. 1 III GG und lehnte das „besondere Gewaltverhältnis“ als rechtfertigende Grundlage für Grundrechtseingriffe ab.[119]

b) Schulverhältnis

24 Die Strafgefangenen-Entscheidung wirkte sich auch auf das Schulverhältnis aus, das früher im Wesentlichen durch Ministerialerlasse geregelt wurde. In kurzer Zeit setzte sich die Auffassung durch, dass das Rechtsstaatsprinzip und das Demokratieprinzip den Gesetzgeber verpflichteten, die wesentlichen Entscheidungen im Schulwesen selbst zu treffen und nicht der Schulverwaltung zu überlassen.[120] Der Gesetzgeber hat somit den Schulbereich zu regeln, soweit die Grundrechte der Schüler (Art. 2 I GG, gegebenenfalls Art. 12 I GG) und der Eltern (Art. 6 II GG) betroffen sind. Zu den „wesentlichen“ Fragen, die der gesetz-

---

[116] Ausf. dazu *Graf v. Kielmansegg*, Grundrechte im Näheverhältnis, 2012, passim; *Graf v. Kielmansegg* JA 2012, 881 ff.

[117] Zur Entwicklung *Evers* VVDStRL 23 (1964), 147 ff.

[118] BVerfGE 33, 1 ff. = NJW 1972, 811.

[119] BVerfGE 33, 1 (10 f.) = NJW 1972, 811. Der Gesetzgeber reagierte mit dem Erlass des Strafvollzugsgesetzes v. 16.3.1976 (BGBl. 1976 I 581).

[120] Grdl. BVerfGE 34, 165 (192 f.) = NJW 1973, 133 zur obligatorischen Förderstufe in Hessen.

lichen Regelung bedürfen, gehören die Bildungsinhalte und Lernziele, die Fächerkataloge, die organisatorische Grundstruktur der Schule (Schularten, Bildungsgänge, Mitbestimmung der Eltern), die Rechtsstellung der Schüler sowie Disziplinarmaßnahmen.

c) Beamtenverhältnis

25 Das Beamtenverhältnis ist im BeamtStG sowie in den Beamtengesetzen des Bundes und der Länder geregelt. Diese Vorschriften entsprechen dem Grundsatz vom Vorbehalt des Gesetzes. Eine Ausnahme bildeten bis vor kurzem noch die Beihilfeleistungen, die der Dienstherr für seine Beamten und dessen Angehörige im Falle der Erkrankung oder Pflegebedürftigkeit erbringt. Sie sind zwar durch Art. 33 V GG gedeckt, wurden aber im Wesentlichen durch Verwaltungsvorschriften ausgestaltet. Dies genügt nach der Rechtsprechung des BVerwG nicht dem Grundsatz vom Vorbehalt des Gesetzes.[121]

d) Behördliche Warnungen

26 Bis heute ist bei behördlichen Warnungen vor Produkten oder politischen oder religiösen Gruppen die Erforderlichkeit einer gesetzlichen Ermächtigungsgrundlage umstritten.[122] Klassische Grundrechtseingriffe bewirken derartige Warnungen nicht. Denn die Adressaten der Warnungen sind nicht diejenigen, vor denen oder vor deren Produkten gewarnt wird, sondern die Bevölkerung. Erst das spätere Verhalten der Bevölkerung wirkt nachteilig auf die Produkthersteller oder religiösen Vereinigungen aus. Weiterhin sind die Warnungen keine Ge- oder Verbote, also keine zwangsweise durchsetzbaren Rechtsakte; vielmehr handelt es sich um bloße Empfehlungen und damit tatsächliches Verwaltungshandeln.

27 Die Rechtsprechung nimmt bei behördlichen Warnungen nur mittelbar-faktische Grundrechtseingriffe an. Die Beeinträchtigung entstehe hier aus einem komplexen Geschehensablauf, bei dem Folgen grundrechtserheblich würden, die nur indirekt mit dem eingesetzten Mittel oder dem verwirklichten Zweck zusammenhingen. Derartige faktisch-mittelbare Wirkungen ließen sich aber gesetzlich nicht sinnvoll regeln, so die Rechtsprechung, und entzögen sich somit typischerweise einer gesetzlichen Normierung. Damit verzichtet die Rechtsprechung auf eine besondere gesetzliche Grundlage für staatliche Warnungen.[123]

28 In der Literatur ist diese Rechtsprechung auf harsche Kritik gestoßen. Warne die Behörde oder die Regierung vor bestimmten Produkten oder bestimmten politischen oder religiösen Gruppen, sei es gerade Zweck dieser Warnungen, dass die Produkte nicht mehr gekauft würden oder dass potentielle Interessenten der jeweiligen Gruppe fernblieben. Zwar seien Warnungen keine Rechtsak-

---

121 BVerwGE 121, 103 (108 ff.) = BeckRS 2004, 25132.

122 Zur Vertiefung *R. Schmidt*, Staatliches Informationshandeln und Eingriff, 2004; *Schink* DVBl 2011, 253 ff.; zur Staatshaftung bei fehlerhaften Warnungen s. LG Hamburg Urt. v. 23.10.2015 – 303 O 379/11 = BeckRS 2016, 9512.

123 BVerfGE 105, 279 (303 f.) = NJW 2002, 2626; ebenso BVerwGE 87, 37 (46 ff.) = NJW 1991, 1766; BVerwGE 82, 76 (80 f.) = NJW 1989, 2272; äußerst kritisch *Schoch* NJW 2012, 2844 (2846).

te. Sie seien dennoch final auf eine Beeinträchtigung der Grundrechte der Personen gerichtet, vor denen oder vor deren Produkten gewarnt werde. Grundrechtseingriffe bedürften nach dem Vorbehalt des Gesetzes aber immer einer parlamentsgesetzlichen Grundlage, selbst wenn es sich um final-faktische Eingriffe handele.[124]

Reichweite des Vorbehalts des Gesetzes
- Eingriffsverwaltung
- Leistungsverwaltung
- Verwaltungsorganisation und Verwaltungsverfahren
- Sonderrechtsverhältnisse
- Behördliche Warnungen

D. Kontrollfragen

1. Aus welchen Komponenten besteht das Prinzip der Gesetzmäßigkeit der Verwaltung? (→ Rn. 2)
2. Was fordert der Grundsatz vom Vorrang des Gesetzes? (→ Rn. 3)
3. Wo finden sich im Grundgesetz ausdrücklich normierte Gesetzesvorbehalte? (→ Rn. 9 f.)
4. In welchem Verhältnis stehen der Vorbehalt des Gesetzes und die Wesentlichkeitslehre des BVerfG? (→ Rn. 11 ff.)
5. Bedarf das Bundesverwaltungsamt in den folgenden Fällen einer gesetzlichen Ermächtigungsgrundlage? (→ Rn. 16 f.)
   a) Das Bundesverwaltungsamt will eine Zuwendung bewilligen.
   b) Das Bundesverwaltungsamt will einen Zuwendungsbescheid wegen Nichterfüllung des Zwecks nach § 49 III VwVfG widerrufen.

§ 7 Grundsatz der Verhältnismäßigkeit

Lernziele: Sie sollen nach dem Studium dieses Kapitels
1. den Grundsatz der Verhältnismäßigkeit herleiten und
2. am praktischen Fall anwenden.

A. Einleitung

Jedes *belastende* staatliche Handeln und damit auch die Vornahme belastender **1**
behördlicher Maßnahmen unterliegen dem Grundsatz der Verhältnismäßigkeit

[124] So nahezu wörtlich *Detterbeck* AllgVerwR Rn. 299; ebenso *R. Schmidt*, Staatliches Informationshandeln und Eingriff, 2004, 97 ff.; *Huber* JZ 2003, 292 ff.; *Schoch* NVwZ 2011, 193 ff., jeweils mwN.

(Übermaßverbot).[125] Hierbei handelt es sich um ein allgemeines Rechtsprinzip mit Verfassungsrang. Das Prinzip der Verhältnismäßigkeit folgt aus dem Rechtsstaatsprinzip und, wenn das staatliche Handeln in Grundrechte eingreift, aus den Grundrechten. Grundrechte dürfen nur soweit beschränkt werden, als es zum Schutz öffentlicher Interessen unerlässlich ist. Als weitere Grundlagen des Verhältnismäßigkeitsprinzips werden die Wesensgehaltsgarantie der Grundrechte aus Art. 19 II GG, das Willkürverbot nach Art. 3 I GG oder auch ein „Gebot zu vernünftigem Staatshandeln" genannt.[126] Teilweise ist das Prinzip der Verhältnismäßigkeit einfachgesetzlich geregelt, wie etwa in §9 II 1 VwVG. Der Grundsatz der Verhältnismäßigkeit verbietet, dass staatliches Handeln die betroffenen Bürgerinnen und Bürger übermäßig belastet („Nicht mit Kanonen auf Spatzen schießen!").

B. Inhalt

I. Überblick

2 Die Prüfung der Verhältnismäßigkeit des Verwaltungshandelns besteht in der Prüfung des Verhältnisses zwischen dem eingesetzten Mittel und dem Zweck, der durch das Mittel verwirklicht werden soll. „Mittel" in diesem Sinne ist die von der Verwaltung konkret ergriffene Maßnahme, also etwa ein Verwaltungsakt (§35 VwVfG). Der mit dem Mittel verfolgte Zweck ergibt sich aus der Maßnahme und den Umständen des konkreten Falles. Anders formuliert dürfen Mittel und Zweck, die jeweils für sich gesehen zulässig sein müssen, nicht außer Verhältnis zueinander stehen.

3 Für die praktische Rechtsanwendung bedarf das Verhältnismäßigkeitsprinzip einer Aufgliederung in dreifacher Hinsicht:

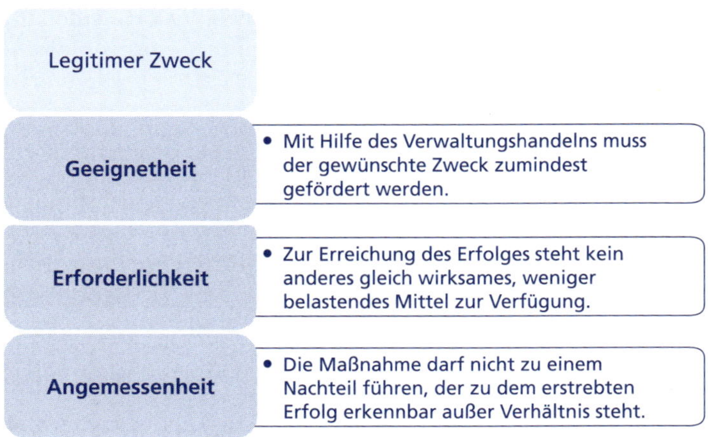

Abb. 17: Struktur des Verhältnismäßigkeitsprinzips

[125] Ausf. Sachs/*Sachs* GG Art. 20 Rn. 145 ff.; ferner *Klatt/Meister* JuS 2014, 193 ff.; *Michael* JuS 2001, 654 ff., 764 ff., 866 ff.; *Ossenbühl* JURA 1997, 617 ff.

[126] BVerfGE 19, 342 (348) = NJW 1966, 243; zu den verschiedenen Begründungsansätzen auch *v. Arnauld* JZ 2000, 276 ff.

Merke: In der Falllösung ist es sinnvoll, in einer Art Vorprüfung zunächst den Zweck der Maßnahme herauszuarbeiten. Dies dient zum einen der Klarstellung des eigenen Prüfungsprogramms. Zum anderen können einige Zwecke schon für sich rechtswidrig sein (zB eine unzulässige Diskriminierung nach Art. 3 III GG darstellen). Für andere Zwecke kann ein verfassungsrechtlicher Schutzauftrag bestehen, der sie besonders förderungswürdig macht.

II. Legitimer Zweck

Zunächst muss der von der Verwaltung verfolgte Zweck ermittelt werden. Er 4
muss aus dem Gesamtzusammenhang, dh aus den einschlägigen gesetzlichen Vorschriften und den Umständen des konkreten Falles ermittelt werden. Anschließend ist zu prüfen, ob der verfolgte Zweck legitim ist.[127] Will die Behörde einen illegitimen Zweck verwirklichen, verletzt sie das Recht, in das sie zur Zweckverfolgung eingreift. Die behördliche Maßnahme ist dann unverhältnismäßig. Einer weiteren Prüfung der Verhältnismäßigkeit bedarf es nicht mehr!

Beispiel: Ein Polizeibeamter durchsucht ohne Vorliegen zumindest eines Gefahrenverdachts einen Passanten, nur weil dieser eine dunkle Hautfarbe hat (vgl. Art. 3 III GG).

III. Geeignetheit

Definition: Die behördliche Maßnahme (das Mittel) ist geeignet, wenn mit ihrer Hilfe der gewünschte Zweck zumindest gefördert werden kann. Der Zweck muss nicht unbedingt vollständig verwirklicht werden. Das Mittel ist nur ungeeignet und damit unverhältnismäßig, wenn es den Zweck in keiner Weise fördert, also objektiv zweckuntauglich ist.[128]

Nicht nur Verwaltungsakte, sondern auch Gesetze müssen verhältnismäßig 5
sein. Das BVerfG billigt dem Gesetzgeber allerdings ein Recht auf „prognostischen Irrtum" zu. Unverhältnismäßig ist ein Gesetz demnach nur, wenn es zum erstrebten Zweck „objektiv untauglich" oder „schlechthin ungeeignet" ist.[129] Der Verwaltung steht ein solcher Prognose- oder Wertungsspielraum dagegen nicht zu. Das Verwaltungsgericht kann die Geeignetheit der Maßnahme daher in vollem Umfang überprüfen.

---

[127] Zur Frage, ob nur vom Gesetzgeber ausdrücklich zugelassene subjektive Zwecke oder auch nicht genannte objektive Zwecke berücksichtigt werden dürfen, s. *Cremer* NVwZ 2004, 668 ff.

[128] BVerfGE 100, 313 (373 ff.) = NJW 2000, 55.

[129] Vgl. BVerfGE 117, 163 (183) = BeckRS 2007, 21754; BVerfGE 96, 10 (23 ff.) = BeckRS 9998, 170765.

IV. Erforderlichkeit

Definition: Der Grundsatz der Erforderlichkeit (auch: Notwendigkeit) verlangt, dass von mehreren möglichen und gleich geeigneten Maßnahmen diejenige zu wählen ist, die den Einzelnen und die Allgemeinheit voraussichtlich am wenigsten belastet. Eine Maßnahme ist nicht erforderlich, wenn die Verwaltung zur Erreichung des Zweckes ein anderes gleich wirksames, aber weniger belastendes Mittel hätte wählen können.[130]

6 In der Falllösung werden zweckmäßigerweise folgende Gesichtspunkte geprüft:

1. Welche Nachteile bringt die Maßnahme für den Betroffenen und die Allgemeinheit mit sich? Die Nachteile bestehen in den Belastungen und Schäden, die der Betroffene oder die Allgemeinheit infolge der Maßnahme erleidet.
2. Gibt es andere Maßnahmen, die zur Erreichung des von der Verwaltung verfolgten Zwecks gleich geeignet sind? Es sind also Handlungsalternativen zu suchen. Im Hinblick auf jede dieser Handlungsalternativen ist festzustellen, welche Nachteile sie für den Betroffenen und die Allgemeinheit herbeiführt.
3. Zuletzt sind die von der gewählten Maßnahme herbeigeführten Nachteile mit den Nachteilen der anderen Handlungsalternativen zu vergleichen. Sind die Nachteile auch nur einer Handlungsalternative eindeutig geringer, ist die von der Verwaltung gewählte Maßnahme nicht erforderlich und das Prinzip der Verhältnismäßigkeit verletzt.

Merke: Wichtig für die Fallbearbeitung ist, dass das von der Behörde gewählte Mittel nur dann nicht erforderlich ist, wenn das mildere Alternativmittel ebenso effektiv wie das von der Verwaltung gewählte Mittel ist.

V. Angemessenheit

Definition: Die Maßnahme der Behörde ist angemessen, wenn bei einer Gesamtabwägung zwischen der Schwere der Belastung und dem Gewicht und der Dringlichkeit der erstrebten Vorteile die Zumutbarkeit gewahrt bleibt. Eine Maßnahme darf also nicht zu einem Nachteil führen, der zu dem erstrebten Erfolg erkennbar außer Verhältnis steht.[131]

7 Daraus resultiert das folgende Prüfschema für die Falllösung in einer Klausur:

1. Wie gewichtig ist der mit der Maßnahme verfolgte Zweck? Bei der Eingriffsverwaltung besteht der Zweck meist darin, Gefahren, Schäden oder sonstige

---

[130] BVerfGE 113, 167 (259) = BeckRS 2006, 21608. Auch die Auswirkungen auf den Staatshaushalt sind in die Bewertung einzubeziehen (BVerfGE 81, 70 [91 f.] = NJW 1990, 1349).

[131] BVerfGE 83, 1 (19) = NJW 1991, 555; BVerfGE 44, 353 (373) = NJW 1977, 1489.

Nachteile abzuwenden. Der Erfolg, der erreicht werden soll, muss bestimmt und nach seiner Bedeutung gewichtet werden.
2. Welche Nachteile bringt die Maßnahme für den Betroffenen und die Allgemeinheit mit sich?
3. Der Zweck, der durch die Maßnahme gefördert werden soll, muss mit den Nachteilen verglichen werden, die die Maßnahme mit sich bringt. Es ist also eine Abwägung der betroffenen Rechtsgüter erforderlich. Es kann sein, dass die behördliche Maßnahme zu so schweren Nachteilen führt, dass sie nicht mehr hingenommen werden kann. Unangemessen und damit unverhältnismäßig ist eine Maßnahme, sofern sie zu Nachteilen führt, die „erkennbar außer Verhältnis" zu dem erstrebten Erfolg stehen, dh wenn der durch die Maßnahme herbeigeführte Nachteil deutlich größer als der Zweck („Vorteil") ist, der durch sie erreicht werden soll.

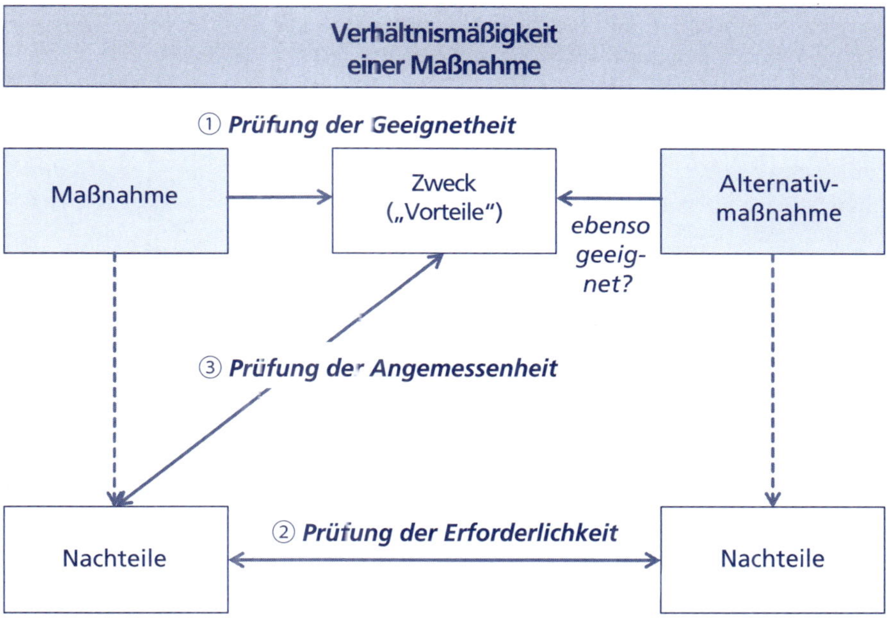

Abb. 18: Prüfung der Verhältnismäßigkeit

C. Kontrollfragen

1. Welches staatliche Handeln unterliegt dem Grundsatz der Verhältnismäßigkeit? (→ Rn. 1)
2. Wann ist eine staatliche Maßnahme
   a) geeignet, (→ Rn. 5)
   b) erforderlich (→ Rn. 6) und
   c) angemessen (→ Rn. 7)?

3. Abschnitt. Der Verwaltungsakt

§ 8 Handlungsformen der Verwaltung im Überblick

Lernziele: Sie sollen nach dem Studium dieses Kapitels
1. die Handlungsformen der Verwaltung systematisieren,
2. insbesondere den Verwaltungsakt in das System der behördlichen Handlungsformen einordnen.

A. System des Verwaltungshandelns

Im Privatrecht wird zwischen 1

- zweiseitigen Rechtsgeschäften,

Beispiele: Kaufvertrag; Werkvertrag.

- einseitigen Rechtsgeschäften,

Beispiel: Kündigung.

- rechtsgeschäftsähnlichen Handlungen,

Beispiel: Mahnung.

- Beschlüssen und

Beispiel: Beschluss einer Aktionärsversammlung.

- Realakten

Beispiel: Teilnahme am Straßenverkehr.

unterschieden. Auch im Verwaltungsrecht existieren verschiedene Arten des behördlichen Handelns. Man spricht hier von den Handlungsformen der Verwaltung. Es handelt sich um die „Werkzeuge", die der Verwaltung zur Erfüllung der ihr obliegenden Aufgaben zur Verfügung stehen. Von der Wahl der Handlungsform hängen jeweils unterschiedliche Voraussetzungen und Rechtsfolgen ab. Die nachfolgende Abb. 19 soll der Verdeutlichung der Systematik der Handlungsformen der Verwaltung dienen.

Die Verwaltung kann zunächst öffentlich-rechtlich oder privatrechtlich handeln 2
(zur Abgrenzung → § 1 Rn. 22 ff.). Handelt die Verwaltung privatrechtlich, so liegen entweder

- eine privatrechtliche Willenserklärung,

Beispiel: Vertragsangebot; Vertragsannahme.

- eine rechtsgeschäftsähnliche Handlung oder

Beispiel: Mahnung an den Mieter einer gemeindlichen Stadthalle auf Zahlung der Mietrückstände.

- ein tatsächliches Verwaltungshandeln vor.

Beispiel: Auszahlung eines Subventionsdarlehens zur Förderung eines Energiesparhauses.

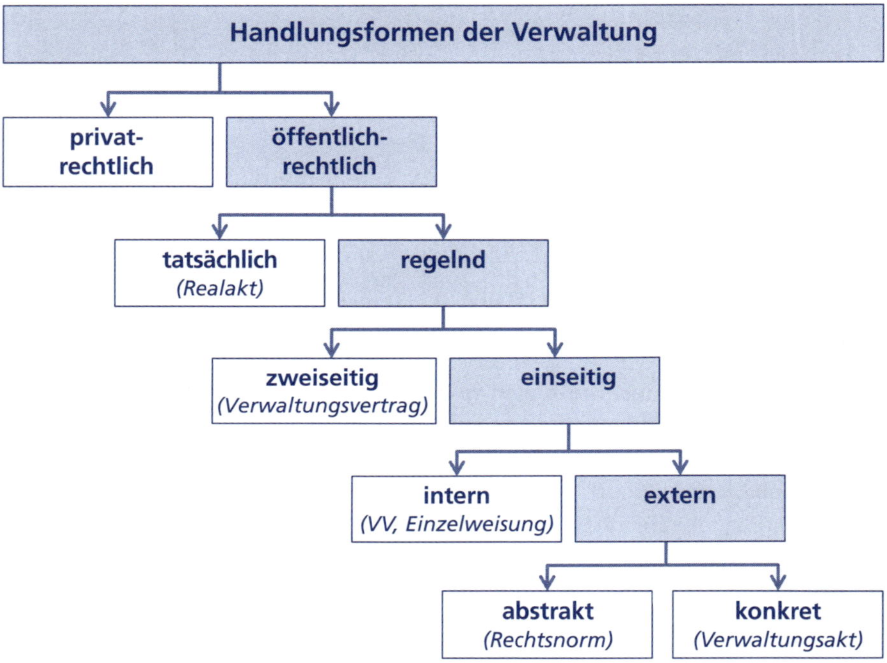

Abb. 19: Systematik der Handlungsformen der Verwaltung

3 Handelt die Verwaltung öffentlich-rechtlich, ist zunächst danach zu unterscheiden, ob dem Verwaltungshandeln eine Regelungswirkung zukommt, ob es also unmittelbar auf die Herbeiführung einer Rechtsfolge gerichtet ist oder nicht.

Will die Verwaltung keine Rechtsfolgen herbeiführen, so liegt tatsächliches Verwaltungshandeln (schlichtes oder schlicht-hoheitliches Verwaltungshandeln, Realakt) vor.

Beispiel: Streifengang eines Polizisten.

4 Ist das Verwaltungshandeln dagegen auf die Herbeiführung von Rechtsfolgen gerichtet, kommt es darauf an, ob die Rechtsfolgen unter Mitwirkung des Bürgers eintreten oder nicht.

Nimmt der Bürger rechtlich oder tatsächlich auf das Verwaltungshandeln Einfluss, erfolgt also eine Regelung auf der Ebene der Gleichordnung, liegt ein verwaltungsrechtlicher Vertrag vor (vgl. §§ 54 ff. VwVfG).

Handelt es sich um eine einseitige hoheitliche Regelung, ist für die Einordnung entscheidend, ob die Maßnahme Außenwirkung hat oder nur verwaltungsintern wirkt. 5

- Wirkt die Maßnahme nur verwaltungsintern, sind Verwaltungsvorschriften oder Einzelweisungen an den unterstellten Beamten gegeben.
- Entfalten Maßnahmen Außenwirkung, handelt es sich um
  - Rechtsnormen, soweit sie generell-abstrakte Regelungen enthalten, oder

Beispiele: Rechtsverordnung; Satzung.

  - Verwaltungsakte, soweit sie einen Einzelfall regeln (§ 35 VwVfG).

Beispiel: Einbürgerung einer Ausländerin in den deutschen Staatsverband.

Merke: Daraus ergeben sich die wichtigsten Arten des Verwaltungshandelns:
- privatrechtliches Handeln,
- öffentlich-rechtliches tatsächliches Verwaltungshandeln (Realakte),
- verwaltungsrechtliche Verträge,
- Verwaltungsvorschriften,
- Einzelweisungen,
- exekutive Rechtsnormen, wie zB Rechtsverordnungen oder Satzungen,
- Verwaltungsakte.

B. Kontrollfragen

1. Nach welchen Kriterien lässt sich die Vielzahl der Handlungsformen der Verwaltung systematisieren? (→ Rn. 2 ff.)
2. Was haben ein verwaltungsrechtlicher Vertrag und ein Verwaltungsakt gemeinsam? Worin unterscheiden sich beide Handlungsformen? (→ Rn. 4 f.)

§ 9 Begriffsmerkmale eines Verwaltungsakts

Lernziele: Sie sollen nach dem Studium dieses Kapitels
1. die in § 35 VwVfG genannten Begriffsmerkmale des Verwaltungsakts erläutern,
2. die verschiedenen Arten des Verwaltungsakts beschreiben und
3. am praktischen Fall prüfen, ob es sich bei einer Maßnahme um einen Verwaltungsakt handelt.

A. Einleitung

1 Der Begriff des Verwaltungsakts wird in §35 S.1 VwVfG legaldefiniert. Danach ist ein Verwaltungsakt jede Verfügung, Entscheidung oder andere hoheitliche Maßnahme, die eine Behörde zur Regelung eines Einzelfalles auf dem Gebiet des öffentlichen Rechts trifft und die auf unmittelbare Rechtswirkung nach außen gerichtet ist.[132] §35 S.1 VwVfG stimmt mit den Legaldefinitionen in §118 AO und §31 SGB X wörtlich überein.

2 Fasst man die Definition etwas knapper und lässt die doppelt aufgeführten Gesichtspunkte weg, sind folgende Merkmale für den Verwaltungsakt konstitutiv oder – anders formuliert – bestimmt §35 S.1 VwVfG Folgendes:

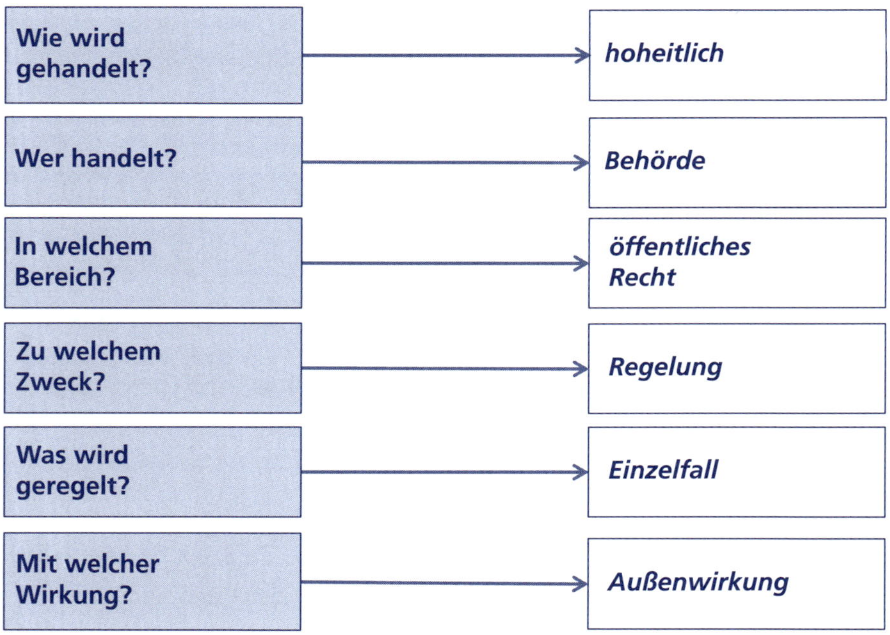

Abb. 20: Merkmale des Verwaltungsakts

B. Funktionen des Verwaltungsakts

3 Der Anwendungsbereich des Verwaltungsakts beschränkt sich nicht auf die Eingriffsverwaltung. Auch in der Leistungsverwaltung ist er – soweit die Leistungen nicht in den Formen des Privatrechts erbracht werden – die bedeutsamste Handlungsform der Verwaltung. Die Lehre vom Verwaltungsakt ist daher das Kernstück des Allgemeinen Verwaltungsrechts!

[132] Die heutige Begriffsbestimmung des Verwaltungsakts in §35 S.1 VwVfG wurde wesentlich durch *Otto Mayer* (Deutsches Verwaltungsrecht, Bd. I, 1. Aufl. 1895, 95) geprägt.

Der Verwaltungsakt hat im Wesentlichen vier Funktionen: 4

1. Verfahrensrechtlich ist er das wichtigste Mittel der Verwaltung, um ein Verwaltungsverfahren zum Abschluss zu bringen (§ 9 VwVfG). Beim Erlass eines Verwaltungsakts sind deshalb besondere Verfahrensvorschriften zu beachten (zB die Anhörung nach § 28 VwVfG oder die Begründung nach § 39 VwVfG).

Beispiel: Eine Beschäftigte des Bundeskriminalamtes beabsichtigt, die Erteilung eines Waffenscheines zu widerrufen. Der Widerruf ist ein Verwaltungsakt. Deshalb ist der vom Widerruf Betroffene vorher anzuhören (vgl. § 28 I VwVfG).

2. Materiell-rechtlich konkretisiert der Verwaltungsakt die im Gesetz zunächst nur abstrakt geregelten Rechtsbeziehungen zwischen der Verwaltung und den Bürgern. Der Verwaltungsakt regelt Rechtsbeziehungen einseitig und verbindlich im Einzelfall; er bewirkt eine Rechtsfolge.[133]

Beispiel: Das Bundesverwaltungsamt bewilligt eine Zuwendung zu einem Forschungsvorhaben. Aufgrund der Bewilligung hat der Antragsteller einen Rechtsanspruch auf Auszahlung der Zuwendung.

3. Vollstreckungsrechtlich ist ein Verwaltungsakt, der ein Gebot oder Verbot enthält, Vollstreckungstitel nach dem Verwaltungsvollstreckungsgesetz (vgl. § 6 I VwVG). Die Behörden vollstrecken ihre Verwaltungsakte somit selbst, sofern die Vollstreckungsvoraussetzungen erfüllt sind. Sie sind nicht auf die Inanspruchnahme von Gerichten angewiesen.

Beispiel (Fortsetzung des vorherigen Beispiels): Obwohl das Bundesverwaltungsamt den Zuwendungsbescheid widerrufen und die Rückforderung der in der Vergangenheit ausgezahlten Zuwendung verlangt hat, kommt der Betroffene dem Rückzahlungsverlangen nicht nach. Da das Bundesverwaltungsamt die Zuwendung durch einen Verwaltungsakt – den Rückforderungsbescheid – zurückgefordert hat, braucht der Rückzahlungsanspruch nicht vor einem Gericht eingeklagt zu werden. Das Bundesverwaltungsamt kann den Rückforderungsbescheid vielmehr sofort vollstrecken, zB durch eine Kontopfändung oÄ.

4. Prozessrechtlich eröffnet der Verwaltungsakt spezifische Rechtsschutzmöglichkeiten wie das Widerspruchsverfahren (§ 68 VwGO), die Anfechtungs- oder Verpflichtungsklage (§ 42 I VwGO) und den vorläufigen Rechtsschutz durch aufschiebende Wirkung des gegen den Verwaltungsakt erhobenen Rechtsbehelfs (§ 80 I VwGO).[134]

---

133 Vgl. *Rüfner* VVDStRL 28 (1970), 187 (205): „Stabilisierungsfunktion des Verwaltungsakts für die Zukunft".

134 *Mayer/Kopp*, Allgemeines Verwaltungsrecht, 5. Aufl. 1985, 175: „Schlüsselbegriff des gerichtlichen Rechtsschutzes".

Beispiel (Fortsetzung des vorherigen Beispiels): Das Bundesverwaltungsamt widerruft den Zuwendungsbescheid. Da der Widerruf ein Verwaltungsakt ist, kann sich der Betroffene mit dem Rechtsbehelf des Widerspruchs gegen den Widerrufsbescheid zur Wehr setzen (vgl. §68 I 1 VwGO).

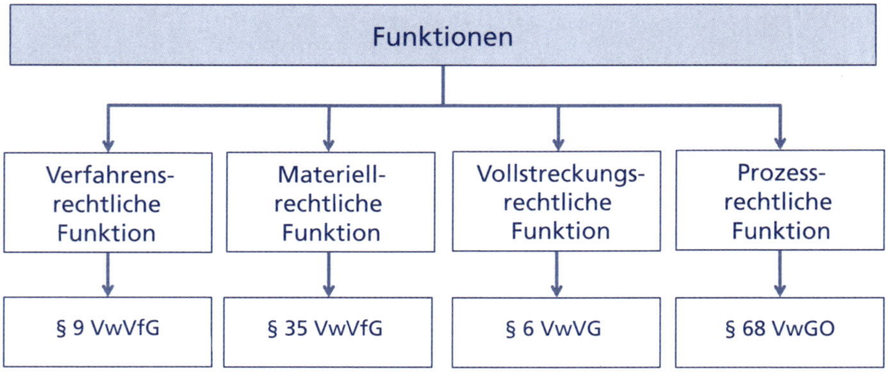

Abb. 21: Funktionen des Verwaltungsakts

C. Begriffsmerkmale des Verwaltungsakts

5 In der Verwaltungssprache werden statt des Begriffs „Verwaltungsakt" oft andere Bezeichnungen verwendet: Bescheid, Beschluss, Genehmigung, Anordnung, Verfügung, Bewilligung usw. Die Art der Bezeichnung ist jedoch nicht maßgebend dafür, ob ein Verwaltungsakt vorliegt. Entscheidend ist allein, ob die Voraussetzungen der Legaldefinition in §35 VwVfG gegeben sind.

I. Hoheitliche Maßnahme

6 Hoheitliche Maßnahme ist der Oberbegriff. Die ebenfalls in §35 S. 1 VwVfG genannte Verfügung und Entscheidung sind nur Beispiele für hoheitliche Maßnahmen. Eigenständige Bedeutung kommt beiden Begriffen nicht zu.

1. Maßnahme

7 Eine Maßnahme ist jede Handlung, die einen Erklärungsgehalt hat.[135] Dazu zählen nicht nur schriftliche oder mündliche Erklärungen, sondern jedes Verhalten, das auf sonstige Weise etwas zum Ausdruck bringen soll, zB durch Zeichen, Körperbewegungen oder andere Mittel (sog. konkludentes oder schlüssiges Verhalten).

---

[135] Dem Merkmal der „Maßnahme" wird regelmäßig keine eigenständige Bedeutung beigemessen. Vielmehr werden die Begriffe „Maßnahme" und „hoheitlich" nach hM als ein einheitliches Merkmal interpretiert (dagegen *Ipsen* AllgVerwR Rn. 323: „Zweckrichtung"; wie hier Obermayer/Funke-Kaiser/*Stuhlfauth* VwVfG §35 Rn. 11: „Erklärungsfunktion"). In jedem Fall verdeutlicht der Rechtsbegriff „Maßnahme", dass ein Verwaltungsakt regelmäßig nur auf einem aktiven Tun beruhen kann. Insoweit bestehen keine Unterschiede zu anderen Handlungsformen der Verwaltung, die ebenfalls Maßnahmen darstellen.

Beispiel: Die erhobene Hand eines Verkehrspolizisten stellt ein konkludentes Haltegebot dar.

Wie die Bestimmungen in §37 IV und §39 II VwVfG zeigen, kann auch das Handeln mithilfe automatischer Einrichtungen eine „Maßnahme" sein, da für die maschinell produzierten Entscheidungen letzten Endes das von der Verwaltung eingegebene Programm und damit der Wille der Behörde maßgebend ist. 8

Beispiele: Mithilfe von EDV-Anlagen erstellte Bescheide; Verkehrsampeln.

Die am 1.1.2017 in Kraft getretene Vorschrift in §35a VwVfG stellt klar, dass Verwaltungsakte auch vollständig automatisiert erlassen werden können („Computer-Verwaltungsakt"[136]). Auf sie sind die für herkömmliche Verwaltungsakte geltenden Vorschriften – von wenigen Ausnahmen abgesehen – anwendbar. Gemäß §35a VwVfG dürfen Verwaltungsakte mithilfe von Computern erlassen werden, wenn dies in einer anderen Rechtsvorschrift ausdrücklich zugelassen ist und der erlassenden Behörde weder ein Beurteilungs- noch ein Ermessenspielraum eingeräumt wurde. 9

Ein bloßes Unterlassen ist dagegen keine Maßnahme und damit kein Verwaltungsakt.[137] Etwas anderes gilt, wenn gesetzlich angeordnet wird, dass nach Ablauf einer bestimmten Frist eine Genehmigung „fingiert" wird. In diesem Fall liegen fiktive Verwaltungsakte vor, obwohl eine Behörde untätig geblieben ist. Auf den fingierten Verwaltungsakt finden bestimmte für herkömmliche Verwaltungsakte geltende Vorschriften entsprechende Anwendung, wie §42a I 2 VwVfG festlegt. Maßnahmen sind ebenfalls die ausdrückliche Entscheidung einer Behörde, untätig zu bleiben, oder die Ablehnung eine Antrags. Insoweit „handelt" die Behörde. Man spricht hier auch von einem „qualifizierten Unterlassen". 10

2. Hoheitlich

Umstritten ist, ob dem Zusatz „hoheitlich" neben dem Merkmal „auf dem Gebiet des öffentlichen Rechts" eine selbstständige Bedeutung zukommt. Teilweise wird in der Lehrbuchliteratur angenommen, dass beide Merkmale inhaltsgleich seien.[138] Nach zutreffender Auffassung verlangt das Merkmal der „Hoheitlichkeit" jedoch ein einseitiges behördliches Handeln im Über-/Unterordnungsverhältnis. Durch den Zusatz „hoheitlich" wird daher die Einseitigkeit der Maßnahme im Gegensatz zur zweiseitigen Regelung in einem öffentlich-rechtlichen Vertrag nach §§54 ff. VwVfG betont.[139] Öffentlich-rechtliche Verträge sind daher keine hoheitlichen Maßnahmen iSd §35 VwVfG. 11

---

[136] *Detterbeck* AllgVerwR Rn. 431.
[137] *Detterbeck* AllgVerwR Rn. 433.
[138] *Hendler* AllgVerwR Rn. 103; *Maurer/Waldhoff* AllgVerwR §9 Rn. 11.
[139] BVerwGE 66, 218 (220) = NJW 1983, 776; Knack/Henneke/*Henneke* VwVfG §35 Rn. 20; Obermayer/Funke-Kaiser/*Stuhlfauth* VwVfG §35 Rn. 11.

Beispiel: Die Polizei beauftragt einen Abschleppdienst mit dem Abschleppen eines Fahrzeugs. Zwischen der Polizei als Auftraggeberin und dem Unternehmen als Auftragnehmer besteht kein Über-/Unterordnungsverhältnis. Beide stehen sich als Rechtssubjekte des Privatrechts vielmehr gleichrangig gegenüber. Die Polizei erlässt bei der Beauftragung des Abschleppdienstes daher keinen Verwaltungsakt, sondern schließt mit dem Unternehmen einen Werkvertrag nach §§631 ff. BGB ab.

12 Eingriffsmaßnahmen sind stets hoheitlicher Natur!

Beispiele: Ingewahrsamnahme einer Person durch einen Polizisten; Aufhebung eines Zuwendungsbescheids; Festsetzung der zu zahlenden Einkommensteuer.

II. Behörde

13 Behörde im Sinne der Verwaltungsaktsdefinition ist nach §1 IV VwVfG „jede Stelle, die Aufgaben der öffentlichen Verwaltung wahrnimmt". Dieser sog. funktionelle Behördenbegriff ist nicht identisch mit dem organisatorischen Behördenbegriff (→ §1 Rn. 6ff.). Die Behörde wird in diesem Kontext also allein durch ihre ausgeübte Tätigkeit, dh ihre Funktion, nicht aber durch ihre Einordnung in die Verwaltungsorganisation bestimmt. Auch Beliehene sind deshalb Behörden iSv §1 IV VwVfG, obwohl es sich um natürliche oder juristische Personen des Privatrechts handelt.[140]

Beispiel: Der DAAD eV oder die DFG eV sind Behörden iSd §1 IV VwVfG, soweit sie Verwaltungsaufgaben ausüben, zB Zuwendungen nach Maßgabe des §44 III BHO verwalten.

14 Bei einer Behörde muss es sich um eine Stelle handeln, die befugt ist, im eigenen Namen nach außen rechtsverbindliche Erklärungen abzugeben. Organisationseinheiten ohne Außenzuständigkeiten, wie unselbstständige Dienststellen oder Abteilungen einer Behörde, zählen nicht hierzu.

Beispiele: Behörden sind die Bundespolizeidirektion Sankt Augustin oder das Bundeskriminalamt, nicht dagegen das Bundespolizeirevier Hauptbahnhof Bonn oder die Dienststelle des Bundeskriminalamtes in Meckenheim. Allerdings handeln diese Dienststellen für ihre jeweilige Behörde.

! **Merke:** Behörde ist nicht der Verwaltungsträger (also zB der Bund, das Land, die Körperschaft), sondern das Organ des Verwaltungsträgers (zB das Bundespolizeipräsidium, das Bundesverwaltungsamt, das Bundeskriminalamt, das Hauptzollamt Köln usw).

[140] BremStGH NVwZ 2003, 81 (83).

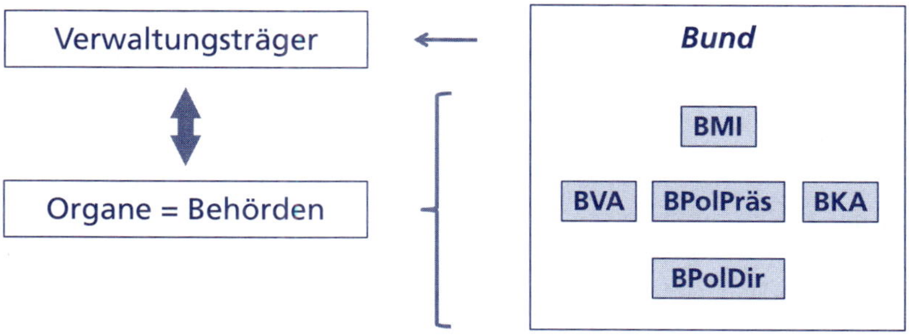

Abb. 22: Verwaltungsträger und Behörden

Nicht als behördliche Maßnahmen iSv § 35 S. 1 VwVfG sind anzusehen: 15

- Maßnahmen, die überhaupt nicht einem Träger hoheitlicher Gewalt zugerechnet werden können.

> **Beispiele:** Eine Privatperson gibt sich als Polizeibeamtin aus und beschlagnahmt Wertsachen; ebenso die Befehle des „Hauptmanns von Köpenick".

- Akte der gesetzgebenden Gewalt, der Regierung und der Rechtsprechung. Ausnahmsweise handeln Gesetzgebungs-, Regierungs- und Rechtsprechungsorgane jedoch als Behörden, wenn und soweit (!) sie Verwaltungsaufgaben wahrnehmen, nicht dagegen wenn sie in ihrer spezifischen Funktion tätig werden.[141]

> **Beispiele:** Wahrnehmung der Polizeigewalt im Gebäude des Bundestages durch den Bundestagspräsidenten; Tätigkeit der Geschäftsstellen der Gerichte; Genehmigung des Exports von Rüstungsgütern durch die Bundesregierung.
>
> **Gegenbeispiel:** Einberufung des Bundestages durch den Bundestagspräsidenten (Art. 39 II GG); spezifische Regierungstätigkeit wie das Treffen politischer Entscheidungen; Verkündung eines Urteils durch einen Richter.

III. Auf dem Gebiet des öffentlichen Rechts

Die Maßnahme muss auf dem Gebiet des öffentlichen Rechts getroffen werden. 16
Ob dies der Fall ist, richtet sich nach den allgemeinen für die Abgrenzung des öffentlichen Rechts vom Privatrecht entwickelten Theorien (→ § 1 Rn. 21 ff.). Keine Verwaltungsakte sind daher privatrechtliche Handlungen der Verwaltungsbehörden.

> **Beispiele:** Kauf von Büromaterial; Vergabe von Bauaufträgen; Anmietung von Verwaltungsgebäuden.

Allerdings kann es vorkommen, dass eine Behörde eine Maßnahme, die zwar 17
inhaltlich eine privatrechtliche Regelung zum Gegenstand hat, ausdrücklich in

---

141 Stelkens/Bonk/Sachs/*U. Stelkens* VwVfG § 35 Rn. 51.

der Form eines Verwaltungsakts trifft. Hier ist nach hM allein auf die nach außen erkennbare Form abzustellen. Die in der Form eines Verwaltungsakts ergangene Maßnahme ist stets als Verwaltungsakt zu behandeln, sofern sie eine Regelung enthält und tatsächlich von einer Behörde stammt. Man spricht von einem sog. Form-Verwaltungsakt.[142]

Beispiele: Kündigung eines Angestellten durch Verwaltungsakt;[143] Zinserhöhung für privatrechtliches Subventionsdarlehen durch Verwaltungsakt.[144]

Gegenbeispiel: Die Befehle des „Hauptmanns von Köpenick" ergingen zwar in der Form eines Verwaltungsakts, mangels Zurechnung an einen öffentlichen Hoheitsträger konnten sie aber dennoch nicht als Verwaltungsakte angesehen werden.

!

Merke: Das Vorliegen eines Verwaltungsakts kann in zweierlei Hinsicht beurteilt werden:
- rein formal unabhängig vom Inhalt, wenn die Behörde eindeutig in der Form eines Verwaltungsakts gehandelt hat (sog. „Form-Verwaltungsakt"), oder
- materiell nach Maßgabe der getroffenen Regelung.

18 Wichtig ist: Die Frage, wie die Behörde hätte handeln müssen oder dürfen, ist keine Frage der Rechtsnatur der Maßnahme, sondern ihrer Rechtmäßigkeit![145]

Fortsetzung des vorherigen Beispiels: Im Bundeskriminalamt wird ein Tarifbeschäftigter durch Verwaltungsakt entlassen. Tatsächlich hätte die Kündigung des privatrechtlichen Arbeitsverhältnisses nicht durch öffentlich-rechtlichen Verwaltungsakt, sondern durch eine privatrechtliche Willenserklärung, dh durch eine Kündigung erfolgen müssen. Zwar wird die Entlassung des Tarifbeschäftigten somit durch Verwaltungsakt (= Rechtsnatur der Maßnahme) bewirkt. Dieser Verwaltungsakt ist aber rechtswidrig.

IV. Regelung

1. Definition der Regelung

19 Beim Merkmal der „Regelung" iSv §35 S.1 VwVfG geht es materiell um die Abgrenzung von Verwaltungsakten und tatsächlichem Verwaltungshandeln (Realakte).

20 Eine Regelung liegt vor, wenn die Maßnahme der Behörde unmittelbar auf die Herbeiführung einer Rechtsfolge gerichtet ist, dh wenn Rechte des Betroffenen unmittelbar begründet, geändert, aufgehoben, mit bindender Wirkung festgestellt oder verneint werden. Es ist nicht ausreichend, dass die Folge nur faktisch

142 Zur Maßgeblichkeit der äußeren Form des behördlichen Handelns BVerwG DVBl 2012, 49 ff.; *Kopp/Ramsauer* VwVfG §35 Rn. 52 mwN.

143 BVerwG NVwZ 1985, 246.

144 OVG NRW NVwZ 1988, 452.

145 Dazu VGH München NVwZ 2000, 222 f.

als Reflex der Maßnahme eintritt. Vielmehr muss die Rechtsfolge final, also bezweckt sein.[146]

Eine Regelung iSv §35 S.1 VwVfG setzt daher zwei Merkmale voraus: 21

- Der Zweck der behördlichen Maßnahme muss die Herbeiführung einer verbindlichen Rechtsfolge sein (Zweckrichtung).
- Die behördliche Maßnahme muss die verbindliche Rechtsfolge auch objektiv angeordnet und gesetzt haben (Rechtserfolg).[147]

Typische Fälle einer Regelung durch Verwaltungsakt sind: 22

- Verbot eines Verhaltens,

Beispiel: Verbot einer Demonstration durch die zuständige Versammlungsbehörde; Verbot, an bestimmten Orten öffentlich Alkohol zu konsumieren.

- Gebot eines Verhaltens,

Beispiel: Aufforderung zur Rückzahlung zu Unrecht gewährter Zuwendungen; Gebot, einen Platz sofort zu verlassen.

Verwaltungsakte, die ein Verbot oder Gebot aussprechen, nennt man (Ordnungs-)Verfügungen!

- Rechtsgewährung durch Einräumung eines Rechts, insbesondere Gewährung einer Leistung,

Beispiel: Gewährung eines Stipendiums.

- Versagung einer Begünstigung,

Beispiel: Ablehnung eines Antrags auf Bewilligung einer Zuwendung.

- Rechtsgestaltung, die nicht unter die bisherigen Regelungsarten fällt,

Beispiel: Ernennung oder Beförderung einer Beamtin; Entlassung aus dem Beamtenverhältnis durch Verwaltungsakt.

- Feststellung einer (streitigen) Rechtslage.

Beispiele: Feststellung des Bestehens oder Nichtbestehens eines Beamtenverhältnisses; Feststellung des Besoldungsdienstalters eines Beamten; Anerkennung als Asylberechtigter.

2. Abgrenzungen

a) Abgrenzung gegenüber tatsächlichem Verwaltungshandeln

23 Regelungswirkung hat eine Maßnahme nur dann, wenn sie unmittelbar auf die Herbeiführung einer Rechtsfolge gerichtet ist. Maßnahmen, die nicht auf die Herbeiführung eines Rechtserfolges gerichtet sind, bezeichnet man als tatsäch-

---

146 BVerwGE 77, 268 (271) = NJW 1988, 87.

147 *Peine* AllgVerwR Rn. 363.

liches Verwaltungshandeln oder auch als schlichtes bzw. schlicht-hoheitliches Verwaltungshandeln oder als Realakt.[148]

Beispiele: Behördliche Mitteilungen an Bürger; Gesprächsrunden zwischen Behördenmitarbeitern; staatliche Warnungen vor verseuchtem Gemüse; Manöver der Bundeswehr; Vorlesungen an Hochschulen.

24 Zwar kann auch tatsächliches Verwaltungshandeln uU Rechtsfolgen nach sich ziehen, zB in Rechte eines Bürgers eingreifen. Dass objektiv eine Rechtsverletzung oder Rechtsbeeinträchtigung vorliegt, reicht aber allein zur Annahme einer Regelung nicht aus. Vielmehr muss diese Folge auch bezweckt sein (finaler Aspekt). Es ist deshalb zu unterscheiden zwischen der unmittelbaren Rechtsfolge kraft Regelung und der bloß tatsächlichen Auswirkung einer Maßnahme auf die Rechtsstellung einer Person, die nicht als Regelung im Sinne eines Verwaltungsakts anzusehen ist (bloß faktische Beeinträchtigung).[149]

Beispiel: Wird A von einem abirrenden Schuss eines Polizisten getroffen und verletzt, so ist zweifellos ein Eingriff in die Rechte des A gegeben. Jedoch wird dadurch der Schuss noch nicht zu einem Verwaltungsakt.

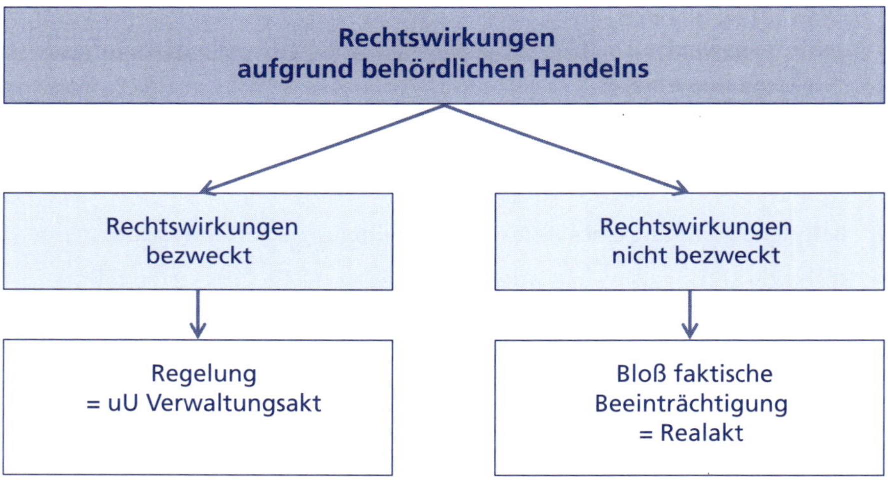

Abb. 23: Rechtswirkungen behördlichen Handelns

b) Abgrenzung gegenüber vorbereitenden Verfahrenshandlungen

25 Regelung im Sinne des Verwaltungsaktbegriffs nach §35 S. 1 VwVfG ist grundsätzlich nur die abschließende finale Regelung. Keine Verwaltungsaktqualität kommt daher solchen Maßnahmen zu, die den Erlass eines Verwaltungsakts

---

[148] BVerwGE 59, 319 f. = BeckRS 1980, 1432; BVerwGE 29, 310 (312).

[149] Die Abgrenzung ist im Einzelnen durchaus schwierig. Kontrovers diskutiert werden etwa die Erteilung von Auskünften, die Durchführung einer Ersatzvornahme oder bestimmte polizeiliche Standardmaßnahmen. Weitere Nachw. dazu bei Stelkens/Bonk/Sachs/*U. Stelkens* VwVfG §35 Rn. 145.

erst vorbereiten oder ein Verwaltungsverfahren nur fördern sollen. Dies gilt insbesondere für Verfahrenshandlungen und für Teilakte, die keine selbstständige Bedeutung haben.[150]

> **Beispiele:** Ladung zur mündlichen Prüfung; an den Bürger gerichtetes Anhörungsschreiben; Aufforderung zur Ergänzung der vorgelegten Urkunden im Einbürgerungsverfahren.

Unabhängig davon, ob Vorbereitungs- und Teilakte eine eigenständige Regelung aufweisen oder nicht, können behördliche Verfahrenshandlungen nach § 44a S. 1 VwGO nur zusammen mit der Sachentscheidung (gerichtlich) angefochten werden. Der betroffene Bürger muss zunächst die das Verfahren abschließende Sachentscheidung abwarten, bevor er einen damit zusammenhängenden Verfahrensfehler rügen kann. Der Bürger muss dann geltend machen, die Sachentscheidung sei deshalb rechtswidrig, weil sie auf einem Verfahrensfehler beruhe.[151] 26

> **Beispiele:** Die Versagung von rechtlichem Gehör, von Akteneinsicht oder die Zurückweisung Bevollmächtigter kann von den Verfahrensbeteiligten nicht selbstständig angegriffen werden. Ein dennoch erhobener Rechtsbehelf ist unzulässig.

Eine Ausnahme gilt nach § 44a S. 2 VwGO nur bei behördlichen Verfahrenshandlungen, die vollstreckt werden können oder gegen einen Nichtbeteiligten ergehen. Sie sind sofort angreifbar. 27

> **Beispiel:** Der bisher nicht am Verfahren beteiligte Dritte kann gegen seine Beiziehung zum Verfahren (§ 13 VwVfG) mit dem Anfechtungswiderspruch vorgehen.

c) Abgrenzung gegenüber behördlichen Willenserklärungen ohne Anordnungscharakter

Keine Regelung enthalten behördliche Willenserklärungen ohne verbindlichen Anordnungscharakter. Sie stellen ebenfalls keine Verwaltungsakte, sondern sog. rechtsgeschäftsähnliche Handlungen dar.[152] An ihre Vornahme knüpft das Gesetz Rechtsfolgen unabhängig vom Willen der Behörde. 28

> **Beispiel:** Eine Finanzbehörde erklärt die Aufrechnung eines Erstattungsanspruchs eines Bürgers mit einer Steuerforderung gegen den Bürger in gleicher Höhe. Der Erstattungsanspruch des Bürgers gegen die Finanzbehörde erlischt daraufhin kraft Gesetzes analog § 389 BGB. – Die Polizei hat ein verbotswidrig parkendes Fahrzeug abschleppen und auf den Parkplatz der Polizeiwache verbringen lassen. Der Eigentümer verlangt die Herausgabe seines Fahrzeugs von der Polizei. Die Polizei macht ein Zurückbehaltungs-

---

150 *Maurer/Waldhoff* AllgVerwR § 9 Rn. 9 mit zahlr. Beispielen aus der Rspr.
151 *Detterbeck* AllgVerwR Rn. 453.
152 BVerwGE 66, 218 (220) = NJW 1983, 776.

recht an dem Kfz bis zur Zahlung der Abschleppkosten geltend. Analog §274 I BGB bewirkt die Geltendmachung des Zurückbehaltungsrechts, dass die Polizei die Herausgabe des Fahrzeugs solange verweigern darf, bis der Eigentümer die Abschleppkosten zahlt.

Abgrenzungsfragen bei Verwaltungsakten

- Tatsächliches Verwaltungshandeln (Realakte)
- Vorbereitende Verfahrenshandlungen
- Willenserklärungen ohne Anordnungscharakter (rechtsgeschäftsähnliche Handlungen)

D. Einzelfall

29 Während es bei dem Begriffsmerkmal der „Regelung" um die Abgrenzung zwischen Verwaltungsakt und tatsächlichem Verwaltungshandeln geht, dient das Merkmal des „Einzelfalles" der Abgrenzung des Verwaltungsakts von der Rechtsnorm.

I. Begriff des Einzelfalles

30 Inhaltlich knüpft die Einzelfallregelung an den geregelten Sachverhalt und an den Adressatenkreis an.[153]

1. Geregelter Sachverhalt

31 Der geregelte Fall kann konkret oder abstrakt sein. Er ist

- konkret, wenn Zeit, Ort, Personen und sonstige Umstände in der Weise festgelegt sind, dass für jeden Adressaten die Zahl der geregelten Verhaltensweisen genau bestimmt ist,
- abstrakt, wenn er so gefasst ist, dass ungewiss ist, ob sich dieser Fall überhaupt und wie oft er sich ereignen wird.

32 Als Faustformel gilt: Abstrakte Regelungen erkennt man daran, dass sie in die Form „Jedes Mal wenn […], dann […]" (Konditionalform) umformuliert werden können.

[153] Ob an den Grad der Individualität des Adressatenkreises oder die Konkretheit des Sachverhalts zur Qualifizierung der Regelung angeknüpft werden soll, ist höchst umstr. Näher zum Meinungsstreit *Laubinger* FS Rudolf, 2001, 309 ff. Vgl. ferner den vieldiskutierten Endiviensalat-Fall des BVerwG (BVerwGE 12, 87 ff. = NJW 1961, 2077).

Beispiel:

§ 37 II StVO über Wechsellichtzeichen (= Ampeln) lautet wie folgt: „Wechsellichtzeichen haben die Farbfolge Grün – Gelb – Rot – Rot und Gelb (gleichzeitig) – Grün. Rot ist oben, Gelb in der Mitte und Grün unten. 1. An Kreuzungen bedeuten:

Grün: ‚Der Verkehr ist freigegeben'. [...]

Grüner Pfeil: ‚Nur in Richtung des Pfeils ist der Verkehr freigegeben'. [...]

Gelb ordnet an: ‚Vor der Kreuzung auf das nächste Zeichen warten'. [...]

Rot ordnet an: ‚Halt vor der Kreuzung' [...]."

In die Konditionalform umformuliert würde § 37 II StVO lauten: „Jedes Mal, wenn Autofahrer vor roten Ampeln ankommen, müssen sie anhalten." Wie häufig aber Autofahrer in den Geltungsbereich von roten Ampeln kommen, ist völlig unbestimmt. Deshalb enthält § 37 II StVO eine abstrakte Regelung.

Typisch für die konkrete Regelung ist dagegen die kategorische Fassung. 33

Beispiel: Ein Verkehrspolizist sperrt nach einem Unfall eine Straße und ruft dem Fahrer des nächsten Fahrzeugs zu „Halten Sie an!" Hier muss nur ein Fahrer an einem ganz bestimmten Straßenabschnitt an einem ganz bestimmten Tag zu einer ganz bestimmten Uhrzeit anhalten. Das Gebot des Polizisten ist daher konkret.

Noch einfacher formuliert: Eine konkrete Regelung betrifft nur einen einzelnen 34
Sachverhalt. Wird dagegen eine unbestimmte Vielzahl von Fällen geregelt, liegt eine abstrakte Regelung vor.

2. Adressatenkreis

Der Adressatenkreis einer Regelung kann individuell oder generell sein. Er ist 35

- individuell, wenn die Regelung sich an ganz bestimmte oder zumindest individuell bestimmbare Personen richtet,
- generell, wenn bei Erlass der Regelung noch nicht feststeht, welche Personen individuell betroffen sind, sei es weil die Adressaten von vornherein zahlenmäßig unbestimmt sind oder weil sich der bei Erlass der Regelung betroffene Adressatenkreis noch nachträglich erweitern kann.

Als Faustformel gilt hier: Eine individuelle Regelung bezieht sich auf einen 36
bestimmten oder zumindest bestimmbaren Adressatenkreis, eine generelle Regelung auf einen nicht mehr bestimmbaren und deshalb unbestimmten Adressatenkreis.

3. Kombinationen

37 Daraus ergeben sich folgende Kombinationen:

	Individuell	Generell
Konkret	Einzelfall	§ 35 S. 2 VwVfG / Kein Einzelfall
Abstrakt	Einzelfall	Kein Einzelfall

Abb. 24: Einzelfall

38 1. Konkret-individuelle Regelungen sind stets Einzelfallregelungen durch Verwaltungsakt.[154] Eine konkret-individuelle Regelung ist insbesondere gegeben, wenn die Behörde einen einzigen Fall gegenüber einer einzelnen Person regelt.

Beispiele: Einbürgerung des Ausländers A in den deutschen Staatsverband durch das Bundesverwaltungsamt. – Polizeiliche Aufforderung des Randalierers R, das Fußballstadion für die Dauer des Fußballspiels zu verlassen.

Um eine konkret-individuelle Regelung handelt es sich aber auch dann, wenn sich die behördliche Maßnahme in einem einzigen Fall zwar an eine Vielzahl von Personen richtet, die Personen aber individuell bestimmbar sind.

Beispiele:
- Polizeiliche Aufforderung per Megafon an alle Personen, die sich in einem bestimmten Gebäude aufhalten, das Gebäude zu verlassen.
- Polizeiliche Auflösung einer bestimmten Demonstration mit mehreren tausend Teilnehmern. Die Auflösungsverfügung richtet sich zwar an eine Vielzahl von Personen, nämlich alle Demonstrationsteilnehmer. Sie sind durch ihre Teilnahme an der Demonstration aber individuell bestimmbar. Deshalb handelt es sich hier um eine konkret-individuelle Regelung.

39 2. Abstrakt-individuelle Regelungen werden ebenfalls als Einzelfallregelung iSd §35 VwVfG angesehen. Sie beziehen sich zwar auf eine Vielzahl möglicher Fälle und sind insoweit abstrakt, werden jedoch konkret, wenn die bezeichneten Umstände eintreten.[155]

Beispiel:[156] Dem Kraftwerksbetreiber K (individueller Adressat) wird aufgegeben, die in der Nähe befindlichen, näher bezeichneten Straßen zu streuen, wenn wegen des aus dem Kraftwerkskühlturm entweichenden Wasserdampfes und der niedrigen Außentemperatur Glatteisgefahr besteht (abstrakter Sachverhalt).

---

[154] *Detterbeck* AllgVerwR Rn. 459.
[155] *Maurer/Waldhoff* AllgVerwR §9 Rn. 18.
[156] OVG Münster OVGE 16, 289 f.

> **Merke:** Danach ist jede individuelle Regelung ein Verwaltungsakt iSd § 35 VwVfG.

3. Abstrakt-generelle Regelungen sind allgemeine Regelungen durch Rechtsnormen. **40**

> **Beispiel:** Nach der Vorschrift in § 37 II StVO bedeutet ein rotes Wechsellichtzeichen an einer Ampel, dass jedermann verpflichtet ist, vor der Ampel anzuhalten. § 37 II StVO ist anwendbar auf alle gegenwärtigen und künftigen Ampelanlagen in Deutschland (abstrakte Regelung) und gilt gegenüber allen gegenwärtigen und künftigen Straßenverkehrsteilnehmern (generelle Regelung).

4. Konkret-generelle Regelungen sind dadurch gekennzeichnet, dass zur Regelung eines konkreten Einzelfalles Rechtsfolgen gegenüber einer Mehrzahl von individuell nicht mehr bestimmbaren Personen angeordnet werden. **41**

> **Beispiele:**
> - Verbot einer geplanten Demonstration. Das Verbot richtet sich an alle potenziellen Demonstrationsteilnehmer, die nicht mehr individuell, sondern allenfalls nach allgemeinen Merkmalen (hier: gemeinsame Demonstrationsabsicht) bestimmbar sind. Deshalb handelt es sich um eine konkret-generelle Regelung (im Gegensatz zur Auflösung einer soeben stattfindenden Demonstration, deren Teilnehmer individuell bestimmbar sind).
> - Polizeiliche Verkehrsbeschränkungen in einer bestimmten Straße (konkrete Regelung) gegenüber allen gegenwärtigen und künftigen Verkehrsteilnehmern (generelle Regelung).

Konkret-generelle Regelungen werden von der in § 35 S. 2 VwVfG geregelten Allgemeinverfügung erfasst. Eine konkret-generelle Regelung ist ausschließlich in den dort genannten Fällen als Verwaltungsakt, im Übrigen aber als Rechtsnorm zu qualifizieren.[157]

> **Merke:** Das Fehlen einer konkret-individuellen Regelung bedeutet nicht, dass die Regelung keinen Einzelfall iSd § 35 S. 1 VwVfG betrifft und deshalb kein Verwaltungsakt ist. Das Merkmal „Einzelfall" ist nicht identisch mit dem Begriffspaar konkret-individuell. Es erfasst auch andere Sachverhalte, wie zB konkret-generelle Regelungen (ein Fall – unbestimmter Adressatenkreis). Sie fallen unter § 35 S. 2 VwVfG und stellen als Allgemeinverfügungen Verwaltungsakte dar.[158]

---

[157] *Kopp/Ramsauer* VwVfG § 35 Rn. 161; Knack/Henneke/*Henneke* VwVfG § 35 Rn. 196 ff.
[158] *Detterbeck* AllgVerwR Rn. 463.

Einzelfall

- Konkret-individuelle Regelung
- Abstrakt-individuelle Regelung
- Konkret-generelle Regelung (unter den Voraussetzungen des §35 S.2 VwVfG)

II. Allgemeinverfügungen (§35 S.2 VwVfG)

1. Einleitung

42 Allgemeinverfügungen nach §35 S.2 VwVfG sind ebenfalls Verwaltungsakte. Sie sind als Unterfälle von §35 S.1 VwVfG zu qualifizieren. Auch Allgemeinverfügungen müssen deshalb alle Tatbestandsmerkmale des §35 S.1 VwVfG erfüllen. Dies gilt namentlich für das Erfordernis der Einzelfallregelung.

43 Für Allgemeinverfügungen gelten teilweise besondere Vorschriften, die für herkömmliche Verwaltungsakte nicht gelten. Prüfungsrelevant sind insbesondere:

- §28 II Nr.4 VwVfG: kein Anhörungserfordernis,
- §39 II Nr.5 VwVfG: kein Begründungserfordernis im Fall der öffentlichen Bekanntgabe,
- §41 III 2 VwVfG: erweiterte Möglichkeit der öffentlichen Bekanntgabe.

Merke: In der Prüfung darf deshalb nicht offen gelassen werden, ob es sich um einen Verwaltungsakt nach §35 S.1 VwVfG oder um eine Allgemeinverfügung nach §35 S.2 VwVfG handelt.

2. Personenbezogene Allgemeinverfügungen

44 Personenbezogene Allgemeinverfügungen gem. §35 S.2 Var. 1 VwVfG sind Verwaltungsakte, die sich an einen nach allgemeinen Merkmalen bestimmten oder bestimmbaren Personenkreis richten.[159]

Beispiel: Die zuständige Behörde verbietet eine geplante Demonstration. Das Verbot richtet sich an alle potenziellen Demonstrationsteilnehmer. Sie sind durch die gemeinsame Demonstrationsabsicht (allgemeines Merkmal) bestimmbar (allerdings nicht mehr individuell, da die Demonstration noch nicht stattfindet). Deshalb handelt es sich um eine konkret-generelle Regelung, welche die Voraussetzungen einer Einzelfallregelung iSv §35 S.2 Var. 1 VwVfG erfüllt.

Gegenbeispiel: Die zuständige Behörde löst eine gerade stattfindende Demonstration auf. Die Auflösungsverfügung richtet sich an alle Demonstrationsteilnehmer. Die Demonstranten sind durch ihre Teilnahme an der Demonstration individuell bestimmbar. Deshalb handelt es sich um eine konkret-individuelle Allgemeinverfügung, die unter §35 S.1 VwVfG fällt.

---

159 *Wallerath* AllgVerwR §9 Rn.34.

3. Sachbezogene Allgemeinverfügungen

Sachbezogene Allgemeinverfügungen nach §35 S. 2 Var. 2 VwVfG sind Verwaltungsakte, welche die öffentlich-rechtlichen Eigenschaften von Sachen regeln. 45
Sie bestimmen nicht unmittelbar die Rechte und Pflichten von Personen, sondern vielmehr den rechtlichen Zustand von Sachen.[160] Sie werden auch dingliche Allgemeinverfügungen genannt.

Beispiele:
- Widmung von Straßen und Plätzen;
- Errichtung (Widmung) und Schließung (Entwidmung) eines Friedhofs;
- Straßenumbenennung;
- Festsetzung einer Hausnummer;
- Verleihung der Geldeigenschaft bei Banknoten.

Merke: Unter §35 S. 2 Var. 2 VwVfG fallen nur solche Regelungen, die den rechtlichen Zustand einer Sache betreffen. Nicht ausreichend ist, dass sich die Regelung überhaupt auf eine Sache bezieht. So ist zB eine Baugenehmigung keine Allgemeinverfügung nach §35 S. 2 Var. 2 VwVfG, sondern ein Verwaltungsakt nach §35 S. 1 VwVfG.

4. Benutzungsregelnde Allgemeinverfügungen

Benutzungsregelnde Allgemeinverfügungen nach §35 S. 2 Var. 3 VwVfG sind 46
Verwaltungsakte, welche die Benutzung einer Sache durch die Allgemeinheit (unbestimmter Adressatenkreis) regeln. Anders als die sachbezogenen Allgemeinverfügungen nach §35 S. 2 Var. 2 VwVfG regeln sie allerdings nicht unmittelbar die rechtlichen Eigenschaften einer Sache, sondern die Rechte und Pflichten der Benutzer einer Sache.[161] In der Literatur finden sich Stimmen, die benutzungsregelnde Allgemeinverfügungen (§35 S. 2 Var. 3 VwVfG) für einen Unterfall der personenbezogenen Allgemeinverfügungen (§35 S. 2 Var. 1 VwVfG) halten.[162]

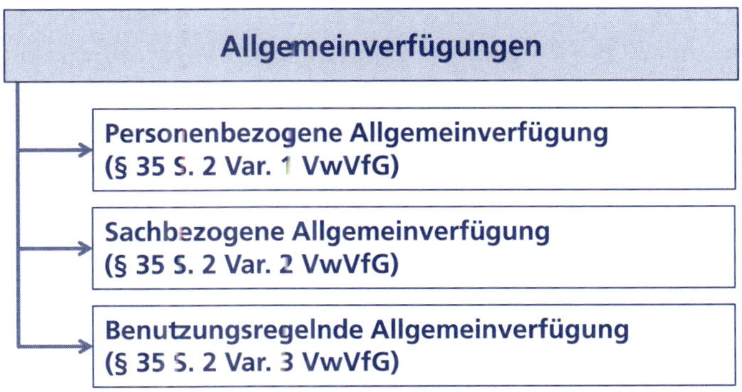

Abb. 25: Allgemeinverfügungen

---

160 *Kopp/Ramsauer* VwVfG §35 Rn. 164.
161 *Wallerath* AllgVerwR §9 Rn. 37 f.
162 *Maurer/Waldhoff* AllgVerwR §9 Rn. 32.

Beispiele:
- Benutzungsregelungen für öffentliche Museen oder Bibliotheken (sofern sie nicht in der Rechtsform einer Satzung erlassen werden);
- Verkehrszeichen[163].

E. Außenwirkung

47 Verwaltungsakte sind nur solche Regelungen, die „auf unmittelbare Rechtswirkung nach außen gerichtet sind". Schon aus dem Wortlaut der Definition in §35 S.1 VwVfG ergibt sich, dass der Verwaltungsakt auf Außenwirkung gerichtet sein muss. Das ist nur dann der Fall, wenn eine Regelung ihrem objektiven Sinngehalt nach – die subjektiven Vorstellungen des erlassenden Beamten sind unerheblich – dazu bestimmt ist, Rechtswirkungen für außerhalb der Verwaltung stehende Personen hervorzubringen.[164]

48 Danach verbleiben im verwaltungsinternen Bereich insbesondere die innerdienstlichen Weisungen. Der Vorgesetzte ist befugt, den ihm nachgeordneten Beamten Weisungen zur Erfüllung ihrer dienstlichen Aufgaben zu erteilen. Diese Weisungen, die unstreitig Rechts- und damit Regelungscharakter haben, verbleiben im verwaltungsinternen Bereich. Sie entfalten grundsätzlich keine Außenwirkung und sind daher keine Verwaltungsakte.[165] Im Einzelnen ist freilich zu differenzieren:

- „Anordnungen" der Vorgesetzten gegenüber den unterstellten Beamten sind nur dann innerdienstliche Weisungen, wenn sie die Beamten als Amtswalter – als Teil der Verwaltungsorganisation, in amtlicher Hinsicht – treffen. Dieser Bereich wird teilweise in der Literatur als „Betriebsverhältnis" bezeichnet. Maßnahmen im „Betriebsverhältnis" haben keine Außenwirkung, sind keine Verwaltungsakte und können gerichtlich nicht angegriffen werden.

Beispiele: Anordnung, einen Vermerk zu einem bestimmten rechtlichen Problem zu fertigen; Anordnung, den Entwurf eines Verwaltungsakts zu erstellen.

- „Anordnungen" der Vorgesetzten sind dagegen Verwaltungsakte, wenn sie sich an Beamte als selbstständige Rechtspersonen – in persönlicher Hinsicht – richten. Dieser Bereich wird als „Grundverhältnis" umschrieben. Hier zielt die Maßnahme darauf ab, zumindest auch die persönlichen Rechte der betroffenen Beamten zu regeln. Sind die weiteren Voraussetzungen des §35

---

[163] Die früher vom VGH München vertretene Auffassung, wonach es sich bei Verkehrszeichen um Rechtsverordnungen handele, hat sich nicht durchsetzen können (vgl. VGH München NJW 1978, 1988ff.).

[164] StRspr des BVerwG; exemplarisch BVerwGE 81, 258ff. = BeckRS 9998, 169802; BVerwG NVwZ 2012, 1483ff.

[165] BVerwGE 60, 144 (145ff.) = NJW 1981, 67; BVerwGE 45, 39 (42); VGH München BayVBl. 1981, 464f.

S. 1 VwVfG erfüllt, handelt es sich um einen Verwaltungsakt. Der Betroffene kann Anfechtungs- oder Verpflichtungsklage erheben.[166]

Beispiele: Ernennung; Beförderung; Rangherabsetzung; Entlassung; Bewilligung oder Ablehnung von Urlaub oder Sonderurlaub; Gewährung oder Versagung einer Leistungszulage.

Besonderheiten gelten für die Umsetzung eines Beamten. Bei einer Umsetzung wird einem Beamten ein anderer Aufgabenbereich innerhalb derselben Behörde zugewiesen.[167] 49

Beispiel: A ist Sachbearbeiterin in der Abteilung D („Öffentlicher Dienst") des Bundesministeriums des Innern, für Bau und Heimat. Nach fünf Jahren wird sie als Sachbearbeiterin in die Abteilung V („Staatsrecht; Verfassungsrecht; Verwaltungsrecht") umgesetzt.

Die Umsetzung ist auf die Umstrukturierung des internen Dienstbetriebs gerichtet, beschränkt sich somit auf den verwaltungsinternen Bereich und stellt daher eine ausschließlich innerdienstliche Weisung dar. Gleichwohl betrifft eine Umsetzung den jeweiligen Beamten mittelbar auch in seiner persönlichen Rechtsstellung, indem sie seinen Anspruch auf amtsangemessene Beschäftigung tangiert (insbesondere bei nicht mehr amtsangemessenen oder sogar diskriminierenden neuen Aufgabenbereichen). Dennoch handelt es sich bei der Umsetzung um keinen Verwaltungsakt, weil die Auswirkungen auf die persönliche Rechtsstellung ihrem objektiven Sinn nach nicht unmittelbar bezweckt sind.[168] 50

Eine Anfechtungsklage gegen eine Umsetzung ist deshalb nicht zulässig. Rechtsschutzlos ist der umgesetzte Beamte freilich nicht. Macht er substantiiert geltend, dass der neue Aufgabenbereich nicht amtsgemäß ist, kann er sich gegen die Umsetzung nach erfolgloser Durchführung eines Vorverfahrens (§ 126 III BBG, § 54 II BeamtStG) im Wege der allgemeinen Leistungsklage oder Feststellungsklage (§ 43 VwGO) wehren.[169] 51

Merke: Eine Maßnahme, die ihrem objektiven Sinn nach nur den verwaltungsinternen Bereich betrifft, hat selbst dann keine Außenwirkung iSd § 35 S. 1 VwVfG, wenn die mit ihr verbundenen Auswirkungen auf die persönliche Rechtsstellung des Beamten vom Vorgesetzten subjektiv bezweckt sind.

---

166 Die Unterscheidung zwischen Betriebs- und Grundverhältnis geht auf *Ule* (VVDStRL 15 [1957], 133 [151 ff.]) zurück. Krit. ggü. dieser Differenzierung *Ruffert* in Erichsen/Ehlers AllgVerwR § 21 Rn. 46.

167 *Leppek*, Beamtenrecht, 13. Aufl. 2019, Rn. 143 ff.

168 Vgl. implizit hierzu BVerwG NVwZ 2012, 1481 ff.

169 *Leppek*, Beamtenrecht, 13. Aufl. 2019, Rn. 146.

F. Kontrollfragen

1. Nennen Sie die Merkmale eines Verwaltungsakts! (→ Rn. 2)
2. Definieren Sie die folgenden Tatbestandsmerkmale des § 35 S. 1 VwVfG:
   a) Behörde (→ Rn. 13 ff.)
   b) Regelung (→ Rn. 19 ff.)
3. Sind der DAAD eV und die DFG eV „Behörden" iSd § 35 S. 1 VwVfG? Begründen Sie Ihre Antwort! (→ Rn. 13)
4. Zählen Sie einige typische Regelungsarten auf! (→ Rn. 22)
5. Stellt die an einen Antragsteller gerichtete Aufforderung, seine Antragsunterlagen zu ergänzen, einen Verwaltungsakt dar? Begründen Sie! (→ Rn. 25)
6. Definieren Sie die folgenden Begriffspaare!
   a) abstrakt und konkret, (→ Rn. 31)
   b) generell und individuell. (→ Rn. 35)
7. Unter welchen Voraussetzungen sind konkret-generelle Regelungen Verwaltungsakte? (→ Rn. 41)
8. Welche Funktion kommt S. 2 des § 35 VwVfG zu? (→ Rn. 42 f.)
9. Wann liegt eine personenbezogene Allgemeinverfügung vor? (→ Rn. 44)
10. Was ist der Unterschied zwischen einer dinglichen und einer benutzungsregelnden Allgemeinverfügung? (→ Rn. 45 f.)
11. Warum muss (nicht nur in der Klausur) exakt zwischen einer Allgemeinverfügung nach § 35 S. 2 VwVfG und einem sonstigen Verwaltungsakt nach § 35 S. 1 VwVfG differenziert werden? (→ Rn. 43)
12. Wann entfaltet eine Regelung Außenwirkung? (→ Rn. 47)
13. Stellen innerdienstliche Anordnungen des Vorgesetzten Verwaltungsakte dar? (→ Rn. 48)

§ 10 Wirksamkeit eines Verwaltungsakts

Lernziele: Sie sollen nach dem Studium dieses Kapitels
1. die Wirksamkeit eines Verwaltungsakts prüfen,
2. die verschiedenen Arten der Bekanntgabe eines Verwaltungsakts kennen und auf konkrete Sachverhalte anwenden.

A. Einleitung

1 Ein Verwaltungsakt wird nach § 43 I 1 VwVfG gegenüber demjenigen wirksam, dem er bekannt gegeben wird. Ein wirksamer Verwaltungsakt entfaltet Bindungs- und Tatbestandswirkung.

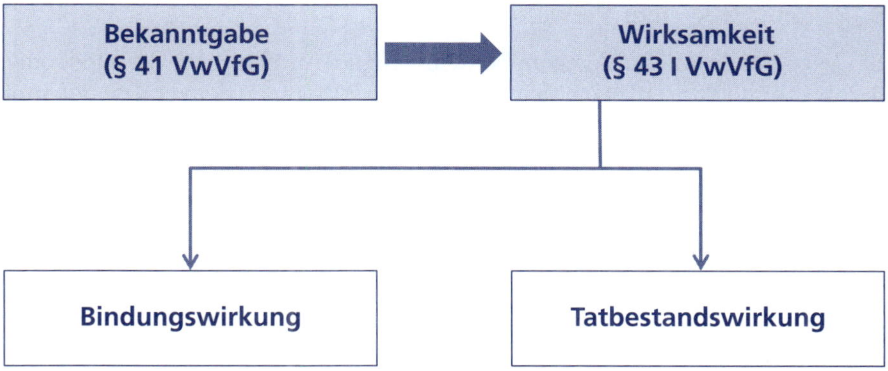

Abb. 26: Bekanntgabe und Wirksamkeit eines Verwaltungsakts

I. Bindungswirkung

Bindungswirkung bedeutet, dass die erlassende Behörde und der betroffene Bürger an die im Verwaltungsakt enthaltene Regelung gebunden sind.[170] Der Bürger muss den Verwaltungsakt befolgen. Umgekehrt darf der vom Verwaltungsakt Begünstigte von ihm Gebrauch machen. 2

> **Beispiele:** Das zuständige Bundesinnenministerium bewilligt einem Olympiastützpunkt eine Zuwendung zur Förderung des Spitzensports durch Verwaltungsakt. Aufgrund der Bindungswirkung des Verwaltungsakts muss das Ministerium die Zuwendung auszahlen. – Nachdem ihr ein Visum erteilt worden ist, darf eine ausländische Staatsangehörige in die Bundesrepublik Deutschland einreisen.

II. Tatbestandswirkung

Nicht nur die erlassende Behörde und der Adressat werden durch einen Verwaltungsakt verpflichtet oder berechtigt. Auch alle anderen Behörden, Träger hoheitlicher Gewalt und grundsätzlich auch die Justiz (mit Ausnahme der Verwaltungsgerichte, die gegen den Verwaltungsakt angerufen werden) sind bei ihren Entscheidungen an eine im Verwaltungsakt getroffene Regelung gebunden (Tatbestandswirkung).[171] 3

> **Beispiel:** Der Ausländerin A wird durch einen wirksamen Verwaltungsakt die deutsche Staatsangehörigkeit verliehen. Jeder Träger öffentlicher Gewalt muss daher selbst dann von der deutschen Staatsangehörigkeit der A ausgehen, wenn er Zweifel an der Rechtmäßigkeit des Einbürgerungsbescheides hat.

---

170 *Kopp/Ramsauer* VwVfG § 43 Rn. 14.

171 Allg. zur Tatbestandswirkung *Seibert*, Die Bindungswirkung von Verwaltungsakten, 1989, passim.

B. Bekanntgabe eines Verwaltungsakts

4 Ein Verwaltungsakt wird gegenüber demjenigen, für den er bestimmt ist oder der von ihm betroffen ist, zu dem Zeitpunkt wirksam, zu dem er ihm bekannt gegeben wird (§ 43 I VwVfG). Der Verwaltungsakt bleibt wirksam, solange und soweit er nicht zurückgenommen, widerrufen, anderweitig aufgehoben durch Zeitablauf oder auf andere Weise erledigt ist (§ 43 II VwVfG).

I. Begriff der Bekanntgabe

5 § 43 VwVfG knüpft die Wirksamkeit eines Verwaltungsakts an seine „Bekanntgabe". Ohne Bekanntgabe liegt kein rechtswidriger oder nichtiger Verwaltungsakt, sondern überhaupt kein Verwaltungsakt vor (Nicht-Verwaltungsakt).

!

Definition: Bekanntgabe ist die Eröffnung des Verwaltungsakts gegenüber dem Betroffenen oder gegenüber dem, für den er bestimmt ist. Eine Bekanntgabe liegt nur dann vor, wenn

- die für die Bekanntgabe zuständige Behörde in amtlicher Eigenschaft
- wissentlich und willentlich, dh mit Bekanntgabewillen,
- den Inhalt des Verwaltungsakts dem Betroffenen oder gegenüber dem eröffnet, für den er bestimmt ist, und
- der Verwaltungsakt dem Adressaten zugegangen ist.[172]

Fehlt eine dieser Voraussetzungen, sind keine Bekanntgabe und damit kein Verwaltungsakt gegeben.[173]

II. Formen der Bekanntgabe

6 Die Formen der Bekanntgabe eines Verwaltungsakts sind in § 41 und § 37 II VwVfG sowie dem VwZG und der ZPO geregelt.

1. Formlose Bekanntgabe

7 Wenn keine besondere Form vorgeschrieben ist, darf die Bekanntgabe eines Verwaltungsakts elektronisch per Fax oder E-Mail (§ 3a I VwVfG),[174] mündlich, konkludent (zB durch Handzeichen eines Polizisten) oder in jeder anderen geeigneten Form erfolgen. Die Zulässigkeit der formlosen Bekanntgabe ergibt sich aus § 41 I 1 iVm § 37 II 1 VwVfG.

2. Bekanntgabe durch postalische Übermittlung mittels einfachen Briefs

8 Bei der postalischen Übermittlung mittels einfachen Briefs bestimmt § 41 II VwVfG, dass der Verwaltungsakt am dritten Tag nach der Aufgabe zur Post als bekannt gegeben gilt, außer wenn er überhaupt nicht oder zu einem späteren Zeitpunkt zugegangen ist. Gleiches gilt für elektronisch übermittelte Verwaltungsakte (etwa per E-Mail). Das Wort „gilt" verdeutlicht, dass § 41 II VwVfG

---

172 BVerwG DVBl 2012, 49 ff.

173 *Kopp/Ramsauer* VwVfG § 41 Rn. 6; näher zur Bekanntgabe auch *Schoch* JURA 2011, 23 ff.

174 Dazu *Siegel* VerwArch 105 (2014), 241 ff.

die Bekanntgabe eines Verwaltungsakts fingiert. Man spricht deshalb auch von einer Bekanntgabefiktion.

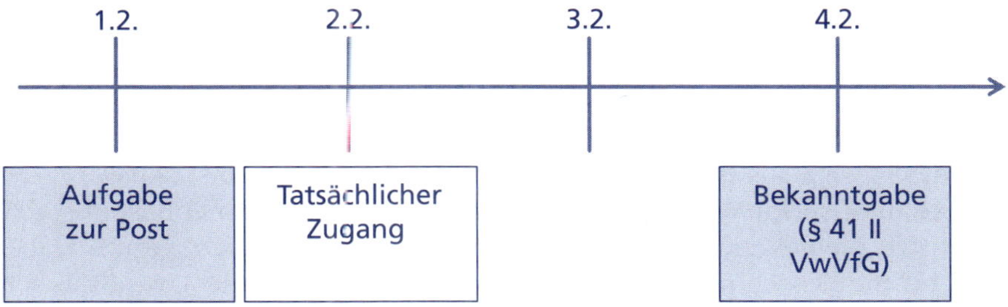

Abb. 27: Dreitagesfiktion

Die Dreitagefrist des §41 II 1 VwVfG gilt nach allgemeiner Auffassung selbst dann, wenn das Schreiben tatsächlich früher zugegangen ist.[175] 9

Andererseits verlängert sich die Fiktionswirkung nicht automatisch, wenn der dritte Tag ein Sonntag ist. Denn §31 III VwVfG verlängert die Frist bis zum nächsten Werktag nur, wenn das Frist**ende** auf einen Sonntag fällt (etwa das Ende einer Widerspruchsfrist), nicht jedoch der Frist**beginn** (etwa der Beginn einer Widerspruchsfrist).[176] 10

Die Dreitagesfiktion gilt jedoch dann nicht, wenn der Verwaltungsakt überhaupt nicht oder zu einem späteren Zeitpunkt zugegangen ist. Im ersten Fall muss der Verwaltungsakt „erneut" bekannt gegeben werden; im zweiten Fall gilt als Zeitpunkt der Bekanntgabe der Zeitpunkt des tatsächlichen späteren Zugangs.[177] 11

3. Öffentliche Bekanntgabe

§ 41 III VwVfG regelt, „ob" ein Verwaltungsakt öffentlich bekannt gegeben werden darf. §41 IV VwVfG bestimmt die Form, dh das „Wie" der öffentlichen Bekanntgabe, wenn ein schriftlicher oder elektronischer Verwaltungsakt bekannt gegeben werden soll. Soll ein mündlicher oder anderer Verwaltungsakt öffentlich bekannt gegeben werden, ist keine besondere Form vorgeschrieben.[178] 12

Der Begriff der „öffentlichen Bekanntgabe" ist im VwVfG nicht näher definiert. Um eine öffentliche Bekanntgabe handelt es sich nach allgemeiner Auffassung jedenfalls dann, wenn die Bekanntgabe jedermann zugänglich ist. Umgekehrt ist die generelle Zugänglichkeit keine zwingende Voraussetzung der öffentlichen Bekanntgabe.[179] 13

175 Zum Bestreiten des Zugangs eines Schriftstücks innerhalb der Dreitagesfrist OVG Weimar NVwZ-RR 2003, 3 f.

176 Die Anwendbarkeit des §31 III VwVfG auf die Dreitagesfiktion in §41 II VwVfG ist umstr. Die hM spricht sich gegen eine Anwendbarkeit aus; vgl. OVG Lüneburg NVwZ-RR 2007, 78; VGH München NJW 1991, 1250 f. AA Stelkens/Bonk/Sachs/*U. Stelkens* VwVfG §41 Rn. 133.

177 *Kopp/Ramsauer* VwVfG §41 Rn. 43.

178 Stelkens/Bonk/Sachs/*U. Stelkens* VwVfG §41 Rn. 135.

179 *Detterbeck* AllgVerwR Rn. 555.

Beispiel: Eine öffentliche Bekanntgabe ist anzunehmen, wenn die Polizei gegenüber einer aus 3.000 Personen bestehenden Versammlung eine Anordnung per Megafon erteilt. Obwohl diese Bekanntgabe nicht jedermann zugänglich ist, fehlt es an der eine öffentliche Bekanntgabe ausschließenden individuellen Bekanntgabe.

4. Bekanntgabe durch Zustellung

14 Sieht das Gesetz ausdrücklich eine förmliche Zustellung vor oder wählt die Behörde aus Zweckmäßigkeitsgründen von sich aus diese Art der Bekanntgabe, richtet sich die Bekanntgabe nach dem Verwaltungszustellungsgesetz. Dabei findet bei Bundesbehörden das VwZG und bei Landesbehörden grundsätzlich das jeweilige Landeszustellungsgesetz Anwendung.

Merke: Die Zustellung eines Widerspruchsbescheids richtet sich gem. § 73 III 2 VwGO immer nach dem VwZG des Bundes, auch wenn die Zustellung von einer Landesbehörde betrieben wird. Für die Zustellung im verwaltungsgerichtlichen Verfahren gelten gem. § 56 II VwGO dagegen nicht das VwZG, sondern die Vorschriften in §§ 166 ff. ZPO.

15 Die Zustellung ist die zu beurkundende Bekanntgabe eines Schriftstücks oder eines elektronischen Dokuments in der im VwZG bestimmten Form (§ 2 I VwZG). Zugestellt wird durch die Post oder durch die Behörde, die den Verwaltungsakt erlassen hat. Die Zustellung durch die Post erfolgt durch Postzustellungsurkunde (§ 3 VwZG) oder mittels Einschreiben (§ 4 VwZG).

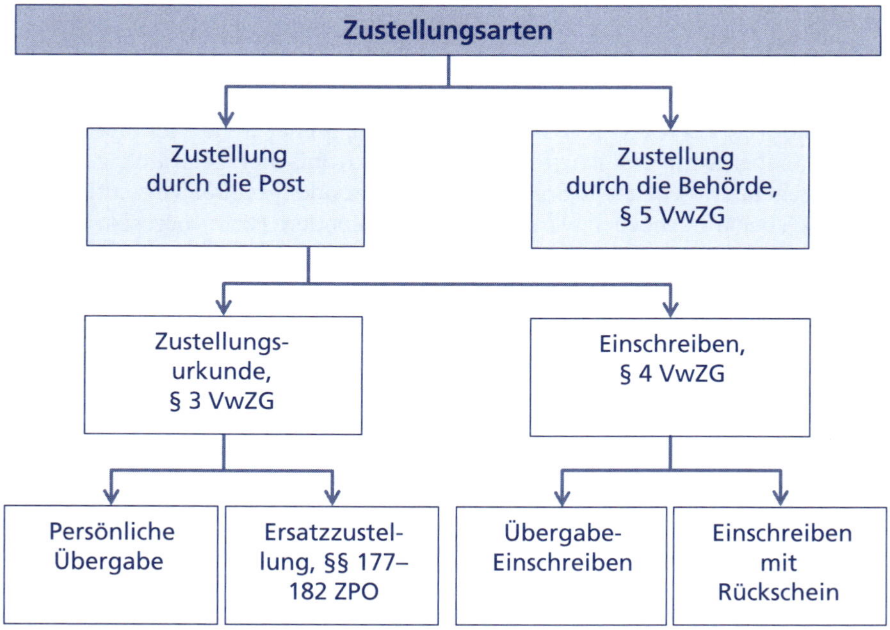

Abb. 28: Arten der Zustellung

Gemäß §3 VwZG stellt der Postbedienstete das Schriftstück förmlich zu und beurkundet die Zustellung. Zum Nachweis der Zustellung ist nach §3 I, II 3 VwZG eine Postzustellungsurkunde anzufertigen, welche an die den Verwaltungsakt erlassende Behörde zurückgeschickt wird. Als öffentliche Urkunde beweist die Postzustellungsurkunde, dass und wie der betreffende Verwaltungsakt zugestellt worden ist (§§415 I, 418 I ZPO). 16

Kann der Postbedienstete dem Adressaten den Verwaltungsakt nicht persönlich zustellen, etwa weil der Adressat abwesend ist, gelten nach §3 II 1 VwZG die Regeln der sog. Ersatzzustellung nach §§177–182 ZPO. Die Ersatzzustellung erfolgt grundsätzlich an den Ersatzempfänger (§178 ZPO), hilfsweise durch Einlegen in den Briefkasten (§180 ZPO). Eine Ersatzzustellung durch Niederlegung bei dem Amtsgericht, in dessen Bezirk der Ort der Zustellung liegt, oder bei einer von der Post dafür bestimmten Stelle sieht §181 ZPO nur noch vor bei gescheiterten Zustellungen in Gemeinschaftseinrichtungen oder wenn die Ersatzzustellung nach §180 ZPO nicht möglich ist. 17

Bei der Zustellung durch Einschreiben ist nach den verschiedenen Arten des Einschreibens zu differenzieren: 18

- Bei der Zustellung mittels eines Übergabe-Einschreibens gilt das Dokument am dritten Tag nach der Aufgabe zur Post als zugestellt, es sei denn, dass der zuzustellende Bescheid nicht oder zu einem späteren Zeitpunkt zugegangen ist (§4 II 2 VwZG). Es gelten hier die gleichen Grundsätze wie bei der Bekanntgabe durch einfachen Brief nach §41 II VwVfG.
- Bei einer Zustellung mittels Einschreiben mit Rückschein ist der Verwaltungsakt an dem Tag zugestellt, der auf dem Rückschein vermerkt ist (§4 II 1 VwZG).
- §4 I Var. 1 VwZG erfasst nur das sog. Übergabe-Einschreiben, bei dem der Empfänger oder Ersatzempfänger das Schreiben gegen Unterschrift persönlich ausgehändigt bekommt, nicht dagegen das Einwurf-Einschreiben, das mit der normalen Post in den Briefkasten eingeworfen oder in das Postfach eingelegt wird.[180]

Zugestellt wird regelmäßig an den Adressaten, seinen gesetzlichen Vertreter (§6 VwZG) oder seinen Bevollmächtigten (§7 VwZG). Grundsätzlich hat die Behörde ein Wahlrecht, ob sie an den Adressaten oder den Bevollmächtigten zustellt (§7 I 1 VwZG: „können"). Hat der Bevollmächtigte jedoch eine schriftliche Vollmacht vorgelegt, muss die Behörde zwingend an ihn zustellen (§7 I 2 VwZG). 19

Lässt sich die formgerechte Zustellung eines Schriftstücks nicht nachweisen oder ist das Schriftstück unter Verletzung zwingender Zustellungsvorschriften ergangen, so gilt dieser Mangel in dem Zeitpunkt als geheilt, in dem es der Empfangsberechtigte nachweislich erhalten hat (§8 VwZG). „Empfangsberechtigter" iSd §8 VwZG ist bei Vorlage einer schriftlichen Vollmacht wegen §8 I 2 VwZG nur der Bevollmächtigte, nicht der Mandant. Eine Heilung nach §8 VwZG tritt im Übrigen erst ein, wenn die Behörde dem Bevollmächtigten den 20

---

[180] *Kopp/Ramsauer* VwVfG §41 Rn.72.

Bescheid nachträglich zur Kenntnis übersendet. Eine zufällige Kenntniserlangung auf Betreiben des Mandanten reicht nicht aus.[181]

Formen der Bekanntgabe

- Formlose Bekanntgabe (§ 41 I VwVfG)
- Bekanntgabe durch einfachen Brief (§ 41 II VwVfG)
- Öffentliche Bekanntgabe (§ 41 III und IV VwVfG)
- Bekanntgabe durch Zustellung (§ 41 V VwVfG, VwZG)
  - Zustellung durch die Post (§§ 3 und 4 VwZG, gegebenenfalls ZPO)
  - Zustellung durch die Behörde (§ 5 VwZG)

III. Folgen einer fehlerhaften Bekanntgabe

21 Die Folgen einer fehlerhaften Bekanntgabe richten sich nach § 43 VwVfG. Solange der Verstoß gegen besondere, bei der Bekanntgabe zu beachtende Vorschriften nicht zur Nichtigkeit nach § 44 VwVfG führt, verhindert die fehlerhafte Bekanntgabe nicht die Wirksamkeit eines Verwaltungsakts, der gem. § 43 I VwVfG bekanntgegeben wurde.

22 Deshalb ist wie folgt zu unterscheiden:

- Liegt keine Bekanntgabe im Rechtssinne vor, handelt es sich um einen Nicht-Verwaltungsakt.[182]
- Erfolgt die Bekanntgabe unter Verstoß gegen Rechtsvorschriften, die speziell die Bekanntgabe regeln, ist der Verwaltungsakt nur nichtig, wenn ein Nichtigkeitsgrund nach § 44 I oder II VwVfG vorliegt. In diesem Fall ist der Verwaltungsakt nach § 43 III VwVfG unwirksam.
- Führt der Rechtsverstoß bei der Bekanntgabe nicht zur Nichtigkeit nach § 44 VwVfG, ist der Verwaltungsakt bloß rechtswidrig und damit wirksam.

---

[181] BVerwGE 85, 213 (215) = BeckRS 9998, 171154; aA VG Berlin NVwZ 2009, 124 (126).

[182] OVG Münster NVwZ 1992, 991 f.; VGH Kassel DVBl 1993, 616 (617); VGH Mannheim NVwZ-RR 1993, 358 (359). Teilweise wird demgegenüber vertreten, der Verwaltungsakt entstehe bereits mit der Aufgabe zur Post, die Bekanntgabe bewirke lediglich die Wirksamkeit des Verwaltungsakts; vgl. BFHE 147, 205 ff. = BeckRS 1986, 22007712 mwN.

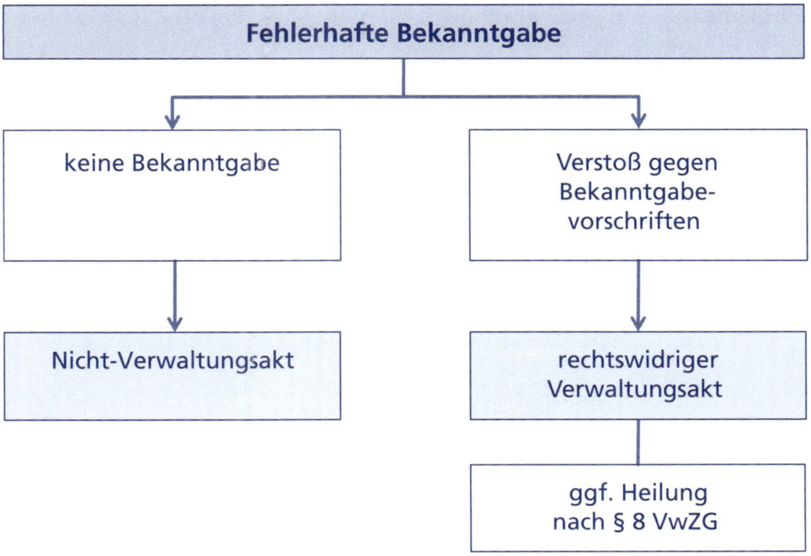

Abb. 29: Fehlerhafte Bekanntgabe

C. Kontrollfragen

1. Wann wird ein Verwaltungsakt wirksam? Nennen Sie die einschlägige Rechtsvorschrift! (→ Rn. 1)
2. Was versteht man unter der Tatbestandswirkung eines Verwaltungsakts? (→ Rn. 3)
3. Welche Formen der Bekanntgabe kennen Sie? (→ Rn. 6 ff.)
4. Wann gilt ein Verwaltungsakt als bekannt gegeben, der mittels einfachen Briefs zur Post aufgegeben wird? (→ Rn. 8 ff.)
5. Wie wird eine Zustellung bewirkt? Zählen Sie die verschiedenen Arten der Zustellung auf! (→ Rn. 14 ff.)
6. Wann wird ein Verwaltungsakt wirksam, der
   a) mittels Übergabe-Einschreiben mit Rückschein,
   b) mittels Übergabe-Einschreiben ohne Rückschein

   zugestellt wird? Nennen Sie die einschlägigen Rechtsvorschriften! (→ Rn. 18)

§ 11 Formelle Rechtmäßigkeit eines Verwaltungsakts

Lernziele: Sie sollen nach dem Studium dieses Kapitels

1. die formelle Rechtmäßigkeit eines Verwaltungsakts gutachterlich prüfen,
2. die Heilung eines Verstoßes gegen Verfahrens- oder Formvorschriften gem. § 45 VwVfG untersuchen.

A. Überblick

1 Ein Verwaltungsakt ist rechtmäßig, wenn er sämtlichen Vorgaben entspricht, die die Rechtsordnung an ihn stellt. Steht ein Verwaltungsakt nicht im Einklang mit dem geltenden Recht, so ist er fehlerhaft und damit rechtswidrig. Allerdings bleibt ein rechtswidriger Verwaltungsakt wirksam, solange und soweit er nicht von der zuständigen Behörde (oder einem Verwaltungsgericht) aufgehoben wird (§ 43 II VwVfG). Unwirksam ist ein Verwaltungsakt nur, wenn er ausnahmsweise nichtig ist (§§ 43 III, 44 VwVfG).

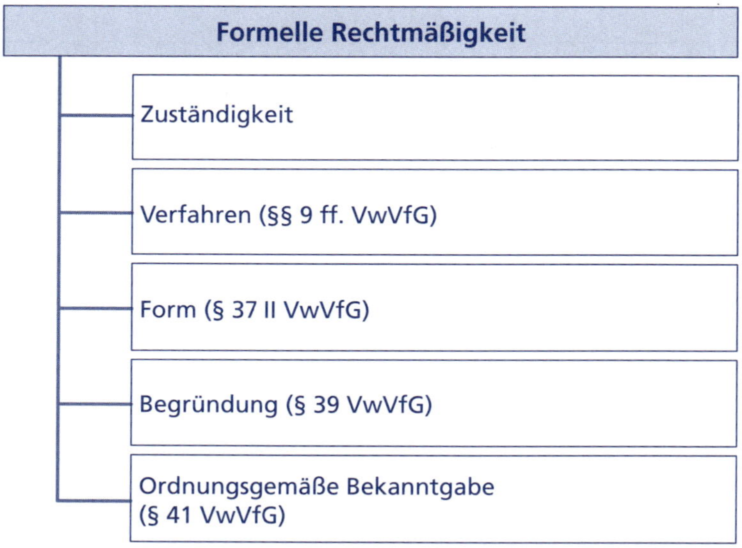

Abb. 30: Formelle Rechtmäßigkeit eines Verwaltungsakts

2 Ein Verwaltungsakt ist rechtmäßig, wenn

- er auf einer wirksamen Ermächtigungsgrundlage beruht,
- formell rechtmäßig ist, dh die Zuständigkeits-, Verfahrens- und Formvorschriften eingehalten worden sind, und
- materiell rechtmäßig ist, dh der Verwaltungsakt inhaltlich mit dem geltenden Recht im Einklang steht.[183]

! **Merke:** Auf die formelle Rechtmäßigkeit eines Verwaltungsakts ist in der Prüfung nur einzugehen, wenn der Sachverhalt entsprechende Hinweise enthält. Ansonsten darf die formelle Rechtmäßigkeit unterstellt werden.

[183] S. das Prüfschema zur Rechtmäßigkeit eines Verwaltungsakts im Anhang. Zu den einzelnen Prüfungspunkten beispielhaft *Peine* AllgVerwR Rn. 559 ff.

B. Zuständigkeit

Der Verwaltungsakt muss von der zuständigen Behörde erlassen worden sein. 3
Die Zuständigkeit gliedert sich in die

- sachliche Zuständigkeit,
- örtliche Zuständigkeit,
- instanzielle Zuständigkeit und
- funktionelle Zuständigkeit.[184]

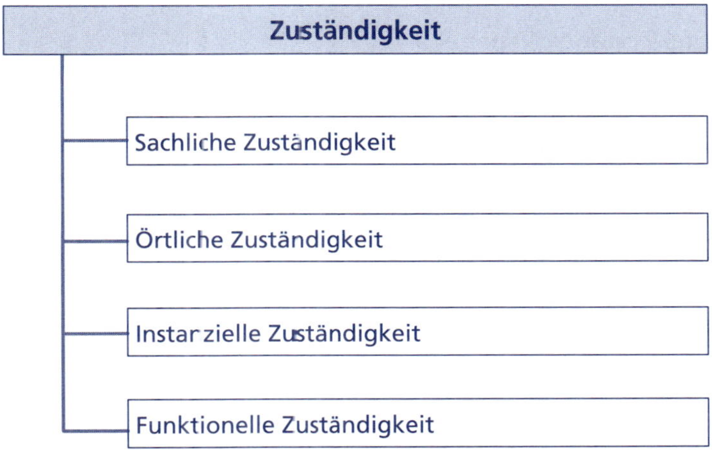

Abb. 31: Arten der behördlichen Zuständigkeit

I. Sachliche Zuständigkeit

Die sachliche Zuständigkeit bestimmt, welche Sachaufgaben von welcher Be- 4
hörde wahrgenommen werden. Sie knüpft also an einen bestimmten Aufgabenbereich an. Dabei ist nach der Verbandskompetenz und der Organkompetenz zu unterscheiden.

- Da letztlich jedes Verwaltungshandeln einer juristischen Person des öffentlichen Rechts zugerechnet werden muss, ist zunächst festzulegen, welcher Verwaltungsträger die Aufgaben wahrzunehmen hat (Verbandskompetenz).[185] Auszugehen ist von der Regelung in Art. 83 ff. GG, wonach Verwaltungsträger zunächst der Bund oder die Bundesländer sind. Bund und Länder können die Verwaltungsaufgaben entweder selbst wahrnehmen (unmittelbare Staatsverwaltung) oder auf selbstständige Verwaltungsträger (Körperschaften, Anstalten oder Stiftungen des öffentlichen Rechts, Beliehene) übertragen (mittelbare Staatsverwaltung).

---

[184] Zur Zuständigkeit s. *Peine* AllgVerwR Rn. 564 ff.; *Wienbracke* AllgVerwR Rn. 140 ff.; *Collin/Fügemann* JuS 2005, 694 ff.; Fallbearbeitung bei *Vahle* DVP 2001, 362 ff.

[185] Vgl. BVerwGE 142, 195 (202 f.) = BeckRS 2012, 51759; VGH BW NVwZ-RR 2014, 302 (304).

- Hat der Verwaltungsträger mehrere Behörden, muss bestimmt werden, welcher Behörde die Aufgabe konkret zugewiesen ist (Organkompetenz).[186]

5 Die sachliche Zuständigkeit ist nicht im VwVfG, sondern in den jeweiligen Spezialgesetzen geregelt.

> **Beispiele:** Die Bundespolizei ist nach § 2 I BPolG unter anderem für den Grenzschutz sachlich zuständig. Dem Eisenbahn-Bundesamt obliegt nach § 3 I 1 Nr. 2 BEVVG unter anderem die Eisenbahnaufsicht.

II. Örtliche Zuständigkeit

6 Die örtliche Zuständigkeit muss festgestellt werden, wenn es mehrere gleichartige Behörden mit räumlich begrenztem Zuständigkeitsbereich gibt. Fehlen Regelungen zur örtlichen Zuständigkeit in Spezialgesetzen, gilt hierfür die Bestimmung in § 3 VwVfG.[187]

> **Beispiel:** § 58 I BPolG iVm § 2 BPolZV enthält eine spezielle Regelung über die örtliche Zuständigkeit der Bundespolizeibehörden. Beim Bundeskriminalamt stellt sich die Frage der örtlichen Zuständigkeit dagegen nicht; das Bundeskriminalamt ist für das gesamte Bundesgebiet zuständig.

III. Instanzielle Zuständigkeit

7 Hat der Verwaltungsträger Behörden auf verschiedenen Hierarchieebenen, so ist die sog. instanzielle Zuständigkeit festzulegen.[188]

> **Beispiel:** § 73 I Nr. 1 VwGO ordnet an, dass den Widerspruchsbescheid grundsätzlich die „nächsthöhere Behörde" erlässt.

IV. Funktionelle Zuständigkeit

8 Die funktionelle Zuständigkeit betrifft die Frage, welcher konkrete Beschäftigte innerhalb einer Behörde eine bestimmte Aufgabe erfüllen muss. Die funktionelle Zuständigkeit wird in der Regel durch Geschäftsverteilungspläne bestimmt. Verstöße gegen Geschäftsverteilungspläne machen den Verwaltungsakt allerdings nicht rechtswidrig, da es sich um Verwaltungsvorschriften und somit nach hM um reines Innenrecht handelt. Bei der Prüfung der Rechtmäßigkeit eines Verwaltungsakts braucht auf die funktionelle Zuständigkeit nicht eingegangen zu werden. Anderes gilt nur dann, wenn in Rechtsvorschriften mit Außenwirkung die behördeninterne Zuständigkeit ausdrücklich geregelt ist.[189]

---

186 *Kopp/Ramsauer* VwVfG § 3 Rn. 5b.

187 *Kopp/Ramsauer* VwVfG § 3 Rn. 4.

188 Zur Befugnis einer übergeordneten Behörde, eine in die Zuständigkeit der untergeordneten Behörde fallende Sache zur Entscheidung an sich zu ziehen (sog. Selbsteintrittsrecht), vgl. *Maurer/Waldhoff* AllgVerwR § 21 Rn. 49.

189 *Wienbracke* AllgVerwR Rn. 144 in Fn. 59.

Beispiel: Nach §27 II VwVfG sind zur Abnahme einer eidesstattlichen Versicherung nur der Behördenleiter, sein allgemeiner Vertreter oder Angehörige des öffentlichen Dienstes mit der Befähigung zum Richteramt funktionell zuständig.

Zuständigkeit

- Sachliche Zuständigkeit
- Örtliche Zuständigkeit
- Instanzielle Zuständigkeit
- Funktionelle Zuständigkeit

C. Verfahren, insbesondere Anhörung

Im Regelfall werden Verwaltungsakte im nichtförmlichen Verwaltungsverfah- 9
ren erlassen (§10 S.1 VwVfG).[190] Beim nichtförmlichen Verwaltungsverfahren sind die Verfahrensvorschriften der §§11–34 VwVfG zu beachten. Dazu zählen insbesondere:

- Beteiligungsfähigkeit der Verfahrensbeteiligten (§§11, 13 VwVfG),
- Handlungsfähigkeit der Verfahrensbeteiligten (§§12, 13 VwVfG),
- Ausschluss bestimmter befangener Personen vom Verwaltungsverfahren (§§20, 21 VwVfG),
- Gebot vollständiger Sachaufklärung (§24 VwVfG),
- Anhörung Beteiligter (§28 VwVfG) und
- Akteneinsichtsrecht Beteiligter (§29 VwVfG).

Exemplarisch soll nachfolgend das Anhörungserfordernis vorgestellt werden.

I. Erforderlichkeit der Anhörung

Nach §28 I VwVfG ist, bevor ein Verwaltungsakt erlassen wird, der in Rechte 10
eines Beteiligten eingreift, diesem Beteiligten Gelegenheit zu geben, sich zu den für die Entscheidung erheblichen Tatsachen zu äußern.

1. Erste Voraussetzung einer Anhörungspflicht ist daher zunächst, dass es sich um den Erlass eines Verwaltungsakts handelt (zu den Merkmalen eines Verwaltungsakts → §9 Rn.5ff.).
2. Notwendig ist ferner, dass der Verwaltungsakt „in Rechte eines Beteiligten eingreift". Unproblematisch ist dies bei belastenden Verwaltungsakten, wenn also die bisherige Rechtsstellung des Beteiligten zu seinem Nachteil verändert wird (= Eingriffsverwaltung). Umstritten ist, ob auch die Ablehnung eines begünstigenden Verwaltungsakts zur Anhörung verpflichtet. In der Rechtsprechung wird die Frage verneint, da durch die Ablehnung einer

[190] Zu den verschiedenen Arten des Verwaltungsverfahrens *Maurer/Waldhoff* AllgVerwR §19 Rn.3ff.

Begünstigung nicht in bestehende Rechte des Antragstellers eingegriffen, sondern lediglich ein Mehr an Rechten verweigert wird.[191]

3. Die Anhörungspflicht besteht zudem nur gegenüber einem am Verfahren Beteiligten. Wer in einem Verwaltungsverfahren Beteiligter ist, wird in §§ 11, 13 VwVfG geregelt.

II. Entbehrlichkeit der Anhörung

11 Nach § 28 II VwVfG kann von der Anhörung abgesehen werden, wenn sie nach den Umständen des Einzelfalles nicht geboten ist.

Klausurrelevant sind insbesondere die folgenden Fälle:

- Nr. 1: wenn eine sofortige Entscheidung wegen Gefahr im Verzug oder im öffentlichen Interesse notwendig erscheint,
- Nr. 4: wenn die Behörde eine Allgemeinverfügung (→ § 9 Rn. 42 ff.) oder gleichartige Verwaltungsakte in größerer Zahl oder Verwaltungsakte mithilfe automatischer Einrichtungen erlassen will,
- Nr. 5: wenn Maßnahmen in der Verwaltungsvollstreckung getroffen werden.

12 Unter § 28 II Nr. 1 VwVfG fallen vor allem Eilentscheidungen auf dem Gebiet des Polizei- und Ordnungsrechts. Gefahr im Verzug ist dann anzunehmen, wenn eine vorherige Anhörung die notwendige Maßnahme in unvertretbarem Maße verzögern würde, insbesondere weil der mit der Maßnahme verfolgte Zweck vereitelt oder wesentlich erschwert würde.

13 § 28 II Nr. 4 VwVfG trägt vor allem verwaltungspraktischen Gesichtspunkten Rechnung. Zu beachten ist allerdings, dass § 28 II Nr. 4 VwVfG dann nicht anwendbar ist, wenn durch eine Allgemeinverfügung einzelne Bürger in besonderer Weise betroffen werden.

Beispiel: Anhörung der Anlieger vor der Widmung einer Straße.

14 Nach § 28 II Nr. 5 VwVfG ist die Anhörung entbehrlich bei Maßnahmen in der Verwaltungsvollstreckung. Dazu zählen vor allem die Androhung, Festsetzung und Anwendung von Zwangsmitteln sowie Maßnahmen im Wege des sofortigen Vollzugs (vgl. § 6 II VwVG). Nicht unter § 28 II Nr. 5 VwVfG fällt dagegen ein Kostenbescheid, durch den nach der Vollstreckung die Kosten vom Pflichtigen angefordert werden. Hier handelt es sich nicht mehr um eine Maßnahme der Vollstreckung, sondern um eine Maßnahme nach Abschluss der Vollstreckung. Eine Anhörung ist daher vor dem Erlass eines Kostenbescheids erforderlich.

Beispiel: Pfändung des Girokontos nach erfolgloser Rückforderung einer zu Unrecht gezahlten Zuwendung.

Merke: Hervorzuheben ist, dass allein das Vorliegen der Voraussetzungen des § 28 II VwVfG die Anhörung nicht automatisch entbehrlich macht.

[191] BVerwGE 66, 184 (186) = NJW 1983, 2044; dagegen *Kopp/Ramsauer* VwVfG § 28 Rn. 26; Knack/Henneke/*Ritgen* VwVfG § 28 Rn. 26.

Vielmehr steht der Verzicht auf die Anhörung im Ermessen der Behörde (vgl. „kann"), dh die Behörde muss hierüber unter Abwägung aller Umstände eine ermessensfehlerfreie Entscheidung treffen. Insbesondere muss die Behörde prüfen, ob nicht gleichwohl besondere Umstände des Einzelfalles die Anhörung gebieten[192].

III. Umfang der Anhörungspflicht

15 Ist die Anhörung erforderlich und nicht entbehrlich, so muss dem Betroffenen Gelegenheit gegeben werden, sich zu den für die Entscheidung erheblichen Tatsachen zu äußern. Gelegenheit zu Rechtsausführungen kann dagegen nicht beansprucht werden. Welche Tatsachen entscheidungserheblich sind, bestimmt sich nach der rechtlichen Einschätzung der den Verwaltungsakt erlassenden Behörde.[193]

Anhörung (§ 28 VwVfG)
- Erforderlichkeit der Anhörung (Abs. 1)
- Entbehrlichkeit der Anhörung (Abs. 2)
- Umfang der Anhörungspflicht

D. Form

16 § 37 II–IV VwVfG enthält die allgemeinen Formvorschriften, die bei dem Erlass eines Verwaltungsakts zu beachten sind. Grundsätzlich ist eine bestimmte Form für den Verwaltungsakt nicht vorgeschrieben. Ein Verwaltungsakt kann daher schriftlich, mündlich, elektronisch oder in anderer Weise (konkludent) erlassen werden (§ 37 II 1 VwVfG). Möglich ist allerdings, dass in Spezialvorschriften besondere Formerfordernisse aufgestellt werden.

Beispiele: Beamtenernennung durch Aushändigung einer Urkunde (§ 10 II BBG); Einbürgerung durch Aushändigung einer Urkunde (§ 16 I 1 StAG); Erteilung einer Fahrerlaubnis (§ 4 II FeV).

Form
- Allgemeine Formvorschrift in § 37 II VwVfG
- Besondere Formvorschriften in Spezialgesetzen

---

192 VGH Kassel NVwZ-RR 2012, 163 ff.

193 *Weides* JA 1984, 648 (652).

E. Begründung

I. Erforderlichkeit der Begründung

17 § 39 I 1 VwVfG bestimmt, dass ein schriftlicher oder elektronischer sowie ein schriftlich oder elektronisch bestätigter Verwaltungsakt zu begründen ist. Anders als bei der Anhörung nach § 28 VwVfG kommt es nicht darauf an, ob der Verwaltungsakt belastend oder begünstigend ist. Mündliche Verwaltungsakte müssen folglich nicht begründet werden. Gleiches gilt für in anderer Weise erlassene Verwaltungsakte. Auch für sie entsteht die Begründungspflicht erst mit der schriftlichen Bestätigung.

Der Begründungspflicht kommt in erster Linie eine „Rechtsschutz- und Akzeptanzfunktion" zu.[194] Sie soll die vom Verwaltungsakt Betroffenen über die Gründe, die für die Entscheidung der Behörde maßgeblich waren, informieren und sie so in die Lage versetzen, sich über die Rechtsbehelfe schlüssig zu werden.

II. Entbehrlichkeit der Begründung

18 In den Fällen des § 39 II VwVfG ist die Begründung entbehrlich,

- soweit die Behörde einem Antrag entspricht oder einer Erklärung folgt und der Verwaltungsakt nicht in Rechte eines anderen eingreift (Nr. 1);

> **Beispiel:** Das Bundesforschungsministerium gibt einem Projektförderungsantrag einer Forschungseinrichtung vollumfänglich statt.

- soweit demjenigen, für den der Verwaltungsakt bestimmt ist oder der von ihm betroffen wird, die Auffassung der Behörde über die Sach- und Rechtslage bereits bekannt oder auch ohne Begründung für ihn ohne Weiteres erkennbar ist (Nr. 2);

> **Beispiel:** Vor dem Erlass des Verwaltungsakts fand eine umfängliche Korrespondenz zwischen der Behörde und dem Bürger statt, in der die verschiedenen Rechtspositionen ausgetauscht wurden.

- wenn die Behörde gleichartige Verwaltungsakte in größerer Zahl oder Verwaltungsakte mithilfe automatischer Einrichtungen erlässt und die Begründung nach den Umständen des Einzelfalls nicht geboten ist (Nr. 3);

> **Beispiele:** Sog. Formularbescheide, wie etwa die Aufforderung zur Abgabe einer Steuererklärung oder die Aufforderung zum Erscheinen zur Feststellung der Schulfähigkeit.

- wenn sich dies aus einer Rechtsvorschrift ergibt (Nr. 4);

> **Beispiel:** Geheimhaltungsvorschriften, wie etwa § 30 VwVfG.

- wenn eine Allgemeinverfügung öffentlich bekannt gegeben wird (Nr. 5).

> **Beispiel:** Straßenrechtliche Widmung.

---

[194] *Kopp/Ramsauer* VwVfG § 39 Rn. 4.

III. Umfang der Begründungspflicht

Zum Umfang der Begründung bestimmt § 39 I 2 VwVfG, dass in der Begründung die wesentlichen tatsächlichen und rechtlichen Gründe mitzuteilen sind, die die Behörde zu ihrer Entscheidung bewogen haben. Die Begründung von Ermessensentscheidungen soll auch die Gesichtspunkte erkennen lassen, von denen die Behörde bei der Ausübung ihres Ermessens ausgegangen ist (§ 39 I 3 VwVfG).[195] Entgegen seinem missverständlichen Wortlaut gilt § 39 I VwVfG sowohl für Ermessens- als auch gebundene Entscheidungen. 19

Merke: Für die formelle Rechtmäßigkeit ist nicht maßgeblich, ob die Begründung inhaltlich zutreffend ist, sondern allein, dass diejenigen Tatsachen und rechtlichen Erwägungen angegeben werden, die nach Ansicht der Behörde den Verwaltungsakt rechtfertigen. Erforderlich ist also nur irgendeine Begründung, nicht unbedingt die richtige! Ob die Begründung den Verwaltungsakt sachlich rechtfertigt, ist keine Frage der formellen, sondern der materiellen Rechtmäßigkeit (Tatbestand der Ermächtigungsgrundlage).

Begründung (§ 39 VwVfG)
- Erforderlichkeit einer Begründung (Abs. 1 S. 1)
- Entbehrlichkeit einer Begründung (Abs. 2)
- Umfang der Begründungspflicht (Abs. 1 S. 2 und 3)

F. Ordnungsgemäße Bekanntgabe

Die Frage, ob der Verwaltungsakt ordnungsgemäß bekannt gegeben wurde, ist eine Frage der formellen Rechtmäßigkeit. Es existieren folgende Formen der Bekanntgabe: 20

- formlose Bekanntgabe (§ 41 I 1 VwVfG),
- postalische Übermittlung durch einfachen Brief (§ 41 II VwVfG),
- öffentliche Bekanntgabe (§ 41 III und IV VwVfG),
- förmliche Zustellung (§ 41 V VwVfG iVm VwZG).[196]

Ordnungsgemäße Bekanntgabe
- Formlose Bekanntgabe (§ 41 I und § 37 II VwVfG)
- Postalische Übermittlung durch einfachen Brief (§ 41 II VwVfG)
- Öffentliche Bekanntgabe (§ 41 III und IV VwVfG)
- Förmliche Zustellung (§ 41 V VwVfG iVm VwZG)

---

[195] Aus der Rspr. BVerwGE 91, 262 (268) = BeckRS 9998, 170298; BVerwGE 81, 365 (369) = NJW 1990, 335; VGH Kassel NVwZ-RR 1994, 347 ff.

[196] Hinsichtlich der Einzelheiten der Bekanntgabe wird auf → § 10 Rn. 4 ff. verwiesen.

G. Exkurs: Rechtsbehelfsbelehrung

21 § 37 VI VwVfG und § 73 III VwGO schreiben für anfechtbare schriftliche oder elektronische Verwaltungsakte und für Widerspruchsbescheide eine Belehrung über die einschlägigen Rechtsbehelfe vor.[197] Eine unterbliebene oder unrichtige Belehrung führt allerdings nicht zur formellen Rechtswidrigkeit des Verwaltungsakts, sondern wirkt sich nach § 58 II VwGO nur auf den Lauf der Rechtsbehelfsfristen aus: Einlegung eines Rechtsbehelfs innerhalb eines Jahres (statt der Monatsfrist der §§ 70 I, 74 I VwGO). Die Fristbestimmung in § 58 VwGO gilt für alle Verwaltungsakte, also auch für solche, die von Gesetzes wegen keine Rechtsbehelfsbelehrung enthalten müssen!

H. Heilung von Verfahrens- und Formfehlern (§ 45 VwVfG)

I. Überblick

22 Ist ein Verwaltungsakt formell rechtswidrig, kann er dennoch mit dem materiellen Recht übereinstimmen, also im Ergebnis richtig sein. Deshalb bestimmt § 45 VwVfG, dass bestimmte Verfahrens- und Formfehler geheilt werden können. Die Heilung bewirkt, dass die formelle Rechtswidrigkeit des Verwaltungsakts ex tunc (von Anfang an) beseitigt wird. Beachtet die Behörde bei Erlass des Verwaltungsakts die in § 45 I VwVfG genannten Verfahrens- und Formvorschriften nicht, ist der Verwaltungsakt zunächst formell rechtswidrig. Holt die Behörde die entsprechenden Förmlichkeiten nach, wird der Rechtsverstoß geheilt, dh der Verwaltungsakt wird formell rechtmäßig. Zu beachten ist, dass ausschließlich die in § 45 I VwVfG genannten Verfahrens- und Formfehler geheilt werden können!

II. Voraussetzungen der Heilung

23 Von besonderer praktischer Bedeutung ist die Nachholung einer unterbliebenen Anhörung nach § 45 I Nr. 3 VwVfG. Voraussetzung für eine Heilung nach § 45 I Nr. 3 VwVfG ist zunächst, dass der Form- oder Verfahrensfehler zu keiner Nichtigkeit gem. § 44 VwVfG führt (zur Nichtigkeit von Verwaltungsakten → § 15 Rn. 3 ff.). Dies ist bei einer fehlenden Anhörung regelmäßig nicht der Fall.[198] Absolute Nichtigkeitsgründe finden sich für Verfahrensfehler in § 44 II Nr. 1–3 VwVfG. Für einige formelle Fehler ist ausdrücklich festgelegt, dass sie nicht zur Nichtigkeit führen (vgl. § 44 III VwVfG), zB der Verstoß gegen Vorschriften über die örtliche Zuständigkeit.

24 Eine Heilung tritt zudem nur ein, wenn die unterbliebene Anhörung nachgeholt worden ist. Das ist unproblematisch, wenn die Behörde, die den Verwaltungsakt erlassen hat, dem Bürger ausdrücklich Gelegenheit gegeben hat, nachträglich Stellung zu nehmen.

---

[197] Zum Inhalt der Rechtsbehelfsbelehrung allgemein *Kopp/Ramsauer* VwVfG § 37 Rn. 47 ff.; speziell zur Belehrung über die einzuhaltende Frist *Sauerland* VBlBW 2018, 399.

[198] *Kopp/Ramsauer* VwVfG § 37 Rn. 11.

Im Übrigen reicht es für eine Heilung aus, wenn die Anhörung nur im Wider- 25
spruchsverfahren durchgeführt wird, sofern

- der Betroffene tatsächlich die Möglichkeit der Stellungnahme hat und
- die Widerspruchsbehörde die Stellungnahme auch zur Kenntnis nimmt, sich mit ihr auseinandersetzt und bei der Entscheidungsfindung in ihre Erwägungen mit einbezieht.[199]

Grundsätzlich anerkannt ist dies bei gebundenen Entscheidungen. Umstritten 26
ist aber, ob die Durchführung des Widerspruchsverfahrens nach §§68 ff. VwGO auch bei Ermessensentscheidungen als Nachholung der behördlichen Anhörung anzusehen ist. Die Rechtsprechung bejaht dies. Eine Anhörung durch die Ausgangsbehörde, die den angefochtenen Verwaltungsakt erlassen hat, in einem gesonderten Anhörungsverfahren ist danach nicht erforderlich. Ausreichend ist vielmehr die Nachholung der Anhörung im Widerspruchsverfahren durch die (in der Regel nächsthöhere) Widerspruchsbehörde, da dieser regelmäßig eine umfassende Kontroll- und Entscheidungsbefugnis auch bezüglich der Zweckmäßigkeit des Verwaltungsakts zukommt (§68 I 1 VwGO).[200]

Die Klageerhebung des Bürgers vor dem Verwaltungsgericht und die anschlie- 27
ßende Klageerwiderung der Behörde können freilich keine Nachholung der Anhörung ersetzen. Die Nachholung der unterbliebenen Verfahrenshandlung muss in einem Verwaltungsverfahren geschehen und darf nicht durch eine verwaltungsprozessuale Handlung vorgenommen werden.[201]

Eine Nachholung der in Abs. 1 genannten Handlungen ist nur bis zum Ab- 28
schluss der letzten Tatsacheninstanz des verwaltungsgerichtlichen Verfahrens zulässig (§45 II VwVfG), also in der Regel noch vor dem OVG/VGH, nicht mehr jedoch im Revisionsverfahren vor dem BVerwG.

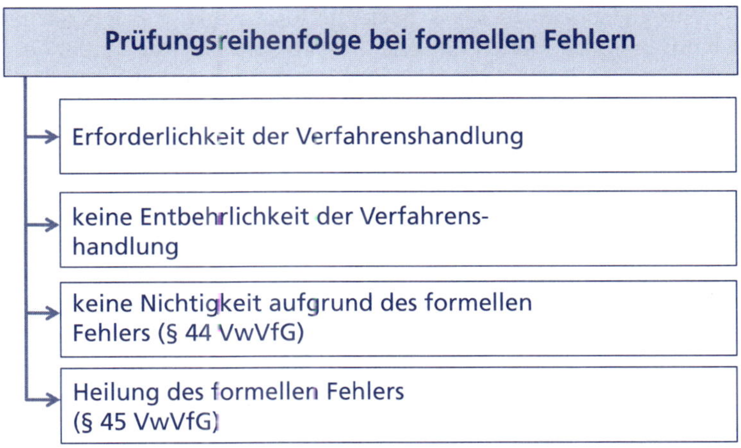

Abb. 32: Prüfungsreihenfolge bei formellen Fehlern

[199] BVerwGE 66, 111 (114) = BeckRS 1982, 2915; BVerwGE 54, 276 (280) = BeckRS 2010, 51208; OVG Münster NVwZ 1985, 132 (133).

[200] S. die Nachw. in Fn. 199; aA *Schoch* Die Verwaltung 1992, 21 (44).

[201] *Detterbeck* AllgVerwR Rn. 634.

I. Unbeachtlichkeit von Verfahrens- und Formfehlern (§ 46 VwVfG)

29 Bleibt es bei der formellen Rechtmäßigkeit des Verwaltungsakts, ist also keine Heilung nach § 45 VwVfG erfolgt, wäre für den Bürger nicht viel gewonnen, wenn der Verwaltungsakt, obwohl er materiell rechtmäßig ist, allein wegen seiner formellen Rechtswidrigkeit aufgehoben werden müsste, dann aber sogleich wieder von der Behörde mit demselben Inhalt erlassen werden könnte. Für bestimmte Fälle schreibt § 46 VwVfG deshalb vor, dass die Aufhebung eines Verwaltungsakts – trotz seiner formellen Rechtswidrigkeit – nicht verlangt werden kann.[202]

I. Voraussetzungen der Unbeachtlichkeit

30 Im Einzelnen bestimmt § 46 VwVfG, dass kein Anspruch auf eine (behördliche oder verwaltungsgerichtliche) Aufhebung des Verwaltungsakts besteht, wenn

- die Rechtswidrigkeit des Verwaltungsakts auf die Verletzung von Vorschriften über das Verfahren, über die Form oder über die örtliche Zuständigkeit gestützt wird,
- der Verwaltungsakt nicht gem. § 44 VwVfG nichtig ist und
- es offensichtlich ist, dass der Verstoß gegen die genannten Vorschriften die Entscheidung in der Sache nicht beeinflusst hat.

31 Voraussetzung ist zunächst, dass ein Verwaltungsakt unter Verletzung von Vorschriften über das Verfahren, die Form oder die örtliche Zuständigkeit zustande gekommen ist. Ein Verstoß gegen Vorschriften über die sachliche Zuständigkeit fällt nicht unter § 46 VwVfG, ist also immer beachtlich.

32 Zuletzt muss offensichtlich sein, dass die Verletzung die Entscheidung in der Sache nicht beeinflusst hat. Bis 1996 waren formelle Fehler unbeachtlich, wenn „keine andere Entscheidung in der Sache hätte getroffen werden können", was praktisch nur bei gebundenen Entscheidungen denkbar war. Fehler bei Ermessenentscheidungen waren dagegen grundsätzlich beachtlich, weil hier immer abstrakt die Möglichkeit bestand, dass bei Beachtung sämtlicher Verfahrensvorschriften Gesichtspunkte berücksichtigt worden wären, die die Ermessensausübung hätten beeinflussen können.

33 Seit 1996 sind die in § 46 VwVfG aufgeführten Fehler jedoch bereits dann unbeachtlich, wenn „offensichtlich ist, dass die Verletzung die Entscheidung in der Sache nicht beeinflusst hat". Durch die Neufassung des Wortlauts der Vorschrift in § 46 VwVfG wird nicht mehr auf die Alternativlosigkeit des Entscheidungsinhalts, sondern auf die Kausalität des Fehlers für die Entscheidung abgestellt. Die fehlende Kausalität der in § 46 VwVfG genannten Fehler für die behördliche Entscheidung ist bei gebundener Verwaltung stets gegeben, sofern die Entscheidung materiell rechtmäßig ist. Erfasst werden seit der Gesetzesänderung von 1996 jedoch auch Ermessensentscheidungen, bei denen zwar keine Ermessensreduzierung auf Null vorliegt, bei denen aber eindeutig zu erkennen ist, dass

---

[202] Zum Anwendungsbereich des § 46 VwVfG ausf. *Kopp/Ramsauer* VwVfG § 46 Rn. 6 ff.

die Behörde auch ohne den formellen Rechtsverstoß dieselbe – materiell rechtmäßige – Entscheidung gefällt hätte.[203]

Offensichtlichkeit ist gegeben, wenn die fehlende Kausalität klar erkennbar ist, „gleichsam ins Auge springt". Wenn dagegen nicht ausgeschlossen werden kann, dass ohne den Form- oder Verfahrensfehler die Entscheidung in der Sache anders ausgefallen wäre, ist der Fehler nicht unbeachtlich und führt zur Aufhebung des Verwaltungsakts.[204] 34

Unbeachtlichkeit von Form- und Verfahrensfehlern

- Verletzung von Vorschriften über das Verfahren, die Form oder die örtliche Zuständigkeit
- Keine Nichtigkeit des Verwaltungsakts gem. §44 VwVfG
- Fehlende Kausalität zwischen Verfahrens- und Formverstoß sowie Entscheidung in der Sache
- Offensichtlichkeit der fehlenden Kausalität

II. Bedeutung des §46 VwVfG

Früher wurde teilweise vertreten, dass §46 VwVfG selbst die Frage der Rechtmäßigkeit des Verwaltungsakts regele. Lagen seine Voraussetzungen vor, war der Verwaltungsakt nach dieser Auffassung schon nicht rechtswidrig. 35

Heute wird §46 VwVfG jedoch überwiegend dahingehend interpretiert, dass er ohne die Rechtswidrigkeit des Verwaltungsakts infrage zu stellen, dem betroffenen Bürger lediglich seinen Aufhebungsanspruch versagt. Diese Auffassung wird dem Wortlaut des §46 VwVfG am ehesten gerecht („kann nicht […] beansprucht werden"). Die Konsequenz aus dieser Lehre: Der Verwaltungsakt bleibt in den Fällen des §46 VwVfG rechtswidrig; er darf nur nicht aufgehoben werden![205] 36

Merke: Im Teil des Gutachtens über die formelle Rechtmäßigkeit des Verwaltungsakts sollten zunächst nur die Form- und Verfahrensvorschriften sowie eine etwaige Heilung nach §45 VwVfG behandelt werden. Diese Prüfung ist gegebenenfalls mit dem Ergebnis abzuschließen, dass der Verwaltungsakt wegen eines Form- oder Verfahrensfehlers formell rechtswidrig ist. Im Anschluss daran kann ein kurzer Hinweis auf §46 VwVfG erfolgen:

„Ob der Fehler nach §46 VwVfG unbeachtlich ist, kann an dieser Stelle noch dahinstehen, da §46 VwVfG nicht die Frage der Rechtmäßigkeit des Verwaltungsakts regelt, sondern nur einen etwaigen Aufhebungsanspruch des Betroffenen ausschließt."

[203] Vgl. BVerwGE 71, 65 ff. = BeckRS 9998, 45612; VGH München BayVBl. 1981, 481 ff.

[204] Der Begriff der „Offensichtlichkeit" ist umstr. Insbesondere besteht keine Einigkeit darüber, ob es insoweit auf den Betroffenen ankommt oder denjenigen, der mit der Aktenlage vertraut ist. Überbl. zum Meinungsstand bei *Kopp/Ramsauer* VwVfG §46 Rn. 37.

[205] Allg. zur Unerheblichkeit bestimmter Verfahrens- und Formfehler *Detterbeck* AllgVerwR Rn. 635 ff.

Anschließend wird die materiell-rechtliche Seite des Verwaltungsakts geprüft. Ergibt sich, dass der Verwaltungsakt in materieller Hinsicht rechtmäßig ist, kann an die Prüfung der materiellen Rechtmäßigkeit die folgende Formulierung angehängt werden:

„Wegen der materiellen Rechtmäßigkeit des Verwaltungsakts könnte der festgestellte Verstoß gegen § […] VwVfG gemäß § 46 VwVfG unbeachtlich sein. Voraussetzungen des § 46 VwVfG sind […].“

J. Kontrollfragen

1. Welche Zuständigkeiten sind beim Erlass eines Verwaltungsakts zu beachten? (→ Rn. 3 ff.)
2. Wann ist eine Anhörung eines Beteiligten erforderlich, wann ist sie entbehrlich? (→ Rn. 10 ff.)
3. Was muss die Begründung eines Verwaltungsakts beinhalten? (→ Rn. 19)
4. Unter welchen Voraussetzungen können Verfahrensfehler beim Erlass eines Verwaltungsakts geheilt werden? (→ Rn. 23 ff.)

§ 12 Materielle Rechtmäßigkeit eines Verwaltungsakts

A. Tatbestandsmäßigkeit eines Verwaltungsakts

Lernziele: Sie sollen nach dem Studium dieses Kapitels

1. die materiellen Rechtmäßigkeitsvoraussetzungen eines Verwaltungsakts am praktischen Fall prüfen,
2. die verwaltungsgerichtliche Kontrolle der Anwendung unbestimmter Rechtsbegriffe erläutern und
3. den behördlichen Beurteilungsspielraum beschreiben.

I. Einleitung

1 Damit der Verwaltungsakt materiell rechtmäßig ist,

- müssen die tatbestandlichen Voraussetzungen der Ermächtigungsgrundlage vorliegen,
- muss der Verwaltungsakt den allgemeinen Rechtmäßigkeitsanforderungen entsprechen und
- muss die Behörde eine zulässige Rechtsfolge gewählt haben.[206]

[206] Zu den einzelnen Punkten einer Rechtmäßigkeitsprüfung *Detterbeck* AllgVerwR Rn. 569 ff.; *Maurer/Waldhoff* AllgVerwR § 10 Rn. 2 ff.; *Peine* AllgVerwR Rn. 559 ff.

Der Verwaltungsakt muss von der gesetzlichen Ermächtigungsgrundlage gedeckt sein. Hier ist zu prüfen, ob der Verwaltungsakt mit dem Tatbestand der Ermächtigungsgrundlage übereinstimmt. 2

II. Struktur unbestimmter Rechtsbegriffe

Grundsätzlich ist die Auslegung und Anwendung der gesetzlichen Ermächtigungsgrundlage durch die Behörde gerichtlich voll überprüfbar. Hat die Behörde die tatbestandlichen Voraussetzungen etwa zu Unrecht bejaht bzw. verneint, ist der ergangene Verwaltungsakt bzw. dessen Ablehnung rechtswidrig und kann vom zuständigen Verwaltungsgericht aufgehoben werden. 3

Tatbestandsmerkmale in Rechtsnormen sind inhaltlich von unterschiedlicher Bestimmtheit. Es gibt Tatbestandsmerkmale, die einen hohen Grad an Bestimmtheit aufweisen und auch von juristischen Laien ohne Weiteres verstanden werden. 4

Beispiele:
- Entfernungsangaben wie „30 Kilometer" (§ 2 II 1 Nr. 3 BPolG);
- Zeitangaben wie „Nachtzeit" (§ 104 III StPO; umfasst in dem Zeitraum vom 1.4.–30.9. die Stunden von 21.00 Uhr–4.00 Uhr und in dem Zeitraum vom 1.10.–31.3. die Stunden von 21.00 Uhr–6.00 Uhr).

Andere Rechtsbegriffe sind zwar weniger bestimmt als die zuvor genannten Begriffe, durch einen Rechtskundigen aber durch Auslegung zumindest eindeutig bestimmbar. 5

Beispiele:
- „Sache" (§ 90 BGB);
- „Angehöriger" (§ 20 I 1 Nr. 2 VwVfG);
- „herrenlos" (§ 18 III BPolG).

Davon zu unterscheiden sind unbestimmte Rechtsbegriffe, deren Auslegung und Anwendung im konkreten Fall auch dem Rechtskundigen erhebliche Schwierigkeiten bereiten können.[207] 6

Beispiele:
- „erhebliches Interesse" (§ 23 BHO);
- „Gewähr für eine sachgerechte Erfüllung der ihnen übertragenen Aufgaben" (§ 44 III BHO);
- „Eignung" (Art. 33 II GG; § 9 S. 1 BBG; § 9 BeamtStG).

Obwohl zwischen den Beteiligten sehr häufig Streit darüber bestehen wird, ob zB jemand „geeignet" für die Übernahme eines öffentlichen Amtes ist, kann es grundsätzlich nur eine richtige Entscheidung geben: Entweder ist die betroffene Person „geeignet" oder sie ist es nicht. Es mag nun zwar viele Fälle geben, in denen die „Eignung" ohne Weiteres zu bejahen oder zu verneinen ist. Dazwischen liegt aber eine mehr oder weniger weite „Grauzone", in der die „Eignung" der Person zweifelhaft ist. 7

207 Zur Auslegung unbestimmter Rechtsbegriffe ausf. *Bull/Mehde* AllgVerwR Rn. 556 ff.

Unbestimmter Rechtsbegriff		
Tatbestand eindeutig erfüllt	Rechtslage mehrdeutig	Tatbestand eindeutig nicht erfüllt

Abb. 33: Struktur unbestimmter Rechtsbegriffe

8 Das Problem des unbestimmten Rechtsbegriffs liegt nun im Bereich der Erkenntnis. Die Subsumtion unter unbestimmte Rechtsbegriffe im konkreten Einzelfall erfordert eine Wertung und oft auch eine Prognose in die Zukunft. Eine Prognose wiederum kann nur getroffen werden, wenn zT sehr unterschiedliche Gesichtspunkte berücksichtigt, bewertet und gegeneinander abgewogen werden.[208]

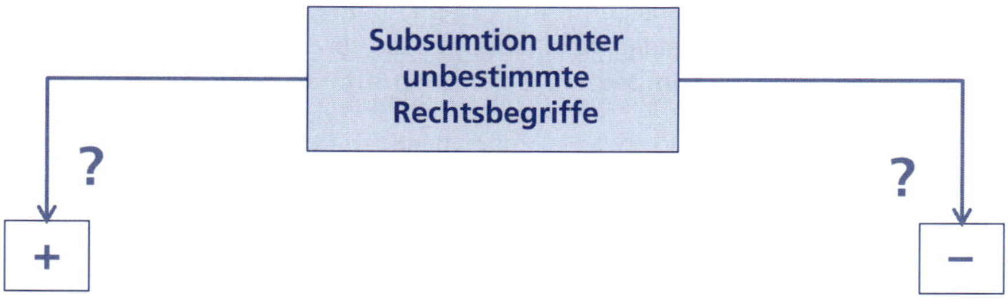

Abb. 34: Subsumtion unter unbestimmte Rechtsbegriffe

9 Eine trennscharfe Abgrenzung zwischen bestimmten und unbestimmten Rechtsbegriffen ist nicht möglich, da der Übergang zwischen beiden Arten von Tatbestandsmerkmalen fließend ist. Die Verwaltung muss sich trotz dieser

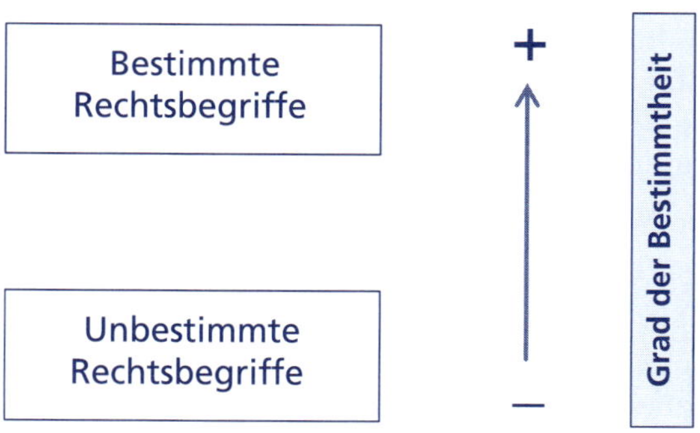

Abb. 35: Grad der Bestimmtheit von Rechtsbegriffen

208 *Bull/Mehde* AllgVerwR Rn. 559, 561.

Abgrenzungsschwierigkeiten zu einer ganz bestimmten Entscheidung im konkreten Fall durchringen.[209]

III. Gerichtliche Kontrolle unbestimmter Rechtsbegriffe

Umstritten ist, ob und inwieweit die Verwaltungsgerichte befugt sind, eine aufgrund eines unbestimmten Rechtsbegriffs ergangene Verwaltungsentscheidung zu überprüfen und gegebenenfalls durch eine eigene Entscheidung zu ersetzen. Die Frage ist dann zu verneinen, wenn den Behörden bei der Auslegung und Anwendung der unbestimmten Rechtsbegriffe ein Entscheidungsspielraum zukäme. 10

1. Unbestimmte Rechtsbegriffe ohne Beurteilungsspielraum

Grundsätzlich steht den Behörden bei der Auslegung unbestimmter Rechtsbegriffe kein Entscheidungsspielraum zu. Unbestimmte Rechtsbegriffe mit Beurteilungsspielraum stellen eine Ausnahme, unbestimmte Rechtsbegriffe ohne Beurteilungsspielraum hingegen die Regel dar. Behördliche Entscheidungen sind daher durch die Gerichte grundsätzlich voll nachprüfbar.[210] Kommen die Verwaltungsgerichte bei der Überprüfung der behördlichen Entscheidung zu einem anderen Ergebnis als die Behörde, heben sie die Verwaltungsentscheidung als rechtswidrig auf, sofern die weiteren Voraussetzungen dafür erfüllt sind (vgl. § 113 I 1 VwGO). 11

Merke: Für die Fallbearbeitung heißt das, dass es ein schwerer methodischer Fehler ist, allein von der Existenz eines unbestimmten Rechtsbegriffs auf einen behördlichen Beurteilungsspielraum zu schließen. Ein behördlicher Beurteilungsspielraum muss vielmehr besonders begründet werden. Dabei sollte auf die anerkannten Fallgruppen zurückgegriffen werden (→ Rn. 13 ff.). !

2. Unbestimmte Rechtsbegriffe mit Beurteilungsspielraum

Eine Ausnahme von der unbeschränkten gerichtlichen Überprüfbarkeit auch unbestimmter Rechtsbegriffe soll gelten, wenn der einschlägigen Gesetzesvorschrift durch Auslegung die Ermächtigung der Verwaltung zu entnehmen ist, dass die Verwaltung ermächtigt ist, über die tatbestandlichen Voraussetzungen eines unbestimmten Rechtsbegriffs abschließend zu entscheiden (sog. normative Ermächtigungslehre).[211] Eine solche Ermächtigung wird nur ausnahmsweise für wenige Fallgruppen anerkannt. 12

---

[209] Zu betonen ist, dass es „absolut bestimmte Rechtsbegriffe" (in Anlehnung an *Bull/Mehde* AllgVerwR Rn. 558) sprachtheoretisch nicht geben kann. Denn letztlich ist die Bedeutung eines jeden Wortes in hohem Maße kontextabhängig und daher interpretationsbedürftig.

[210] *Maurer/Waldhoff* AllgVerwR § 7 Rn. 29.

[211] BVerwGE 10, 221 (225) = BeckRS 1960, 103705; *Kopp/Ramsauer* VwVfG § 40 Rn. 100; Stelkens/Bonk/Sachs/*Sachs* VwVfG § 40 Rn. 159.

a) Prüfungsentscheidungen

13 Insbesondere bei Prüfungsentscheidungen im Schul- (Abitur), Hochschul- (Diplom-, Bachelor- und Masterprüfungen) und außerhochschulischen Bereich (Staatsexamina, Laufbahnprüfungen) wird den Prüfern ein Beurteilungsspielraum bei der Bewertung von Prüfungsleistungen bzw. der Subsumtion unter die Bewertungsvorschriften in den Prüfungsordnungen zuerkannt.[212]

14 Zur Begründung führt die Rechtsprechung an, dass es sich bei der Benotung von Prüfungen um fachlich-wissenschaftliche, im Schulbereich auch um pädagogische Bewertungen handelt, die Prüfung zumeist situationsgebunden und daher nicht wiederholbar ist und für die nachträgliche gerichtliche Kontrolle im Einzelfall der notwendige Vergleich mit den Prüfungsleistungen anderer Kandidaten fehlt. Prüfungsentscheidungen können deshalb nur einer sehr eingeschränkten gerichtlichen Kontrolle unterworfen werden.

Hinweis: Die Verwaltungsgerichte prüfen in der Konsequenz lediglich nach,
- ob die angefochtene Prüfungsentscheidung auf einem Verstoß gegen Verfahrensvorschriften oder Verfahrensgrundsätzen beruht,
- ob der Prüfer von einem zutreffenden und vollständig ermittelten Sachverhalt ausgegangen ist,
- ob allgemein anerkannte Bewertungsmaßstäbe eingehalten wurden und
- ob der Prüfer sich von sachfremden Erwägungen hat leiten lassen.[213]

15 Die Rüge des Prüflings, der Prüfer habe eine richtige Antwort zu Unrecht als falsch bewertet, wurde nach der früheren Lehre nicht berücksichtigt. Etwas anderes sollte nur gelten, wenn die inhaltliche Bewertung geradezu als willkürlich erscheinen musste. Diesen weiten Entscheidungsspielraum der Prüfer bei der Bewertung von Antworten des Prüflings als „falsch" oder „richtig" hat das BVerfG in zwei Entscheidungen erheblich eingeschränkt. Danach gilt der Grundsatz des gerichtlich nur eingeschränkt überprüfbaren Beurteilungsspielraums nicht mehr für die fachwissenschaftliche Richtigkeit, sondern nur noch für prüfungsspezifische Wertungen.[214]

Beispiele: Bewertung des persönlichen Gesamteindrucks des Prüflings bei mündlichen Prüfungen; Bewertung der äußeren Form einer schriftlichen Arbeit; Bewertung der sprachlichen Qualität einer schriftlichen Arbeit.

16 Die wissenschaftlich-fachlichen Prüfungsteile müssen die Verwaltungsgerichte dagegen nach Auffassung des BVerfG – notfalls unter Einschaltung von Sachverständigen – vollständig überprüfen. Der Prüfling ist daher vor Gericht auch mit der Behauptung zu hören, seine Antwort auf die Prüferfrage sei richtig oder zumindest vertretbar gewesen. Eine vertretbare und mit gewichtigen Argumenten folgerichtig begründete Lösung darf daher nicht mehr als falsch

---

212 StRspr seit BVerwGE 8, 272 (273) = NJW 1959, 1842; vgl. BVerwGE 91, 262 (265 ff.) = BeckRS 9998, 170298; näher dazu *Zimmerling/Brehm* DVBl 2012, 265 ff.

213 Umfassend *Kopp/Ramsauer* VwVfG § 40 Rn. 115 mwN.

214 BVerfGE 84, 34 ff. = NJW 1991, 2005; BVerfGE 84, 59 ff. = NJW 1991, 2008.

oder unvertretbar bewertet werden, selbst wenn der Prüfer sie für unzutreffend hält. „Dies ist ein allgemeiner Bewertungsgrundsatz, der bei berufsbezogenen Prüfungen aus der Berufsfreiheit in Art. 12 I GG folgt."[215]

b) Prüfungsähnliche Entscheidungen

Ein behördlicher Beurteilungsspielraum besteht ebenfalls bei prüfungsähnlichen Entscheidungen insbesondere im Schulbereich.[216] 17

> **Beispiele:** Versetzung in die nächsthöhere Klasse; Entscheidungen über die Förderschulbedürftigkeit eines Schülers.

c) Beamtenrechtliche Beurteilungen

Nur eingeschränkt gerichtlich überprüfbar sind zudem die Beurteilungen eines Beamten. Hierzu gehören auch die Beurteilung der Verfassungstreue eines Bewerbers und die Einschätzung seiner Eignung, Befähigung und fachlichen Leistung nach Art. 33 II GG im Rahmen der Einstellung, Beförderung oder Verwendung.[217] Auch bei der Bewertung der Bewährung eines Probebeamten besteht ein Beurteilungsspielraum des Dienstvorgesetzten des Beamten. Entsprechendes gilt für die Beurteilungen von Tarifbeschäftigten. 18

d) Entscheidungen wertender Art durch weisungsfreie Ausschüsse

Ferner besteht bei Entscheidungen, die weitgehend von einer persönlichen Wertung abhängen und vom Gesetz einem weisungsfreien, pluralistisch besetzten Gremium übertragen sind, ein behördlicher Entscheidungsspielraum. Es handelt sich dabei um Entscheidungen, die aufgrund des persönlichen Eindrucks und unter Berücksichtigung besonderer fachlicher Erfahrung der Gremienmitglieder getroffen werden.[218] 19

> **Beispiele:** Feststellung der pädagogischen Eignung von Schulbüchern für die Verwendung im Schulunterricht durch die Schulverwaltung; Zuerkennung von Filmprädikaten durch die Filmbewertungsstellen der Länder.

e) Besondere Sachkunde der Behörde?

Nicht ausreichend für die Zuerkennung eines Beurteilungsspielraums sind die besondere Sachkunde oder die Erfahrung einer Behörde sowie die Schwierigkeit fachlicher Bewertungen, da diese Gesichtspunkte ebenfalls durch vom Gericht hinzugezogene Sachverständige überprüft werden können.[219] 20

---

215 BVerfGE 84, 34 (55) = NJW 1991, 2005.

216 BVerwG DVBl 1996, 1381 ff.; OVG Münster NWVBl. 1991, 172 f.; *Hamann/Vahle* VR 1990, 17 ff.

217 BVerfG NVwZ 2002, 1368 f. Kein behördlicher Beurteilungsspielraum besteht allerdings bei der Frage der gesundheitlichen Eignung; vgl. BVerwG NVwZ 2014, 300 ff.

218 BVerwGE 79, 298 (309) = BeckRS 9998, 169793: Eignung von Schulbüchern für die Verwendung im Unterricht; VGH Kassel NJW 1998, 1426 ff.: Bewertung von Filmen.

219 Vgl. *Kopp/Ramsauer* VwVfG § 40 Rn. 101 aE.

Unbestimmte Rechtsbegriffe
- Finden sich auf der Tatbestandsseite einer Norm;
- sind erkennbar an Formulierungen mit nicht eindeutigem Inhalt (zB „Geeignetheit", „Zuverlässigkeit", „öffentliches Interesse");
- können sowohl im Privatrecht als auch im öffentlichen Recht vorkommen;
- erlauben grundsätzlich nur eine einzige richtige (rechtmäßige) Auslegung, die gerichtlich voll überprüfbar ist;
- Ausnahme: Unbestimmte Rechtsbegriffe mit Beurteilungsspielraum, die gerichtlich nur eingeschränkt auf Beurteilungsfehler überprüfbar sind.

B. Kontrollfragen

1. Woran erkennen Sie einen unbestimmten Rechtsbegriff? (→ Rn. 4 ff.)
2. Was ist der Unterschied zwischen unbestimmten Rechtsbegriffen mit und ohne Beurteilungsspielraum? (→ Rn. 11 f.)
3. Welche Fallgruppen von Beurteilungsspielräumen der Verwaltung kennen Sie? (→ Rn. 13 ff.)
4. Anhand welcher Kriterien überprüft die Rechtsprechung die Einhaltung des Beurteilungsspielraums des Dienstvorgesetzten bei der Beurteilung von Beamten? (→ Rn. 18)

§ 13 Allgemeine Rechtmäßigkeitsvoraussetzungen

Lernziel: Sie sollen nach dem Studium dieses Kapitels die allgemeinen Rechtmäßigkeitsvoraussetzungen eines Verwaltungsakts prüfen.

A. Einleitung

1 Neben den besonderen Rechtmäßigkeitsvoraussetzungen, die sich aus der Ermächtigungsgrundlage des Verwaltungsakts ergeben, gibt es eine Reihe von Anforderungen, die grundsätzlich bei allen Verwaltungsakten zu beachten sind. Diese Anforderungen sind entweder spezialgesetzlich geregelt, finden sich im VwVfG (zB § 37 I VwVfG) oder gelten als allgemeine Rechtsgrundsätze des Verwaltungsrechts. Man bezeichnet sie auch als allgemeine Rechtmäßigkeitsanforderungen.

Merke: Die allgemeinen Rechtmäßigkeitsanforderungen sind in der Klausur nur zu prüfen, falls sich entsprechende Hinweise aus dem Sachverhalt ergeben!

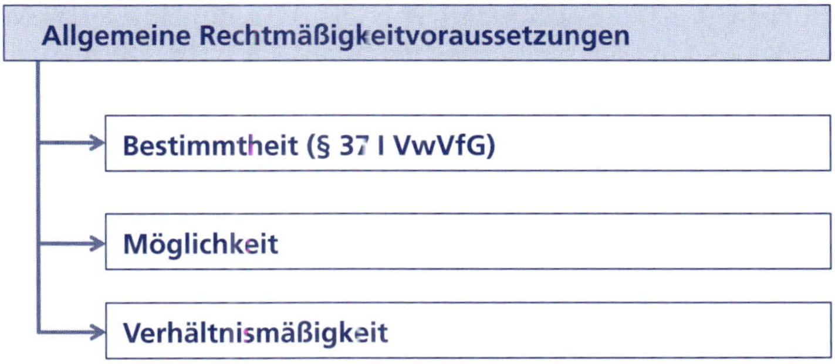

Abb. 36: Allgemeine Rechtmäßigkeitsanforderungen

B. Bestimmtheitsgrundsatz

Bereits aus dem Rechtsstaatsprinzip resultiert das Erfordernis der Klarheit und 2
Bestimmtheit staatlichen Handelns.[220] Für Verwaltungsakte wird dieser Grundsatz staatlichen Handelns in §37 I, III VwVfG noch einmal ausdrücklich konkretisiert.

Bestimmtheit bedeutet, dass aus dem Verwaltungsakt erkennbar sein muss, 3

- wer (erlassende Behörde),
- von wem (Adressat),
- was (Inhalt)

verlangt.[221]

Ein schriftlicher Verwaltungsakt muss zunächst die erlassende Behörde erken- 4
nen lassen (§37 III VwVfG). Ist dies nicht der Fall, so ist der Verwaltungsakt nicht nur rechtswidrig, sondern sogar nichtig (§44 II Nr. 1 VwVfG).

Aus dem Verwaltungsakt muss sich des Weiteren mit der erforderlichen Klar- 5
heit erkennen lassen, an wen er sich richtet. Grundsätzlich muss der Verwaltungsakt den Adressaten mit Namen und Adresse kennzeichnen. Ausreichend kann jedoch auch eine Bezeichnung der Betroffenen nach allgemeinen Merkmalen sein.[222]

> **Beispiel:** Eine Allgemeinverfügung nach §35 S. 2 Var. 1 VwVfG richtet sich an „alle Hauseigentümer in der Stadt Brühl".

Bei der Beurteilung der inhaltlichen Bestimmtheit ist auf den Sinn und Zweck 6
dieses Erfordernisses abzustellen. Der Betroffene muss wissen können, was von ihm verlangt wird; er darf nicht in die Gefahr geraten, sich anzustrengen und trotzdem die Regelung des Verwaltungsakts zu verfehlen. Zumeist genügt es, wenn die Behörde den Zweck und das Ziel des Verwaltungsakts hinreichend bestimmt. Die Angabe eines bestimmten Mittels ist nur erforderlich, wenn dies

220 Zur Bestimmtheit von Verwaltungsakten BVerwGE 42, 306 ff. = NJW 1973, 1812; VGH München NJW 1982, 2571 ff.

221 *Maurer/Waldhoff* AllgVerwR §10 Rn. 18; BVerwGE 38, 211 ff. = NJW 1971, 1475.

222 BVerwG NVwZ 2012, 1413 ff.

gesetzlich besonders vorgeschrieben ist oder wenn nur durch das Mittel ein ausreichendes Maß an Klarheit erreicht werden kann. Im Übrigen ist ausreichend, dass sich der Inhalt des Verwaltungsakts durch Auslegung (§ 133 BGB analog) ermitteln lässt. Dabei ist vom wirklichen Willen der Behörde auszugehen, wie er sich aus dem Verwaltungsakt und unter Berücksichtigung der den Beteiligten erkennbaren Umstände des Einzelfalles ergibt.[223]

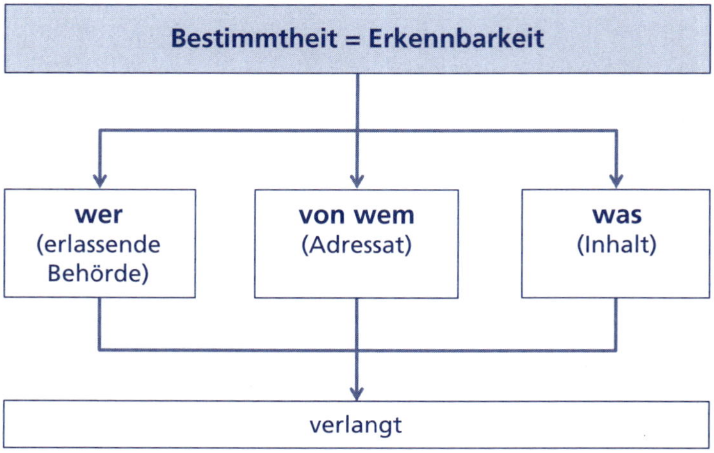

Abb. 37: Bestimmtheitsgrundsatz

C. Tatsächliche und rechtliche Möglichkeit

7 Auch wenn ein bestimmter Verwaltungsakt von seiner gesetzlichen Ermächtigungsgrundlage gedeckt sein sollte, verbietet es das Rechtsstaatsprinzip, dass die Behörde dem Bürger etwas Unmögliches abverlangt. Zu differenzieren ist dabei zwischen der tatsächlichen und der rechtlichen Unmöglichkeit.

I. Tatsächliche Unmöglichkeit

8 Ein Verwaltungsakt, den aus tatsächlichen Gründen niemand ausführen kann (objektive Unmöglichkeit)[224], ist gem. § 44 II Nr. 4 VwVfG nicht nur rechtswidrig, sondern sogar nichtig.

9 Ein Verwaltungsakt, den zwar nicht der Adressat, jedoch grundsätzlich ein anderer ausführen kann (subjektives Unvermögen), ist dagegen in der Regel nicht nichtig, sondern bloß rechtswidrig.[225]

Beispiel: So wäre eine Anordnung materiell rechtswidrig, weil tatsächlich unmöglich, wenn einem Obdachlosen unter Zwangsgeldandrohung aufgegeben würde, sich innerhalb einer bestimmten Frist eine Wohnung zu beschaffen, wenn in dem Ort erwiesenermaßen eine akute Wohnungsnot besteht.

[223] BVerwGE 84, 338 ff.; BVerwG NVwZ 1990, 866 ff.
[224] *Kopp/Ramsauer* VwVfG § 44 Rn. 39.
[225] VGH München NVwZ 2008, 445 (446); *Erfmeyer* VR 2002, 329 (332).

Wirtschaftliches Unvermögen hat dagegen in der Regel keine Auswirkungen 10
auf die Rechtmäßigkeit eines Verwaltungsakts, da es dem Adressaten grundsätzlich zumutbar ist, einen Kredit aufzunehmen.

II. Rechtliche Unmöglichkeit

Von den Fällen rechtlicher Unmöglichkeit behandelt §44 II Nr. 5 VwVfG zu- 11
nächst den Sonderfall, dass der Verwaltungsakt die Begehung einer rechtswidrigen Tat verlangt, die einen Straf- oder Bußgeldtatbestand verwirklicht.

> **Beispiel:** Eine Behörde verlangt von einem Eigentümer den sofortigen Abriss eines Gebäudes, in dem noch ein Mieter wohnt.

Im Übrigen können Fälle rechtlicher Unmöglichkeit vorliegen, wenn die Behör- 12
de vom Adressaten etwas verlangt, wozu dieser privatrechtlich nicht befugt ist. Die Rechtsprechung nimmt in solchen Fällen regelmäßig die Rechtswidrigkeit des Verwaltungsakts an.[226]

> **Beispiel:** Ein Fall von rechtlicher Unmöglichkeit ist zB dann gegeben, wenn die Behörde vom Hauseigentümer verlangt, eine Wohnung freizumachen, obwohl sie aufgrund eines gültigen Mietvertrages noch vermietet ist. Eine entsprechende Anordnung ist materiell rechtswidrig.

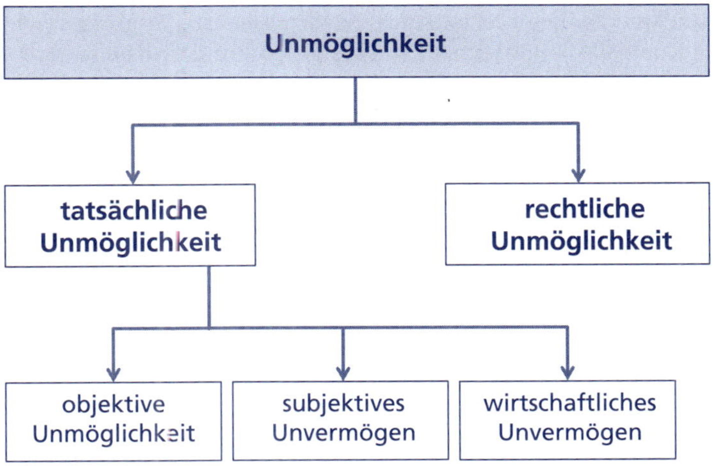

Abb. 38: Unmöglichkeit

Allgemeine Rechtmäßigkeitsvoraussetzungen
- Bestimmtheit
- Möglichkeit
- Verhältnismäßigkeit (→ §7 Rn. 1 ff.)

---

[226] BVerwGE 88, 97 (100 f.) = BeckRS 9998, 48272; anders noch BVerwGE 40, 101 (103) = BeckRS 48414: zwar Rechtmäßigkeit des Verwaltungsakts, aber Vollzugshindernis.

D. Kontrollfragen

1. Wann ist ein Verwaltungsakt hinreichend bestimmt? (→ Rn. 2 ff.)
2. Welche Fallgruppen der Unmöglichkeit gibt es? (→ Rn. 7 ff.)

§ 14 Ermessen

Lernziele: Sie sollen nach dem Studium dieses Kapitels
1. zwischen gebundener Verwaltung und Ermessensverwaltung unterscheiden,
2. eine Ermessensentscheidung in einfach gelagerten Fällen auf etwaige Ermessensfehler überprüfen,
3. die Fallgruppen der „Ermessensreduzierung auf Null" beschreiben und
4. einen Anspruch auf ermessensfehlerfreie Entscheidung erläutern.

A. Begriff und Abgrenzung des Ermessens

1 Das „Ermessen" der Verwaltungsbehörden zählt zu den Grundbegriffen des Verwaltungsrechts. Die rechtsfehlerfreie Ermessensbetätigung sowie die gerichtliche Kontrolle behördlicher Ermessensausübung sind äußerst praxis- und prüfungsrelevant.

Nach Art. 20 III GG ist die vollziehende Gewalt an Gesetz und Recht gebunden. Das in Art. 20 III GG zum Ausdruck kommende Prinzip der Gesetzmäßigkeit der Verwaltung bringt die Verwaltung nicht nur in Beziehung zum Gesetzgeber, sondern auch zu den Verwaltungsgerichten. Die Verwaltungsgerichte haben die Rechtmäßigkeit der Verwaltungsmaßnahmen zu überprüfen. Sie haben zu kontrollieren, ob die Behörden die Gesetze rechtmäßig vollzogen haben. Sowohl die Verwaltungsbehörden als auch die Verwaltungsgerichte werden deshalb rechtsanwendend tätig: die Verwaltungsbehörden, indem sie ein Gesetz vollziehen, die Verwaltungsgerichte, indem sie die Rechtsanwendung der Verwaltungsbehörden „nachvollziehen"[227]. Die Rechtsanwendung der Verwaltung und der Gerichte ist daher grundsätzlich gleich. Das „letzte Wort" in rechtlicher Hinsicht hat aber das überprüfende Verwaltungsgericht, dessen Entscheidung verbindlich und abschließend ist. Den Verwaltungsgerichten fällt daher die „Befugnis zur Letztentscheidung" zu.[228]

2 Die Gesetzesbindung der Verwaltung kann freilich auch gelockert werden, indem der Gesetzgeber der Verwaltung durch ein Gesetz Gestaltungsspielräume einräumt, welche die vollziehende Gewalt durch Zweckmäßigkeitserwägungen ausfüllen kann. Die Lockerung der Gesetzesbindung bedingt eine Lockerung der verwaltungsgerichtlichen Kontrolle. Denn die Verwaltungsge-

[227] Zitiert nach *Maurer/Waldhoff* AllgVerwR § 7 Rn. 5.
[228] *Maurer/Waldhoff* AllgVerwR § 7 Rn. 5; ferner Knack/Hennek/*Ruffert* VwVfG § 40 Rn. 1 f.

richte dürfen nur die Rechtmäßigkeit, nicht aber die Zweckmäßigkeit behördlicher Maßnahmen überprüfen.[229] Soweit der Verwaltung ein derartiger Gestaltungsspielraum eingeräumt wird, hat sie die „Befugnis zur Letztentscheidung". Der wichtigste Fall eines Gestaltungsspielraums der Verwaltung ist gegeben, wenn ein Gesetz der Verwaltung „Ermessen" einräumt.[230]

Das Ermessen ist immer auf der Rechtsfolgenseite einer Norm angesiedelt. Ein Ermessensspielraum liegt vor, wenn die gesetzlichen Tatbestandsvoraussetzungen erfüllt sind, der Behörde aber gleichwohl die Wahl zwischen verschiedenen Handlungsalternativen verbleibt. Das Gesetz knüpft dann an den Tatbestand nicht eine einzige Rechtsfolge, sondern räumt der Verwaltung die Möglichkeit ein, in einem gewissen Rahmen über die Rechtsfolge eigenverantwortlich zu bestimmen.[231] 3

Bildlich lässt sich ein Ermessensspielraum wie folgt darstellen: 4

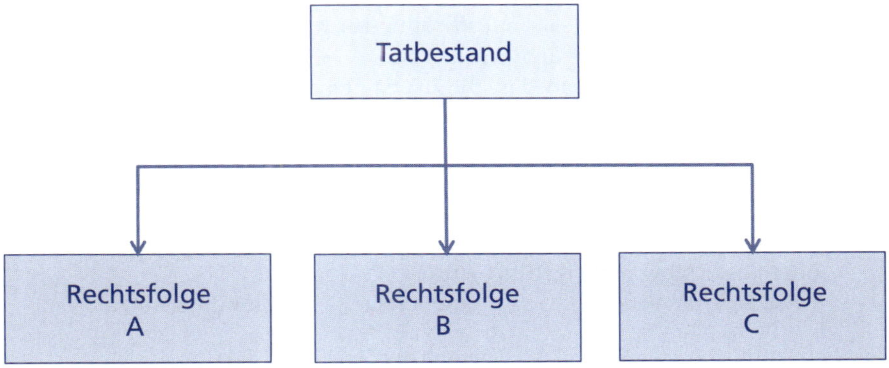

Abb. 39: Struktur der Ermessensverwaltung

Liegt der Tatbestand vor, kann die Rechtsfolge A oder die Rechtsfolge B oder die Rechtsfolge C gewählt werden. Jede Rechtsfolge ist vom Tatbestand der gesetzlichen Ermächtigungsgrundlage gedeckt und deshalb rechtmäßig, sofern die noch darzulegenden Ermessensgrenzen beachtet werden. 5

Beispiele:

- Nach §48 I 1 VwVfG „kann" ein rechtswidriger Verwaltungsakt ganz oder teilweise mit Wirkung für die Zukunft oder für die Vergangenheit zurückgenommen werden. Die zuständige Behörde ist zur Rücknahme berechtigt, aber nicht verpflichtet. Sie hat die Wahl zwischen den Möglichkeiten Nichtrücknahme, teilweise Rücknahme oder vollständige Rücknahme jeweils mit Wirkung für die Zukunft oder für die Vergangenheit.
- Nach §15 II VersammlG „kann" eine nicht angemeldete Versammlung aufgelöst werden. Die Behörde ist dazu berechtigt, aber nicht verpflichtet. Sie hat die Wahl zwischen den beiden Möglichkeiten Auflösung und Nichtauflösung.

229 Vgl. §68 I 1 und §113 I 1 VwGO.
230 *Maurer/Waldhoff* AllgVerwR §7 Rn. 6.
231 *Bull/Mehde* AllgVerwR Rn. 584.

6 Ermessen kann eingeräumt werden durch die ausdrückliche Verwendung des Wortes „Ermessen" oder durch Formulierungen wie „kann", „darf", „ist befugt" oder ähnliche Begriffe.

Beispiele: §§ 48 I 1, 49 III 1 VwVfG; ferner § 14 I BPolG und § 8 I NWPolG.

7 Die Ermessensverwaltung ist abzugrenzen von der gebundenen Verwaltung. Muss die Verwaltung handeln, ist die vom Gesetz vorgeschriebene Rechtsfolge zwingend zu treffen. Man spricht von sog. gebundener Verwaltung. Wahlmöglichkeiten der Verwaltung bestehen hier nicht. Ein Fall gebundener Verwaltung liegt vor, wenn das Gesetz Ausdrücke wie „muss", „ist (zu erteilen)", „darf nicht", „hat" oÄ verwendet.

Beispiele:
- Nach § 49a I 1 VwVfG „sind" bereits erbrachte Leistungen zu erstatten, soweit ein Verwaltungsakt mit Wirkung für die Vergangenheit zurückgenommen oder widerrufen worden ist.
- § 49a I 2 VwVfG ordnet an, dass die zu erstattende Leistung durch schriftlichen Verwaltungsakt festzusetzen „ist".
- Nach § 10 I 1 StAG „ist" ein Ausländer unter bestimmten Voraussetzungen einzubürgern.
- § 14 I Nr. 1 BBG ordnet an, dass eine Ernennung zum Beamten zurückgenommen werden „muss", wenn sie durch Zwang, arglistige Täuschung oder Bestechung herbeigeführt wurde.
- Gemäß § 15 IV VersammlG „ist" eine verbotene Versammlung aufzulösen.

Bildlich stellt sich die gebundene Verwaltung wie folgt dar:

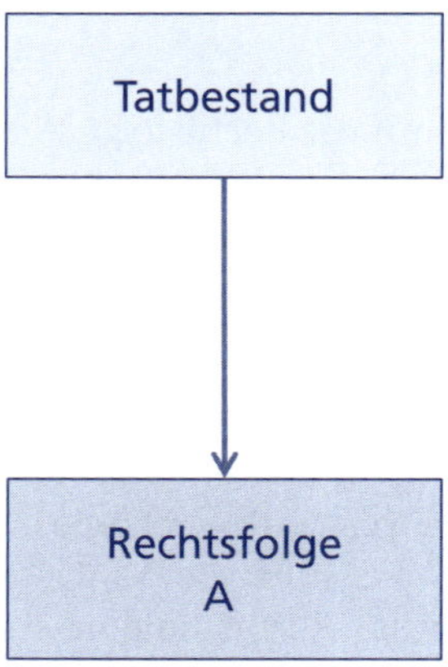

Abb. 40: Struktur der gebundenen Verwaltung

8 Eine Zwischenstellung nehmen die Gesetze ein, nach denen eine Behörde unter bestimmten Voraussetzungen tätig werden „soll". Hier geht der Gesetzgeber davon aus, dass die Behörde in der Regel verpflichtet ist, die betreffende Maß-

nahme zu ergreifen und nur in atypischen Einzelfällen, in Ausnahmesituationen, davon absehen darf. Man spricht auch von „intendiertem Ermessen".[232]

Beispiele:
- Nach § 12 IV Wehrpflichtgesetz „soll" der Wehrpflichtige bei Vorliegen eines Härtefalles auf Antrag zurückgestellt werden, dh er muss zurückgestellt werden, wenn nicht ausnahmsweise – etwa im Hinblick auf die angespannte Wehrersatzlage – seine Heranziehung erforderlich ist.
- Nach § 9 I StAG „sollen" Ehegatten oder Lebenspartner Deutscher unter bestimmten Voraussetzungen eingebürgert werden.

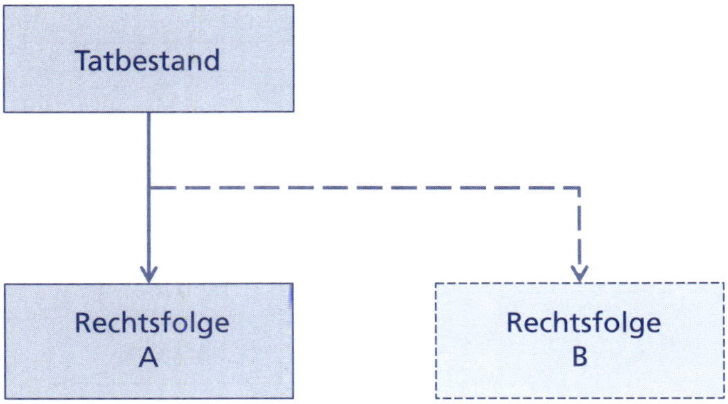

Abb. 41: Struktur des intendierten Ermessens

B. Funktionen des Ermessens

Räumt das Gesetz einer Behörde Ermessen ein, führt dies zunächst zu einer Lockerung der Gesetzesbindung. Das bedeutet allerdings nicht, dass die Behörde bei Vorliegen der Tatbestandsvoraussetzungen einer Norm „frei" entscheiden kann. Ein „freies Entscheidungsermessen" gibt es im Rechtsstaat nicht. Die Ermessensbetätigung muss immer „pflichtgemäß" erfolgen. Dass die Ermessensausübung rechtlichen Grenzen unterworfen ist, wird durch die Vorschriften in § 40 VwVfG und § 114 VwGO verdeutlicht. 9

Die Funktionen des Ermessens sind vielfältig.[233] 10

- Im Vordergrund steht die Herstellung von Einzelfallgerechtigkeit. Im abstrakt-generellen Gesetz werden typische abstrakte Lebenssachverhalte verarbeitet. Besondere Umstände des Einzelfalls können keine Berücksichtigung

[232] Zur Bedeutung von Soll-Vorschriften aus der Rspr. BVerwGE 105, 55 (57 f.) = NJW 1998, 2233; BVerwGE 90, 88 (93) = BeckRS 9998, 48937. Nach dem BVerwG soll ein „intendiertes Ermessen" allerdings nicht nur bei Soll-Vorschriften gegeben sein, sondern auch bei anderen Vorschriften, bei denen das Ergebnis der Ermessensausübung bereits vorgezeichnet sei (BVerwGE 105, 55 [57 f.] = NJW 1998, 2233). Diese Rspr. abl. *Bull/Mehde* AllgVerwR Rn. 600, 801; *Maurer/Waldhoff* AllgVerwR § 7 Rn. 12 mwN.

[233] Allg. zu den Funktionen des Ermessens *Maurer/Waldhoff* AllgVerwR § 7 Rn. 13; *Bull/Mehde* AllgVerwR Rn. 584.

finden. Ihre rechtliche Bewältigung obliegt der mit dem konkreten Fall befassten Behörde im Rahmen des ihr eröffneten Ermessens.

- Da der Gesetzgeber keine bis in alle Einzelheiten gehenden und allen Eventualitäten Rechnung tragenden Gesetze verabschieden kann, trägt der Erlass von Gesetzen mit behördlichem Ermessensspielräumen zudem zu einer Eindämmung der Gesetzesflut bei.
- Die mit behördlichen Ermessensspielräumen einhergehende Möglichkeit, die Besonderheiten des jeweiligen Falles flexibel zu handhaben, führt schließlich zu einer höheren Effektivität des Verwaltungshandelns.

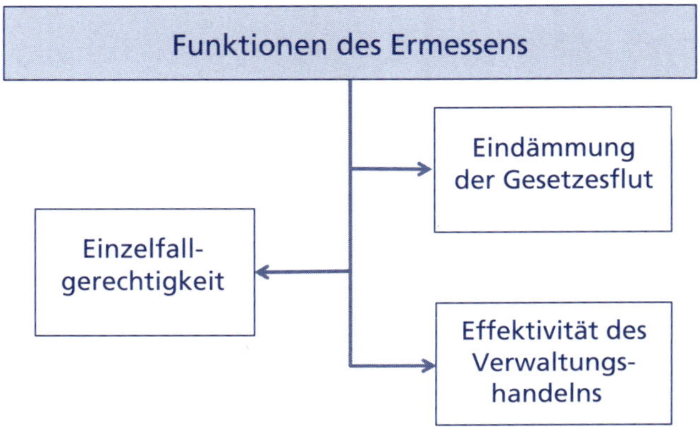

Abb. 42: Funktionen des Ermessens

C. Arten des Ermessens

11 Das Ermessen gehört zur Rechtsfolgenseite einer Rechtsnorm, ist also stets Rechtsfolgeermessen! Das bedeutet, dass Ermessenserwägungen nur zulässig sind, wenn die Tatbestandsvoraussetzungen der das Ermessen einräumenden Norm erfüllt sind. Ob die Tatbestandsvoraussetzungen vorliegen, ist eine reine Rechtsfrage. Ist nur eine der erforderlichen Tatbestandsmerkmale nicht erfüllt, darf die Behörde nicht tätig werden. Eine Ermessensausübung kommt in diesem Fall gar nicht in Betracht und ist nicht mehr zu prüfen.

> **Beispiel:** Nach § 11 I 1 Nr. 2 BBG darf (Ermessen!) zum Beamten auf Lebenszeit nur ernannt werden, wer sich in einer Probezeit in vollem Umfang bewährt hat. Einen Bewerber, der sich nicht bewährt hat, darf die Behörde daher nicht ernennen. Der Antrag eines Probebeamten, der sich endgültig nicht bewährt hat, ist zwingend abzulehnen. Ermessen besteht insoweit nicht.

12 Liegen die Tatbestandsvoraussetzungen einer Ermächtigungsgrundlage vor, ist der Behörde dadurch, dass der Erlass der Maßnahme in ihr Ermessen gestellt ist, ein Entscheidungsspielraum eingeräumt. Von dem Entscheidungsspielraum muss die Behörde unter Berücksichtigung der Besonderheiten des Einzelfalles und aufgrund von Zweckmäßigkeitserwägungen Gebrauch machen. Dabei ist

grundsätzlich zwischen zwei verschiedenen Ermessensarten zu unterscheiden:[234]

1. Soweit Ermessen bei der Entscheidung besteht, „ob" überhaupt gehandelt wird, spricht man vom Entschließungsermessen. 13

> **Beispiel:** Nach § 48 I 1 VwVfG „kann" ein rechtswidriger Verwaltungsakt ganz oder teilweise mit Wirkung für die Zukunft oder für die Vergangenheit zurückgenommen werden. Die zuständige Behörde ist zur Rücknahme berechtigt, aber nicht verpflichtet.

2. Das Ermessen im Hinblick auf die Auswahl des konkreten Mittels („wie") wird als Auswahlermessen bezeichnet. 14

> **Beispiel:** Wenn nach § 48 I 1 VwVfG ein rechtswidriger Verwaltungsakt ganz oder teilweise mit Wirkung für die Zukunft oder für die Vergangenheit zurückgenommen werden „kann", hat die zuständige Behörde die Wahl zwischen den Möglichkeiten Nichtrücknahme, teilweise Rücknahme oder vollständige Rücknahme jeweils mit Wirkung für die Zukunft oder Vergangenheit. Es kommen also mehrere gleichermaßen rechtmäßige Maßnahmen in Betracht. Es steht folglich im Auswahlermessen der Behörde, welche von mehreren rechtmäßigen Maßnahmen sie trifft.

Zumeist wird das Auswahlermessen – verkürzt – nur auf den Inhalt (gegebenenfalls auch noch auf den Zeitpunkt) einer Maßnahme bezogen. Auch die Entscheidung über den richtigen Adressaten einer Maßnahme kann aber ein Problem des Auswahlermessens sein. Im Polizeirecht wird in diesem Kontext vom Störerauswahlermessen gesprochen.

> **Fortsetzung des vorherigen Beispiels:** Bei der Vorschrift über die Rücknahme rechtswidriger Verwaltungsakte in § 48 I 1 VwVfG sind Entschließungsermessen und Auswahlermessen sogar miteinander kombiniert: Die Behörde hat die Wahl, ob sie den Verwaltungsakt überhaupt zurücknimmt, und, falls sie ihn zurücknimmt, auch die Wahl, in welchem Umfang sie dies tut.

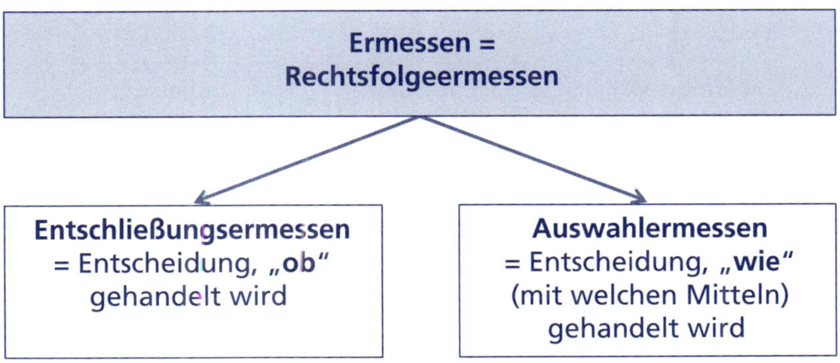

Abb. 43: Arten des Ermessens

[234] BVerwGE 102, 282 ff. = NJW 1997, 753; *Detterbeck* AllgVerwR Rn. 314 f.

Arten des Ermessens
- Entschließungsermessen
- Auswahlermessen

D. Ermessensfehler

15 Wichtigste prozessuale Konsequenz bei Ermessensentscheidungen ist die Einschränkung der gerichtlichen Prüfungskompetenz. Das Verwaltungsgericht darf nur die Rechtmäßigkeit des Verwaltungsakts überprüfen (vgl. § 113 I 1 VwGO), nicht aber dessen Zweckmäßigkeit. Das Gericht muss daher den Ermessensspielraum der Verwaltung beachten und darf insbesondere kein eigenes Ermessen ausüben. Die gerichtliche Überprüfung ist vielmehr auf Ermessensfehler iSd § 114 VwGO beschränkt.

Merke: Ein Ermessensfehler iSd § 40 VwVfG und § 114 VwGO liegt vor, wenn die Behörde
1. ihr Ermessen überhaupt nicht ausgeübt hat (Ermessensnichtgebrauch, Ermessensausfall oder Ermessensunterschreitung),
2. die gesetzlichen Grenzen des Ermessens überschritten hat (Ermessensüberschreitung) oder
3. von dem Ermessen in einer dem Zweck der Ermächtigung nicht entsprechenden Weise Gebrauch gemacht hat (Ermessensfehlgebrauch oder Ermessensmissbrauch).

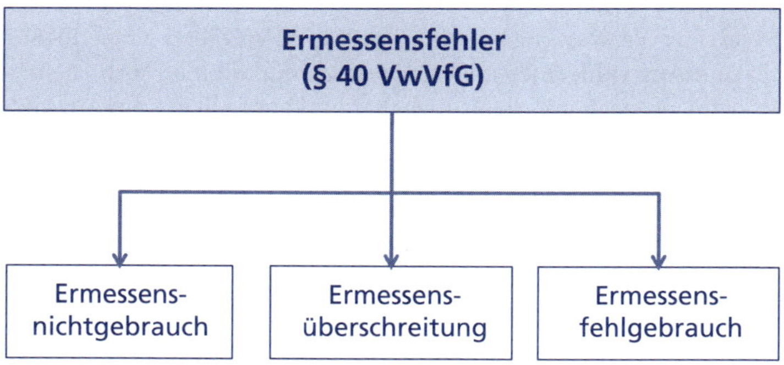

Abb. 44: Ermessensfehler

I. Ermessensnichtgebrauch

Definition: Ein Ermessensnichtgebrauch (auch Ermessensausfall oder Ermessensunterschreitung genannt) liegt in folgendem Fall vor: Ist der Behörde Ermessen eingeräumt, so ist sie verpflichtet, von diesem Ermessen Gebrauch zu machen. Fehlt es an einer Ermessensausübung, so ist die Entscheidung wegen Ermessensnichtgebrauch rechtswidrig.[235]

Ein solcher Ermessensnichtgebrauch kann zB darauf beruhen, dass 16

- die Behörde fälschlicherweise die Voraussetzungen der Ermessensnorm verneint hat und daher zu einer Prüfung der Rechtsfolgenseite gar nicht mehr gekommen ist oder
- die Behörde sich irrig für gebunden gehalten hat, insbesondere den Ermessensspielraum nicht erkannt hat.[236]

Beispiel:[237] A ist mehrfach durch alkoholbedingte Verkehrsverfehlungen in Erscheinung getreten. Nach der letzten mit einem „frisierten" Mofa begangenen Trunkenheitsfahrt untersagte ihm die Verkehrsbehörde nach §3 I 1 StVZO das Führen von Mofas und Fahrrädern im öffentlichen Straßenverkehr. Nach §3 I 1 StVZO muss die zuständige Behörde demjenigen, der sich als ungeeignet zum Führen von Fahrzeugen – dazu zählen auch Fahrräder und Mofas – erweist, das Führen untersagen oder die erforderlichen Auflagen erteilen. In der Begründung des Untersagungsbescheids führte die Behörde aus, ihr sei leider „keine andere Wahl geblieben", den Verwaltungsbehörden stünde bei der Entscheidung nach §3 I 1 StVZO kein Gestaltungsspielraum zu. – Der gegen A gerichtete Untersagungsbescheid ist wegen Ermessensnichtgebrauchs rechtswidrig. §3 I 1 StVZO verpflichtet zwar die Behörde, gegen den ungeeigneten Fahrer einzuschreiten. Die Vorschrift stellt es aber grundsätzlich in ein behördliches Ermessen, ob der Gefahr durch eine Untersagung oder durch Auflagen begegnet werden soll. Dieses Auswahlermessen hat die Verkehrsbehörde nicht ausgeübt, weil sie sich irrig für gebunden gehalten hat.

II. Ermessensüberschreitung

Definition: Eine Ermessensüberschreitung ist gegeben, wenn die Behörde eine im Gesetz – abstrakt – nicht zugelassene Rechtsfolge wählt.[238]

Beispiel: Die Behörde erhebt eine Gebühr von 200 EUR. Nach der einschlägigen Gebührenordnung darf sie aber nur eine Gebühr zwischen 50 EUR und 100 EUR verlangen.

---

235 BVerwGE 31, 212 (213) = NJW 1969, 811; BVerwGE 15, 196 (199) = BeckRS 1962, 00316.

236 Zitiert nach *Maurer/Waldhoff* AllgVerwR §7 Rn. 21 in Anlehnung an VG Würzburg BayVBl. 1972, 23 ff.

237 OVG Bremen NJW 1990, 2081 f.

238 Stellvertretend *Bull/Mehde* AllgVerwR Rn. 595.

17 Die für die Ermessensüberschreitung festzustellenden Grenzen des Ermessens können sich ergeben

- aus der das Ermessen einzuräumenden Norm selbst,
- aus anderen Rechtsvorschriften, vor allem aus anderen einfachgesetzlichen Vorschriften, den Grundrechten sowie dem sonstigen Verfassungsrecht sowie dem europäischen Unionsrecht und insbesondere
- aus dem Prinzip der Verhältnismäßigkeit (→ § 7 Rn. 4 ff.).

Merke: Jede unverhältnismäßige Maßnahme stellt eine unzulässige Rechtsfolge dar und überschreitet somit die Grenzen des Ermessens!

III. Ermessensfehlgebrauch

Definition: Die praktisch wichtigste Fallgruppe der Ermessensfehler besteht darin, dass die Behörde bei ihrer Entscheidung dem Zweck der Ermächtigungsgrundlage zuwider handelt. Beim Ermessensfehlgebrauch ist der gedankliche Weg, auf dem die Behörde zu ihrer Entscheidung gelangt ist, fehlerhaft.[239]

18 Deshalb lässt sich dieser Fehler nicht durch Subsumtion des Sachverhalts unter das Gesetz feststellen, insbesondere nicht durch einen einfachen Vergleich zwischen der im Verwaltungsakt angeordneten Rechtsfolge und der gesetzlich vorgesehenen Rechtsfolge, sondern der Fehler ergibt sich aus der Begründung des Verwaltungsakts oder aus anderen Begleitumständen. Ein Ermessensfehlgebrauch liegt vor, wenn die Behörde ihr Handeln auf Erwägungen stützt, die mit dem Zweck der Rechtsvorschriften und allgemeinen Grundsätzen, die die Behörde bei ihrer Entscheidung zu berücksichtigen hatte, nicht vereinbar sind.

1. Sachfremde Erwägungen

19 Welche Erwägungen sachgemäß sind, kann sich aus der Ermessensnorm selbst, aus anderen Vorschriften sowie aus der Eigenart des Sach- und Rechtsgebiets ergeben, dem das Handeln der Behörde zuzurechnen ist. Stets sachfremd sind persönliche oder parteipolitische Erwägungen.[240]

Beispiel: Die zuständige Behörde verbietet gem. § 15 I VersammlG eine Demonstration gegen Ausländerfeindlichkeit, weil gesicherte Erkenntnisse über eine geplante gewaltsame Störung dieser Demonstration durch Rechtsextremisten vorliegen. Hier muss die Polizei vorrangig prüfen, ob nicht polizeiliche Maßnahmen gegen die störenden Rechtsextremisten erfolgversprechend

---

[239] Vgl. BVerwGE 36, 119 (120 f.) = NJW 1971, 261: Vorladung zum Verkehrsunterricht aufgrund eines einmaligen Bagatellverstoßes gegen die StVO; BVerwGE 26, 135 (140) = NJW 1967, 1191: Auflösung einer Versammlung mit dem Ziel der Behinderung bestimmter politischer Auffassungen.

[240] Vgl. zB BVerwGE 82, 257 ff.; BVerwG NVwZ 1990, 766 ff.

sind. Werden keine derartigen Erwägungen angestellt, ist ein Versammlungsverbot ermessensfehlerhaft. Aus der Versammlungsfreiheit in Art. 8 GG folgt, dass sich behördliche Maßnahmen primär gegen die Versammlungsstörer richten müssen.

2. Abweichung von Verwaltungspraxis oder Verwaltungsvorschriften

Auch die Missachtung des Gleichbehandlungsgrundsatzes aus Art. 3 I GG indiziert sachfremde Erwägungen und damit einen Ermessensfehler in Gestalt des Ermessensfehlgebrauchs. Hauptfälle sind Maßnahmen einer Behörde, die ohne sachlichen Grund von einer früheren ständigen Verwaltungspraxis oder von anderslautenden Verwaltungsvorschriften abweichen.[241] 20

Beispiel: Ein Sachbearbeiter des Bundesverwaltungsamts verweigert entgegen den anwendbaren Förderrichtlinien und ohne sachlichen Grund die Gewährung einer Zuwendung an eine Antragstellerin.

3. Tatsachenfehler

Eine Ermessensentscheidung leidet an einem Ermessensdefizit und ist daher rechtswidrig, wenn die Behörde bei ihren Ermessenserwägungen von unzutreffenden, falsch interpretierten oder unvollständig ermittelten tatsächlichen Feststellungen ausgeht. Denn die Behörde muss nach Maßgabe der Zwecksetzung der Ermessensnorm alle relevanten Tatsachen umfassend ermitteln.[242] 21

Ermessensfehlgebrauch

- Sachfremde Erwägungen
- Abweichung von Verwaltungspraxis
- Abweichung von Verwaltungsvorschriften
- Unvollständige oder unzutreffende Tatsachen

E. Ermessensreduzierung auf Null

Begriff: Ermessen bedeutet, dass die Verwaltung die Wahl zwischen verschiedenen Handlungsalternativen hat. Unter bestimmten Voraussetzungen kann sich die Wahlmöglichkeit jedoch auf nur eine einzige Alternative reduzieren. Das ist der Fall, wenn nur noch eine einzige Entscheidung ermessensfehlerfrei ist, alle anderen Entscheidungen aber ermessensfehlerhaft sind. Die Behörde ist dann verpflichtet, diese eine ihr noch verbleibende Entscheidung zu treffen. Eine Wahlmöglichkeit besteht nicht mehr. Man spricht in solchen Fällen von einer „Ermessensreduzierung auf Null" oder „Ermessensschrumpfung".[243]

[241] Anders *Kopp/Ramsauer* VwVfG § 40 Rn. 93: Gleichheitswidrigkeit bedingt Ermessensüberschreitung.
[242] *Detterbeck* AllgVerwR Rn. 332: „Abwägungsdefizit".
[243] Dazu *Hain/Schlette/Schmitz* AöR 122 (1997), 32 (39 ff., 44 ff.).

22 Eine „Ermessensreduzierung auf Null“ kann sich insbesondere durch die Einwirkung von Grundrechten und sonstigen Verfassungssätzen ergeben.[244] So ist etwa die Polizei trotz grundsätzlicher Ermessensfreiheit (vgl. § 14 I BPolG oder § 8 I PolG NRW) in bestimmten Fällen zum Einschreiten verpflichtet, nämlich bei gegenwärtigen Gefahren für wesentliche Rechtsgüter.

Beispiele:
- Eine aus zwei Polizisten bestehende Streife beobachtet am Hauptbahnhof Köln, wie ein Skinhead mit einem Baseballschläger einen Ausländer verprügelt. Hier müssen die Polizisten einschreiten. Wegen der schweren Gefahr für die Gesundheit, wenn nicht sogar das Leben des Ausländers ist das polizeiliche Handlungsermessen auf Null reduziert. Aus Art. 2 II 1 GG folgt eine polizeiliche Schutz- und Handlungspflicht. Der Polizei steht damit kein Entschließungsermessen mehr zu, sondern nur noch ein Auswahlermessen hinsichtlich der zu ergreifenden Maßnahmen und einzusetzenden Mittel (gegebenenfalls sogar Schusswaffen).
- Ein Polizist sieht, dass ein Kind auf einem Güterwaggon unmittelbar unter einer Hochspannungsleitung spielt. Dem Kind droht Todesgefahr. Der Beamte ist zum sofortigen Einschreiten verpflichtet; sein Entschließungsermessen ist auf Null reduziert. Es besteht jedoch weiterhin ein Auswahlermessen, in welcher Weise er tätig werden möchte. Hierbei kann der Polizist auch die eigene Gefährdung in die Ermessensabwägung mit einbeziehen.

23 Zudem kann es aufgrund einer ständigen Verwaltungspraxis unter Beachtung des Gleichbehandlungsgrundsatzes in Art. 3 I GG oder aufgrund ermessenslenkender Verwaltungsvorschriften zu einer Ermessensreduzierung auf Null kommen.[245] Ermessenslenkende Verwaltungsvorschriften regeln die Ermessensausübung für die Verwaltung verbindlich.[246]

Beispiel: Förderrichtlinien des Bundesinnenministeriums bei der Vergabe von Zuwendungen zur Förderung des Spitzensports.

24 Bei einer ständigen gleichgelagerten Behandlung von Einzelfällen (sog. Berufungsfälle) ist ein Abweichen von der Verwaltungspraxis nur bei Vorliegen eines sachlichen Grundes gerechtfertigt.[247]

Beispiel: Es entspricht ständiger Übung im Dienstbereich der Polizeiinspektion Brühl, Fußgänger bei Überschreiten einer „roten“ Ampel zunächst lediglich durch mündliche Verwarnung auf ihr Fehlverhalten hinzuweisen. Bei einem besonders uneinsichtigen Passanten wird dagegen sofort ein Verwarnungsgeld verhängt. Da der Passant hier besonders uneinsichtig war, ist das Abweichen von der ständigen Verwaltungspraxis gerechtfertigt und mit dem

---

[244] Etwa BVerwGE 47, 280 (283) = NJW 1975, 1289: Freiheitsgrundrechte; BVerwGE 78, 40 (46) = NJW 1988, 434: Verhältnismäßigkeitsgrundsatz.
[245] *Jestaedt* in Erichsen/Ehlers AllgVerwR § 11 Rn. 64.
[246] Vgl. *Sauerland,* Die Verwaltungsvorschrift im System der Rechtsquellen, 2005, 65.
[247] *Kopp/Ramsauer* VwVfG § 40 Rn. 93.

Gleichbehandlungsgebot des Art. 3 I GG vereinbar. Eine Ermessensreduzierung auf Null aufgrund einer ständigen Verwaltungspraxis bestand nicht.

Merke: Zusammenfassend lassen sich die folgenden Fallgruppen einer Ermessensreduzierung auf Null festhalten:
1. Selbstbindung der Verwaltung gem. Art. 3 I GG wegen ständiger Verwaltungspraxis oder ermessenslenkender Verwaltungsvorschriften (Ausnahme: Vorliegen eines sachlichen Grundes, der ein Abweichen rechtfertigt),
2. gegenwärtige Gefahr für ein besonders gewichtiges Rechtsgut wie Leben, körperliche Unversehrtheit oder den Bestand des Staates (Rang des Rechtsguts),
3. Gefahr eines besonders hohen Schadens für ein Rechtsgut (Intensität des drohenden Schadens).

Grafisch kann die Ermessensreduzierung auf Null wie folgt dargestellt werden: 25

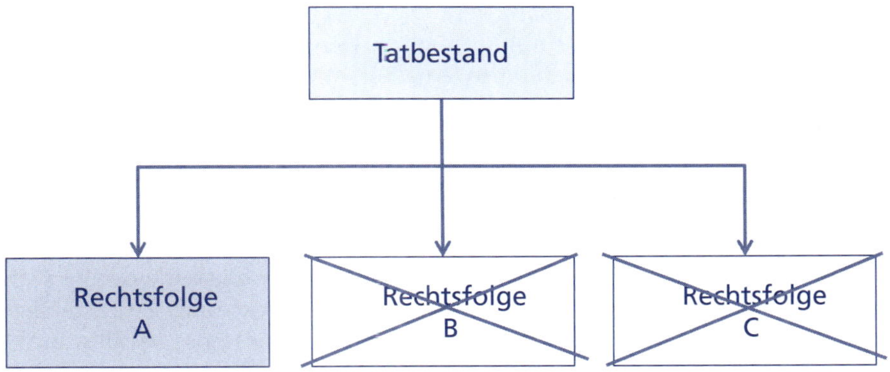

Abb. 45: Ermessensreduzierung auf Null

F. Anspruch auf ermessensfehlerfreie Entscheidung

Räumt ein Gesetz einer Behörde einen Ermessensspielraum ein, besteht grundsätzlich kein Anspruch des Bürgers gegen die Behörde auf Vornahme einer ganz bestimmten Maßnahme, die als gesetzliche Rechtsfolge zugelassen ist. Denn Ermessen bedeutet gerade Wahl der Verwaltung zwischen mindestens zwei möglichen (und rechtmäßigen) Handlungsalternativen. Etwas anderes gilt nur für den Fall einer Ermessensreduzierung auf Null. 26

Räumt ein Gesetz der Verwaltung Ermessen ein, besteht allerdings ein Anspruch des Bürgers auf ermessensfehlerfreie Entscheidung. Der Bürger hat also einen Anspruch darauf, dass die Behörde überhaupt entscheidet und bei ihrer Entscheidungsfindung die Grenzen ihres Ermessens beachtet. Das heißt freilich im Umkehrschluss, dass der Bürger eben keinen Anspruch auf eine ganz be- 27 stimmte Entscheidung hat.[248] Einen solchen Anspruch hat der Bürger nur im Fall der gebundenen Verwaltung oder der Ermessensreduzierung auf Null.

Beispiel: Nach § 14 I BPolG kann die Polizei die erforderlichen Maßnahmen treffen, um eine Gefahr für die öffentliche Sicherheit und Ordnung abzuwehren. Befindet sich ein Bürger in Gefahr, muss die Polizei prüfen, ob und gegebenenfalls wie sie helfend tätig wird. Hier hat der Bürger einen Anspruch auf ermessensfehlerfreie Entscheidung der Polizei. Denn die gesetzlichen Handlungs- und Entscheidungsspielräume der Polizei bestehen nicht nur im öffentlichen Interesse, sondern auch im Interesse der Bürger. Im Falle einer Gefahr für Leib oder Leben ist das polizeiliche (Entschließungs-)Ermessen daher sogar auf Null reduziert.

G. Kontrolle von Ermessensentscheidungen

28 Handelt eine Behörde im Rahmen der rechtlichen Vorgaben nach pflichtgemäßem Ermessen, trifft sie eine Entscheidung nach Gesichtspunkten der Rechtmäßigkeit und Zweckmäßigkeit. Die Überprüfung dieser Ermessensentscheidung ist nur eingeschränkt möglich. Denn die Aufgabe der Verwaltungsgerichte besteht lediglich darin, eine Verwaltungsentscheidung auf ihre Rechtmäßigkeit zu überprüfen. In eine Abwägung nach Maßgabe der Zweckmäßigkeit dürfen die Gerichte hingegen nicht eintreten.

I. Außergerichtliches Widerspruchsverfahren

29 Im außergerichtlichen Widerspruchsverfahren muss, sofern gesetzlich nichts anderes bestimmt ist, die Rechtmäßigkeit und Zweckmäßigkeit eines Verwaltungsakts überprüft werden (§ 68 I 1 VwGO). Eine Korrektur der Zweckmäßigkeitserwägungen der Ausgangsbehörde, die den Ermessensverwaltungsakt erlassen hat, ist danach grundsätzlich durch die (in der Regel übergeordnete) Widerspruchsbehörde zulässig.

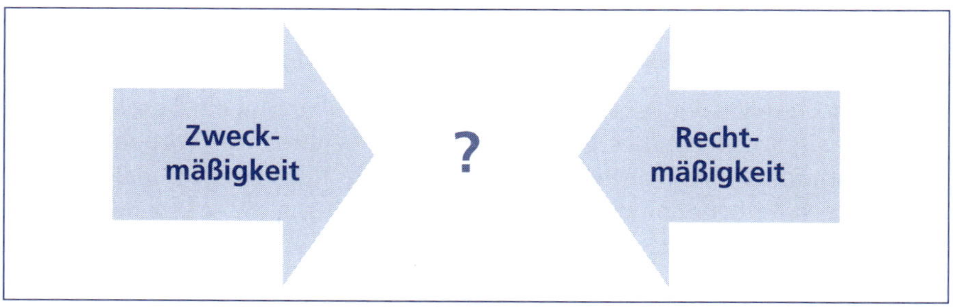

Abb. 46: Ermessenskontrolle im Widerspruchsverfahren

[248] *Jestaedt* in Erichsen/Ehlers AllgVerwR § 11 Rn. 67.

II. Gerichtliches Klageverfahren

30 Im Verwaltungsprozess prüft das Verwaltungsgericht nur, ob ein Verwaltungsakt oder seine Ablehnung deshalb rechtswidrig ist, weil die Behörde die gesetzlichen Grenzen des Ermessens überschritten hat oder in einer dem Zweck der Ermächtigung nicht entsprechenden Weise Gebrauch gemacht hat (§ 114 S. 1 VwGO). Zweckmäßigkeitserwägungen darf das Verwaltungsgericht – im Gegensatz zur Widerspruchsbehörde – daher nicht anstellen. Ihm obliegt allein die Kontrolle der Einhaltung der rechtlichen Grenzen des Ermessens.

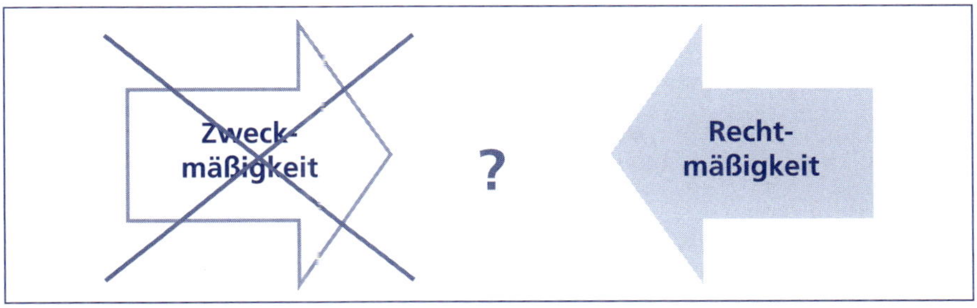

Abb. 47: Ermessenskontrolle im Gerichtsverfahren

Im Einzelnen ist zwischen Anfechtungs- und Verpflichtungsklagen zu unterscheiden.

1. Anfechtungsklage

31 Gegen belastende Ermessensentscheidungen, die Verwaltungsakte sind, kann der Bürger Anfechtungsklage erheben (dazu noch → § 28 Rn. 7 ff.). Leidet der behördliche Verwaltungsakt an einem Ermessensfehler, so ist er rechtswidrig. Greift er zusätzlich in Rechte des Bürgers ein, was der Regelfall ist, muss der rechtswidrige Ermessensverwaltungsakt aufgehoben werden (§ 113 I 1 VwGO).[249]

32 Von dieser Grundregel gibt es jedoch drei Ausnahmen:

1. Es liegt ein Fall der Ermessensreduzierung auf Null vor; die Behörde konnte also nicht anders entscheiden. In dieser Konstellation ist der Verwaltungsakt selbst dann gerichtlich nicht aufhebbar, wenn die Behörde sachfremde Erwägungen angestellt hat.[250]
2. Des Weiteren ist ein Ermessensfehler dann unbeachtlich, wenn die Behörde im Ergebnis keine unzulässige Maßnahme getroffen hat und zudem objektiv feststeht, dass sie auch ohne den Ermessensfehler so entschieden hätte.[251]
3. Hat die Behörde ihre Entscheidung auf mehrere Erwägungen gestützt, von denen eine oder mehrere ermessensfehlerhaft sind, mindestens eine Erwägung jedoch rechtmäßig ist, und steht fest, dass die Behörde die Entschei-

---

[249] *Detterbeck* AllgVerwR Rn. 337.
[250] *Detterbeck* AllgVerwR Rn. 338.
[251] *Kopp/Ramsauer* VwVfG § 40 Rn 98.

dung auch ohne den Ermessensfehler so getroffen hätte, ist der Ermessensfehler ebenfalls unbeachtlich.[252]

33 Auf keinen Fall aber darf der Verwaltungsakt deshalb als rechtmäßig angesehen werden, weil der Verwaltungsakt aus Erwägungen, die die Behörde überhaupt nicht angestellt hat, im Ergebnis aufrechterhalten werden kann.[253]

2. Verpflichtungsklage

34 Ansprüche auf Erlass eines begünstigenden Ermessensverwaltungsakts werden im Wege der Verpflichtungsklage durchgesetzt (§ 113 V VwGO; dazu noch → § 28 Rn. 33 ff.). Die Verpflichtungsklage ist gem. § 113 V 1 VwGO begründet, wenn die Ablehnung des beantragten Verwaltungsakts rechtswidrig ist, der Kläger dadurch in seinen Rechten verletzt wird und die Sache spruchreif ist.

- Ist die Sache spruchreif, so spricht das Gericht die Verpflichtung der Behörde aus, den beantragten Verwaltungsakt zu erlassen (Vornahmeurteil, § 113 V 1 VwGO).
- Fehlt die Spruchreife, so verpflichtet das Gericht die Behörde, den Kläger unter Beachtung der Rechtsauffassung des Gerichts erneut zu bescheiden (Bescheidungsurteil, § 113 V 2 VwGO).

35 Spruchreif ist die Sache, wenn alle rechtlichen und tatsächlichen Voraussetzungen für den Verwaltungsakt geklärt sind, sodass feststeht, ob der Verwaltungsakt zu erlassen oder abzulehnen ist. Anders formuliert: Spruchreif ist die Sache, wenn der Kläger einen Anspruch auf Erlass des begehrten Verwaltungsakts hat. Spruchreife kann bei Ermessensentscheidungen folglich nur bei einer Ermessensreduzierung auf Null gegeben sein![254]

36 Lehnt die Behörde den beantragten Verwaltungsakt als ermessensfehlerhaft ab, darf das Gericht die Behörde dennoch mangels Spruchreife nicht zum Erlass des beantragten Verwaltungsakts verurteilen. Denn die Behörde hat ja einen Ermessensspielraum und kann den Erlass des beantragten Verwaltungsakts möglicherweise auch in ermessensfehlerfreier und damit rechtmäßiger Weise ablehnen. Das Gericht hat die behördliche Entscheidung lediglich auf Ermessensfehler zu überprüfen, darf sein Ermessen also nicht an die Stelle des behördlichen Ermessens setzen (§ 114 VwGO). Das Gericht verurteilt die Behörde folglich nur dazu, über den Antrag des Klägers noch einmal unter Beachtung der Rechtsauffassung des Gerichts, also ermessensfehlerfrei, zu entscheiden (Bescheidungsurteil).

37 Liegt demgegenüber ein Fall der Ermessensreduzierung auf Null vor, hat der Kläger nicht nur einen Anspruch auf ermessensfehlerfreie Entscheidung, sondern einen Anspruch auf Erlass des begehrten Verwaltungsakts. In diesem Fall verurteilt das Gericht die Behörde zum Erlass des begehrten Verwaltungsakts (Vornahmeurteil).

---

252 BVerwGE 62, 215 (222) = BeckRS 1981, 30435890; VGH München NVwZ-RR 2010, 832.
253 Ebenso *Detterbeck* AllgVerwR Rn. 343.
254 *Bull/Mehde* AllgVerwR Rn. 1057.

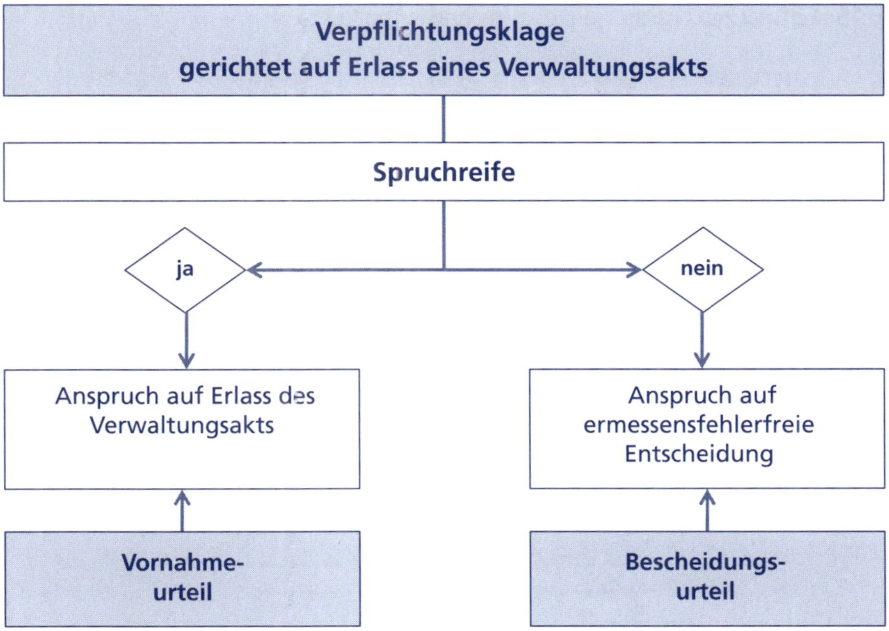

Abb. 48: Spruchreife

Kontrolle von Ermessensentscheidungen

- Außergerichtliches Widerspruchsverfahren: Rechtmäßigkeits- und Zweckmäßigkeitskontrolle
- Verwaltungsgerichtliches Klageverfahren: ausschließlich Rechtmäßigkeitskontrolle

H. Kontrollfragen

1. Auf welcher Seite einer Rechtsnorm ist das Ermessen angesiedelt? (→ Rn. 3)
2. Woran erkennen Sie, ob eine Rechtsnorm der Verwaltung Ermessen einräumt? (→ Rn. 6 f.)
3. Was ist der Unterschied zwischen dem Entschließungsermessen und dem Auswahlermessen? (→ Rn. 13 f.)
4. Was ist das Gegenstück der Ermessensverwaltung? Woran erkennen Sie, dass der Verwaltung gerade kein Ermessen eingeräumt ist? (→ Rn. 7)
5. Welche Arten von Ermessensfehlern können der Verwaltung unterlaufen? (→ Rn. 15 ff.)

§ 15 Fehlerhaftigkeit eines Verwaltungsakts

Lernziele: Sie sollen nach dem Studium dieses Kapitels
1. die Fehlerarten beim Erlass eines Verwaltungsakts und ihre Rechtsfolgen im Einzelnen erkennen,
2. insbesondere die Nichtigkeit eines Verwaltungsakts nach § 44 VwVfG am praktischen Fall prüfen.

A. Überblick

1 Ein Verwaltungsakt ist fehlerhaft, wenn die Behörde bei seinem Erlass gegen Rechtsnormen verstößt. Die Fehlerhaftigkeit kann sowohl aus einem Fehler beim Erlass des Verwaltungsakts (Form- oder Verfahrensfehler) als auch aus einem Fehler der mit dem Verwaltungsakt getroffenen Regelung folgen.

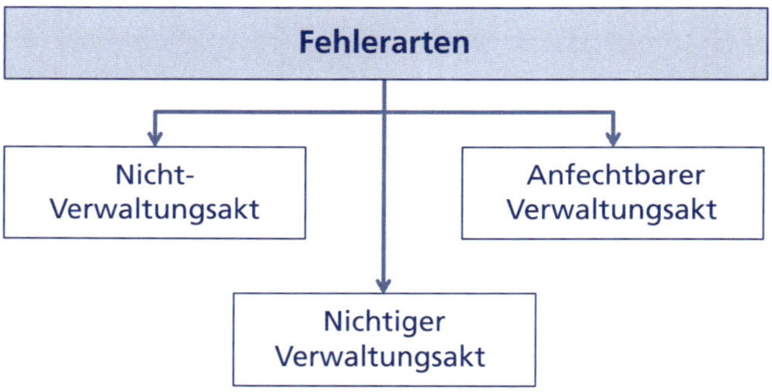

Abb. 49: Fehlerhafter Verwaltungsakt

B. Nicht-Verwaltungsakt

2 Die Fehlerhaftigkeit oder Rechtswidrigkeit setzt logisch voraus, dass überhaupt ein Verwaltungsakt existiert.

- Fehlt es an der nach § 43 I VwVfG iVm § 41 VwVfG erforderlichen Bekanntgabe oder
- mangelt es an einem der in § 35 VwVfG genannten Tatbestandsmerkmale,

so ist die in Rede stehende (behördliche) Handlung ein Nicht-Verwaltungsakt (→ § 10 Rn. 22).

Nicht-Verwaltungsakt
- Fehlendes Tatbestandsmerkmal (§ 35 VwVfG)
- Fehlende Bekanntgabe (§§ 43 I, 41 VwVfG)

C. Nichtiger Verwaltungsakt

Allein aus der Fehlerhaftigkeit oder Rechtswidrigkeit eines Verwaltungsakts darf nicht automatisch auf seine Nichtigkeit geschlossen werden. Rechtswidrige Verwaltungsakte sind vielmehr nur im Ausnahmefall unter den Voraussetzungen des §44 VwVfG nichtig und unwirksam, wie sich aus §43 III VwVfG ergibt. 3

I. Voraussetzungen der Nichtigkeit

§ 44 VwVfG regelt die Voraussetzungen der Nichtigkeit nach folgendem Grundprinzip: 4

- §44 I VwVfG enthält die allgemeine Generalklausel der Nichtigkeit.
- §44 II VwVfG zählt spezielle und besonders typische Nichtigkeitsgründe auf, die in jedem Fall zur Nichtigkeit führen sollen.
- §44 III VwVfG wiederum schränkt die Generalklausel aus §44 I VwVfG ein.

§44 II und III VwVfG sind daher Spezialvorschriften gegenüber der Generalklausel in §44 I VwVfG.

Daraus resultiert das folgende Prüfschema:
1. Zwingende Nichtigkeit nach §44 II VwVfG (Positivkatalog),
2. Ausschluss der Nichtigkeit nach §44 III VwVfG (Negativkatalog),
3. Generalklausel des §44 I VwVfG (Evidenzregel).

Die in §44 II VwVfG genannten Fehler sind absolute Nichtigkeitsgründe. Liegt einer dieser Gründe vor, so ist der Verwaltungsakt stets unwirksam. 5

Beispiel: Der Sachbearbeiter S der zuständigen Verwaltungsbehörde verleiht dem britischen Staatsangehörigen B die deutsche Staatsangehörigkeit, ohne ihm die Einbürgerungsurkunde auszuhändigen. Nach §16 StAG wird eine Einbürgerung jedoch erst mit der Aushändigung der Einbürgerungsurkunde wirksam. Nach §44 II Nr.2 VwVfG ist die Verleihung der deutschen Staatsangehörigkeit folglich nichtig. B ist weiterhin „nur" britischer Staatsangehöriger.

Die in §44 III VwVfG aufgeführten Fehler dagegen reichen allein nicht zur Begründung der Nichtigkeit aus. Kommen jedoch zusätzliche Gesichtspunkte hinzu („nicht schon deshalb"), können sie zur Nichtigkeit des Verwaltungsakts nach §44 I VwVfG führen.[255] 6

Bei allen anderen Fehlern, die nicht in §44 II oder III VwVfG ausdrücklich erwähnt sind, gilt die Generalklausel des §44 I VwVfG. Der Verwaltungsakt ist nur nichtig, soweit er an einem besonders schwerwiegenden Fehler leidet und dies offensichtlich ist. 7

[255] *Kopp/Ramsauer* VwVfG §44 Rn. 31, 51.

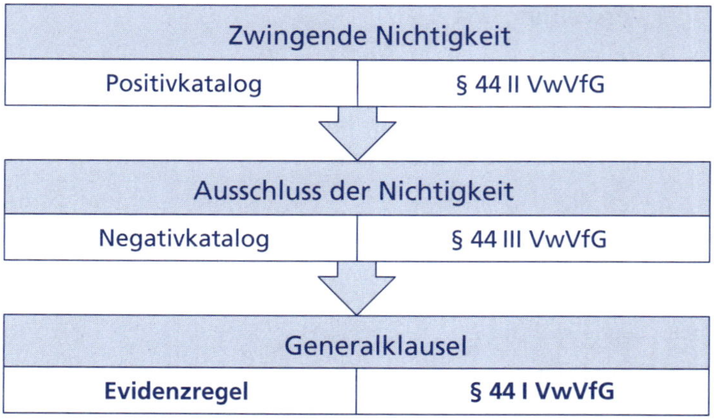

Abb. 50: Nichtiger Verwaltungsakt

Die Voraussetzungen der Generalklausel lauten:
1. Vorliegen eines Fehlers, dh Rechtswidrigkeit des Verwaltungsakts,
2. besondere Schwere des Fehlers,
3. Offensichtlichkeit des Fehlers.

8 Ein besonders schwerwiegender Fehler liegt vor, wenn der Verwaltungsakt gegen tragende Verfassungsprinzipien verstößt oder den der Rechtsordnung immanenten Wertvorstellungen so sehr widerspricht, dass es unerträglich wäre, wenn der Verwaltungsakt die mit ihm bezweckten Rechtsfolgen entfaltete.[256]

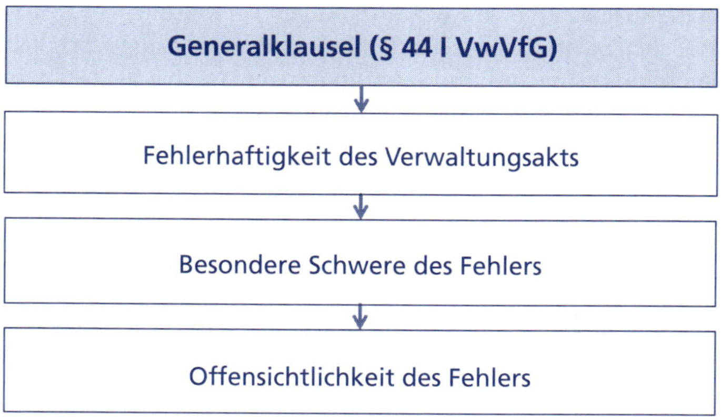

Abb. 51: Generalklausel der Nichtigkeit

Beispiele: Besonders schwerwiegend ist das Fehlen der Verbandskompetenz, die absolute sachliche Unzuständigkeit sowie die fehlende inhaltliche Bestimmtheit des Verwaltungsakts.

[256] BVerwG NJW 1985, 2658 ff.; NVwZ 1984, 578 f.; VGH München BayVBl. 1994, 53 ff.

Gegenbeispiel: Ein Verstoß gegen EU-Recht führt nicht per se zur Nichtigkeit nach § 44 I VwVfG.

Schließlich muss der Fehler offensichtlich sein. Dafür ist zu verlangen, dass der Fehler für einen mit den Gesamtumständen vertrauten, verständigen Beobachter ohne Weiteres ersichtlich ist, dh sich geradezu aufdrängt. Dem Verwaltungsakt muss der Fehler „auf der Stirn geschrieben stehen"[257]. Zu bejahen ist dies regelmäßig, wenn die Fehlerhaftigkeit sich ohne juristische oder sonstige Fachkenntnisse feststellen lässt. Dagegen liegt in der Regel keine Offensichtlichkeit vor, wenn zur Feststellung der Rechtswidrigkeit des Verwaltungsakts genauere Prüfungen erforderlich sind.[258] 9

Beispiele: Der Nichtbeamte N wird durch Verwaltungsakt aus dem Beamtenverhältnis entlassen. Der Entlassungsbescheid ist gem. § 44 I VwVfG nichtig.[259] – Die Straßenverkehrsbehörde stellt an der Einfahrt in eine „Sackgasse" das Verkehrszeichen 250 („Verbot für Fahrzeuge aller Art") mit dem Zusatz „Anlieger frei" auf. In der Gegenrichtung wird das Zeichen 250 ohne das Zusatzschild „Anlieger frei" aufgestellt. Im Ergebnis führt die Beschilderung dazu, dass Anlieger zwar in die „Sackgasse" beliebig einfahren, nicht aber wieder ausfahren dürfen und somit in der „Sackgasse" quasi gefangen sind. Eine solche Konsequenz der Beschilderung ist für jeden Verkehrsteilnehmer erkennbar „unsinnig".[260] Das Verbotsschild, das keinen „Anlieger frei"-Zusatz enthält, ist daher nach § 44 I VwVfG nichtig und entfaltet keine Rechtswirkungen.

II. Teilnichtigkeit

§ 44 IV VwVfG regelt die Teilnichtigkeit von Verwaltungsakten. Die Teilnichtigkeit eines Verwaltungsakts hat dessen Gesamtnichtigkeit nur dann zur Folge, wenn der nichtige Teil so wesentlich ist, dass der Verwaltungsakt ohne ihn nicht erlassen worden wäre. Anders als bei der Nichtigkeit von privatrechtlichen Willenserklärungen nach § 139 BGB ist der Normalfall im Verwaltungsrecht somit die Aufrechterhaltung des „Rest-Verwaltungsakts". Die Gesamtnichtigkeit kommt lediglich im Ausnahmefall in Betracht. Ob der nichtige Teil wesentlich war, bestimmt sich nicht nach dem subjektiven Willen der Behörde. Entscheidend ist vielmehr, wie eine gesetzestreue Behörde (objektiv) hätte handeln müssen.[261] 10

---

[257] *Ruffert* in Erichsen/Ehlers AllgVerwR § 22 Rn. 4.

[258] Aus der Zeit vor dem Inkrafttreten des VwVfG BVerwGE 35, 334 (343) = NJW 1970, 2075; BVerwGE 19, 284 (287 f.); aus der jüngeren Rspr. OVG Münster NVwZ 1988, 74 ff.; ferner *Maurer/Waldhoff* AllgVerwR § 10 Rn. 32 mwN.

[259] BVerwGE 19, 284.

[260] So ausdrücklich OLG Karlsruhe NJW 2016, 1106 Rn. 28.

[261] Dazu *Ruffert* in Erichsen/Ehlers AllgVerwR § 22 Rn. 9 ff.

III. Rechtsfolgen der Nichtigkeit

1. Materielle Folgen

11 Der nichtige Verwaltungsakt ist gem. § 43 III VwVfG unwirksam. Das bedeutet im Einzelnen:

- Die Behörde darf den Verwaltungsakt nicht zwangsweise durchsetzen.
- Der Bürger braucht ihn nicht zu befolgen. Allerdings läuft er Gefahr, dass sich der Verwaltungsakt in einem nachfolgenden Gerichtsverfahren doch nicht als nichtig und damit als wirksam erweist. Das Prozessrisiko trägt in der Konsequenz der Bürger.

2. Verfahrensrechtliche Folgen

12 Nach § 44 V VwVfG kann der Betroffene bei der Behörde die Feststellung der Nichtigkeit des Verwaltungsakts beantragen.

3. Prozessuale Folgen

13
- Prozessual kann die Nichtigkeit eines Verwaltungsakts mit der Nichtigkeitsfeststellungsklage (§ 43 I Var. 2 VwGO; dazu noch → § 28 Rn. 67 ff.) geltend gemacht werden.[262]
- Aus § 43 II 2 VwGO ergibt sich ferner, dass ein nichtiger Verwaltungsakt ebenfalls Gegenstand einer Anfechtungsklage (und damit eines Widerspruchs nach § 68 I VwGO) sein kann, da insoweit ausdrücklich eine Ausnahme von der grundsätzlichen Subsidiarität der Feststellungsklage gemacht wird (dazu noch → § 28 Rn. 7 ff.). Dies ist nur verständlich, wenn auch bei einem nichtigen Verwaltungsakt eine Anfechtungsklage möglich ist. Der Kläger hat deshalb ein Wahlrecht zwischen der Nichtigkeitsfeststellungsklage und der Anfechtungsklage (dazu noch → § 28 Rn. 33 ff.).[263]
- Lehnt die Behörde den Antrag auf Feststellung der Nichtigkeit des Verwaltungsakts nach § 44 V VwVfG ab, ist außerdem eine Verpflichtungsklage statthaft, gerichtet auf die Verpflichtung der Behörde zur Feststellung der Nichtigkeit des Verwaltungsakts (dazu noch → § 28 Rn. 33 ff.).

Rechtsfolgen der Nichtigkeit
- Unwirksamkeit des Verwaltungsakts (§ 43 III VwVfG)
- Antrag auf Feststellung der Nichtigkeit des Verwaltungsakts (§ 44 V VwVfG)
- Nichtigkeitsfeststellungsklage (§ 43 I Var. 2 VwGO)
- Anfechtungsklage (§ 42 I Var. 1 VwGO)
- Verpflichtungsklage (§ 42 I Var. 2 VwGO)

D. Anfechtbarer Verwaltungsakt

14 Rechtswidrige Verwaltungsakte sind grundsätzlich nicht nichtig, sondern wirksam. Sie müssen mit den gesetzlich vorgesehenen Rechtsbehelfen angefochten

[262] Zur Statthaftigkeit der Nichtigkeitsfeststellungsklage *Detterbeck* AllgVerwR Rn. 1395 ff.
[263] *Ruffert* in Erichsen/Ehlers AllgVerwR § 22 Rn. 8.

werden, um sie aus der Welt zu schaffen. Rechtswidrige Verwaltungsakte sind somit anfechtbar. Zu den möglichen Rechtsbehelfen zählen insbesondere der Widerspruch gem. § 68 VwGO und die Anfechtungsklage gem. § 42 I VwGO.

Merke: Eine Anfechtungsklage ist nicht schon dann erfolgreich, wenn der angefochtene Verwaltungsakt objektiv rechtswidrig ist. Hinzukommen muss, dass der Kläger durch die Rechtswidrigkeit in seinen subjektiven Rechten verletzt ist (§ 113 I 1 VwGO; → § 28 Rn. 31 f.).

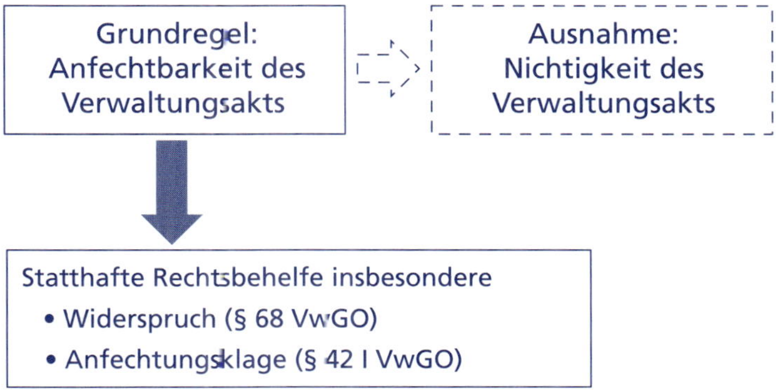

Abb. 52: Anfechtbarer Verwaltungsakt

E. Umdeutung eines Verwaltungsakts (§ 47 VwVfG)

Ein rechtswidriger Verwaltungsakt kann nach § 47 VwVfG in einen rechtmäßi- 15
gen Verwaltungsakt umgedeutet werden. Durch die Umdeutung (Konversion) wird die vom Verwaltungsakt geschaffene rechtswidrige Rechtsfolge durch eine andere rechtmäßige Rechtsfolge ersetzt, ohne einen neuen Verwaltungsakt in einem neuen Verwaltungsverfahren zu erlassen.[264] Von der Umdeutung als Ersetzung der Rechtsfolgen eines Verwaltungsakts sind die Auslegung des ursprünglichen Verwaltungsakts[265] sowie das Nachschieben von Gründen[266] zu trennen.

Beispiele: Umdeutung einer rechtswidrigen fristlosen Entlassung eines Beamten auf Probe in eine rechtmäßige fristgerechte Entlassung;[267] Umdeutung der Entziehung einer EU-Fahrerlaubnis in die Feststellung, dass die Fahrerlaubnis im Bundesgebiet keine rechtliche Wirkung entfaltet.[268]

---

[264] Vgl. BVerwGE 62, 300 (306) = BeckRS 9998, 90218; BVerwGE 48, 81 (83) = NJW 1975, 2309; Stelkens/Bonk/Sachs/*Sachs* VwVfG § 47 Rn. 4.

[265] Vgl. *Laubinger* VerwArch 78 (1987), 207 (218 ff.).

[266] Vgl. BVerwG NVwZ 1990, 673 f.; OVG Münster NVwZ-RR 1991, 265 (266 f.).

[267] BVerwGE 91, 73 ff. = BeckRS 9998, 170302.

[268] VGH BW VBlBW 208, 660 ff.

16 Die Umdeutung von Verwaltungsakten ist unter den folgenden Voraussetzungen zulässig:[269]

- Die Rechtsfolge des umzudeutenden Verwaltungsakts muss fehlerhaft, dh rechtswidrig sein (Abs. 1).
- Die ursprüngliche und die neue Regelung des Verwaltungsakts müssen auf das gleiche Ziel gerichtet sein (Abs. 1).
- Die Voraussetzungen für den umgedeuteten Verwaltungsakt müssen erfüllt sein (Abs. 1).
- Die Rechtsfolge des umgedeuteten Verwaltungsakts darf der erkennbaren Absicht der erlassenden Behörde nicht widersprechen (Abs. 2 S. 1).
- Die Rechtsfolge des umgedeuteten Verwaltungsakts darf zudem für den Betroffenen nicht ungünstiger sein als die des fehlerhaften Verwaltungsakts (Abs. 2 S. 1).
- Es muss die Möglichkeit bestehen, den ursprünglichen Verwaltungsakt zurückzunehmen (Abs. 2 S. 2).
- Eine Entscheidung, die nur als gebundene Entscheidung ergehen kann, darf nicht in eine Ermessensentscheidung umgedeutet werden (Abs. 3).
- Vor der Umdeutung ist der Betroffene anzuhören (Abs. 4).

17 Eine Umdeutung vornehmen können die Ausgangsbehörde, die Widerspruchsbehörde und das Verwaltungsgericht.

F. Kontrollfragen

1. Wann liegt ein Nicht-Verwaltungsakt vor? (→ Rn. 2)
2. Nennen Sie die Voraussetzungen der Nichtigkeit eines Verwaltungsakts? (→ Rn. 4 ff.)
3. Welche Rechtswirkungen entfaltet ein nichtiger Verwaltungsakt? (→ Rn. 3, 10)
4. Wie kann der Bürger die Nichtigkeit eines Verwaltungsakts bei der Behörde geltend machen? (→ Rn. 12)
5. Was unterscheidet einen anfechtbaren von einem nichtigen Verwaltungsakt? (→ Rn. 14)
6. Was bewirkt die Umdeutung eines Verwaltungsakts? (→ Rn. 15 f.)

[269] Überbl. bei *Laubinger* VerwArch 78 (1987), 207 (353 ff.).

§ 16 Nebenbestimmungen zu Verwaltungsakten

Lernziele: Sie sollen nach dem Studium dieses Kapitels
1. die Funktion von Nebenbestimmungen beschreiben,
2. die Arten von Nebenbestimmungen kennen,
3. die Rechtsnatur von Nebenbestimmungen einordnen und
4. die Rechtmäßigkeit von Nebenbestimmungen prüfen.

A. Einleitung

Verwaltungsakte dürfen nur erlassen werden, wenn sie rechtmäßig sind. Wird der Erlass eines Verwaltungsakts beantragt, der rechtswidrig wäre, muss der Antrag deshalb abgelehnt werden. Letztlich ist dies Ergebnis des Prinzips der Gesetzmäßigkeit der Verwaltung aus Art. 20 III GG. 1

Durch die Verwendung von Nebenbestimmungen kann die Behörde aber Hindernisse rechtlicher oder tatsächlicher Art ausräumen, die dem Erlass des Verwaltungsakts entgegenstehen. Statt „nein" zu sagen und den Antrag abzulehnen, sagt die Behörde „ja, aber" und erlässt den beantragten Verwaltungsakt mit einer Nebenbestimmung. 2

Beispiel: Dem Fußballfan F soll ein Platzverweis für den Hauptbahnhof Köln erteilt werden, um Ausschreitungen bei einem Fußballspiel in der Bundesliga zu unterbinden. Ein zeitlich unbeschränkter Platzverweis dürfte wegen des Grundsatzes der Verhältnismäßigkeit nicht ergehen und wäre rechtswidrig. Anstatt vom Erlass des Platzverweises gänzlich abzusehen, hat die Polizei aber die Möglichkeit, den Platzverweis unter Hinzufügung einer Befristung (= Nebenbestimmung) zu erlassen. Der Hauptregelung (= Platzverweis) wird somit eine Nebenbestimmung hinzugefügt.

B. Arten von Nebenbestimmungen

Die begrifflichen Voraussetzungen für die einzelnen Arten der Nebenbestimmungen finden sich in § 36 II VwVfG. 3

I. Befristung (§ 36 II Nr. 1 VwVfG)

Eine Befristung ist eine Bestimmung, nach der eine Begünstigung oder Belastung zu einem bestimmten Zeitpunkt beginnt, endet oder für einen bestimmten Zeitraum gilt. 4

Beispiel: Der Studentin S wird eine Zuwendung in Gestalt einer Mietbeihilfe für den Zeitraum vom 1.1. bis zum 31.12. eines bestimmten Jahres gewährt.

II. Bedingung (§ 36 II Nr. 2 VwVfG)

5 Die Bedingung ist eine Bestimmung, nach welcher der Eintritt oder der Wegfall einer Vergünstigung oder einer Belastung von dem ungewissen Eintritt eines zukünftigen Ereignisses abhängt.

6 Es gibt zwei Arten von Bedingungen:

1. Von einer aufschiebenden Bedingung spricht man, wenn die Rechtswirkungen des Verwaltungsakts erst mit dem Eintritt des ungewissen Ereignisses gelten.

> **Beispiel:** Erlaubnis zum Betrieb einer Verbrennungsanlage, wenn ein ganz bestimmter Filter eingebaut wird.

2. Eine auflösende Bedingung ist gegeben, wenn die Rechtswirkungen des Verwaltungsakts mit dem Eintritt des Ereignisses wegfallen.

> **Beispiel:** Wegfall der Aufenthaltsgenehmigung eines Ausländers, wenn der Ausländer eine selbstständige Tätigkeit in Deutschland ausübt.

7 Während die Befristung an ein gewisses künftiges Ereignis anknüpft, hängt die Wirksamkeit des Verwaltungsakts bei der Bedingung von einem ungewissen künftigen Ereignis ab.

III. Widerrufsvorbehalt (§ 36 II Nr. 3 VwVfG)

8 Der Widerrufsvorbehalt ermöglicht es der Behörde, durch eine zukünftige Erklärung den Verwaltungsakt wieder aufzuheben und so dessen Rechtsfolge zu beenden (vgl. § 49 II Nr. 1 VwVfG).

> **Beispiel:** Gewährung eines Forschungsstipendiums durch das Bundesforschungsministerium mit der Bestimmung, dass der Zuwendungsbescheid widerrufen werden kann, wenn das Stipendium nicht bis zu einem bestimmten Zeitpunkt für ein Forschungsvorhaben verwendet wird.

IV. Auflage (§ 36 II Nr. 4 VwVfG)

9 Durch eine Auflage wird dem Begünstigten ein Tun, Dulden oder Unterlassen vorgeschrieben. Die Auflage enthält ein Gebot oder Verbot, das zur Begünstigung hinzutritt. Der Adressat des begünstigenden Verwaltungsakts muss die Auflage erst befolgen, wenn er von der Begünstigung Gebrauch machen will. Mit einer Auflage sollen Nachteile beseitigt werden, welche die Ausnutzung eines Verwaltungsakts für Dritte oder die Allgemeinheit hervorrufen könnte. Eine Auflage schreibt dem Adressaten des Verwaltungsakts ein bestimmtes Verhalten vor, ohne die Wirksamkeit des Verwaltungsakts – wie bei der Bedingung – an ein ungewisses Ereignis zu knüpfen. Ein mit einer Auflage versehener Verwaltungsakt wird sofort wirksam und bleibt es sogar dann, wenn das Gebot oder Verbot der Auflage missachtet wird.

Beispiele: Die Gewährung eines Zuschusses mit der Auflage, ein bestimmtes Forschungsvorhaben durchzuführen; die Einbürgerung eines Ausländers in den deutschen Staatsverband mit der Auflage, die Entlassung aus seiner bisherigen Staatsangehörigkeit zu bewirken.

Ist der Hauptverwaltungsakt wirksam und nimmt der Adressat die Begünstigung in Anspruch, kann die Behörde den Hauptverwaltungsakt im Fall der Nichterfüllung, der nicht fristgerechten Erfüllung oder einer Zuwiderhandlung gegen die Auflage widerrufen (§ 49 II 1 Nr. 2, III 1 Nr. 2 VwVfG). Alternativ kann das in der Auflage enthaltene Gebot oder Verbot im Wege der Zwangsvollstreckung durchgesetzt werden. 10

V. Auflagenvorbehalt (§ 36 II Nr. 5 VwVfG)

Der Auflagenvorbehalt legt die Voraussetzungen fest, unter denen die Behörde noch im Nachhinein durch Erlass, Änderung oder Ergänzung einer Auflage Einfluss auf den Verwaltungsakt nehmen kann. 11

Beispiel:[270] Erlaubnis zum Betrieb einer Verbrennungsanlage mit dem Zusatz, dass der Einbau eines Filters angeordnet werden kann, wenn der Schadstoffausstoß einen bestimmten Grenzwert überschreitet.

VI. Modifizierende Auflage

Von sog. modifizierenden Auflagen ist dann die Rede, wenn die Behörde dem erlassenden Verwaltungsakt Zusätze, Bestimmungen oder Maßgaben beifügt, die den Inhalt des Verwaltungsakts selbst betreffen. Es wird deshalb ein Verwaltungsakt erlassen, der inhaltlich vom Antrag abweicht. Anders als die herkömmliche Auflage begründet die modifizierende Auflage kein zusätzliches Gebot oder Verbot. 12

Beispiel: Der Antragsteller beantragt den Bau eines Mehrfamilienhauses. Genehmigt wird aber der Bau eines Einfamilienhauses.

Kennzeichnend für modifizierende Auflagen ist, dass die behördlichen Zusätze nicht selbstständig durchsetzbar sind. Hierdurch unterscheidet sich die modifizierende, unmittelbar den Inhalt des Verwaltungsakts betreffende Auflage von der echten Auflage. Verstößt der Bürger gegen eine modifizierende Auflage, verstößt er nicht gegen ein Gebot oder Verbot, sondern handelt ohne Genehmigung. 13

Fortsetzung des vorherigen Beispiels: Beantragt wurde eine Baugenehmigung für ein Mehrfamilienhaus. Erteilt wurde eine Genehmigung für ein Einfamilienhaus. Wird hier das Mehrfamilienhaus errichtet, wird insoweit ohne Genehmigung gebaut.

---

[270] Zitiert nach *Detterbeck* AllgVerwR Rn. 654.

14 Bei der modifizierenden Auflage handelt es sich um keine Nebenbestimmung und schon gar nicht um eine Auflage iSd § 36 II Nr. 4 VwVfG, sondern letztlich um eine „modifizierte Genehmigung".

Arten von Nebenbestimmungen

- Befristung
- Bedingung
- Widerrufsvorbehalt
- Auflage
- Auflagenvorbehalt

C. Rechtsnatur von Nebenbestimmungen

15 Nebenbestimmungen sind Teil eines Verwaltungsakts, ohne selbst Verwaltungsakt zu sein. Lediglich bei Auflagen soll es sich um eigenständige Verwaltungsakte handeln, da sie eine zusätzliche Verpflichtung begründen. Manche Stimmen im Schrifttum halten auch Auflagen für unselbstständige Bestandteile eines Verwaltungsakts.[271] In jedem Fall hängt die Existenz von Nebenbestimmungen vom Bestand des Hauptverwaltungsakts ab.

16 Wichtig sind die folgenden Grundsätze:

- Sämtliche Nebenbestimmungen sind vom Bestand des Hauptverwaltungsakts abhängig (Akzessorietät). Wird der Hauptverwaltungsakt beseitigt, erledigt sich auch die Nebenbestimmung.
- Auch rechtswidrige Nebenbestimmungen sind wirksam (außer im Falle ihrer Nichtigkeit gem. § 44 VwVfG).

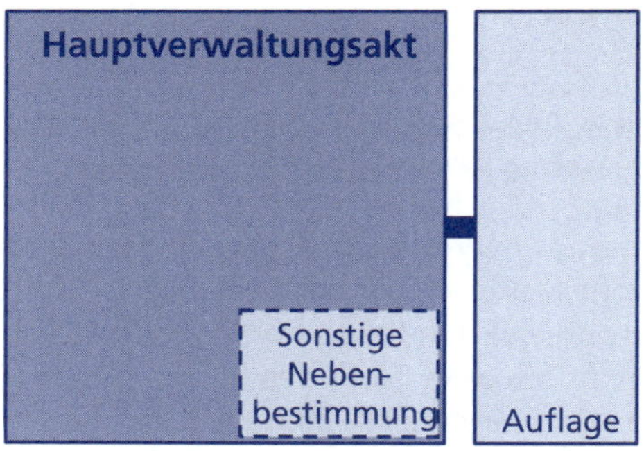

Abb. 53: Rechtsnatur von Nebenbestimmungen

D. Zulässigkeit von Nebenbestimmungen

17 Zahlreiche Gesetze ermächtigen die Behörden zum Erlass von Nebenbestimmungen.

271 Nachw. bei *Will* AllgVerwR 119.

Beispiele: § 7 II 1 AufenthG; § 8 II HwO; § 74 II 2 VwVfG; § 9 II WaffG.

Bestehen keine speziellen Sonderregelungen innerhalb oder außerhalb des VwVfG, kommt § 36 VwVfG zur Anwendung. 18

I. Gebundene Verwaltung (§ 36 I VwVfG)

Handelt es sich um gebundene Verwaltung, so ist nach § 36 I VwVfG eine Nebenbestimmung nur zulässig, wenn 19

- sie durch eine spezielle Rechtsvorschrift ausdrücklich zugelassen ist (§ 36 I Var. 1 VwVfG) oder
- sie sicherstellen soll, dass die gesetzlichen Voraussetzungen des Verwaltungsakts erfüllt werden, wenn also durch die Nebenbestimmung an sich gegebene Versagungsgründe ausgeräumt werden sollen (§ 36 I Var. 2 VwVfG).

Beispiel: Eine Anlage wird mit der Auflage, einen Nachweis über die Sicherheit der Anlage beizubringen, vorläufig genehmigt.[272]

Obwohl die Behörde beim Erlass des gebundenen Verwaltungsakts keinen Entscheidungsspielraum besitzt, liegt es in ihrem Ermessen, ob sie den Verwaltungsakt mit einer Nebenbestimmung verbindet (vgl. § 36 I VwVfG: „darf"). 20

II. Ermessensverwaltung (§ 36 II VwVfG)

Steht der Hauptverwaltungsakt im behördlichen Ermessen, so ist nach § 36 II VwVfG die Beifügung einer Nebenbestimmung auch ohne besondere gesetzliche Ermächtigung zulässig. Da die Behörde den Verwaltungsakt ganz ablehnen dürfte, kann sie ihn erst recht unter Beifügung von Nebenbestimmungen, also unter Einschränkungen erteilen. 21

III. Allgemeine Rechtmäßigkeitsvoraussetzungen (§ 36 III VwVfG)

Nach § 36 III VwVfG darf eine Nebenbestimmung dem Zweck des Verwaltungsakts nicht zuwiderlaufen. Die Nebenbestimmung muss also sachbezogen und sachgerecht sein. Dadurch ist es insbesondere unzulässig, dem Adressaten des Verwaltungsakts durch Nebenbestimmungen solche Pflichten aufzuerlegen, die mit der im Verwaltungsakt enthaltenen Regelung in keinem sachlichen Zusammenhang stehen (Koppelungsverbot). 22

Beispiele: Eine Baugenehmigung darf nicht davon abhängig gemacht werden, dass der Bauherr künftig auf weitere gesetzmäßige Bauvorhaben verzichtet.[273] – Hingegen ist die Erteilung einer Baugenehmigung mit der Auflage, Stellplätze für Kraftfahrzeuge auf dem Baugrundstück zu schaffen, zulässig.[274]

---

272 OVG Lüneburg DVBl 1982, 966.
273 OVG Lüneburg NJW 1978, 2260.
274 BVerwG NJW 1986, 600.

Zulässigkeit von Nebenbestimmungen

- Zulassung von Nebenbestimmungen durch besondere Rechtsvorschriften (§ 36 I Var. 1 VwVfG)
- Sicherstellung, dass die gesetzlichen Voraussetzungen des Verwaltungsakts erfüllt werden (§ 36 I Var. 2 VwVfG)
- Keine Ermessensfehler beim Erlass der Nebenbestimmungen (§ 36 I oder II VwVfG)
- Koppelungsverbot (§ 36 III VwVfG)

E. Rechtsschutz gegen Nebenbestimmungen

23 Der Rechtsschutz des Bürgers gegen ihn betreffende Nebenbestimmungen zu Verwaltungsakten wird im Detail äußerst kontrovers diskutiert. Nach der Rechtsprechung des BVerwG sind jedoch folgende Leitlinien festzuhalten:

- Eine modifizierende Auflage ist keine Nebenbestimmung; sie ist ein untrennbarer Bestandteil des gesamten Verwaltungsakts (→ Rn. 12 ff.). Eine isolierte Anfechtung nur der modifizierenden Auflage ist deshalb nicht statthaft und unzulässig. Ein Anspruch auf Erlass des beantragten Verwaltungsakts ohne die modifizierende Auflage kann deshalb nur im Wege der Verpflichtungsklage geltend gemacht werden.[275]
- Gegen alle anderen Arten von Nebenbestimmungen kann nach Auffassung des BVerwG mit einer Anfechtungsklage vorgegangen werden. Mit einer Anfechtungsklage gem. § 42 I VwGO kann die Aufhebung einer rechtswidrigen Nebenbestimmung verlangt werden, sofern der Betroffene durch die rechtswidrige Nebenbestimmung in seinen Rechten verletzt wird (vgl. § 113 I 1 VwGO).[276]
- Auch wenn gegen Nebenbestimmungen grundsätzlich eine Anfechtungsklage zulässig sein sollte, heißt das nicht, dass eine Anfechtungsklage auch tatsächlich zur isolierten Aufhebung der Nebenbestimmung führt, also begründet ist. Dies ist nach der Rechtsprechung nur dann der Fall, wenn der Hauptverwaltungsakt auch ohne die Nebenbestimmung rechtmäßig wäre. Anders formuliert: Wäre der Hauptverwaltungsakt ohne die Nebenbestimmung rechtswidrig, ist eine Anfechtungsklage trotz Rechtswidrigkeit der Nebenbestimmung unbegründet. Eine rechtswidrige Nebenbestimmung kann in diesem Fall nicht aufgehoben werden.[277]

[275] BVerwGE 69, 37 (39) = BeckRS 9998, 44992; BVerwG NVwZ 1984, 371 (372).
[276] BVerwG NVwZ 2001, 429; OVG Berlin NVwZ 2001, 1059 (1060); vgl. auch *Dolderer* JuS 1998, 934 (937).
[277] BVerwG DVBl 1993, 152; NVwZ 1984, 366; vgl. auch *Funk* BayVBl. 1986, 105 (106).

F. Kontrollfragen

1. Definieren Sie die folgenden Arten von Nebenbestimmungen (→ Rn. 4 ff.)!
   a) Befristung
   b) Bedingung
   c) Widerrufsvorbehalt
   d) Auflage
2. In welchem Verhältnis stehen Nebenbestimmungen zu ihrem Hauptverwaltungsakt, dem sie beigefügt sind? (→ Rn. 15 f.)
3. Unter welchen Voraussetzungen kann einem Verwaltungsakt im Bereich der Ermessensverwaltung Nebenbestimmungen beigefügt werden? (→ Rn. 21 f.)

§ 17 Rücknahme eines rechtswidrigen Verwaltungsakts

Lernziel: Sie sollen nach dem Studium dieses Kapitels
1. die Arten der Aufhebung eines Verwaltungsakts kennen,
2. die Aufhebung eines Verwaltungsakts von seiner Berichtigung unterscheiden,
3. die Systematik der §§ 48 und 49 VwVfG beschreiben und
4. die Voraussetzungen der Rücknahme eines rechtswidrigen Verwaltungsakts prüfen.

A. Einleitung

I. Aufhebung eines Verwaltungsakts

Ein Verwaltungsakt kann aufgehoben werden 1

- durch verwaltungsgerichtliches Urteil (§ 113 I 1 VwGO),
- im Widerspruchsverfahren durch Abhilfe- oder Widerspruchsbescheid (§§ 72, 73 VwGO) und
- in sonstigen behördlichen Verfahren nach §§ 48, 49 VwVfG.

Infolge der Aufhebung wird der Verwaltungsakt unwirksam (§ 43 II VwVfG), 2
seine Rechtsfolgen entfallen.

Eine Aufhebung nach §§ 48, 49 VwVfG liegt vor, wenn die Behörde ausdrücklich 3
oder konkludent zu erkennen gibt, dass sie die durch den ursprünglichen Verwaltungsakt (den aufzuhebenden Verwaltungsakt) herbeigeführte Rechtsfolge nicht mehr gelten lassen will. Abzugrenzen ist die Aufhebung von der bloßen Berichtigung. Nach § 42 VwVfG kann die Behörde Schreibfehler, Rechenfehler oder ähnliche offenbare Unrichtigkeiten jederzeit berichtigen. Die Berichtigung steht im Ermessen der Behörde, bei berechtigtem Interesse hat der Betroffene einen Anspruch auf Berichtigung (§ 42 S. 2 VwVfG). Die Berichtigung ist kein

neuer Verwaltungsakt, da sie keine Rechtsfolge setzt und damit keine neue „Regelung" enthält.[278]

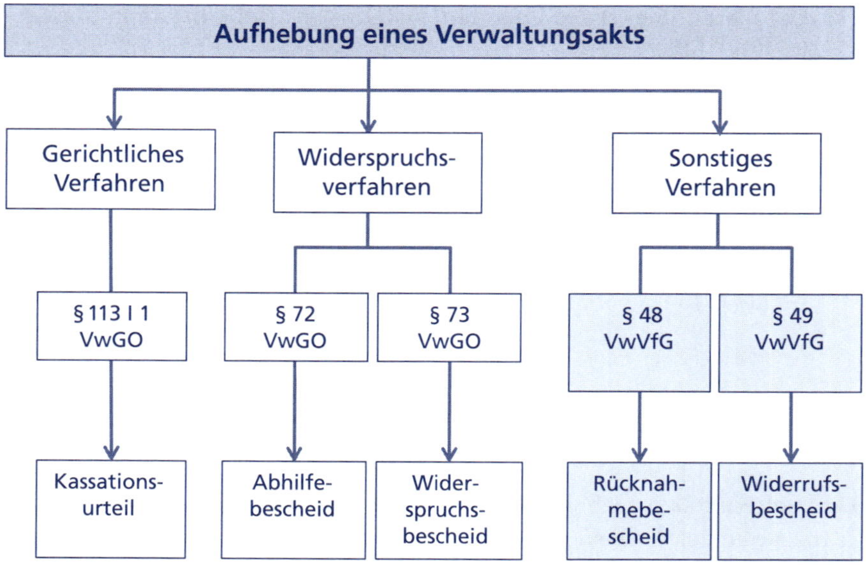

Abb. 54: Aufhebung von Verwaltungsakten

II. Rechtsgrundlagen der Aufhebung

4 Für Rücknahme und Widerruf gelten in erster Linie die Spezialvorschriften aus dem besonderen Verwaltungsrecht, die dem VwVfG aufgrund der Subsidiaritätsregelung in § 1 I Hs. 2 VwVfG vorgehen.

Beispiele: § 3 StVG für die Entziehung der Fahrerlaubnis; § 8 PassG für die Passentziehung; § 14 BBG für die Rücknahme der Beamtenernennung; § 35 StAG für die Rücknahme der Einbürgerung.

5 Die §§ 48 und 49 VwVfG finden als allgemeine Grundregeln Anwendung, sofern keine speziellen Rechtsvorschriften einschlägig sind.

III. Systematik des § 48 VwVfG (Rücknahme) und des § 49 VwVfG (Widerruf)

6 Bei der Aufhebung eines Verwaltungsakts ist streng zu unterscheiden zwischen

- dem aufzuhebenden Verwaltungsakt (Erst-Verwaltungsakt, Ursprungsverwaltungsakt) und
- dem aufhebenden Verwaltungsakt, der als Rücknahme- oder Widerrufsbescheid bezeichnet wird.

[278] Vgl. aus der Rspr. zur Berichtigung eines Verwaltungsakts BVerwGE 48, 336 (338 f.) = NJW 1976, 532; BVerwGE 40, 212 (216) = BeckRS 1972, 30439373; BVerwG NVwZ 1986, 198; ferner *Musil* DÖV 2001, 947 ff.

Nur die Rechtmäßigkeit des aufhebenden Verwaltungsakts bestimmt sich nach den §§48 und 49 VwVfG. Für den aufzuhebenden Verwaltungsakt gelten die allgemeinen und besonderen Regelungen des jeweils betroffenen Sachgebiets. 7

Beispiel: Die Rechtmäßigkeit eines Subventionsbescheids richtet sich unter anderem nach Art. 108 AEUV. Für die Aufhebung des Subventionsbescheids gelten vorbehaltlich etwaiger Spezialregelungen die §§48 und 49 VwVfG.

Aufhebung ist der Oberbegriff zu Rücknahme und Widerruf: 8

- Rücknahme (§48 VwVfG) ist die Aufhebung eines rechtswidrigen Verwaltungsakts.
- Widerruf (§49 VwVfG) ist die Aufhebung eines rechtmäßigen Verwaltungsakts.

Hinsichtlich der Voraussetzungen für Rücknahme und Widerruf differenziert das Gesetz danach, ob der aufzuhebende Verwaltungsakt 9

- belastend (§§48 I 1, 49 I VwVfG) oder
- begünstigend (§48 I 2, II–IV VwVfG, §49 II und III VwVfG) ist.

Bei begünstigenden Verwaltungsakten ist weiter zu unterscheiden zwischen der Aufhebung

- eines Geld- oder Sachleistungsverwaltungsakts (§§48 II, 49 III VwVfG) und
- eines sonstigen begünstigenden Verwaltungsakts (§§48 III, 49 II VwVfG).

Von Bedeutung ist ferner, ob der Verwaltungsakt mit Wirkung

- für die Zukunft (§§48 I 1, 49 I und II VwVfG) oder
- für die Vergangenheit (§§48 I 1, 49 III VwVfG)

aufgehoben werden soll.

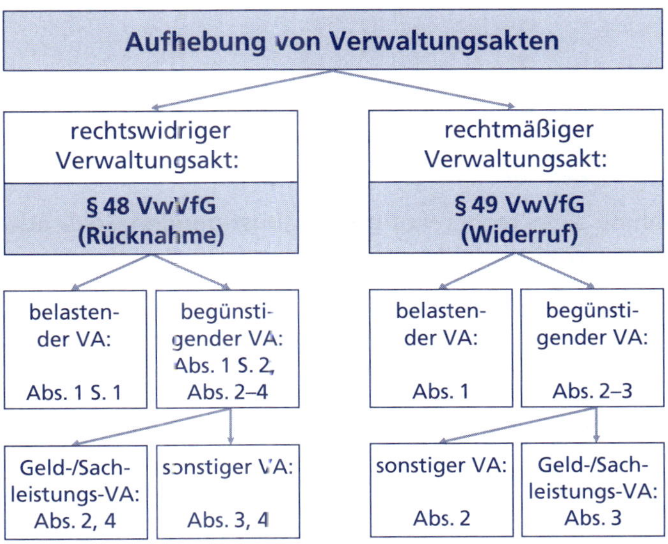

Abb. 55: Systematik der §§48 und 49 VwVfG

B. Rechtswidrigkeit des aufzuhebenden Verwaltungsakts

10 In Abgrenzung zu § 49 VwVfG muss der aufzuhebende Verwaltungsakt bei der Rücknahme nach § 48 VwVfG rechtswidrig sein. Die Rechtswidrigkeit tritt als Folge der Fehlerhaftigkeit eines Verwaltungsakts nur ein, wenn der Verwaltungsakt weder gem. § 42 VwVfG berichtigt (→ Rn. 3) noch gem. § 45 VwVfG nachträglich geheilt (→ § 11 Rn. 22 ff.) oder gem. § 47 VwVfG in einen rechtmäßigen Verwaltungsakt umgedeutet (→ § 15 Rn. 15 f.) werden kann.

11 Zur Feststellung der Rechtswidrigkeit kommt es grundsätzlich auf den Zeitpunkt des Erlasses des Verwaltungsakts an. Bei Verwaltungsakten mit Dauerwirkung sollen nach Auffassung der Rechtsprechung regelmäßig auch spätere Veränderungen der Sach- oder Rechtslage zu berücksichtigen sein.[279]

12 Die Rücknahme eines Verwaltungsakts nach § 48 VwVfG scheidet ebenfalls aus, wenn der Verwaltungsakt nach § 44 I, II VwVfG nichtig und damit gem. § 43 III VwVfG unwirksam ist. Die „Rücknahme" eines nichtigen Verwaltungsakts kann aber als Feststellung der Nichtigkeit iSd § 44 V VwVfG gewertet werden. Die Vorschrift in § 46 VwVfG schließt die Rücknahme eines Verwaltungsakts nicht aus.

C. Rücknahme eines rechtswidrigen belastenden Verwaltungsakts

13 Die Rücknahme rechtswidriger belastender Verwaltungsakte ist nach der hierfür geltenden Regelung in § 48 I 1 VwVfG ohne weitere Voraussetzungen zulässig. Sie ist grundsätzlich jederzeit möglich und wird insbesondere durch den Eintritt der Unanfechtbarkeit des Verwaltungsakts nicht ausgeschlossen. Dabei wird dem Grundsatz der Gesetzmäßigkeit der Verwaltung regelmäßig der Vorrang gegenüber der Rechtssicherheit zukommen. Eine Pflicht zur Rücknahme besteht aber – außer beim Wiederaufgreifen des Verfahrens nach § 51 VwVfG und bei unionsrechtswidrigen Verwaltungsakten – auch bei belastenden Verwaltungsakten nicht. Es sind lediglich die allgemeinen Grenzen des Ermessens zu beachten.

> **Beispiel:** Eine Rücknahme darf nicht mit Rücksicht auf die persönlichen Beziehungen des Sachbearbeiters zum Adressaten des Verwaltungsakts oder unter Verstoß gegen Art. 3 I GG erfolgen.

D. Rücknahme eines rechtswidrigen begünstigenden Geld- oder Sachleistungsverwaltungsakts

14 Ein begünstigender Verwaltungsakt darf nach § 48 I 2 VwVfG nur unter den Einschränkungen der Abs. 2–4 zurückgenommen werden. Dabei begrenzt § 48 II VwVfG ausschließlich die Rücknahme begünstigender Geld- oder Sachleistungsverwaltungsakte, während § 48 III VwVfG auf alle sonstigen begünstigenden Verwaltungsakte Anwendung findet. Anders als bei belastenden Verwaltungsakten dürfen begünstigende Verwaltungsakte (gleich welchen Inhalts) nur innerhalb der Frist des § 48 IV VwVfG zurückgenommen werden.

---

[279] So BVerwG NVwZ 2008, 84 (85). – AA Knack/Henneke/*Peuker* VwVfG § 48 Rn. 46.

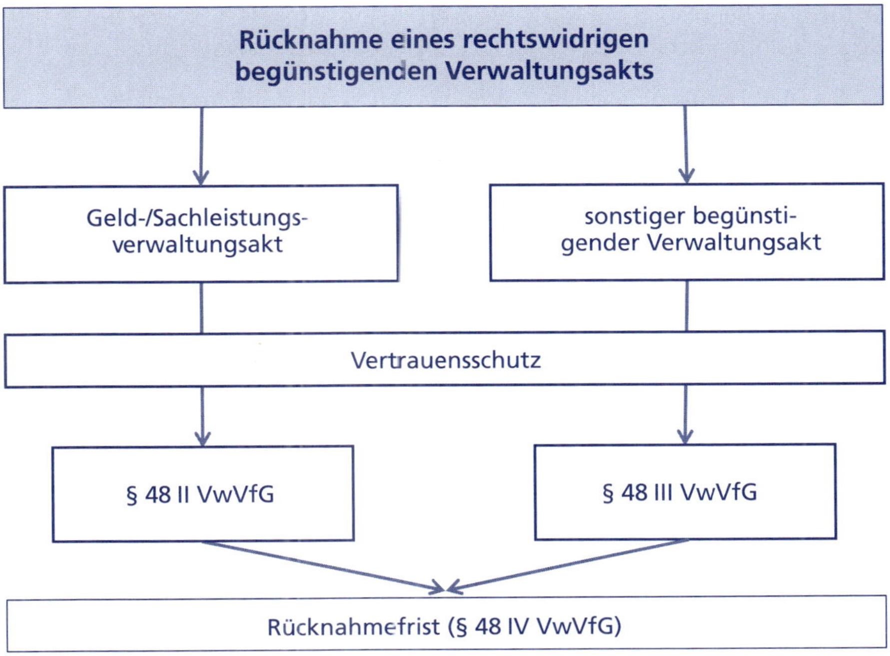

Abb. 56: Rücknahme eines rechtswidrigen begünstigenden Verwaltungsakts

I. Vertrauensschutz (§ 48 II VwVfG)

Nach § 48 II 1 VwVfG ist bei einem Verwaltungsakt, der eine Geld- oder teilbare Sachleistung gewährt oder dafür Voraussetzung ist, die Rücknahme ausgeschlossen, soweit der Vertrauensschutz des Betroffenen entgegensteht. Erforderlich ist, dass 15

- der Betroffene tatsächlich auf den Bestand des Verwaltungsakts vertraut hat und
- dieses Vertrauen unter Abwägung mit dem öffentlichen Interesse an einer Rücknahme schutzwürdig ist.

Da von einem tatsächlichen Vertrauen auf den Bestand des Verwaltungsakts in Prüfungsarbeiten regelmäßig auszugehen ist,[280] kommt es entscheidend auf die Schutzwürdigkeit des Vertrauens an, wobei regelmäßig für Vergangenheit und Zukunft eine gesonderte Betrachtung geboten ist. Bei der Abwägung kommt es immer auf die Umstände des Einzelfalles an. Lassen sich keine Anhaltspunk- 16

280 Nach nicht unumstr. Auffassung kommt es aus rechtssystematischen Gründen mit Blick auf die Regelung in Abs. 2 S. 2 nicht darauf an, dass der Bürger im Vertrauen auf den Bestand des Verwaltungsakts bereits Dispositionen getroffen hat. So *Kopp/Ramsauer* VwVfG § 48 Rn. 96; *Ruffert* in Erichsen/Ehlers AllgVerwR § 24 Rn. 26 aE; anders BVerwGE 68, 159 (164) = BeckRS 9998, 169463; offen lassend BVerwGE 67, 129 (133 f.) = BeckRS 9998, 44808.

te für eine Schutzbedürftigkeit des Vertrauens feststellen, überwiegt in der Regel das öffentliche Interesse an einer Rücknahme des Verwaltungsakts.[281]

> **Beispiel:** Der Begünstigte hat nicht auf den Bestand des Verwaltungsakts vertraut, wenn er überhaupt keine Kenntnis vom Verwaltungsakt hatte oder mit einer Rücknahme des Verwaltungsakts ohnehin gerechnet hat.

17 Konkretisierungen des Vertrauensschutzes finden sich in § 48 II 2 und 3 VwVfG:

- Schutzwürdig ist das Vertrauen nach § 48 II 2 VwVfG in der Regel, soweit der Begünstigte die gewährten Leistungen verbraucht oder eine Vermögensdisposition getroffen hat, die er nicht mehr oder nur unter unzumutbaren Nachteilen rückgängig machen kann. § 48 II 2 VwVfG begründet nur eine Regelvermutung: In atypischen Fällen kann das öffentliche Interesse an einer Rücknahme dennoch überwiegen. Ob Leistungen verbraucht wurden, beurteilt sich nicht nach Maßgabe rechtlicher Kriterien, sondern aufgrund einer wirtschaftlichen Betrachtung im Wege eines saldierenden Vergleichs des Aktiv- und Passivvermögens.

> **Beispiel:** Die zuständige Behörde hat eine Beihilfe des Beamten B in ihm nicht zustehender Höhe festgesetzt und deshalb zu viel ausgezahlt. Als die Behörde die Beihilfe teilweise zurückfordert, wendet S ein, er habe den überzahlten Betrag bereits für die Anschaffung eines Gartenhauses verwendet. S hat den Betrag nicht iSd § 48 II 2 VwVfG „verbraucht", da er mit dem zu Unrecht Erlangten Anschaffungen getätigt hat, die wertmäßig noch in seinem Vermögen vorhanden sind. S kann sich folglich nicht auf die Regelvermutung des § 48 II 2 VwVfG berufen.[282]

- Nicht schutzwürdig ist das Vertrauen nach § 48 II 3 VwVfG, wenn der Begünstigte den Verwaltungsakt durch arglistige Täuschung, Drohung oder Bestechung (Nr. 1) oder durch in wesentlicher Hinsicht unrichtige oder unvollständige Angaben (Nr. 2) erwirkt hat oder die Rechtswidrigkeit des Verwaltungsakts kannte bzw. infolge grober Fahrlässigkeit nicht kannte (Nr. 3).[283]
- Eine arglistige Täuschung iSd § 48 II 3 Nr. 1 VwVfG setzt voraus, dass der Adressat des Verwaltungsakts durch unrichtige Angaben oder Verschweigen wahrer Tatsachen bei den Mitarbeitern der Behörde einen Irrtum in dem Bewusstsein hervorruft, eine günstigere Entscheidung zu erwirken.
- Der Ausschlusstatbestand des § 48 II 3 Nr. 2 VwVfG erfordert, dass der Verwaltungsakt aufgrund von Angaben erlassen wurde, die in wesentlicher Beziehung unrichtig oder falsch waren. Entscheidend ist, ob der Betroffene objektiv falsche Angaben gemacht hat und diese Angaben die Rechtswidrigkeit des Verwaltungsakts verursacht haben. Eine Kenntnis oder fahrlässige

---

[281] *Detterbeck* AllgVerwR Rn. 702.

[282] In Anlehnung an BVerwG NVwZ-RR 1994, 32 (33).

[283] BVerwGE 78, 139 (142) = BeckRS 9998, 169741; BVerwGE 74, 357 (364) = BeckRS 9998, 169649.

Unkenntnis des Antragstellers von der Unrichtigkeit der Angaben ist nicht erforderlich.[284]

- Die Schutzwürdigkeit des Vertrauens ist ferner nach §48 II 3 Nr. 3 VwVfG ausgeschlossen, wenn der Begünstigte die Rechtswidrigkeit des Verwaltungsakts selbst kannte oder infolge grober Fahrlässigkeit nicht kannte. Dass der Begünstigte lediglich die Umstände kannte oder infolge grober Fahrlässigkeit nicht kannte, welche die Rechtswidrigkeit des Verwaltungsakts begründet haben, verwirklicht den Tatbestand des §48 II 3 Nr. 3 VwVfG nicht.[285] Ob grobe Fahrlässigkeit gegeben ist, bemisst sich nach der Einsichtsfähigkeit eines Durchschnittsbürgers.
- Sind die Voraussetzungen des §48 II 2, 3 VwVfG nicht erfüllt, ist die Schutzwürdigkeit des Vertrauens anhand einer umfassenden Abwägung des privaten Bestandsinteresses mit dem öffentlichen Interesse an einer Rücknahme zu bestimmen.[286]

II. Rücknahmefrist (§48 IV VwVfG)

Nach §48 IV VwVfG kann die Rücknahme eines begünstigenden Verwaltungsakts nur innerhalb eines Jahres seit Kenntnis der die Rücknahme rechtfertigenden Tatsachen erfolgen, es sei denn, der Verwaltungsakt ist durch arglistige Täuschung, Drohung oder Bestechung erwirkt worden (§48 IV 2 iVm II 3 Nr. 1 VwVfG). Auf die Rücknahme belastender Verwaltungsakte findet die Jahresfrist keine Anwendung (→ Rn. 13). 18

Für den Lauf der Jahresfrist[287] gelten die folgenden Gesichtspunkte: 19

- Grundsätzlich ist die Behörde für die Rücknahme zuständig, die den aufzuhebenden Verwaltungsakt erlassen hat. War die erlassende Behörde jedoch nicht für den Erlass des aufzuhebenden Bescheids zuständig, ist die Behörde für die Rücknahme zuständig, die richtigerweise für den Erlass des Anfangsbescheids zuständig gewesen wäre.[288]
- Die für die Rücknahme zuständige Behörde muss die maßgebenden tatsächlichen Umstände positiv kennen, grob fahrlässige Unkenntnis genügt nicht.[289]
- Kenntnis muss der für die Rücknahme zuständige Bearbeiter innerhalb der Behörde haben. Die Kenntnis irgendeines Beschäftigten der Behörde reicht nicht aus, ebenso wenig die Tatsache, dass die Umstände aktenkundig sind.[290]

---

284 BVerwGE 78, 139 (142 f.) = BeckRS 9998, 169741.

285 BVerwG NVwZ 2000, 1512 (1514).

286 Vgl. BVerwG DVBl 1988, 455 (456).

287 Die Bedeutung der Jahresfrist in §48 IV VwVfG war lange Zeit umstr. (Nachw. des Meinungsstreits bei Stelkens/Bonk/Sachs/*Sachs* VwVfG §48 Rn. 199 in Fn. 451). Den folgenden Ausführungen liegen die Grundsätze der Rspr. des BVerwG zugrunde (vgl. die Leitentscheidung BVerwGE 70, 356 ff. = NJW 1985, 819; krit. dazu *Ehlers/Kallerhoff* JURA 2009, 833 f.).

288 *Will* AllgVerwR 156.

289 BVerwG DVBl 2001, 1221 (1223); aA *Stadie* DÖV 1992, 243 (251).

290 BVerwG DVBl 2001, 1221 (1223); VGH München NVwZ 2001, 931 (932).

- Unproblematisch ist die Bestimmung der Frist, wenn es um die Kenntnis von Tatsachen geht, deren Vorliegen die Rechtswidrigkeit des Verwaltungsakts begründen. Die Frist beginnt zu laufen, sobald alle Tatsachen positiv bekannt sind.[291]
- Von § 48 IV VwVfG wird aber auch die Erkenntnis der Rechtswidrigkeit erfasst, wenn die Behörde den entscheidungserheblichen Sachverhalt zwar bereits bei Erlass des Verwaltungsakts ermittelt, die Tatsachen aber falsch bewertet hat (falsche Subsumtion, Rechtsanwendungsfehler, fehlerhafte Ermessensausübung).[292]
- § 48 IV VwVfG normiert eine Entscheidungsfrist, die erst mit dem Zeitpunkt der Entscheidungsreife beginnt. Die Frist wird daher erst in Gang gesetzt, wenn die Behörde die Rechtswidrigkeit des Verwaltungsakts erkannt hat und ihr außerdem sämtliche Umstände des Einzelfalles vollständig bekannt sind, die zur sachgemäßen Ermessensausübung notwendig sind. Insbesondere müssen der Behörde alle Tatsachen bekannt sein, die im Rahmen der Abwägung nach § 48 II VwVfG zu berücksichtigen sind.[293]

III. Rechtsfolge

20 Liegen die Voraussetzungen für eine Rücknahme vor, so steht es grundsätzlich im Ermessen der Behörde, ob, in welchem Umfang und mit welcher zeitlichen Wirkung der Verwaltungsakt zurückgenommen wird.[294] Liegt ein Fall des § 48 II 3 VwVfG vor, ist die Rücknahme mit Wirkung für die Vergangenheit auszusprechen, sofern nicht besondere Gründe eine Rücknahme mit Wirkung nur für die Zukunft rechtfertigen (§ 48 II 4 VwVfG).

E. Rücknahme eines begünstigenden sonstigen Verwaltungsakts

I. Tatbestand

21 Die Einschränkungen des § 48 II VwVfG gelangen nur zur Anwendung, wenn der zurückzunehmende Verwaltungsakt eine Geld- oder Sachleistung zum Gegenstand hat oder unmittelbare Voraussetzung dafür ist. In allen Fällen eines sonstigen begünstigenden Verwaltungsakts ist stattdessen die Regelung in § 48 III VwVfG anzuwenden.

Beispiele: Erteilung eines Vertriebenenausweises; Bewertung der Laufbahnprüfung; Baugenehmigung; Erteilung eines Aufenthaltstitels.

22 Freilich schränkt § 48 III VwVfG die Rücknehmbarkeit von sonstigen begünstigenden Verwaltungsakten nicht ein. Tatbestandlich setzt die Rücknahme eines solchen Verwaltungsakts demnach allein seine Rechtswidrigkeit voraus (vgl. § 48 I 1 VwVfG).

---

[291] *Kopp/Ramsauer* VwVfG § 48 Rn. 153.
[292] BVerwGE 70, 356 (362) = NJW 1985, 819; BVerwG NJW 1988, 2911 (2912).
[293] BVerwGE 70, 356 (362) = NJW 1985, 356; BVerwG NJW 2000, 1512 (1514); *Erichsen/Brügge* JURA 1999, 155 (163).
[294] *Kopp/Ramsauer* VwVfG § 48 Rn. 127.

II. Ausgleichsanspruch

Während die Rücknahme eines sonstigen begünstigenden Verwaltungsakts als solche nach §48 I 1 VwVfG erfolgt, gewährt §48 III VwVfG dem Betroffenen einen öffentlich-rechtlichen Anspruch auf Ausgleich des Vermögensnachteils, den er dadurch erleidet, dass er auf den Bestand des Verwaltungsakts vertraut hat, soweit sein Vertrauen unter Abwägung mit dem öffentlichen Interesse schutzwürdig ist.[295] Der Betroffene ist danach so zu stellen, als wenn der begünstigende Verwaltungsakt nicht erlassen worden wäre. Hat der Betroffene also im Vertrauen auf den Bestand des Verwaltungsakts Aufwendungen getätigt, sind sie ihm zu ersetzen (sog. negatives Interesse).[296] 23

Dagegen soll der Betroffene im Regelfall nicht so gestellt werden, als wenn der Verwaltungsakt bestehen bliebe. Das Interesse am Bestand des Verwaltungsakts (sog. positives Interesse) ist nur dann Bemessungsgrundlage des Ausgleichsanspruchs, wenn das negative Interesse zu einem höheren Ausgleichsanspruch führen würde (§48 III 3 VwVfG). 24

Der Ausgleichsanspruch ist nur auf Antrag festzusetzen (§48 III 1 VwVfG). Der Antrag muss binnen Jahresfrist gestellt werden; die Frist beginnt, sobald die Behörde den Betroffenen auf sie hingewiesen hat (§48 III 5 VwVfG). 25

Merke: Während bei Geld- und Sachleistungsverwaltungsakten das schutzwürdige Vertrauen des Betroffenen bereits der Rücknahme des Verwaltungsakts selbst entgegensteht, hindert der vermögensbezogene Vertrauensschutz die Rücknahme bei sonstigen begünstigenden Verwaltungsakten in der Regel nicht. Der Vertrauensschutz begründet stattdessen nach §48 III VwVfG einen Entschädigungsanspruch in Geld, und dies auch nur auf Antrag in einem besonderen Verfahren.[297] !

III. Rechtsfolge

Die Rücknahme als solche steht im pflichtgemäßen Ermessen der Behörde (§48 I 1 VwVfG). 26

Nicht ganz klar ist, ob das Vertrauen auf den Bestand des Verwaltungsakts im Rahmen der Ermessensausübung zu berücksichtigen ist. Die Rechtsprechung schließt aus der unterschiedlichen Regelung des Gesetzes in §48 II und III VwVfG, dass sich im Falle des Abs. 3 der Vertrauensschutz des Betroffenen nicht als Bestandsschutz auswirken dürfe, sondern eben nur einen Entschädigungsanspruch begründe. Die Ermessensausübung bezieht sich deshalb auf andere Ermessensgesichtspunkte als das Vertrauen.[298] 27

---

295 Ausf. zum Ausgleichsanspruch *Detterbeck* AllgVerwR Rn. 707 ff.; Fallbearbeitung bei *Korte/Seiffge* VR 2014, 65 ff.

296 *Detterbeck* AllgVerwR Rn. 709.

297 Vgl. BVerwG DVBl 1990, 1057 (1058).

298 BVerwGE 85, 79 (84) = BeckRS 9998, 169914; OVG Hamburg NVwZ 2002, 885 (887 f.); Stelkens/Bonk/Sachs/*Sachs* VwVfG §48 Rn. 177; krit. *Detterbeck* AllgVerwR Rn. 705.

Vertrauensschutz bei der Rücknahme begünstigender Verwaltungsakte

Geld-/Sachleistungs-Verwaltungsakt

Rücknahme unzulässig,
- soweit Begünstigter auf den Bestand des Verwaltungsakts vertraut hat und
- Vertrauen schutzwürdig

sonstiger begünstigender Verwaltungsakt

- Vertrauensschutz steht Rücknahme nicht generell entgegen (Ermessen)
- Ersatzanspruch nach § 48 III VwVfG

Abb. 57: Vertrauensschutz bei der Rücknahme

Rücknahme rechtswidriger Verwaltungsakte
- Abs. 1 S. 1: Rücknahme eines belastenden Verwaltungsakts
- Abs. 1 S. 1, Abs. 2: Rücknahme eines Geld- oder Sachleistungsverwaltungsakts
- Abs. 1 S. 1, Abs. 3: Rücknahme eines sonstigen begünstigenden Verwaltungsakts

F. Kontrollfragen

1. Zwischen welchen beiden Arten von Verwaltungsakten differenziert § 48 VwVfG in seinen Abs. 2 und 3? (→ Rn. 14)
2. Wann steht der Vertrauensschutz der Rücknahme eines Geld- oder Sachleistungsverwaltungsakts entgegen? (→ Rn. 15 ff.)
3. Wie berechnet sich die Jahresfrist des § 48 IV VwVfG? (→ Rn. 19)
4. Welche Bedeutung kommt dem Vertrauensschutz des Betroffenen bei der Rücknahme sonstiger begünstigender Verwaltungsakte zu? (→ Rn. 23 ff.)

§ 18 Widerruf eines rechtmäßigen Verwaltungsakts

Lernziele: Sie sollen nach dem Studium dieses Kapitels die Voraussetzungen des Widerrufs eines rechtmäßigen Verwaltungsakts prüfen.

A. Widerruf eines rechtmäßigen belastenden Verwaltungsakts

§ 49 I VwVfG regelt den Widerruf „nicht begünstigender", also belastender Verwaltungsakte. Erfasst werden alle Verwaltungsakte, die nicht unter die Legaldefinition in § 48 I 2 VwVfG fallen und folglich ebenfalls nicht nach § 49 II oder III VwVfG widerrufen werden können. § 49 II und III VwVfG enthält Ermächtigungsgrundlagen ausschließlich für den Widerruf begünstigender Verwaltungsakte. 1

Ein Widerruf nach § 49 I VwVfG ist unzulässig, soweit die Behörde nach dem Widerruf einen mit dem widerrufenen Verwaltungsakt inhaltsgleichen Verwaltungsakt erneut erlassen müsste. Das ist der Fall, wenn sich bei einer gebundenen Entscheidung oder bei einer Ermessensreduzierung auf Null die für den Verwaltungsakt maßgebliche Sach- und Rechtslage nicht geändert hat. Ein gebundener Verwaltungsakt, dessen Voraussetzungen erfüllt sind, darf daher nicht widerrufen werden. Anderenfalls mutierte § 49 VwVfG zu einer allgemeinen Ermächtigung für die nachträgliche Aufhebung oder Änderung von rechtmäßig erlassenen Verwaltungsakten.[299] 2

Eine Unzulässigkeit aus anderen Gründen iSd § 49 I VwVfG kann sich insbesondere bei einem Verstoß gegen den Gleichbehandlungsgrundsatz des Art. 3 GG, aus dem Sinn und Zweck einer gesetzlichen Regelung und aus allgemeinen Rechtsgrundsätzen ergeben.[300] 3

Beispiel: In einem Baugebiet ist sämtlichen Eigentümern die Beseitigung rechtswidrig errichteter Garagen aufgegeben worden. Hier wäre es unzulässig, etwa nur eine der Beseitigungsverfügungen zu widerrufen.

Der Widerruf eines rechtmäßigen belastenden Verwaltungsakts gem. § 49 I VwVfG ist nur mit Wirkung für die Zukunft zulässig. Im Übrigen steht der Widerruf im pflichtgemäßen Ermessen der Behörde. 4

B. Widerruf eines rechtmäßigen begünstigenden Verwaltungsakts mit Wirkung für die Zukunft

I. Systematik des § 49 II und III VwVfG

Rechtmäßige begünstigende Verwaltungsakte dürfen nur widerrufen werden, wenn einer der in § 49 II oder III VwVfG abschließend geregelten Fälle gegeben ist. Wird ein begünstigender Verwaltungsakt widerrufen, bedeutet dies einen 5

[299] BVerwGE 117, 380 (384 f.) = BeckRS 2003, 30307908; bestätigend BVerwG NVwZ 2010, 1369 (1371).
[300] Stelkens/Bonk/Sachs/*Sachs* VwVfG § 49 Rn. 24 f.

Eingriff in Rechte des Betroffenen. Der Widerruf ist daher selbst ein belastender Verwaltungsakt und bedarf nach dem Grundsatz vom Vorbehalt des Gesetzes (→ § 6 Rn. 7 ff.) einer gesetzlichen Ermächtigungsgrundlage. Ist die Rücknahme eines rechtswidrigen begünstigenden Verwaltungsakts nach § 48 VwVfG immer zulässig, soweit sie nicht nach § 48 II VwVfG ausgeschlossen ist, verhält es sich beim Widerruf rechtmäßiger begünstigender Verwaltungsakte nach § 49 VwVfG umgekehrt: Der Widerruf ist unzulässig, soweit er nicht nach § 49 II oder III VwVfG ausdrücklich erlaubt ist.[301]

6 Die Vorschrift in § 49 II VwVfG erfasst grundsätzlich alle Arten von begünstigenden Verwaltungsakten. Der Anwendungsbereich des § 49 III VwVfG ist hingegen enger: § 49 III VwVfG bezieht sich auf Verwaltungsakte, die eine einmalige oder laufende Geldleistung oder teilbare Sachleistung zur Erfüllung eines bestimmten Zwecks gewähren oder hierfür Voraussetzung sind. Abs. 3 des § 49 VwVfG stellt daher eine Spezialregelung zu Abs. 2 dar, schließt gleichzeitig aber die Anwendbarkeit des Abs. 2 auch auf Geld- und Sachleistungsverwaltungsakte nicht aus.

7 Während § 49 II VwVfG einen Widerruf nur mit Wirkung für die Zukunft („ex nunc“) zulässt, erlaubt § 49 III VwVfG auch einen Widerruf mit Wirkung für die Vergangenheit („ex tunc“).

II. Rechtmäßigkeit des aufzuhebenden Verwaltungsakts

8 Voraussetzung für die in § 49 II VwVfG getroffenen Widerrufsregelungen ist, dass der aufzuhebende Verwaltungsakt rechtmäßig ist. Die Frage, ob der aufzuhebende Verwaltungsakt rechtmäßig oder rechtswidrig ist, und damit gleichzeitig die Frage der Anwendbarkeit des § 48 oder § 49 VwVfG beurteilt sich grundsätzlich allein nach der Sach- und Rechtslage zum Zeitpunkt des Erlasses des aufzuhebenden Verwaltungsakts.[302] Für den ursprünglich rechtmäßigen Verwaltungsakt ergibt sich dies bereits aus § 49 II 1 Nr. 3 und Nr. 4 VwVfG. Dort sind die Fälle geregelt, in denen der Verwaltungsakt wegen nachträglicher Änderung mit dem geltenden Recht nicht mehr im Einklang steht. Würde dies zur Rechtswidrigkeit und damit zur Anwendbarkeit des § 48 VwVfG führen, wäre die Regelung des § 49 VwVfG insoweit überflüssig. Eine spätere Änderung der Sach- und Rechtslage führt daher nicht zur Rücknahme nach § 48 VwVfG, sondern allenfalls zum Widerruf nach § 49 VwVfG.[303]

III. Begünstigende Regelung des aufzuhebenden Verwaltungsakts

9 Ferner muss es sich um einen begünstigenden Verwaltungsakt handeln. Nach der Legaldefinition des § 48 I 2 VwVfG – die auch im Rahmen des § 49 VwVfG

---

[301] Knack/Henneke/*Peuker* VwVfG § 49 Rn. 21.

[302] BVerwGE 45, 235 (243) = NJW 1974, 2018; OVG NRW NVwZ 1988, 71 (72); *Kopp/Ramsauer* VwVfG § 48 Rn. 57; *Ruffert* in Erichsen/Ehlers AllgVerwR § 24 Rn. 6; vertiefend *Mager*, Der maßgebliche Zeitpunkt für die Beurteilung der Rechtswidrigkeit von Verwaltungsakten, 1994, 124 ff.

[303] Wie hier *Kopp/Ramsauer* VwVfG § 48 Rn. 57; *Ruffert* in Erichsen/Ehlers AllgVerwR § 24 Rn. 6; anders BVerwGE 66, 65 (68) = BeckRS 9998, 169427; *Lange* JURA 1980, 456 (459 f.).

gilt – ist begünstigend ein Verwaltungsakt, der ein Recht oder einen rechtlich erheblichen Vorteil begründet oder bestätigt (→ §17 Rn. 14). Auch der einen belastenden Bescheid aufhebende Verwaltungsakt ist begünstigend und kann seinerseits nur eingeschränkt aufgehoben werden.[304]

IV. Widerrufsgründe

Voraussetzung für die Rechtmäßigkeit des Widerrufs ist, dass einer der in §49 10
II VwVfG abschließend aufgeführten Widerrufsgründe vorliegt. Ist das der Fall, so hat die Behörde nach pflichtgemäßem Ermessen darüber zu entscheiden, ob, in welchem Umfang und zu welchem Zeitpunkt sie den Widerruf erklärt.

1. Widerrufsvorbehalt (§49 II 1 Nr. 1 VwVfG)

Nach §49 II 1 Nr. 1 VwVfG ist der Widerruf zulässig, wenn der Widerruf in dem 11
aufzuhebenden Verwaltungsakt vorbehalten ist (Widerrufsvorbehalt; → §16 Rn. 8). Der Widerrufsvorbehalt ist eine Nebenbestimmung iSd §36 II Nr. 3 VwVfG. Die Zulässigkeit des Widerrufsvorbehalts bemisst sich nach §36 VwVfG. Ob der Widerruf eines Verwaltungsakts aufgrund eines Widerrufsvorbehalts voraussetzt, dass der Vorbehalt seinerseits rechtmäßig ist, wird kontrovers diskutiert. Das BVerwG verneint diese Frage zumindest bei bestandskräftigen Verwaltungsakten: Demnach ist die Rechtmäßigkeit des Widerrufs eines bestandskräftigen begünstigenden Verwaltungsaktes nicht von der Rechtmäßigkeit des Widerrufsvorbehalts abhängig, wenn nur der Widerruf nach dem jeweils anzuwendenden materiellen Recht überhaupt zulässigerweise vorbehalten werden kann.[305] Die Rechtsprechung des BVerwG überzeugt. Denn eine Nebenbestimmung in Gestalt eines Widerrufsvorbehalts, der gesetzlich zugelassen ist, nimmt in vollem Umfang an der Bestandskraft des Verwaltungsakts teil. Für die nachträgliche Prüfung eines bestandskräftigen Verwaltungsaktes auf seine Rechtmäßigkeit besteht jedoch regelmäßig kein Anlass. Allerdings wird es im Allgemeinen ermessenswidrig sein, einen Widerruf wegen der Nichtbeachtung eines offensichtlich rechtswidrigen Widerrufsvorbehalts auszusprechen.[306] Im Übrigen rechtfertigt auch ein rechtmäßiger Widerrufsvorbehalt keinen beliebigen Widerruf. Ein Widerruf muss vielmehr stets aus sachlichem Grund geboten sein.

Der weitere in §49 II 1 Nr. 1 VwVfG geregelte Grund, dass der Widerruf durch 12
Rechtsvorschrift zugelassen ist, hat keine selbstständige Bedeutung. Denn sieht ein Spezialgesetz einen Widerruf vor, so ist §49 VwVfG schon nicht anwendbar.[307]

2. Auflage (§49 II 1 Nr. 2 VwVfG)

Nach §49 II 1 Nr. 2 VwVfG kann der Verwaltungsakt widerrufen werden, wenn 13
mit dem Verwaltungsakt eine Auflage verbunden ist und der Begünstigte die Auflage nicht oder nicht innerhalb einer ihm gesetzten Frist erfüllt hat.

---

[304] *Krausnik* JuS 2010, 681 (683).
[305] BVerwG NVwZ-RR 1994, 580.
[306] *Detterbeck* AllgVerwR Rn. 719.
[307] *Kopp/Ramsauer* VwVfG §49 Rn. 32.

14 Nach dem Grundsatz der Verhältnismäßigkeit muss die Behörde in der Regel allerdings zunächst versuchen, die Erfüllung der Auflage zu erzwingen. Gegebenenfalls kann nur ein Teilwiderruf oder sogar ein vollständiger Verzicht auf den Widerruf geboten sein. Im Rahmen ihres Ermessens hat die Behörde schließlich auch die Ursachen für die Nichterfüllung, insbesondere ein fehlendes Verschulden des Betroffenen zu berücksichtigen.

3. Änderung der Sachlage (§ 49 II 1 Nr. 3 VwVfG)

15 Nach § 49 II 1 Nr. 3 VwVfG ist ein Widerruf möglich, wenn

- aufgrund nachträglich eingetretener Tatsachen (Änderung der Sachlage)
- die Behörde berechtigt wäre, den Verwaltungsakt nicht zu erlassen, und
- ohne den Widerruf das öffentliche Interesse gefährdet würde.

16 Es müssen zunächst nachträglich Tatsachen eingetreten sein. Dabei kann es sich um äußere oder innere Tatsachen handeln. Auch das Verhalten des Betroffenen ist eine Tatsache. Neu sind nur solche Tatsachen, die nach der Bekanntgabe des Verwaltungsakts eingetreten sind. Lagen die Tatsachen bereits vor dem Erlass des Verwaltungsakts vor, kommt allenfalls eine Rücknahme gem. § 48 VwVfG in Betracht.[308] Keine neue Tatsache ist die geänderte Bewertung von Tatsachen oder sonstigen Umständen durch die Behörde.[309]

17 Unter Zugrundelegung der neuen Tatsachen muss die Behörde berechtigt sein, den Verwaltungsakt nicht zu erlassen. Das ist der Fall,

- wenn entweder die Voraussetzungen für den Erlass des Verwaltungsakts weggefallen sind oder
- wenn bei einer Ermessensentscheidung die neuen Tatsachen eine negative Ausübung des Ermessens gerechtfertigt hätten.

Merke: Jedoch muss diese Voraussetzung bei Leistungsbeurteilungen einschränkend ausgelegt werden. Sie greift nicht ein, wenn nach Sinn und Zweck der einschlägigen Regelung die Geltung des Verwaltungsakts vom Fortbestand dieser Voraussetzungen unabhängig sein sollte.[310]

Beispiel: Würde man anders entscheiden, käme ein Widerruf des Abiturs mit der Begründung infrage, der Betreffende habe in Mathematik nicht mehr die erforderlichen Kenntnisse.

18 Das öffentliche Interesse ist nicht bereits gefährdet, wenn bei einer Abwägung die Gründe für die Aufhebung des Verwaltungsakts überwiegen. Vielmehr muss durch die Aufrechterhaltung des Verwaltungsakts ein wichtiges Gemeinschaftsgut gefährdet werden.

---

308 *Detterbeck* AllgVerwR Rn. 721.

309 BVerwGE 59, 124 (128) = NJW 1980, 2035; OVG NRW NVwZ 1985, 132 (133); *Ruffert* in Erichsen/Ehlers AllgVerwR § 25 Rn. 10.

310 Vgl. *Kopp/Ramsauer* VwVfG § 49 Rn. 42.

Beispiel: Wichtige Gemeinschaftsgüter sind exemplarisch die Sauberkeit des Grundwassers, ein wirksamer Jugendschutz oder die Fernhaltung unzuverlässiger Makler aus ihrem Gewerbe.

4. Änderung der Rechtslage (§ 49 II 1 Nr. 4 VwVfG)

Nach § 49 II 1 Nr. 4 VwVfG ist ein Widerruf möglich, wenn 19

- eine Rechtsvorschrift geändert wird (Änderung der Rechtslage),
- die Behörde dadurch berechtigt wäre, den Verwaltungsakt nicht zu erlassen,
- der Begünstigte von der Begünstigung noch keinen Gebrauch gemacht oder aufgrund des Verwaltungsakts noch keine Leistungen empfangen hat und
- ohne den Widerruf das öffentliche Interesse gefährdet würde.

§ 49 II 1 Nr. 4 VwVfG soll der Verwaltung eine Anpassung begünstigender Verwaltungsakte an veränderte Rechtsvorschriften ermöglichen. Freilich eröffnet die Änderung der Rechtslage auch hier – wie in Nr. 3 – keinen Widerrufsgrund, sofern der Fortbestand des Verwaltungsakts von einer Änderung der Rechtslage unabhängig ist. Entsprechendes gilt für eine Änderung der Rechtsprechung, aus der kein Widerrufsgrund erwächst. 20

5. Schwere Nachteile für das Gemeinwohl (§ 49 II 1 Nr. 5 VwVfG)

Gemäß § 49 II 1 Nr. 5 VwVfG ist ein Widerruf möglich, um schwere Nachteile für das Gemeinwohl zu verhüten oder zu beseitigen. An die „Gefährdung des Gemeinwohls" sind höhere Anforderungen zu stellen als an die Gefährdung des öffentlichen Interesses in den Nr. 3 und 4. Schwere Nachteile für das Gemeinwohl sind nur zu befürchten, wenn „überragend wichtige Gemeinschaftsgüter" bedroht sind.[311] Rein finanzielle Interessen reichen hier nicht aus. Infrage kommt die Gefährdung notwendiger Maßnahmen zur Bekämpfung von Notständen und Katastrophen.[312] 21

V. Rechtsfolge des § 49 II VwVfG

§ 49 II VwVfG lässt nur einen Widerruf mit Wirkung für die Zukunft zu. Soll ein Verwaltungsakt auch rückwirkend beseitigt werden, ist § 49 III VwVfG richtige Ermächtigungsgrundlage. 22

C. Widerruf eines rechtmäßigen begünstigenden Verwaltungsakts mit Wirkung für die Vergangenheit

I. Einleitung

§ 49 III 1 VwVfG ist eine Spezialregelung, die zusätzlich Widerrufsmöglichkeiten für die Vergangenheit eröffnet. Deshalb schließt die Regelung die Anwen- 23

---

[311] An die „Gefährdung des Gemeinwohls" in Nr. 5 sind höhere Anforderungen zu stellen als an die „Gefährdung des öffentlichen Interesses" in Nr. 3 und 4. Es handelt sich um eine Art „Notstandsklausel", die eng auszulegen ist (vgl. *Erichsen/Brügge* JURA 1999, 496 [500]: Rückgriff auf die Rspr. des BVerfG zu Art. 12 GG). Rein finanzielle Interessen reichen jedenfalls nicht aus (vgl. Knack/Henneke/*Peuker* VwVfG § 49 Rn. 71).

[312] *Kopp/Ramsauer* VwVfG § 49 Rn. 56.

dung des § 49 II VwVfG nicht aus. § 49 II VwVfG bleibt daher neben § 49 III VwVfG anwendbar.[313] § 49 III VwVfG eröffnet Widerrufsmöglichkeiten allerdings nur für die in der Vorschrift genannten Verwaltungsakte.

> **Beispiel:** Bei Nichterfüllung einer Auflage kann daher der Widerruf mit Wirkung für die Vergangenheit („ex tunc") nur auf § 49 III 1 Nr. 2 VwVfG, der Widerruf mit Wirkung für die Zukunft („ex nunc") dagegen wahlweise auf § 49 II 1 Nr. 2 oder § 49 III 1 Nr. 2 VwVfG (vgl. „auch") gestützt werden.

II. Voraussetzungen

24 § 49 III VwVfG knüpft den Widerruf eines begünstigenden Verwaltungsakts an die folgenden Voraussetzungen:

- Der aufzuhebende Bescheid muss zunächst rechtmäßig sein.
- § 49 III VwVfG erlaubt zudem nur den Widerruf solcher Verwaltungsakte, die eine einmalige oder laufende Geldleistung oder teilbare Sachleistung gewähren oder hierfür Voraussetzung sind. Darunter fallen insbesondere bezifferte Geldleistungen. Als (teilbare) Sachleistungen sind nicht nur die Lieferung von Gütern anzusehen, sondern zB auch die Überlassung von Wohnräumen, die Zulassung zur Benutzung einer Einrichtung usw. Die Teilbarkeit kann sich sowohl in sachlicher als auch zeitlicher Hinsicht ergeben.[314]
- Des Weiteren muss die Gewährung zur Erfüllung eines bestimmten Zwecks erfolgen, oder der Verwaltungsakt muss Voraussetzung für die Gewährung einer zweckbestimmten Leistung sein. Die Zweckbestimmung muss im Verwaltungsakt selbst oder in einer beigefügten Anlage mit hinreichender Bestimmtheit und Deutlichkeit zum Ausdruck kommen.[315] Nicht erfasst werden Verwaltungsakte, bei denen die Geld- oder Sachleistung selbst den Zweck unmittelbar verwirklicht.

> **Beispiele:** Sozialleistungen nach dem SGB oder die Zahlung von Dienstbezügen an Beschäftigte im öffentlichen Dienst.

- Nach § 49 III 1 VwVfG kann der Verwaltungsakt nur widerrufen werden,
  - wenn die Leistung nicht, nicht alsbald nach der Erbringung oder nicht mehr für den in dem Verwaltungsakt bestimmten Zweck verwendet wird (Nr. 1);[316]
  - wenn der Begünstigte eine mit dem Verwaltungsakt verbundene Auflage nicht oder nicht innerhalb einer ihm bestimmten Frist erfüllt hat (Nr. 2).
- Absatz 2 Satz 2 ordnet ausdrücklich die entsprechende Geltung der Jahresfrist des § 48 IV VwVfG an. Die Kenntnis der Tatsachen bezieht sich vor allem

---

[313] Ebenso *Suerbaum* VerwArch 90 (1999), 361 (374 f.) mwN.

[314] Hierzu ausf. Stelkens/Bonk/Sachs/*Sachs* VwVfG § 48 Rn. 127 ff.

[315] Stelkens/Bonk/Sachs/*Peuker* VwVfG § 49 Rn. 79; *Ehlers/Schröder* JURA 2010, 824 (827).

[316] Die „alsbaldige" Verwendung wird nicht vom Zugang des Bewilligungsbescheids, sondern vom Zeitpunkt der Erbringung der Leistung an berechnet. Bei Zuwendungen wird angenommen, dass „alsbald" einen Zeitraum von maximal sechs Wochen nach Auszahlung umfasst (Nr. 8.2.5 VV-BHO zu § 44).

auf die Zweckverfehlung und die Nichterfüllung der Auflagen sowie die Voraussetzungen der Ermessensbetätigung.

III. Rechtsfolge

Im Rahmen des §49 III VwVfG kann die Behörde den Verwaltungsakt widerrufen, und zwar mit Wirkung für die Vergangenheit oder für die Zukunft (vgl. „auch"), dh ihr steht ein Ermessen hinsichtlich des „Ob" und des „Wie" des Widerrufs zu.[317] Wird der mit der Gewährung von Zuwendungen verfolgte Zweck verfehlt, ist im Regelfall nur die Entscheidung für den Widerruf ermessensfehlerfrei. 25

Der Widerruf eines Verwaltungsakts beendet mit seiner Bekanntgabe die Wirksamkeit des Verwaltungsakts, wie sich aus §43 II VwVfG ergibt. 26

Widerruf rechtmäßiger Verwaltungsakte

- Abs. 1: Widerruf eines belastenden Verwaltungsakts mit Wirkung für die Zukunft
- Abs. 2: Widerruf eines begünstigenden Verwaltungsakts mit Wirkung für die Zukunft
- Abs. 3: Widerruf eines begünstigenden Geld- oder Sachleistungsverwaltungsakts mit Wirkung für die Vergangenheit

D. Kontrollfragen

1. Unter welchen Voraussetzungen darf ein belastender Verwaltungsakt widerrufen werden? (→ Rn. 1 ff.)
2. Welche Widerrufsgründe fordert das Gesetz für den Widerruf eines begünstigenden Verwaltungsakts mit Wirkung für die Zukunft? (→ Rn. 10 ff.)
3. In welchem Verhältnis stehen die Bestimmungen in Abs. 2 und Abs. 3 des §49 VwVfG zueinander? (→ Rn. 23)
4. Was ist unter der „Zweckbindung" eines Verwaltungsakts zu verstehen? (→ Rn. 24)

[317] BVerwG DVBl 1985, 1070; VGH Mannheim VBlBW 1995, 137.

4. Abschnitt. Weitere Handlungsformen der Verwaltung

§ 19 Zusage und Zusicherung

Lernziele: Sie sollen nach dem Studium dieses Kapitels
1. Zusagen und Zusicherungen von anderen Handlungsformen abgrenzen,
2. die Rechtsnatur von Zusagen und Zusicherungen beschreiben,
3. die Voraussetzungen der Wirksamkeit von Zusagen und Zusicherungen prüfen.

A. Begriff

Definition: Eine Zusage ist eine hoheitliche Selbstverpflichtung einer Behörde mit Bindungswillen zu einem Tun oder Unterlassen in der Zukunft.[318] Maßgeblich ist der bei einer Zusage eindeutig erkennbare Bindungswille der Behörde im Hinblick auf ein künftiges Handeln. Das bloße unverbindliche Inaussichtstellen von Maßnahmen genügt nicht.

Es besteht kein Rechtsanspruch auf die Erteilung einer Zusage. Vielmehr liegt 1
es im Ermessen der Behörde, ob sie sich verpflichten und damit rechtlich binden will.

Zu unterscheiden sind zwei Arten von Zusagen: 2

- Eine Zusicherung ist eine von der zuständigen Behörde erteilte Zusage, einen Verwaltungsakt später zu erlassen oder zu unterlassen. Die Zusicherung findet ihre normative Verankerung in § 38 VwVfG.

Beispiel: Zusage einer Genehmigung.

- Eine nichtverwaltungsaktbezogene Zusage ist eine behördliche Zusage zur Vornahme oder Unterlassung einer sonstigen Verwaltungsmaßnahme. Sie ist gesetzlich nicht geregelt.[319]

Beispiel: Zusage zum Abschluss eines Verwaltungsvertrages.

Abzugrenzen ist die Zusage insbesondere von der Auskunft. Eine Auskunft ist 3
lediglich eine unverbindliche Tatsachen- oder Rechtsmitteilung, die ohne Verpflichtungswillen erteilt wird. Auskünfte sind folglich bloße Wissenserklärungen und – im Gegensatz zu Zusagen – keine Willenserklärungen. Anders als

---

[318] BVerwGE 26, 31 (36) = NJW 1967, 1434.

[319] Ob § 38 VwVfG auf Zusagen im engeren Sinne analog anwendbar ist, wird kontrovers diskutiert. Kurzer Überbl. zum Streitstand bei *Detterbeck* AllgVerwR Rn. 522.

die Zusage begründet eine Auskunft keinen Erfüllungsanspruch, sondern lediglich Schadensersatzansprüche, soweit die Auskunft unrichtig sein sollte.[320]

4 Des Weiteren ist die Zusage von der Teilregelung zu unterscheiden. Anders als die Zusage stellt die Teilregelung einen Verwaltungsakt nicht nur in Aussicht. Sie enthält bereits eine endgültige, wenn auch inhaltlich beschränkte Regelung.

Arten der Zusage

- Zusicherung (§ 38 VwVfG): Erlass oder Unterlassung eines Verwaltungsakts
- Nichtverwaltungsaktbezogene Zusage: Vornahme oder Unterlassung einer sonstigen Verwaltungsmaßnahme

B. Rechtsnatur

5 Die Rechtsnatur einer Zusicherung iSd § 38 VwVfG ist umstritten. Die hM qualifiziert Zusicherungen als Verwaltungsakte, weil die Zusicherung als einseitige hoheitliche Maßnahme rechtsverbindlich Rechte von Bürgern und kehrseitig Pflichten der Verwaltung begründe.[321] Andere Stimmen im Schrifttum weisen darauf hin, dass die Zusicherung zwar eine Regelung verspreche, selbst aber noch keine Regelung enthalte. Zudem finden nach § 38 II VwVfG nur einige wenige Vorschriften über den Verwaltungsakt „entsprechende Anwendung" auf Zusicherungen – was wiederum gegen die Verwaltungsaktqualität einer Zusicherung spricht.[322]

6 Bei der Einordnung der Zusage im engeren Sinne ist ebenfalls noch keine eindeutige Linie in Rechtsprechung und Schrifttum zu erkennen.[323] Wer schon die Zusicherung iSd § 38 VwVfG nicht zu den Verwaltungsakten zählen möchte, wird die nichtverwaltungsaktbezogene Zusage erst recht nicht als Verwaltungsakt qualifizieren können.

C. Wirksamkeit

7 Nach § 38 I 1 VwVfG bedarf eine von der zuständigen Behörde erteilte Zusicherung zu ihrer Wirksamkeit der Schriftform. Sowohl die Zuständigkeit der Behörde als auch die Schriftform sind folglich nicht nur Voraussetzungen für die (formelle) Rechtmäßigkeit, sondern – anders als bei Verwaltungsakten – auch für die Wirksamkeit der Zusicherung. § 38 VwVfG geht insoweit über die Bestimmungen in § 44 II Nr. 3 und III Nr. 1 VwVfG hinaus.[324]

---

320 BVerwGE 65, 61 (70) = BeckRS 9998, 44604.

321 So BVerwG NVwZ 1986, 1011 f. mAnm *Stelkens* NVwZ 1987, 471 f.; BSG NVwZ 1994, 830 f.; *Kopp/Ramsauer* VwVfG § 35 Rn. 99, § 38 Rn. 8; *Guckelberger* DÖV 2004, 357 (359); jeweils mwN.

322 Vgl. *Detterbeck* AllgVerwR Rn. 519; *Peine* AllgVerwR Rn. 876; jeweils mwN.

323 Für die Einordnung als Verwaltungsakt *Kopp/Ramsauer* VwVfG § 35 Rn. 99 mN der Gegenmeinung.

324 BVerwG DVBl 1995, 746 (747); NVwZ 1987, 46 (47); *Kopp/Ramsauer* VwVfG § 38 Rn. 17.

Ändert sich nach Abgabe der Zusicherung die Sach- oder Rechtslage derart, dass die Behörde bei Kenntnis der nachträglich eingetretenen Änderung die Zusicherung nicht abgegeben hätte oder aus rechtlichen Gründen nicht hätte abgeben dürfen, ist die Behörde gem. §38 III VwVfG nicht mehr an die Zusicherung gebunden. §38 III VwVfG entspricht dem allgemeinen Rechtsgrundsatz, dass bei Wegfall der Geschäftsgrundlage die Vertragsparteien ganz oder teilweise nicht mehr an die getroffenen Regelungen gebunden sind. 8

Die öffentlich-rechtliche Regelung des „Wegfalls der Geschäftsgrundlage" in §38 III VwVfG geht den Widerrufsgründen in §49 II 1 Nr. 3 und 4 VwVfG vor. Anders als bei Verwaltungsakten tritt das Vertrauen des Bürgers auf den Bestand einer einmal erteilten Zusicherung somit grundsätzlich hinter das öffentliche Interesse an der Berücksichtigung nachträglicher Veränderungen zurück. 9

Im Übrigen sind gem. §38 II VwVfG die Regelungen über die Wirksamkeit von Verwaltungsakten, die Heilung von Verfahrensmängeln sowie die Rücknahme und den Widerruf auf Zusicherungen entsprechend anwendbar. Wie beim Verwaltungsakt führt die Rechtswidrigkeit einer Zusicherung somit nicht automatisch zu ihrer Unwirksamkeit. Unwirksam ist eine Zusicherung vielmehr nur im Falle ihrer Nichtigkeit. In der Konsequenz begründet eine rechtswidrige Zusicherung einen Anspruch des Bürgers auf den Erlass oder die Unterlassung eines Verwaltungsakts. 10

Die Vorschrift in §38 VwVfG ist auf nichtverwaltungsaktbezogenen Zusagen auch nicht analog anwendbar. Der Gesetzgeber hat Zusagen, die keine Zusicherungen sind, bewusst nicht in den Anwendungsbereich des §38 VwVfG einbezogen. Nichtverwaltungsaktbezogene Zusagen bedürfen zu ihrer Wirksamkeit daher nicht der Schriftform. 11

D. Rechtmäßigkeit

Die wesentlichen Rechtmäßigkeitsvoraussetzungen einer Zusicherung sind in formeller Hinsicht 12

- die Zuständigkeit der die Zusicherung erteilenden Behörde (§38 I 1 VwVfG),
- die Beachtung der Schriftform (§38 I 1 VwVfG) und
- die Befolgung gesetzlich vorgeschriebener Anhörungs- und Mitwirkungserfordernisse (§38 I 2 VwVfG).

Die materielle Rechtmäßigkeit einer Zusicherung setzt voraus 13

- die Zulässigkeit der Zusicherung als Handlungsform,
- die Rechtmäßigkeit des zugesicherten Verwaltungsakts und
- die fehlerfreie Ausübung des Ermessens.

Zusicherung (§ 38 VwVfG)

Wirksamkeit

- Zuständigkeit der Behörde
- Schriftform
- keine Nichtigkeit

↓

Rechtsfolge:

- Anspruch des Bürgers
- Erlöschen des Anspruchs
  - Aufhebung der Zusicherung (§§ 38 II, 48, 49 VwVfG)
  - Wegfall der Geschäftsgrundlage (§ 38 III VwVfG)

Rechtmäßigkeit

- Formelle Rechtmäßigkeit
  - Zuständigkeit der Behörde
  - Schriftform
  - Anhörung Beteiligter
  - Mitwirkung anderer Behörden
- Materielle Rechtmäßigkeit
  - Zulässigkeit der Zusicherung
  - Rechtmäßigkeit des zugesicherten Verwaltungsakts
  - Ermessen

Abb. 58: Wirksamkeit und Rechtmäßigkeit der Zusicherung

E. Kontrollfragen

1. Von welchen anderen Handlungsformen der Verwaltung sind Zusagen und Zusicherungen zu unterscheiden? (→ Rn. 3 f.)
2. Welche Rechtsnatur hat eine Zusicherung? (→ Rn. 5)
3. Ist eine rechtswidrige Zusicherung wirksam? (→ Rn. 7 ff.)

§ 20 Öffentlich-rechtlicher Vertrag

Lernziele: Sie sollen nach dem Studium dieses Kapitels

1. den Begriff und die Begriffsmerkmale des Verwaltungsvertrages gem. §§ 54 ff. VwVfG beschreiben,
2. die Arten von Verwaltungsverträgen abgrenzen und
3. die Rechtmäßigkeit und Wirksamkeit eines Verwaltungsvertrages am praktischen Fall prüfen.

A. Begriff

1 Ein öffentlich-rechtliches Rechtsverhältnis kann nicht nur durch Verwaltungsakt, sondern auch durch die Handlungsform des öffentlich-rechtlichen Vertrages begründet werden. Nach der Legaldefinition in § 54 S. 1 VwVfG ist ein öffentlich-rechtlicher Vertrag ein Vertrag, durch den ein Rechtsverhältnis auf dem Gebiet des öffentlichen Rechts begründet, geändert oder aufgehoben wird.

2 Trotz der weiten Formulierung des § 54 S. 1 VwVfG und der Überschrift von Teil IV des VwVfG („öffentlich-rechtlicher Vertrag") regeln die §§ 54 ff. VwVfG nur den verwaltungsrechtlichen Vertrag. Daneben existieren noch weitere Arten öffentlich-rechtlicher Verträge, auf die das VwVfG nicht anwendbar ist. Die Begrifflichkeiten in der rechtswissenschaftlichen Literatur sind nicht immer eindeutig. Es sollen daher an dieser Stelle nur einige wenige weitere Arten von öffentlich-rechtlichen Verträgen zur Verdeutlichung Erwähnung finden:

1. Völkerrechtliche Verträge werden zwischen Rechtssubjekten auf dem Gebiet des Völkerrechts abgeschlossen (vgl. Art. 59 II und Art. 32 III GG).

> **Beispiele:** UN-Charta; Europäische Menschenrechtskonvention; Abrüstungsverträge zwischen mehreren Staaten.

2. Verfassungsrechtliche Verträge betreffen – die Bezeichnung deutet es an – Gegenstände auf dem Gebiet des Verfassungsrechts.

> **Beispiel:** Vertrag zwischen der Bundesrepublik Deutschland und der Deutschen Demokratischen Republik Herstellung der Einheit Deutschlands vom 31.8.1990 (BGBl. 1990 II 889); aus der verfassungsgerichtlichen Rechtsprechung ferner BVerfGE 42, 345 (355); 22, 221 (229 ff.).

3. Staatsverträge sind Verträge, denen die Parlamente (Bundestag, Landtage) zustimmen müssen oder unabhängig von einer Zustimmungspflicht tatsächlich zugestimmt haben. Sie können völkerrechtliche, verfassungsrechtliche oder verwaltungsrechtliche Gegenstände zum Inhalt haben.
4. Staatskirchenverträge regeln die Rechtsbeziehungen zwischen dem Staat und den Religionsgemeinschaften.[325]

3 Aus § 1 I VwVfG („Verwaltungstätigkeit") und § 9 VwVfG („Verwaltungsverfahren") ergibt sich, dass sich die §§ 54 ff. VwVfG nur auf Verwaltungsverträge beziehen.

> **Definition:** Öffentlich-rechtliche Verträge iSd §§ 54 ff. VwVfG sind folglich nur solche Verträge, die eine Behörde zur Begründung, Änderung oder Aufhebung eines verwaltungsrechtlichen Rechtsverhältnisses mit einer anderen Behörde oder einem Bürger abschließt.

---

[325] Dazu allg. *Hollerbach* in Listl/Pirson, Handbuch des Staatskirchenrechts der Bundesrepublik Deutschland, Bd. I, 2. Aufl. 1994, § 7 II.

B. Begriffsmerkmale

4 § 54 S. 1 VwVfG nennt die Begriffsmerkmale eines Verwaltungsvertrages.

I. Vertragliche Vereinbarung

5 Ein Vertrag setzt nach allgemeiner Auffassung die Einigung zweier oder mehrerer Rechtssubjekte über die Herbeiführung eines bestimmten Rechtserfolges voraus. Wie auch im Privatrecht kommt im öffentlichen Recht ein Vertrag durch die Abgabe zweier übereinstimmender Willenserklärungen – Angebot und Annahme – zustande, die dem jeweils anderen Vertragspartner zugegangen sein müssen.[326] Werden die Willenserklärungen nicht von einem Rechtsbindungswillen getragen, scheidet ein verwaltungsrechtlicher Vertrag aus; allenfalls liegt eine informelle Absprache vor.[327]

6 Die auf den Abschluss eines verwaltungsrechtlichen Vertrages gerichteten Willenserklärungen der Behörde stellen keine Verwaltungsakte dar. Den Rechtserfolg des Verwaltungsakts ordnet die Behörde kraft ihrer Hoheitsmacht einseitig an. Beim öffentlich-rechtlichen Vertrag hingegen beruhen die Rechtswirkungen auf einer zweiseitigen rechtsgeschäftlichen Einigung.[328]

7 Abzugrenzen ist der verwaltungsrechtliche Vertrag daher insbesondere vom mitwirkungsbedürftigen Verwaltungsakt:

- Beim mitwirkungsbedürftigen Verwaltungsakt hat der Bürger lediglich die Möglichkeit, durch die Verweigerung seiner Mitwirkung den Erlass der Regelung zu verhindern.
- Beim verwaltungsrechtlichen Vertrag hingegen kann der Bürger einen gleichberechtigten Einfluss auf den Inhalt der Rechtsfolge nehmen.[329]

Beispiele:
- Die Ernennung eines Bürgers zum Beamten ist ein mitwirkungsbedürftiger Verwaltungsakt. Der Bürger kann seine Ernennung zwar verhindern, indem er die Ernennungsurkunde nicht entgegennimmt. Auf den Inhalt seiner Rechte und Pflichten als Beamter hat er jedoch keinen Einfluss, weil diese gesetzlich in den Beamtengesetzen des Bundes und der Länder festgelegt sind.
- Die Festlegung der Höhe der Enteignungsentschädigung erfolgt durch Vertrag. Denn mangels expliziter gesetzlicher Regelung hat der Bürger die Möglichkeit, auf die Höhe der Entschädigung in Verhandlungen mit der Behörde Einfluss zu nehmen (vgl. § 110 BauGB).

---

[326] *Detterbeck* AllgVerwR Rn. 784.

[327] *Kopp/Ramsauer* VwVfG § 54 Rn. 20; vertiefend *Becker*, Kooperative und konsensuale Strukturen in der Normsetzung, 2005, passim.

[328] Vgl. *Schlette*, Die Verwaltung als Vertragspartner, 2000, 184 f.; *Ehlers* Die Verwaltung 1998, 53 (77).

[329] VGH München NJW 1978, 2410 ff.; *Gurlit* in Erichsen/Ehlers AllgVerwR § 29 Rn. 2; *Ziekow/Siegel* VerwArch 94 (2003), 593 (595).

Soweit keine besonderen gesetzlichen Regelungen existieren, sind gem. § 62 S. 2 VwVfG die allgemeinen privatrechtlichen Vorschriften über das Zustandekommen und die Wirksamkeit von Willenserklärungen anwendbar. Zu nennen sind insbesondere die Vorschriften in §§ 104 ff., 116 ff., 164 ff. und 177 ff. BGB.[330] 8

II. Auf dem Gebiet des öffentlichen Rechts

Ausweislich des Wortlauts des § 54 S. 1 VwVfG muss der Vertrag auf dem Gebiet des öffentlichen Rechts begründet worden sein. Da eine Behörde grundsätzlich sowohl öffentlich-rechtlich als auch privatrechtlich handeln kann, richtet sich die Abgrenzung zum privatrechtlichen Vertrag nach den allgemeinen Regeln (zur Abgrenzung von öffentlichem und privatem Recht → § 1 Rn. 21 ff.). Maßgeblich für die Zuordnung zum Privatrecht oder zum öffentlichen Recht, genauer: zum Verwaltungsrecht, ist der Vertragsgegenstand. Ergänzend kann der Vertragszweck herangezogen werden.[331] 9

Bei der Beurteilung der Rechtsnatur eines Vertrages ist nach dem Grundsatz der Einheitlichkeit auf seinen Gesamtcharakter abzustellen. Selbst wenn einzelne vertragliche Regelungen dem Privatrecht zuzuordnen sind, liegt ein Verwaltungsvertrag vor, sofern nur der Schwerpunkt der Abreden, die dem Vertrag das Gepräge geben, dem öffentlichen Recht zugehörig ist (Schwerpunkt- oder Geprägelehre).[332] 10

Die in der verwaltungsgerichtlichen Rechtsprechung ebenfalls vertretene Trennungslehre will stattdessen die Aufspaltung eines einheitlichen Vertragswerkes in öffentlich-rechtliche und privatrechtliche Vorschriften vornehmen, wenn beide Vertragsteile selbstständig nebeneinander stehen.[333] 11

III. Begründung, Änderung oder Aufhebung eines Rechtsverhältnisses

Ein Rechtsverhältnis iSd § 54 S. 1 VwVfG ist die sich aus einem konkreten Sachverhalt ergebende Rechtsbeziehung zwischen zwei Rechtssubjekten oder einem Rechtssubjekt zu einer Sache.[334] 12

C. Arten des Verwaltungsvertrages

Das VwVfG unterscheidet in seinen §§ 54 ff. zwischen koordinationsrechtlichen und subordinationsrechtlichen Verträgen. 13

---

330 *Maurer/Waldhoff* AllgVerwR § 14 Rn. 39 f.

331 GmS-OGB NJW 1986, 2359 f.; BVerwG DVBl 2002, 843 ff.; BGH NJW 1988, 1264 (1265); allg. zu den Abgrenzungstheorien *Scherzberg* JuS 1992, 205 (207).

332 BVerwGE 92, 56 (59) = NJW 1993, 2695; BGHZ 153, 93 (97) = NJW 2003, 888; *Kopp/Ramsauer* VwVfG § 54 Rn. 31.

333 BVerwGE 84, 183 (185 f.) = NJW 1990, 1679; ebenso OVG Schleswig NordÖR 2002, 309; BGH NJW 1998, 909 f.

334 *Detterbeck* AllgVerwR Rn. 787

I. Koordinationsrechtliche und subordinationsrechtliche Verträge

Definition: Koordinationsrechtlich sind Verwaltungsverträge zwischen Rechtsträgern, die grundsätzlich gleichgeordnet sind, weil keiner dem anderen gegenüber Weisungen erteilen oder Verwaltungsakte erlassen darf. Koordinationsrechtliche Verträge werden auch als horizontale Verträge bezeichnet.[335] Zumeist handelt es sich um Verträge zwischen Behörden unterschiedlicher Rechtsträger (Bund, Länder, Gemeinden).

Beispiele: Gebietsänderungsverträge zwischen Gemeinden; Vertrag zur Gründung eines kommunalen Zweckverbandes; Vertrag zwischen Gemeinden über den Bau einer Verbindungsstraße.

Definition: Subordinationsrechtliche Verträge sind Vereinbarungen zwischen Vertragsparteien, die in einem Verhältnis der Über-/Unterordnung in dem Sinne zueinander stehen, dass eine Vertragspartei den konkreten Vertragsgegenstand auch einseitig in Gestalt eines Verwaltungsaktes gegenüber der anderen Vertragspartei regeln könnte. Der subordinationsrechtliche Vertrag wird in § 54 S. 2 VwVfG explizit benannt. Er kann auch als vertikaler Vertrag bezeichnet werden.[336]

Beispiele: Zuwendungsvertrag über die Bewilligung und Auszahlung einer Zuwendung;[337] Vertrag zwischen dem Dienstherrn und einem Anwärter über die Rückzahlung von Ausbildungskosten bei vorzeitigem Ausscheiden aus dem Dienst;[338] Vertrag über die Nutzung öffentlicher Straßen zum Betrieb eines Breitbandkabelnetzes.[339]

14 Das Wesen des subordinationsrechtlichen Vertrages besteht darin, dass erst der Konsens der Vertragsparteien eine Lösung ermöglicht, für die der „strenger gebundene und mithin weniger elastische Verwaltungsakt versagen müsste"[340].

15 Der subordinationsrechtliche Vertrag kann die Verpflichtung der Behörde enthalten, einen Verwaltungsakt zu erlassen (verwaltungsaktvorbereitender Vertrag).[341] Er kann die begehrte Rechtsfolge aber auch selbst treffen und so an die Stelle eines Verwaltungsakts treten (verwaltungsaktersetzender Vertrag).[342] Denkbar sind schließlich auch solche Verwaltungsverträge, die in keinem unmittelbaren Zusammenhang zu einem Verwaltungsakt stehen, jedoch in einem

---

[335] Beispiele für koordinationsrechtliche Verträge bei *Gurlit* in Erichsen/Ehlers AllgVerwR § 29 Rn. 9.

[336] *Maurer/Waldhoff* AllgVerwR § 14 Rn. 12.

[337] Vgl. Nr. 4.3 VV-BHO zu § 44.

[338] BVerwGE 91, 200 ff. = BeckRS 9998, 170247.

[339] OLG Koblenz OLGR 2008, 311 f.

[340] BVerwGE 111, 162 (165 f.) = BeckRS 2000, 30111836.

[341] BVerwG NVwZ 1986, 554 f.; *Fluck*, Die Erfüllung des öffentlich-rechtlichen Verpflichtungsvertrages durch Verwaltungsakt, 1985, 16 f., 45 ff.

[342] OVG Greifswald NJW 2003, 3146 (3148): „Zusage in Form eines öffentlich-rechtlichen Vertrages".

Über-/Unterordnungsverhältnis zwischen den Vertragsparteien geschlossen werden.[343]

> **Beispiel:** Ein Verwaltungsvertrag, der in keinem unmittelbaren Zusammenhang zu einem Verwaltungsakt steht, ist zB ein Investorenvertrag, in dem sich eine Denkmalschutzbehörde verpflichtet, anlässlich eines privaten Großprojekts auf archäologisch „belastetem" Gelände innerhalb einer bestimmten Frist eine Notgrabung durchzuführen, und der Investor im Gegenzug eine finanzielle Beteiligung an den Grabungskosten verspricht.

Kontrovers diskutiert wird, ob ein subordinationsrechtlicher Vertrag ein Über-/ 16
Unterordnungsverhältnis zwischen den Vertragsparteien im konkreten Fall verlangt (konkrete Sichtweise)[344] oder ob es ausreicht, dass im Allgemeinen ein Über-/Unterordnungsverhältnis zwischen den Parteien besteht (abstrakte Sichtweise)[345]. Die überwiegende Meinung stellt auf die abstrakte Sichtweise ab. In der Konsequenz stuft die hM alle verwaltungsrechtlichen Verträge zwischen Staat und Bürger als subordinationsrechtlich ein.[346]

Grundsätzlich finden die Vorschriften in §§ 54 ff. VwVfG Anwendung auf so- 17
wohl koordinationsrechtliche als auch subordinationsrechtliche Verträge. Einzelne Bestimmungen – nämlich §§ 55, 56, 59 II und 61 VwVfG – nehmen jedoch ausdrücklich Bezug auf § 54 S. 2 VwVfG und gelten daher ausschließlich für subordinationsrechtliche Verträge.

II. Vergleichsverträge und Austauschverträge

Das VwVfG erwähnt zwei Vertragstypen ausdrücklich: den Vergleichsvertrag 18
in § 55 VwVfG und den Austauschvertrag in § 56 VwVfG. Zwar verweisen § 55 und § 56 VwVfG lediglich auf den in § 54 S. 2 VwVfG erwähnten subordinationsrechtlichen Vertrag. Dennoch kommen Vergleichs- und Austauschverträge auch in Gestalt koordinationsrechtlicher Verträge vor.

1. Vergleichsvertrag

> **Hinweis:** Durch einen Vergleichsvertrag (§ 55 VwVfG) soll „eine bei verständiger Würdigung des Sachverhalts oder der Rechtslage bestehende Ungewissheit durch gegenseitiges Nachgeben beseitigt" werden.

> **Beispiel:** Vertrag über die teilweise Rückzahlung einer Zuwendung, die zT zweckwidrig verwendet wurde.[347]

---

[343] Vgl. den Wortlaut des § 54 S. 2 VwVfG: „insbesondere"; dazu ferner BVerwGE 111, 162 (165 f.) = BeckRS 2000, 30111836; BayVGH BayVBl. 1990, 47 (50).

[344] *Detterbeck* AllgVerwR Rn. 793; *Kopp/Ramsauer* VwVfG § 54 Rn. 47; *Ziekow/Siegel* VerwArch 94 (2003), 593 (606 f.).

[345] Vgl. *Maurer/Waldhoff* AllgVerwR § 14 Rn. 12; VGH BW VBlBW 2004, 52 ff.

[346] *Bull/Mehde* AllgVerwR Rn. 849; *Maurer/Waldhoff* AllgVerwR § 14 Rn. 12.

[347] Vgl. Nr. 8.2.3 und 8.2.4 VV-BHO zu § 44.

19 Voraussetzung für den Abschluss eines Vergleichsvertrages ist zunächst, dass eine Ungewissheit über den Sachverhalt oder die Rechtslage gegeben ist. Die Ungewissheit muss bei allen Vertragsparteien bestehen und sich auf Umstände beziehen, die für die Sachentscheidung wesentlich sind.[348]

20 Die Ungewissheit kann nicht oder nur mit unverhältnismäßigem Aufwand beseitigt werden. Nur wenn die Behörde dem in §24 VwVfG verankerten Amtsermittlungsgrundsatz genügt hat, also alle gebotenen Aufklärungsmöglichkeiten ausgeschöpft hat, darf ein Vergleichsvertrag abgeschlossen werden. Die Forderung, dass die Behörde den Sachverhalt zunächst „ausermitteln" muss, resultiert aus der Formulierung „bei verständiger Würdigung" in §55 VwVfG.

21 Erforderlich ist zuletzt ein gegenseitiges Nachgeben beider Vertragsparteien.

22 Ein Vergleichsvertrag ist nach §59 II Nr. 3 VwVfG nichtig, wenn die Voraussetzungen des §55 VwVfG nicht vorlagen und ein Verwaltungsakt mit entsprechendem Inhalt nicht nur wegen eines Verfahrens- oder Formfehlers iSd §46 VwVfG rechtswidrig wäre.

23 Ein Prozessvergleich gem. §106 VwGO ist der Sache nach ein Verwaltungsvertrag. Er weist jedoch eine Doppelnatur auf: Er ist sowohl eine nach der VwGO zu beurteilende Prozesshandlung als auch ein nach dem VwVfG zu beurteilender Vergleichsvertrag.[349]

2. Austauschvertrag

Hinweis: In einem Austauschvertrag (§56 VwVfG) verpflichtet sich der „Vertragspartner der Behörde" zu einer „Gegenleistung" für die behördliche Leistung. Zu den Austauschverträgen zählen gegenseitige Verträge (echte Austauschverträge), bei dem die Leistung erbracht wird, um die Gegenleistung zu erhalten (Prinzip des „do ut des" → auf Deutsch: „Ich gebe, damit du gibst."). Ein Austauschvertrag liegt jedoch auch vor, wenn sich nur der Vertragspartner der Behörde zu einer Leistung verpflichtet und die behördliche Gegenleistung als Geschäftsgrundlage stillschweigend vorausgesetzt wird (sog. hinkende Austauschverträge).[350]

Beispiel: Vereinbarung, in der sich der Bauherr zwecks Erfüllung einer Stellplatzpflicht zur Zahlung eines Ablösebetrages an die Gemeinde verpflichtet, während sich die Kommune bereit erklärt, den Betrag für die Schaffung von Stellplätzen in der Nähe des Grundstücks zu verwenden.[351]

---

348 BVerwGE 17, 94.

349 StRspr; vgl. BVerwGE 17, 87 (93) = BeckRS 1963, 30423681; BVerwGE 14, 103 (105) = NJW 1962, 1636.

350 BVerfGE 111, 162 (167 f.) = BeckRS 2000, 30111836; ausf. *U. Stelkens* DÖV 2009, 850 ff.

351 In Anlehnung an *Wallerath* AllgVerwR §10 Rn. 69.

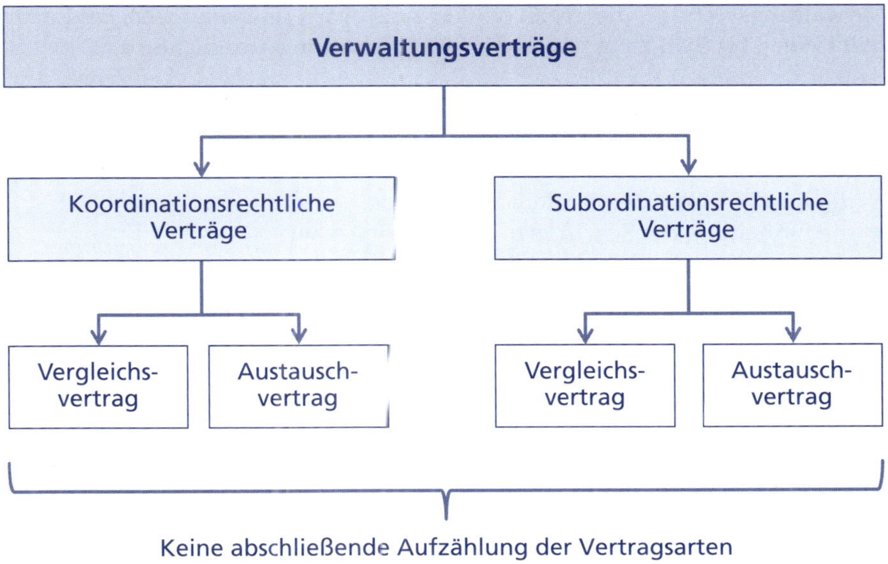

Abb. 59: Arten der Verwaltungsverträge

D. Rechtmäßigkeit

I. Zulässigkeit der Vertragsform

Nach § 54 S. 1 VwVfG ist die Verwaltung befugt, Rechtsverhältnisse auf dem Gebiet des öffentlichen Rechts zu begründen, ändern oder aufzuheben, soweit Rechtsvorschriften nicht entgegenstehen. Eine besondere gesetzliche Ermächtigungsgrundlage für den Abschluss eines Verwaltungsvertrages ist daher nicht erforderlich. 24

„Entgegenstehende Rechtsvorschriften" sind ausdrückliche Vertragsformverbote. 25

> **Beispiele:** § 2 II BBesG verbietet Vereinbarungen, die einem Beamten eine höhere als die ihm gesetzlich zustehende Besoldung verschaffen sollen.

Vertragsformverbote enthalten zudem Vorschriften, die ihrem Sinn und Zweck nach eine vertragliche Vereinbarung ausschließen. Ein Verwaltungsvertrag ist insbesondere unzulässig, wenn das Gesetz ausschließlich eine Regelung durch Verwaltungsakt vorsieht. 26

> **Beispiel:** Beamte dürfen nur durch Verwaltungsakt und damit nicht durch Verwaltungsvertrag ernannt oder entlassen werden (vgl. §§ 8 II und 23 BeamtStG). Nach § 49a I 2 VwVfG ist die vom Bürger zu erstattende Leistung durch Verwaltungsakt festzusetzen. Gemäß § 155 I AO können Steuern nur durch Verwaltungsakt festgesetzt werden.

27 Verwaltungsverträge, die gegen ein Vertragsformverbot verstoßen, sind gem. § 59 I iVm § 134 BGB nicht nur rechtswidrig, sondern sogar nichtig.[352]

II. Formelle Rechtmäßigkeit

28 In formeller Hinsicht sind beim Verwaltungsvertrag

- die Zuständigkeit der handelnden Behörde,
- die Einhaltung der Schriftform (§ 57 VwVfG) sowie
- etwaige Mitwirkungserfordernisse (§ 58 VwVfG)

zu beachten.

1. Zuständigkeit

29 Die vertragsschließende Behörde muss sachlich, örtlich und instanziell zuständig sein. Die Zuständigkeit ergibt sich primär aus den jeweiligen fachgesetzlichen Vorschriften, subsidiär aus § 3 VwVfG.[353]

2. Form

30 Während Verwaltungsakte auch formlos erlassen werden dürfen (§ 37 II 1 VwVfG), sind Verwaltungsverträge schriftlich zu schließen, soweit nicht durch Rechtsvorschrift eine andere Form vorgeschrieben ist (§ 57 VwVfG). Gemäß § 62 S. 2 VwVfG sind im Hinblick auf das Schriftformerfordernis ergänzend die §§ 125 ff. BGB anzuwenden. Die Einhaltung der vorgeschriebenen Form ist gem. §§ 59 I, 57 VwVfG iVm § 62 S. 2 VwVfG, § 125 S. 1 BGB Voraussetzung der Wirksamkeit des Vertrages.[354] Dem Formerfordernis kommen eine Schutz- oder Warnfunktion (Schutz des Bürgers vor übereilten Vertragsabschlüssen) und eine Beweisfunktion (Dokumentation des Vertragsinhalts) zu.[355]

31 Als strengere Form schreibt § 62 S. 2 VwVfG iVm § 311b I 1 BGB die notarielle Beurkundung von Verwaltungsverträgen mit der Verpflichtung zur Übertragung eines Grundstücks vor.[356]

32 Umstritten ist, ob nach § 62 S. 2 VwVfG iVm § 126 II 1 BGB die eigenhändige Unterzeichnung der Vertragsurkunde durch die Beteiligten auch auf derselben Vertragsurkunde erfolgen muss.[357] Im Schrifttum wird überwiegend auf den Grundsatz der Urkundeneinheit verzichtet.[358] Dem Formerfordernis aus § 57 VwVfG wird danach auch Genüge getan, wenn ein schriftliches Vertragsangebot und eine unmissverständliche schriftliche Annahmeerklärung ausgetauscht werden.[359]

---

[352] Stelkens/Bonk/Sachs/*Bonk/Neumann* VwVfG § 54 Rn. 102; Knack/Henneke/*Schliesky* VwVfG § 54 Rn. 36.

[353] *Detterbeck* AllgVerwR Rn. 806.

[354] Allgemeine Auffassung; stellvertretend *Kopp/Ramsauer* VwVfG § 57 Rn. 1.

[355] *Maurer/Waldhoff* AllgVerwR § 14 Rn. 29.

[356] BGHZ 65, 368 (372) = NJW 1976, 415; BVerwGE 70, 247 (254 f.) = BeckRS 9998, 45292.

[357] So BVerwGE 98, 58 (67) = NJW 1996, 608; OVG Lüneburg NJW 1998, 2921 ff.; *Detterbeck* AllgVerwR Rn. 807.

[358] Vgl. Knack/Henneke/*Schliesky* VwVfG § 57 Rn. 17; Stelkens/Bonk/Sachs/*Bonk/Neumann* VwVfG § 57 Rn. 19; *Kopp/Ramsauer* VwVfG § 57 Rn. 9 f.

[359] Das BVerwG hat jedenfalls bei einseitig verpflichtenden Verträgen die Urkunden-

3. Zustimmung

Ein Verwaltungsvertrag, der in Rechte eines Dritten eingreift, bedarf gem. §58 I VwVfG dessen Zustimmung. Das Zustimmungsgebot gilt unstreitig für drittbelastende Verfügungsgeschäfte und – nach nicht unumstrittener hM – auch für drittbelastende Verpflichtungsgeschäfte.[360] 33

III. Materielle Rechtmäßigkeit

Ein Verwaltungsvertrag darf nach dem Grundsatz vom Vorrang des Gesetzes nicht gegen Rechtsvorschriften verstoßen (vgl. auch §54 S. 1 VwVfG). Insoweit unterscheidet sich die Prüfung der materiellen Rechtmäßigkeit eines Verwaltungsvertrages nicht von der Rechtmäßigkeitsprüfung bei Verwaltungsakten. 34

Die Anforderungen an die materielle Rechtmäßigkeit eines Verwaltungsvertrages sind in erster Linie in Spezialgesetzen enthalten. Daneben finden die Vorschriften der §§54 ff. VwVfG subsidiär Anwendung. Für subordinationsrechtliche Vergleichs- und Austauschverträge sind noch die besonderen Regelungen in §§55 und 56 VwVfG ergänzend zu beachten. 35

E. Rechtsfolgen der Rechtswidrigkeit

I. Systematik der Fehlerfolgen

Die Fehlerfolgen bei Verwaltungsverträgen werden in §59 VwVfG geregelt. §59 VwVfG bewirkt einen Ausgleich zwischen dem Grundsatz der Vertragsverbindlichkeit („pacta sunt servanda") und dem Grundsatz der Gesetzmäßigkeit der Verwaltung: 36

- Nur sofern einer der in §59 VwVfG genannten Nichtigkeitsgründe gegeben ist, ist ein Vertrag nichtig und unwirksam.
- Im Übrigen bleiben rechtswidrige Verwaltungsverträge trotz ihrer Rechtswidrigkeit wirksam. Der Gesetzgeber duldet damit bestimmte Gesetzesverstöße mit der Konsequenz, dass Verwaltungsverträge existieren, die zwar rechtswidrig, aber dennoch wirksam sind.[361]

§59 VwVfG erweitert einerseits die Nichtigkeitsgründe gegenüber dem Verwaltungsakt (vgl. §44 VwVfG). Andererseits soll §59 VwVfG die Existenz von Verwaltungsverträgen vermeiden, die nicht nichtig, wegen ihrer Rechtswidrigkeit jedoch anfechtbar sind. Ein Verlangen auf Aufhebung eines Verwaltungsvertrages mit der Begründung, der Vertrag sei rechtswidrig, ist deshalb unbegründet: Auch rechtswidrige Verträge sind grundsätzlich zu befolgen.[362] Der 37

---

einheit für entbehrlich gehalten; vgl. BVerwGE 96, 326 (332) = NJW 1995, 1104. Krit. demgegenüber *Detterbeck* AllgVerwR Rn. 807.

360 BVerwG NJW 1988, 662 (663); OVG Münster NVwZ 1988, 370 (371); Stelkens/Bonk/Sachs/*Bonk/Neumann* VwVfG §58 Rn. 15; *Kopp/Ramsauer* VwVfG §58 Rn. 7; Knack/Henneke/*Schliesky* VwVfG §58 Rn. 15; aA *Redeker* DÖV 1966, 543 (545); *Ziekow/Siegel* VerwArch 95 (2004), 133 (138 f.).

361 Vgl. BVerwG NJW 1990, 2700 (2702) mwN.

362 Knack/Henneke/*Schliesky* VwVfG §59 Rn. 1 f.

Gesetzgeber wollte damit das Vertrauen des Bürgers in einen einmal abgeschlossenen Vertrag schützen.

38 § 59 VwVfG differenziert zwischen koordinationsrechtlichen und subordinationsrechtlichen Verwaltungsverträgen. Abs. 1 gilt für alle Verwaltungsverträge. Abs. 2 findet Anwendung nur für subordinationsrechtliche Verträge. Wenngleich Abs. 2 im Vergleich zu Abs. 1 die speziellere Vorschrift ist, kann sich die Nichtigkeit eines Vertrages sowohl aus Abs. 1 als auch aus Abs. 2 ergeben.[363]

II. Nichtigkeit nach § 59 II VwVfG

39 Ein subordinationsrechtlicher Vertrag ist nach § 59 II VwVfG „ferner", dh über die in Abs. 1 genannten Gründe hinaus nichtig, wenn

1. ein Verwaltungsakt mit entsprechendem Inhalt nichtig wäre,

> **Beispiel:** Die Zahlung von Geld gegen die Zusicherung der Ernennung zum Beamten steht in einem eindeutigen Widerspruch zum Leistungsfähigkeitsprinzip in Art. 33 II GG. Da ein Verwaltungsakt mit einem entsprechenden Inhalt nach § 44 I VwVfG nichtig wäre, gilt dies nach § 59 II Nr. 1 VwVfG auch für eine vertragliche Vereinbarung.[364]

2. ein Verwaltungsakt mit entsprechendem Inhalt rechtswidrig wäre, die Rechtswidrigkeit nicht nur auf einem Verfahrensfehler iSd § 46 VwVfG beruht und dies beiden Vertragspartnern positiv bekannt war,
3. bei einem Vergleichsvertrag dessen spezifische Voraussetzungen (vgl. § 55 VwVfG) nicht vorliegen oder
4. bei einem Austauschvertrag die Gegenleistung gem. § 56 VwVfG unzulässig ist.

III. Nichtigkeit nach § 59 I VwVfG

40 Nach § 59 I VwVfG gelten für alle Arten von Verwaltungsverträgen die Nichtigkeitsgründe des BGB entsprechend.[365]

41 Umstritten ist die Frage der entsprechenden Anwendbarkeit des § 134 BGB (Verstoß gegen ein gesetzliches Verbot). Eine uneingeschränkte Anwendung des § 134 BGB führte dazu, dass jeder rechtswidrige Verwaltungsvertrag zugleich nichtig wäre. Damit jedoch würde die enumerative Aufzählung zusätzlicher Nichtigkeitsgründe in § 59 II VwVfG überflüssig. Nach dem BVerwG und der hM im Schrifttum löst deshalb nicht jeder Gesetzesverstoß die Rechtsfolgen des § 134 BGB aus. Vielmehr soll § 134 BGB nur einen „qualifizierten Fall der Rechtswidrigkeit" erfassen.[366] Wann ein Verwaltungsvertrag qualifiziert-rechtswidrig ist, lässt sich nicht für jeden Fall trennscharf beschreiben.

---

363 *Kopp/Ramsauer* VwVfG § 59 Rn. 18; Knack/Henneke/*Schliesky* VwVfG § 59 Rn. 15.
364 OVG Lüneburg NordÖR 2002, 307 (308).
365 Vgl. die Aufzählung der maßgeblichen BGB-Vorschriften bei *Maurer/Waldhoff* AllgVerwR § 14 Rn. 39.
366 BVerwGE 98, 58 (63) = NJW 1996, 608.

In jedem Fall kann ein Verstoß gegen ein Verbotsgesetz iSd § 134 BGB nur angenommen werden, wenn das Gesetz den Inhalt des Verwaltungsvertrages und nicht nur bestimmte Modalitäten der vereinbarten Rechtsfolge missbilligt.[367] Zudem sind nur solche Verwaltungsverträge nichtig, die gegen ein Verbotsgesetz verstoßen, das an beide Vertragspartner adressiert ist.[368] 42

Ansprüche aus Verwaltungsvertrag

- **Abschluss des Verwaltungsvertrages**
  - Einigung (§ 62 S. 2 VwVfG, §§ 145 ff. BGB)
  - Begründung, Aufhebung oder Änderung eines Rechtsverhältnisses
  - verwaltungsrechtlicher Vertragsgegenstand
- **Wirksamkeit des Verwaltungsvertrages**
  - kein Handlungsformverbot (zB § 2 II BBesG)
  - Schriftform (§ 57 VwVfG)
  - Beteiligung Dritter (§ 58 VwVfG)
  - keine Nichtigkeitsgründe (§ 59 VwVfG)

F. Leistungsstörungen

Wie im Privatrecht sind auch im Verwaltungsrecht die vertraglich vereinbarten Leistungspflichten ordnungsgemäß zu erfüllen. Die Rechtsfolgen von Leistungsstörungen bei Verwaltungsverträgen ergeben sich nach dem Verweis in § 62 S. 2 VwVfG aus den Vorschriften des BGB. Namentlich die Vorschriften über Pflichtverletzungen gem. §§ 280 ff. und §§ 323 ff. BGB sowie über Sorgfaltspflichten gem. § 241 II und § 311 II BGB finden Anwendung.[369] 43

Ändern sich nachträglich – also nach dem Abschluss des Verwaltungsvertrages – die ihm zugrunde liegenden tatsächlichen oder rechtlichen Verhältnisse, kann der Vertragspartner, dem ein Festhalten an der ursprünglich vereinbarten Regelung nicht zumutbar ist, eine Anpassung des Vertrages an die geänderten Verhältnisse verlangen. Soweit eine Anpassung des Vertrages nicht möglich oder ihrerseits nicht zumutbar ist, kann die betroffene Vertragspartei den Vertrag kündigen (§ 60 I 1 VwVfG). § 60 I VwVfG knüpft an die Grundsätze über den Wegfall der Geschäftsgrundlage in § 313 BGB an.[370] 44

Darüber hinaus steht nur der Behörde ein außerordentliches Kündigungsrecht zu, dessen Ausübung nur im Notfall zur Verhütung oder zur Beseitigung schwerer Nachteile für das Gemeinwohl zulässig ist (§ 60 I 2 VwVfG). 45

---

[367] BVerwGE 89, 7 (10 f.) = NJW 1992, 1642.

[368] *Detterbeck* AllgVerwR Rn. 817; zu einseitigen gesetzlichen Verboten BGHZ 173, 129 Rn. 33 f. = BeckRS 2007, 14501; zu Verstößen gegen Unionsrecht BVerwGE 70, 41 (44 f.) = BeckRS 1984, 108095.

[369] *Geis* NVwZ 2002, 385 (387 ff.).

[370] Allg. zum Wegfall der Geschäftsgrundlage beim Verwaltungsvertrag *Hobe* JA 1997, 217 ff.

G. Durchsetzung von Ansprüchen

46 Bei Nichterfüllung der vereinbarten Verpflichtungen steht jeder Vertragspartei der Verwaltungsrechtsweg gem. § 40 I 1 VwGO offen. Schadensersatzansprüche sind ebenfalls nach § 40 I 1 iVm II 1 Hs. 1 Var. 3 VwGO vor den Verwaltungsgerichten geltend zu machen. Nach hM gilt dies auch bei vorvertraglichen Schadensersatzansprüchen wegen der Verletzung von Pflichten bei der Anbahnung oder dem Abschluss verwaltungsrechtlicher Verträge analog § 280 iVm § 311 II BGB (c.i.c).[371]

47 Mit dem Erlass eines Verwaltungsakts (Leistungsbescheids) darf die Behörde Ansprüche aus Verwaltungsverträgen nicht durchsetzen. Ein Verwaltungsvertrag enthält keine Ermächtigungsgrundlage für den Erlass eines belastenden Verwaltungsakts.[372] Der Behörde fehlt es insoweit an der Verwaltungsaktbefugnis. Ihr bleibt daher nur die Erhebung einer allgemeinen Leistungsklage vor dem Verwaltungsgericht (dazu noch → § 28 Rn. 57 ff.), um Ansprüche aus Verwaltungsverträgen zwangsweise durchsetzen zu können.[373]

H. Kontrollfragen

1. Welche Begriffsmerkmale weist ein öffentlich-rechtlicher Vertrag auf? (→ Rn. 4 ff.)
2. Welche öffentlich-rechtlichen Verträge werden von §§ 54 ff. VwVfG geregelt? (→ Rn. 2 f.)
3. Wie grenzen Sie die verschiedenen Arten des Verwaltungsvertrages voneinander ab? (→ Rn. 13 ff.)
4. Welche Rechtsfolgen entfaltet ein rechtswidriger Verwaltungsvertrag? (→ Rn. 36 f.)
5. Welche Rechtsverstöße führen zur Unwirksamkeit eines Verwaltungsvertrages? (→ Rn. 39 ff.)
6. Welcher Rechtsweg steht für die Durchsetzung von Ansprüchen aus einem Verwaltungsvertrag zur Verfügung? (→ Rn. 46)

§ 21 Rechtsverordnung

Lernziele: Sie sollen nach dem Studium dieses Kapitels
1. die Begriffsmerkmale einer Rechtsverordnung kennen und
2. die Rechtmäßigkeitsanforderungen an Rechtsverordnungen beschreiben.

---

371 *Detterbeck* AllgVerwR Rn. 823; *Maurer/Waldhoff* AllgVerwR § 14 Rn. 57. Für Zivilrechtsweg hingegen BGH NVwZ 1990, 1103; NJW 1986, 1110; *Keller* DVBl 2002, 1648 ff. Diff. BVerwG DVBl 2002, 1555 f.

372 BVerwG NJW 1990, 2700 (2702); *Odendahl* JURA 2002, 563 (565) mwN.

373 *Detterbeck* AllgVerwR Rn. 600, 602.

A. Begriff

1 Rechtsverordnungen wurden bereits kurz bei der Darstellung der Rechtsquellen erwähnt (→ § 2 Rn. 7). Sie sind von der Exekutive gesetztes Recht und zählen daher ebenfalls zu den Handlungsformen der vollziehenden Gewalt.

> **Definition:** Rechtsverordnungen sind Rechtsnormen, die von einem Exekutivorgan des Bundes oder eines Landes erlassen werden und für eine unbestimmte Vielzahl von Fällen an eine unbestimmte Anzahl von Personen gerichtet sind. Als materielle Gesetze sind Rechtsverordnungen für ihre Adressaten ebenso verbindlich wie (formelle) Parlamentsgesetze.[374]

2 Während ein Verwaltungsakt einen Einzelfall regelt, enthält eine Rechtsverordnung regelmäßig abstrakt-generelle Regelungen. Für eine Rechtsverordnung sind danach zwei Kriterien kennzeichnend:

- Regelungsgegenstand ist eine unbestimmte Anzahl von Sachverhalten (abstrakte Regelung).
- Regelungsadressat ist eine unbestimmte Anzahl von Personen (generelle Regelung).

3 Fehlt eines dieser beiden Kriterien, kommt als Handlungsform nur eine (Allgemein-)Verfügung nach § 35 VwVfG in Betracht.

> **Beispiele:**
>
> Das Verbot einer geplanten öffentlichen Veranstaltung an einem bestimmten Tag und einem bestimmten Ort hat als personenbezogene Allgemeinverfügung iSv § 35 S. 2 Var. 1 VwVfG und damit als Verwaltungsakt zu ergehen, obgleich es sich an eine unbestimmte Anzahl von Personen richtet (konkret-generelle Regelung).
>
> Muss sich die zuständige Ordnungsbehörde zur Abwehr künftiger Gefahren an einen bestimmbaren Personenkreis wenden, kommt ebenfalls nur der Erlass einer Ordnungsverfügung in Betracht, so wenn zB dem Eigentümer eines Veranstaltungsgeländes aufgegeben wird, nach jeder Veranstaltung ordnungsgemäß den Müll zu beseitigen (abstrakt-individuelle Regelung).

B. Ermächtigungsgrundlage

4 Beim Erlass von Rechtsverordnungen bedürfen die Behörden nach Art. 80 I 1 GG oder den entsprechenden Bestimmungen der Landesverfassungen (zB Art. 61 I BayVerf, Art. 70 I 1 NRW Verf) einer parlamentsgesetzlichen Handlungsformermächtigung. Jede Rechtsverordnung bedarf daher der Ermächtigung durch ein zum Zeitpunkt des Erlasses bereits in Kraft getretenes Bundes- oder Landesgesetz. Der zwischenzeitliche Fortfall der gesetzlichen Ermächtigung lässt die Verordnung in ihrem Bestand unberührt.[375]

---

[374] *Ehlers* in Erichsen/Ehlers AllgVerwR § 2 Rn. 49 mwN.

[375] BVerfGE 14, 245 (249) = NJW 1962, 1563; BVerfGE 9, 3 (12) = NJW 1959, 91.

5 Das Bestimmtheitsgebot des Art. 80 I 2 GG verlangt, dass die erteilte Ermächtigung nach Inhalt, Zweck und Ausmaß bestimmt ist. Als allgemeiner Rechtsgrundsatz gilt die sog. Bestimmtheitstrias des Art. 80 I 2 GG über die Homogenitätsklausel in Art. 28 I 1 GG auch für die Länder, sofern die Landesverfassungen keine entsprechende Normierung enthalten (zB Art. 55 Nr. 2 BayVerf).[376] Der Parlamentsgesetzgeber muss folglich den Rahmen der künftigen Regelung festlegen, dessen Ausgestaltung dem Verordnungsgeber obliegt. Der Betroffene soll damit vorhersehen können, welchen Inhalt die aufgrund der Ermächtigung erlassenen Rechtsverordnungen haben können.[377]

C. Formelle Rechtmäßigkeit

I. Zuständigkeit

6 Gemäß Art. 80 I 1 GG können nur die Bundesregierung, ein Bundesminister oder die Landesregierung durch Bundesgesetz zum Erlass von Rechtsverordnungen ermächtigt werden. Unter gewissen Voraussetzungen erlaubt Art. 80 I 4 GG eine Weiterermächtigung (Subdelegation).[378] Die Ermächtigung zur Subdelegation kann im ermächtigenden Bundesgesetz selbst enthalten sein; die Subdelegation erfolgt dann durch Rechtsverordnung.

Beispiel: §47 III 1 PBefG ermächtigt die jeweilige Landesregierung, durch Rechtsverordnung den Dienstbetrieb von Taxen näher zu regeln. Gemäß §47 III 2 PBefG kann die Landesregierung die Ermächtigung durch Rechtsverordnung weiter übertragen.

7 Die Landesverfassungen enthalten keine entsprechenden Beschränkungen. Auch mittlere oder untere Landesbehörden oder selbstständige Verwaltungsträger dürfen daher Rechtsverordnungen erlassen, sofern sie durch ein Landesgesetz ermächtigt worden sind.

II. Verfahren

8 Das ermächtigte Exekutivorgan kann jederzeit eine Rechtsverordnung erlassen; ihm steht insoweit ein „Initiativrecht"[379] zu.

9 Die Verfahrensvorschriften des VwVfG sind auf die Rechtsverordnungsgebung nicht anwendbar, da ein Verwaltungsverfahren iSd §9 VwVfG nur ein Verfahren ist, das auf den Erlass eines Verwaltungsakts oder den Abschluss eines Verwaltungsvertrages gerichtet ist. Teilweise sehen die ermächtigenden Gesetze besondere Mitwirkungsrechte anderer Organe vor. So bedürfen Rechtsverordnungen der Kreis- und Ortspolizeibehörden nach einigen Landespolizeigesetzen grundsätzlich der Zustimmung des Kreistages oder des Gemeinderates; ohne Zustimmung wird die Rechtsverordnung nicht wirksam.[380] Teilweise sehen die

---

376 *Ehlers* in Erichsen/Ehlers AllgVerwR §2 Rn. 51.
377 Statt vieler BVerfGE 56, 1 (12) = NJW 1981, 1311.
378 Vgl. beispielhaft §18 S. 3 GastG.
379 Zitiert nach *Maurer/Waldhoff* AllgVerwR §13 Rn. 10.
380 Vgl. exemplarisch §15 I und II BWPolG.

Landespolizeigesetze eine Pflicht zur unverzüglichen Vorlage der von Kreis- oder Ortspolizeibehörden erlassenen Polizeiverordnungen gegenüber der zuständigen Fachaufsichtsbehörde vor.[381] Zu beachten sind auch die in Art. 80 II GG genannten Zustimmungserfordernisse des Bundesrates bei bestimmten Rechtsverordnungen, zB über Grundsätze und Gebühren für die Benutzung der Einrichtung des Postwesens oder der Telekommunikation.

Manchmal schreiben Gesetze die Beteiligung außerstaatlicher Verbände vor Erlass der Rechtsverordnung etwa im Rahmen einer Anhörung vor. Die Anhörung soll insbesondere gewährleisten, dass die besondere Sachkunde der Organisationen berücksichtigt wird. Eine unterbliebene Anhörung hat dennoch keine Auswirkungen auf die Wirksamkeit der Rechtsverordnung, da es sich um außerstaatliche, demokratisch nicht legitimierte Verbände handelt.[382] 10

Beispiel: Soweit Ermächtigungen zum Erlass von Rechtsverordnungen die Anhörung der beteiligten Kreise vorschreiben, ist nach § 51 BImschG ein jeweils auszuwählender Kreis von Vertretern der Wissenschaft, der Betroffenen, der beteiligten Wirtschaft, des beteiligten Verkehrswesens und der für den Immissionsschutz zuständigen obersten Landesbehörden zu hören.

III. Form

Zu unterscheiden ist zwischen zwingenden Formvorschriften, deren Nichtbeachtung zur Nichtigkeit einer Rechtsverordnung führt, und Sollvorschriften, die keine Auswirkungen auf den Bestand der Rechtsverordnung haben. 11

1. Zwingende Formvorschriften

Nach Maßgabe des Art. 80 I 3 GG sowie entsprechender Bestimmungen im Landesverfassungsrecht muss die Verordnung ihre gesetzliche Ermächtigungsgrundlage benennen (sog. Zitiergebot). Das Zitiergebot soll die Prüfung ermöglichen, ob die Rechtsverordnung auf einer ausreichenden Ermächtigungsgrundlage beruht und sich in deren Grenzen hält.[383] Allgemeine Hinweise auf die Ermächtigungsgrundlage genügen dem Zitiergebot deshalb nicht. Es müssen vielmehr die einzelnen ermächtigenden Vorschriften des Gesetzes in der Rechtsverordnung angegeben werden.[384] Die Nichtbeachtung des Zitiergebotes führt zur Nichtigkeit der Rechtsverordnung.[385] 12

---

381 Vgl. exemplarisch § 15 II SächsPolG.

382 Vgl. dazu BVerwGE 59, 48 ff. = NJW 1980, 1763: Beteiligung der Gewerkschaften bei der Vorbereitung beamtenrechtlicher Regelungen; HessVGH NVwZ 1982, 689 ff.: Anhörung des Elternbeirats.

383 BVerfGE 101, 1 (42 f.) = NJW 1999, 3253: „unerläßliches Element des demokratischen Rechtsstaates".

384 BVerfGE 101, 1 (42) = NJW 1999, 3253; BVerfGE 20, 283 (292) = NJW 1967, 291.

385 BVerfGE 101, 1 (42 f.) = NJW 1999, 3253.

2. Sollvorschriften

a) Angabe der Überschrift

13 Rechtsverordnungen sollen eine ihren Inhalt kennzeichnende Überschrift tragen und in der Überschrift als „Rechtsverordnung" bezeichnet sein.[386]

b) Angabe der Geltungsdauer

14 In den meisten Bundesländern sollen die von Polizeibehörden erlassenen Rechtsverordnungen einen Hinweis auf ihre Geltungsdauer enthalten. Sehen sie keine bestimmte Geltungsdauer vor, so gelten die Polizeiverordnungen für eine gesetzlich festgelegte Mindestdauer.[387]

IV. Ausfertigung und Verkündung

15 Wie jede Rechtsnorm muss auch die Rechtsverordnung ausgefertigt und öffentlich bekannt gegeben („verkündet") werden (vgl. Art. 82 GG). Der Bundesgesetzgeber hat vom Vorbehalt in Art. 82 I 2 GG Gebrauch gemacht: Für die Verkündung von Bundesrechtsverordnungen kommt somit neben dem Bundesgesetzblatt auch eine anderweitige Verkündung im Bundesanzeiger in Betracht.[388] In den Bundesländern richtet sich die Ausfertigung nach der jeweiligen Landesverfassung.

16 Die Verkündung ist konstitutiv für die Wirksamkeit der Rechtsverordnung: Solange die Verordnung nicht verkündet worden ist, ist sie noch nicht existent.[389]

D. Materielle Rechtmäßigkeit

I. Tatbestand der Ermächtigungsgrundlage

17 Voraussetzung für die materielle Rechtmäßigkeit einer Rechtsverordnung ist die Vereinbarkeit mit der gesetzlichen Ermächtigungsgrundlage (Tatbestandsmäßigkeit der Rechtsverordnung). Darüber hinaus darf die Rechtsverordnung nicht gegen sonstiges höherrangiges Recht verstoßen; sie muss insbesondere mit den Grundrechten und dem Grundsatz der Verhältnismäßigkeit vereinbar sein.

18 Eine Rechtsverordnung muss im Übrigen auf einer ihrerseits verfassungsmäßigen Ermächtigungsgrundlage beruhen. Ist das ermächtigende Parlamentsgesetz verfassungswidrig, ist die Rechtsverordnung ebenfalls (materiell) rechtswidrig.

---

[386] Das Landespolizeirecht verlangt überwiegend die Bezeichnung als „Polizeiverordnung" (vgl. §11 II SächsPolG).

[387] Das baden-württembergische Polizeirecht sieht nach §17 I BWPolG eine Geltungsdauer von 20 Jahren vor.

[388] Gesetz über die Verkündung von Rechtsverordnungen v. 30.1.1950 (BGBl. 1950 I 23 mit späteren Änderungen).

[389] *Maurer/Waldhoff* AllgVerwR §13 Rn. 13.

II. Ermessen

Vorbehaltlich entgegenstehender gesetzlicher Regelungen besteht grundsätzlich keine Pflicht zum Erlass von Rechtsverordnungen. Es liegt daher im Ermessen des Verordnungsgebers, ob und wann er von der gesetzlichen Ermächtigung Gebrauch machen will. Zu beachten sind die Unterschiede zwischen dem Verordnungsermessen und dem Verwaltungsermessen. Während das Verwaltungsermessen typischerweise auf Einzelfälle gerichtet ist, betrifft das Verordnungsermessen abstrakt-generelle Regelungen. Nach der verwaltungsgerichtlichen Rechtsprechung kann deshalb die für die gerichtliche Überprüfung von Verwaltungsakten entwickelte Ermessensfehlerlehre nicht auf die Kontrolle von Rechtsverordnungen übertragen werden.[390] Das Verordnungsermessen orientiert sich daher nicht am konkreten, sondern am typischen Fall.[391] 19

E. Rechtsfolgen der Rechtswidrigkeit

Eine rechtswidrige Rechtsverordnung ist – anders als ein rechtswidriger Verwaltungsakt – grundsätzlich nichtig und damit unwirksam. Sie muss daher von den Bürgern nicht befolgt und darf von den Behörden nicht angewendet werden.[392] 20

F. Rechtsschutz

I. Rechtsschutz unmittelbar gegen eine Rechtsverordnung

Wer geltend machen kann, durch eine Rechtsverordnung in seinen Rechten verletzt zu sein oder in absehbarer Zeit zu werden, kann einen Normenkontrollantrag beim zuständigen Verwaltungsgerichtshof bzw. Oberverwaltungsgericht stellen (vgl. §47 I Nr.2 VwGO). Unmittelbarer Rechtsschutz besteht allerdings nicht gegen Bundesrechtsverordnungen, sondern nur gegen Landesrechtsverordnungen, „sofern das Landesrecht dies bestimmt". Hält der Verwaltungsgerichtshof bzw. das Oberverwaltungsgericht die Rechtsverordnung für rechtswidrig, wird sie für unwirksam erklärt (§47 V VwGO; dazu noch → §28 Rn. 114ff.).[393] 21

II. Rechtsschutz gegen einen aufgrund einer Rechtsverordnung erlassenen Verwaltungsakt

Die Gültigkeit einer Rechtsverordnung wird als Vorfrage (inzident) geprüft, wenn ein Kläger entweder gegen Verwaltungsakte vorgeht, die aufgrund einer Rechtsverordnung erlassen worden sind, oder die Feststellung konkreter Rechtsverhältnisse begehrt, die aus einer Rechtsverordnung resultieren.[394] 22

---

390 BVerwGE 125, 384 (386) = BeckRS 2006, 24119; zust. *Detterbeck* AllgVerwR Rn. 837; aA *Kloepfer* DVBl 1995, 445ff.

391 Näher dazu *v. Danwitz*, Die Gestaltungsfreiheit des Verordnungsgebers, 1989, 161ff.

392 Zu Ausnahmen von der Nichtigkeit bei verfahrensfehlerhaften Rechtsverordnungen vgl. BVerfGE 91, 148 (175) = NJW 1995, 1537.

393 Insgesamt dazu *Detterbeck* AllgVerwR Rn. 839ff.

394 Vgl. *Schmitt Glaeser/Horn* VerwProzR Rn. 403.

G. Kontrollfragen

1. Wie grenzen Sie die Rechtsverordnung von der Allgemeinverfügung ab? (→ Rn. 2 f.)
2. Warum bedarf die Exekutive zum Erlass von Rechtsverordnungen einer parlamentsgesetzlichen Ermächtigungsgrundlage? (→ Rn. 4)
3. Unter welchen Voraussetzungen sind Rechtsverordnungen formell rechtmäßig? (→ Rn. 6 ff.)
4. Welche Rechtsschutzmöglichkeiten stehen den Bürgern gegen Rechtsverordnungen zu? (→ Rn. 21 f.)

§22 Satzung

Lernziele: Sie sollen nach dem Studium dieses Kapitels
1. die Begriffsmerkmale einer Satzung kennen und
2. die Rechtmäßigkeitsanforderungen an Satzungen beschreiben.

A. Begriff

Das BVerfG definiert Satzungen wie folgt: „Satzungen sind Rechtsvorschriften, die von einer dem Staat eingeordneten juristischen Person des öffentlichen Rechts im Rahmen der ihr gesetzlich verliehenen Autonomie mit Wirksamkeit für die ihr angehörigen und unterworfenen Personen erlassen werden."[395]

1 Sowohl Satzungen als auch Rechtsverordnungen sind materielle Gesetze. Anders als Rechtsverordnungen, die staatliche Angelegenheiten regeln, normieren Satzungen Angelegenheiten der Selbstverwaltung von juristischen Personen des öffentlichen Rechts.

Beispiele: Gemeinden; Kreise; Universitäten; Industrie- und Handelskammern; Handwerkskammern; Kreishandwerkerschaften; Sozialversicherungsträger; Rundfunkanstalten.[396]

2 Die Charakteristika von Satzungen lassen sich wie folgt zusammenfassen:[397]

- Autonomie: Satzungen bedürfen keiner speziellen gesetzlichen Ermächtigungsgrundlage, sondern werden eigenverantwortlich geschaffen.

---

395 BVerfGE 33, 125 (156 f.) = NJW 1972, 1504.

396 Von Bedeutung sind Satzungen insbesondere im Kommunalbereich. Die Autonomie der Gemeinden wird in Art. 28 II 1 GG verfassungsrechtlich garantiert.

397 Vgl. *Möstl* in Erichsen/Ehlers AllgVerwR §20 Rn. 11 mwN.

- Dezentralisation: Die Satzung wird nicht unmittelbar vom Staat, sondern von rechtlich selbstständigen, wenn auch dem Staat eingegliederten Organisationseinheiten erlassen.
- Selbstverwaltung: Die Satzungsautonomie findet ihre Rechtfertigung in der besonderen demokratischen Legitimation des satzungsgebenden Organs. Sie beschränkt sich damit zugleich auf die eigenen Angelegenheiten der Selbstverwaltungskörperschaft.

B. Ermächtigungsgrundlage

Satzungen sind staatliches abgeleitetes Recht. Im Unterschied zu Rechtsverord- 3 nungen bedürfen sie grundsätzlich keiner besonderen gesetzlichen Ermächtigungsgrundlage. Das Recht zur Satzungsgebung – die sog. Satzungsautonomie – ist Folge des Selbstverwaltungsrechts. Das Selbstverwaltungsrecht muss allerdings durch die Verfassung oder ein Parlamentsgesetz verliehen worden sein.

Beispiel: Art. 28 II 1 GG ermächtigt die Gemeinden, ihre eigenen Angelegenheiten durch Satzungen zu regeln.

Merke: Art. 80 I GG gilt für Satzungen weder unmittelbar noch analog.[398] Der Grund dafür, dass der Adressat von Verordnungsermächtigungen erhöhten Bestimmtheitsanforderungen unterworfen wird, liegt darin, dass der Geltungsbereich von Rechtsverordnungen in personeller und räumlicher Hinsicht deutlich weiter ist als der von Satzungen.

Allerdings reicht die Satzungsautonomie nicht in jedem Fall als Ermächti- 4 gungsgrundlage für den Satzungserlass aus. Nach der Wesentlichkeitslehre (→ § 6 Rn. 11 ff.) unterfallen grundrechtsrelevante Satzungen dem Vorbehalt des Gesetzes und bedürfen deshalb einer speziellen parlamentsgesetzlichen Ermächtigungsgrundlage.

C. Rechtmäßigkeit

Die für Rechtsverordnungen geltenden Rechtmäßigkeitsvoraussetzungen fin- 5 den im Wesentlichen auch bei Satzungen Anwendung.[399] Vorgaben für die formelle Rechtmäßigkeit von Satzungen finden sich im Besonderen Verwaltungsrecht und im Organisationsrecht der erlassenden juristischen Person des öffentlichen Rechts.

Beispiele: § 2 I 1 BauGB: Zuständigkeit; § 9 VIII BauGB: Begründungspflicht; § 10 II BauGB: Genehmigungserfordernis.

---

[398] BVerfGE 33, 125 (156 ff.) = NJW 1972, 1504; BVerwGE 148, 133 (143) = BeckRS 2014, 45323; *Detterbeck* AllgVerwR Rn. 848.

[399] Vgl. zur Ausfertigung BVerwG NVwZ 2007, 334 ff.; *Swierczyna* ThürVBl. 2004, 149 ff.

6 Materiell rechtmäßig ist eine Satzung, soweit sie mit höherrangigem Recht übereinstimmt.

Rechtmäßigkeit von Satzungen

- Rechtsgrundlage der Satzungsautonomie
- Gegebenenfalls spezielle gesetzliche Ermächtigungsgrundlage
- Formelle Rechtmäßigkeit
  - Zuständigkeit
  - Verfahren (Initiativrecht, Beschlussverfahren, aufsichtsbehördliche Genehmigung)
  - Form (Ausfertigung und Bekanntmachung)
- Materielle Rechtmäßigkeit
  - Tatbestand der Ermächtigungsgrundlage
  - Fehlerfreier Gebrauch des Satzungsermessens
  - Übereinstimmung mit sonstigem höherrangigem Recht

D. Rechtsfolgen der Rechtswidrigkeit

7 Rechtswidrige Satzungen sind – wie rechtswidrige Rechtsverordnungen, aber anders als rechtswidrige Verwaltungsakte – grundsätzlich nichtig. Sie müssen vom Bürger nicht befolgt und dürfen von der Verwaltung nicht angewendet werden.

8 Ausnahmsweise kann der Gesetzgeber anordnen, dass formelle oder materielle Rechtsverstöße von Satzungen unbeachtlich sind und nicht zur Nichtigkeit führen. Unbeachtliche Rechtsverstöße lassen die Wirksamkeit der Satzung unberührt. Dies ist etwa im Baurecht bei bestimmten Mängeln von Bebauungsplänen der Fall (vgl. §§214, 215 BauGB). Bebauungspläne sind nach §10 I 1 BauGB Satzungen.[400]

9 Verwaltungsgerichtlicher Rechtsschutz unmittelbar gegen Satzungen wird nach Maßgabe des §47 VwGO gewährt. Im Übrigen wird die Rechtmäßigkeit einer Satzung inzident, also mittelbar im Rahmen der Kontrolle der auf ihr basierenden Einzelakte überprüft.[401]

E. Kontrollfragen

1. Worin unterscheidet sich die Satzung von der Rechtsverordnung? (→ Rn. 1 f.)
2. Welche Rechtswirkungen entfaltet eine rechtswidrige Satzung? (→ Rn. 7 f.)

---

400 Dazu näher *Möstl* in Erichsen/Ehlers AllgVerwR §19 Rn. 35.

401 Vgl. insoweit die Ausführungen zu Rechtsverordnungen → §21 Rn. 21 f.

§ 23 Verwaltungsvorschrift

Lernziele: Sie sollen nach dem Studium dieses Kapitels
1. Verwaltungsvorschriften insbesondere von Rechtsverordnungen abgrenzen,
2. die verschiedenen Arten der Verwaltungsvorschriften systematisieren und
3. die Rechtswirkungen von Verwaltungsvorschriften beurteilen.

A. Bedeutung

1 Die überragende Bedeutung der Verwaltungsvorschriften für das Verwaltungshandeln zu erfassen, ist kaum möglich. Es gibt wohl nur wenige Gesetze, zu denen nicht zumindest einige Verwaltungsvorschriften erlassen worden sind. Ohne Verwaltungsvorschriften wäre der Gesetzesvollzug in zahlreichen Verwaltungsbereichen überhaupt nicht möglich. Dies gilt insbesondere für Rechtsmaterien, die auf unbestimmten Rechtsbegriffen aufbauen oder auf außerrechtliche Standards rekurrieren.[402]

B. Begriff

2

Definition: Nach *F. Ossenbühls* Definition sind Verwaltungsvorschriften „solche Regelungen, die innerhalb der Verwaltungsorganisation von übergeordneten Verwaltungsinstanzen oder Vorgesetzten an nachgeordnete Behörden oder Bedienstete ergehen und die dazu dienen, Organisation und Handeln der Verwaltung (zB Gesetzesvollzug, Ermessensausübung, Verwaltungsverfahren) näher zu bestimmen."[403]

C. Regelungsgegenstand

3 Im Rahmen einer an funktionalen Gesichtspunkten ausgerichteten Systematik ist zwischen organisatorischen und verhaltenslenkenden Verwaltungsvorschriften zu differenzieren.

I. Organisatorische Verwaltungsvorschriften

4 Organisatorische Verwaltungsvorschriften regeln den Aufbau sowie die innere Ordnung der Behörden im Rahmen der exekutiven Organisationsgewalt. Sie betreffen insbesondere die Behördengliederung, die behördlichen Zuständigkeiten, die Geschäftsverteilung und den Geschäftsgang innerhalb einer Behörde und den gesamten Bereich des behördlichen Verfahrens.[404]

---

[402] Dazu *Sauerland*, Die Verwaltungsvorschrift im System der Rechtsquellen, 2005, 29 ff.

[403] *Ossenbühl*, Verwaltungsvorschriften und Grundgesetz, 1968, 30.

[404] *Achterberg*, Allgemeines Verwaltungsrecht, 2. Aufl. 1986, § 16 Rn. 51; *Maurer/Waldhoff* AllgVerwR § 24 Rn. 8.

II. Verhaltenslenkende Verwaltungsvorschriften

5 Verhaltenslenkende Verwaltungsvorschriften steuern administrative Entscheidungsvorgänge und Handlungen.[405] Sie können in gesetzesakzessorische und gesetzesvertretende Verwaltungsvorschriften unterteilt werden.

1. Gesetzesakzessorische Verwaltungsvorschriften

6 Gesetzesakzessorische Verwaltungsvorschriften beziehen sich auf die Verwaltungstätigkeit, die den Gesetzesvollzug betrifft.[406]

a) Norminterpretierende Verwaltungsvorschriften

7 Norminterpretierende Verwaltungsvorschriften dienen der Klärung von Zweifelsfragen bei der Auslegung und Anwendung von Rechtsnormen. Sie sind insbesondere bei Vorliegen unbestimmter Rechtsbegriffe von Relevanz, da der Gesetzesvollzug ohne sie uneinheitlich zu werden drohte.[407]

Beispiele: Einkommensteuerrichtlinien (EStR); Umsatzsteuer-Anwendungserlass (UStAE).

b) Normkonkretisierende Verwaltungsvorschriften

8 Normkonkretisierende Verwaltungsvorschriften regeln – ebenso wie norminterpretierende Verwaltungsvorschriften – die Auslegung und Anwendung weit gefasster Generalklauseln und unbestimmter Rechtsbegriffe. Aufgrund eines der Verwaltung gesetzlich zugewiesenen Konkretisierungsauftrags sollen normkonkretisierende Verwaltungsvorschriften jedoch – wie Rechtsverordnungen oder Satzungen – Verbindlichkeit auch für Bürger und Gerichte entfalten.[408]

Beispiele: Die Technische Anleitung Luft (TA Luft) und die Technische Anleitung Lärm (TA Lärm) sind zwei normkonkretisierende Verwaltungsvorschriften im Umweltrecht, die nach Maßgabe des § 48 BImSchG erlassen werden und denen Außenverbindlichkeit für Bürger und Gerichte zukommt.

c) Ermessenslenkende Verwaltungsvorschriften

9 Ermessenslenkende Verwaltungsvorschriften (Ermessensrichtlinien) bestimmen, in welcher Weise von dem der Verwaltung eingeräumten Entschließungs- oder Auswahlermessen Gebrauch gemacht werden soll. Insofern haben Ermessensrichtlinien die Aufgabe, eine einheitliche und gleichmäßige Ermessensausübung sicherzustellen.[409]

Beispiel: Die Allgemeine Verwaltungsvorschrift zum Staatsangehörigkeitsrecht v. 13.12.2000 enthält in ihrer Nr. 8.1 zahlreiche Vorgaben, die eine ein-

---

[405] *Mühlenbruch*, Außenwirksame Normkonkretisierung durch „Technische Anleitungen", 1992, 34.

[406] *Rogmann*, Bindungswirkung von Verwaltungsvorschriften, 1998, 17 f.

[407] BVerfGE 78, 214 (227) = NJW 1989, 666; BVerwGE 36, 313 (315) = NJW 1971, 1578.

[408] BVerwGE 107, 338 (340 f.) = BeckRS 1998, 30030632; BVerwGE 72, 300 (315 f., 320 f.) = BeckRS 9998, 169523; *Hill* NVwZ 1989, 401 (409 f.); *Jarass* JuS 1999, 105 (108 f.).

[409] BVerwGE 71, 342 (347) = BeckRS 9998, 45544; *Bock* JA 2000, 390 (391).

heitliche Anwendung der Ermessensausübung gem. § 8 StAG gewährleisten sollen.

2. Gesetzesvertretende Verwaltungsvorschriften

Gesetzesvertretende Verwaltungsvorschriften steuern das Verwaltungshandeln in gesetzlich nicht normierten Sachbereichen. Innerhalb des verfassungsrechtlichen Rahmens bilden sie die einzige Entscheidungsgrundlage der Verwaltung.[410] 10

Beispiel: Subventionsrichtlinien legen auf der Grundlage nur sehr grober Vorgaben des Haushaltsplans die Verteilung staatlicher Zuwendungen im Detail fest.[411]

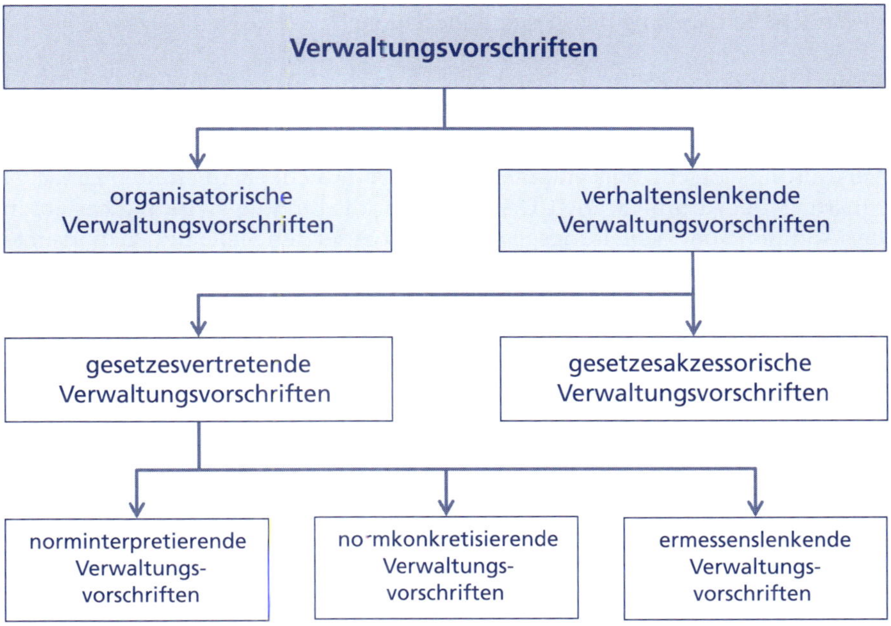

Abb. 60: Arten der Verwaltungsvorschriften

D. Rechtsnatur

Im Schrifttum und Rechtsprechung werden Verwaltungsvorschriften teilweise nicht zu den Rechtsnormen gezählt: Rechtsnormen seien regelmäßig nur die Normen des Außenrechts. Als lediglich verwaltungsintern wirkende Regelungen wiesen Verwaltungsvorschriften aber keine „Außenwirkung“ auf.[412] 11

---

410 *Bock* JA 2000, 390 (391).

411 BVerwGE 104, 220 (222) = BeckRS 9998, 170937; *H. P. Ipsen* VVDStRL 25 (1967), 257 (294).

412 Aus der Rechtsprechung BVerfGE 78, 214 (217 ff.) = DVBl 1989, 94; BVerwGE 104, 220 ff.

12 Verwaltungsvorschriften sind aber generell-abstrakte Regelungen mit verbindlicher Wirkung, die zu befolgende Rechtspflichten konstituieren. Unabhängig von ihrem Adressatenkreis und ihrer Bindungswirkung sind Verwaltungsvorschriften daher nicht lediglich Handlungsformen der Verwaltung. Sie müssen – ähnlich den Rechtsverordnungen und Satzungen – zugleich als Rechtsnormen qualifiziert werden.

E. Rechtmäßigkeit

13 Verwaltungsvorschriften werden von Exekutivorganen und nicht vom Gesetzgeber erlassen. Die Befugnis zu ihrem Erlass ist der vollziehenden Gewalt „inhärent"[413]; einer gesetzlichen Ermächtigungsgrundlage bedarf es nicht.[414] Im Übrigen dürfen Verwaltungsvorschriften – wie auch Rechtsverordnungen und Satzungen – nicht gegen höherrangiges Recht verstoßen. Sie müssen insbesondere den Vorrang des Gesetzes beachten.[415]

F. Rechtswirkungen

I. Innenwirkung

14 Verwaltungsvorschriften entfalten eine Verbindlichkeit unstreitig zunächst innerhalb der Administrative. Der Grund für die Bindungswirkung besteht in der Addition von Sachleitungsgewalt der vorgesetzten Stelle und Gehorsamspflicht der nachgeordneten Stellen.[416] Die Gehorsamspflicht der Beamten zählt zu den hergebrachten Grundsätzen des Berufsbeamtentums (Art. 33 V GG). Ebenfalls setzt die parlamentarische Ressortverantwortlichkeit der Minister Weisungsrecht und Weisungsgebundenheit voraus (Art. 65 S. 2 GG). Letztlich ist also das im Grundgesetz anerkannte hierarchische Verwaltungsgefüge Bindungsgrund für die Innenwirkung von Verwaltungsvorschriften.

II. Außenwirkung

15 Die Rechtswirkungen von Verwaltungsvorschriften können weiterhin als „ungesichert"[417] gelten. Die überkommene Auffassung klassifiziert Verwaltungsvorschriften als reines Innenrecht, das nicht richterlicher Maßstab, sondern lediglich Prüfgegenstand der Gerichte sei.[418] In der neueren Rechtsprechung und Teilen der Literatur wird Verwaltungsvorschriften jedoch – zu-

---

= BeckRS 9998, 170937; BVerwGE 44, 72 ff. = BeckRS 9998, 107491; aus dem Schrifttum beispielhaft *Jachmann* Die Verwaltung 1995, 17 (21, 31); *Pieroth* JuS 1994, L89 (L90); *Schenke* DÖV 1977, 27 (29 ff.).

413 BVerfGE 26, 338 (396).

414 Teilweise existieren jedoch auch ausdr. Ermächtigungsgrundlagen zum Erlass von Verwaltungsvorschriften, wie zB in Art. 84 II und Art. 85 II 1 GG oder in § 48 BImschG.

415 Zum Verfahren der Entstehung und der Aufhebung von Verwaltungsvorschriften vgl. *Sauerland*, Die Verwaltungsvorschrift im System der Rechtsquellen, 2005, 322 ff.

416 Ähnlich *Ossenbühl*, Verwaltungsvorschriften und Grundgesetz, 1968, 455.

417 *Möstl* in Erichsen/Ehlers AllgVerwR § 26 Rn. 16 in Fn. 86.

418 Ausf. Darstellung bei *Detterbeck* AllgVerwR Rn. 870 ff.

treffend – Außenverbindlichkeit gegenüber den Bürgern und den Gerichten zugesprochen.[419]

1. Mittelbare Außenwirkung

Die bis heute vertretene Theorie der Selbstbindung der Verwaltung[420] gesteht 16
Verwaltungsvorschriften eine gerichtlich einklagbare mittelbare Außenwirkung zu. Als „Umschaltnorm" dient der Gleichheitssatz aus Art. 3 I GG. Art. 3 I GG verpflichtet die Verwaltung zur gleichmäßigen Ausübung ihres Ermessens. Richtet die Verwaltung ihre Ermessensentscheidungen an den in den Verwaltungsvorschriften niedergelegten Maßstäben aus, so erlaubt Art. 3 I GG eine Abweichung von dieser Verwaltungsübung nur, wenn ein sachlicher Grund die Abweichung im Einzelfall rechtfertigt. Unter Berufung auf Art. 3 I GG kann daher jeder Bürger verlangen, so gestellt zu werden, wie andere Bürger bereits zuvor in vergleichbaren Fällen gestellt wurden. Wenngleich Anknüpfungspunkt für die Selbstbindung der Verwaltung nicht die Verwaltungsvorschriften als solche, sondern die Verwaltungsübung ist, fungieren die Verwaltungsvorschriften doch als Indizien der Verwaltungsübung bzw. als antizipierte Verwaltungsübung. Ein nicht durch einen sachlichen Grund gerechtfertigtes Abweichen von Verwaltungsvorschriften bedeutet daher einen Verstoß gegen Art. 3 I GG. Nach der Theorie der Selbstbindung der Verwaltung sollen die Verwaltungsvorschriften daher mithilfe des Gleichheitssatzes aus Art. 3 I GG mittelbar Außenwirkung gegenüber den Bürgern entfalten.[421]

2. Unmittelbare Außenwirkung

Normkonkretisierenden Verwaltungsvorschriften im Umwelt- und Technik- 17
recht hat die jüngere Rechtsprechung des BVerwG unmittelbare Außenwirkung zuerkannt.[422] Damit ist nichts anderes als eine Verbindlichkeit dieser Kategorie von Verwaltungsvorschriften gegenüber den Gerichten sowie eine unmittelbare Außenwirkung gegenüber dem Bürger gemeint. Eine unmittelbare Außenwirkung von Verwaltungsvorschriften setzt nach Auffassung des BVerwG voraus, dass die Verwaltungsvorschrift

- den Vorrang des Gesetzes beachtet,
- nicht durch neuere Erkenntnisse in Wissenschaft und Technik überholt ist und

---

419 Aus der Rspr. BVerwGE 81, 27 (29) = NJW 1989, 1558; BVerwGE 72, 119 (121 f.) = BeckRS 9998, 169531; aus der Lit. *Ossenbühl*, Verwaltungsvorschriften und Grundgesetz, 1968; *Sauerland*, Die Verwaltungsvorschrift im System der Rechtsquellen, 2005; *Wahl* FS BVerwG, 2003, 571 ff.; jeweils mwN.

420 BVerwGE 104, 220 (223) = BeckRS 9998, 170937: Subventionsrichtlinien; BVerwGE 44, 72 (74 f.): Beihilfe für Beamte; ferner *Maurer/Waldhoff* AllgVerwR § 24 Rn. 21 ff.; *Erichsen/Klüsche* JURA 2000, 540 (545); jeweils mwN.

421 Zu den Schwächen dieser „Hilfskonstruktion" s. *Sauerland*, Die Verwaltungsvorschrift im System der Rechtsquellen, 2005, 193 ff.

422 BVerwGE 107, 338 (341) = BeckRS 1998, 30030632: „für Gerichte verbindlich und dann wie Normen auszulegen"; zuvor bereits BVerwGE 72, 300 (320 f.) = BeckRS 9998, 169523; bestätigt durch BVerwGE 114, 342 (344) = BeckRS 2001, 30188029; BVerwGE 129, 209 (211) = BeckRS 2007, 27635.

- ein umfangreiches Beteiligungsverfahren durchgeführt wurde, um die Sachkunde externer Kreise in den Erlass der Verwaltungsvorschrift einfließen zu lassen.[423]

18 Im Einzelnen ist vieles umstritten. Das BVerfG hat die Frage der Vereinbarkeit einer unmittelbaren Außenwirkung von Verwaltungsvorschriften mit dem Grundgesetz bislang offen gelassen.[424] Der EuGH hingegen hat Verwaltungsvorschriften unter Hinweis auf ihre (angeblich) fehlende unmittelbare Außenwirkung als nicht probates Mittel zur Umsetzung von Richtlinien der Europäischen Union bezeichnet.[425] Das Schrifttum ist hinsichtlich der Anerkennung einer unmittelbaren Außenwirkung von Verwaltungsvorschriften geteilt.[426]

19 Verwaltungsvorschriften, die eine unmittelbare rechtliche Außenwirkung gegenüber Bürgern und Gerichten entfalten, müssen ordnungsgemäß publiziert werden, damit die betroffenen Bürger rechtzeitig informiert werden können.[427] Wird die Verwaltungsvorschrift nicht ordnungsgemäß bekannt gemacht, ist sie unwirksam.[428]

20 Unmittelbar außenwirksame Verwaltungsvorschriften sind nach zutreffender, aber höchst umstrittener Auffassung „Rechtsvorschriften" iSd § 47 I 2 Nr. 2 VwGO. Ihre Rechtmäßigkeit kann in der Konsequenz mithilfe eines Normenkontrollantrags verwaltungsgerichtlich überprüft werden.[429]

G. Kontrollfragen

1. Was ist eine Verwaltungsvorschrift? (→ Rn. 2)
2. Wie lassen sich die verschiedenen Erscheinungsformen von Verwaltungsvorschriften systematisieren? (→ Rn. 3 ff.)
3. Sind Verwaltungsvorschriften Rechtsnormen? (→ Rn. 11 f.)
4. Was bedeutet Selbstbindung der Verwaltung? (→ Rn. 16)
5. Können sich Bürger unmittelbar auf Verwaltungsvorschriften berufen? (→ Rn. 17 f.)

---

423 BVerwGE 107, 338 (341 f.) = BeckRS 1998, 30030632.

424 BVerfGE 80, 257 (265) = NJW 1989, 2614; vgl. ferner BVerfGE 78, 214 (217) = NJW 1989, 666.

425 EuGH Slg. 1991, I-2567 (2596 Rn. 16 ff.); Slg. 1991, I-2607 (2626 Rn. 19 ff.): TA-Luft.; EuGH Slg. 1991, I-826 (881 mit Fn. 72 f.): Grundwasser; EuGH Slg. 1995, I-2311 (2318 Rn. 20): Vergaberichtlinien.

426 Für unmittelbare Außenwirkung *Ossenbühl* in Erichsen/Ehlers AllgVerwR, 12. Aufl. 2002, § 6 Rn. 53; *Sauerland*, Die Verwaltungsvorschrift im System der Rechtsquellen, 2005, passim; *Vogel* VVDStRL 24 (1966), 125 (162 f.); Di Fabio DVBl 1992, 1342 ff.; *Erbguth* DVBl 1989, 478 ff.; *Hill* NVwZ 1989, 402 ff. Gegen unmittelbare Außenwirkung *Ehlers* in Erichsen/Ehlers AllgVerwR § 2 Rn. 69; *Möstl* in Erichsen/Ehlers AllgVerwR § 20 Rn. 19; *Saurer* VerwArch 2006, 262 ff.

427 BVerwGE 122, 264 (269 f.) = BeckRS 2005, 22658.

428 BVerwGE 122, 264 (271) = BeckRS 2005, 22658.

429 BVerwGE 94, 335 (337 f.) = BeckRS 9998, 170371.

§ 24 Realakt

Lernziele: Sie sollen nach dem Studium dieses Kapitels
1. die Begriffsmerkmale eines Realakts kennen und
2. den Realakt insbesondere von einem Verwaltungsakt unterscheiden.

A. Begriff

Definition: Realakte (auch tatsächliches, schlichtes oder schlicht-hoheitliches Verwaltungshandeln genannt) sind Handlungen von Behörden, die nicht unmittelbar auf die Herbeiführung einer Rechtsfolge, sondern auf einen tatsächlichen Erfolg gerichtet sind. Realakte unterscheiden sich folglich durch ihren fehlenden Regelungscharakter von Verwaltungsakten oder öffentlich-rechtlichen Verträgen.[430]

Beispiele: Auskünfte; Warnungen; Teilnahme am Straßenverkehr; Speicherung von Daten; Auszahlung der Besoldung einer Beamtin.

Zwar kann durch die Ablehnung eines beantragten Realaktes in ein Recht der 1
Bürger eingegriffen werden.[431]

Beispiel: Durch die Ablehnung der beantragten Löschung von Daten wird in das Grundrecht des Antragstellers auf informationelle Selbstbestimmung aus Art. 2 I iVm Art. 1 I GG eingegriffen.

Dass objektiv eine Rechtsbeeinträchtigung vorliegt, reicht aber allein zur An- 2
nahme einer Regelung nicht aus. Vielmehr muss gerade diese Rechtsfolge bezweckt sein. Es ist deshalb zu unterscheiden zwischen der unmittelbaren Rechtsfolge kraft Regelung und einem bloßen Rechtsreflex, also der nur tatsächlichen Auswirkung einer Maßnahme auf die Rechtsstellung einer Person, die nicht als Regelung im Sinne eines Verwaltungsakts anzusehen ist (zum Begriff der „Regelung“ → § 9 Rn. 19 ff.)

B. Abgrenzung gegenüber Verwaltungsakten

Nach hM ist bei tatsächlichen behördlichen Maßnahmen eine Regelung und 3
damit ein Verwaltungsakt iSd § 35 VwVfG anzunehmen, wenn vor der tatsächlichen Handlung eine regelnde Entscheidung darüber zu ergehen hat, „ob“ die Behörde die beantragte tatsächliche Verwaltungshandlung vornimmt. Für die Annahme einer Regelung ist dabei noch nicht ausreichend, dass vor Durchführung der Maßnahme überhaupt eine Entscheidung zu treffen ist. Denn das ist praktisch bei jeder behördlichen Maßnahme der Fall.

---

[430] *Detterbeck* AllgVerwR Rn. 885. *Maurer/Waldhoff* AllgVerwR § 15 Rn. 1.

[431] Der behördlichen Entscheidung, ob ein Realakt durchgeführt wird oder nicht, kann allerdings Verwaltungsaktqualität zukommen. Dazu sogleich im Text.

4 Die Annahme einer regelnden Entscheidung ist jedoch dann gerechtfertigt,

- wenn die Maßnahme nur abstrakt im Gesetz vorgesehen ist und deshalb eine Subsumtion der Behörde im Einzelfall erfolgen muss, insbesondere unbestimmte Rechtsbegriffe auszulegen und anzuwenden sind, oder
- wenn die beantragte Handlung im Ermessen der Behörde steht. In diesem Fall bedarf es einer Abwägung und der förmlichen Festlegung des Abwägungsergebnisses, ob die begehrte Leistung erbracht werden soll.

Merke: Setzt die Entscheidung, ob die in Rede stehende Handlung vorgenommen wird, eine nur einfache Rechtsprüfung voraus, handelt es sich also nur um eine Routineangelegenheit, spricht dies für einen Realakt. Erfordert die Entscheidung dagegen eine aufwändige Rechtsprüfung, spricht dies für einen Verwaltungsakt.[432]

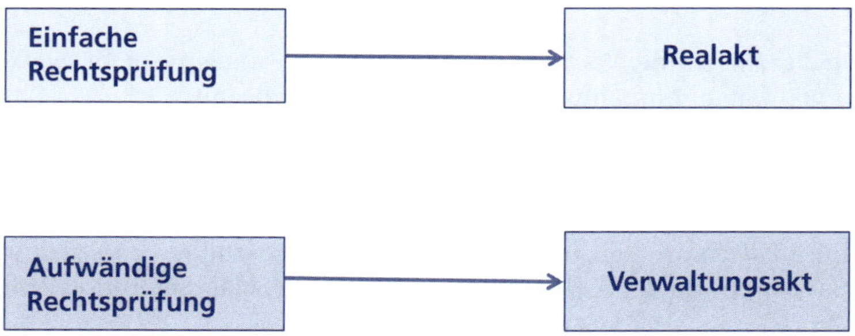

Abb. 61: Abgrenzung von Realakt und Verwaltungsakt

C. Rechtmäßigkeit

5 Greifen Realakte in Rechte des Bürgers ein oder sind sie zumindest grundrechtsrelevant, bedürfen sie nach dem Prinzip vom Vorbehalt des Gesetzes einer gesetzlichen Ermächtigungsgrundlage.[433] Im Übrigen dürfen Realakte nicht gegen Rechtsvorschriften oder allgemeine Rechtsgrundsätze verstoßen.

[432] Vgl. BVerwGE 31, 301 (306 f.) = NJW 1969, 1131; dazu auch *Detterbeck* AllgVerwR Rn. 887.

[433] Die Frage nach der Ermächtigungsgrundlage stellt sich insbesondere bei öffentlichen Warnungen, zB vor fehlerhaften Produkten oder Jugendsekten (vgl. BVerfGE 105, 252 ff. = NJW 2002, 2621; BVerfGE 105, 279 ff. = NJW 2002, 2626). Sowohl das BVerfG als auch das BVerwG (vgl. BVerwGE 87, 37 ff. = NJW 1991, 1766; BVerwGE 82, 76 ff. = NJW 1989, 2272) stützen eine entsprechende Befugnis der Bundesregierung auf die Verfassungsbestimmung in Art. 65 GG, da die Bundesregierung „auf Grund ihrer Aufgabe der Staatsleitung überall dort zur Informationsarbeit berechtigt (sei), wo ihr eine gesamtstaatliche Verantwortung zukommt, die mit Hilfe von Informationen wahrgenommen werden kann" (2. Ls. in BVerfGE 105, 252 und 279). Ausf. *Schink* DVBl 2011, 253 ff.

Beispiel: Bloße Teilnahme am Straßenverkehr zu dienstlichen Zwecken: keine Ermächtigungsgrundlage erforderlich, da weder Rechtseingriff noch Grundrechtsrelevanz gegeben sind. – Beobachtung von Demonstranten durch die Polizei mittels Kamera (VG Berlin NVwZ 2010, 1442 [1443]): Ermächtigungsgrundlage erforderlich, da die Bildaufnahme die Versammlungsfreiheit aus Art. 8 I GG und das Grundrecht auf informationelle Selbstbestimmung aus Art. 2 I iVm Art. 1 I GG beeinträchtigt.

Wie bei Verwaltungsakten ist im Übrigen auch bei Realakten zwischen der formellen und materiellen Rechtmäßigkeit zu unterscheiden.[434] Zu beachten ist, dass die §§ 10–34 VwVfG nur bei Verwaltungsakten, nicht hingegen bei Realakten Anwendung finden (vgl. § 9 VwVfG). 6

D. Rechtsschutz

Ansprüche auf Vornahme von Realakten sind mit der allgemeinen Leistungsklage durchzusetzen (dazu noch → § 28 Rn. 57 ff.). Gegen drohende rechtswidrige Realakte steht die Unterlassungsklage (Unterfall der allgemeinen Leistungsklage) zur Verfügung. Schließlich kann gegebenenfalls auch auf die (nachträgliche) Feststellung der Rechtswidrigkeit des Realakts geklagt werden (dazu noch → § 28 Rn. 67 ff.).[435] 7

Abgrenzung des Realakts vom Verwaltungsakt

- Verwaltungsakt: Regelung → Herbeiführung einer Rechtsfolge
- Realakt (tatsächliches Verwaltungshandeln): keine Regelung → Herbeiführung eines tatsächlichen Erfolges

E. Kontrollfragen

1. Was ist ein Realakt? (→ Rn. 1 f.)
2. Wie wird der Realakt vom Verwaltungsakt abgegrenzt? (→ § 28 Rn. 3 f.)

434 Dazu BVerwG NJW 2005, 2332.
435 *Detterbeck* AllgVerwR Rn. 890.

5. Abschnitt. Verwaltungsprozessrecht

§ 25 Einführung in das System des Verwaltungsrechtsschutzes

1 Im nachfolgenden Abschnitt werden die Grundzüge des Verwaltungsrechtsschutzes behandelt. Dabei stehen Fragen des Rechtsschutzes der Bürger gegen behördliche Maßnahmen im Vordergrund. Konkret geht es um die Frage, wie Ansprüche im Bürger-Staat-Verhältnis gerichtlich durchgesetzt werden können.

A. Gerichtszweige

2 Müssen Ansprüche gerichtlich durchgesetzt werden, weil sie vom Schuldner nicht freiwillig erfüllt werden, können verschiedene Gerichte zuständig sein. Art. 95 I GG garantiert zwar keinen Instanzenweg, nennt aber fünf Gerichtszweige:

- die ordentliche Gerichtsbarkeit,
- die Arbeitsgerichtsbarkeit,
- die Verwaltungsgerichtsbarkeit,
- die Sozialgerichtsbarkeit und
- die Finanzgerichtsbarkeit.

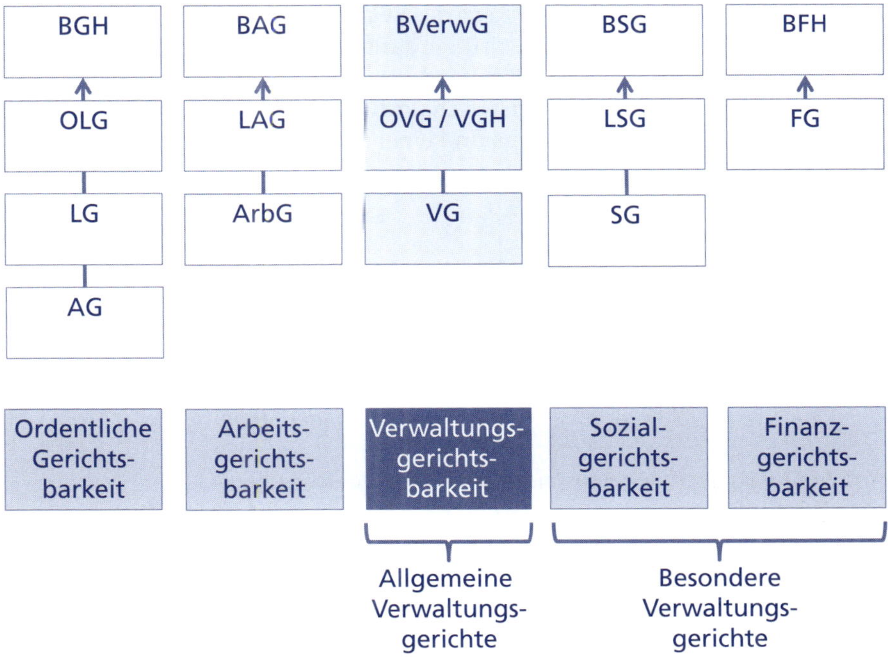

Abb. 62: Gerichtszweige

3 Für jeden Gerichtszweig existiert eine eigene Prozessordnung.

Beispiele: Zivilprozessordnung (ZPO); Strafprozessordnung (StPO); Arbeitsgerichtsgesetz (ArbGG); Verwaltungsgerichtsordnung (VwGO); Sozialgerichtsgesetz (SGG) und Finanzgerichtsordnung (FGO).

4 Für die allgemeinen Verwaltungsgerichte gilt die Verwaltungsgerichtsordnung (VwGO).

B. Einführung in die Verwaltungsgerichtsordnung

5 In der VwGO ist insbesondere geregelt, unter welchen Voraussetzungen Rechtsbehelfe, dh Widersprüche, Klagen und sonstige Anträge auf gerichtlichen Rechtsschutz Erfolg haben. Ein Widerspruch hat Erfolg, wenn die zuständige Behörde dem Begehren des Widerspruchsführers stattgibt, wenn sie also den angefochtenen Verwaltungsakt aufhebt oder den vom Widerspruchsführer beantragten Verwaltungsakt erlässt. Der Widerspruch ist dann begründet.

6 Entsprechend hat eine Klage Erfolg, wenn das Gericht den vom Kläger angefochtenen Verwaltungsakt aufhebt oder die Behörde zum Erlass des abgelehnten Verwaltungsakts verurteilt. In beiden Fällen sind die Klagen begründet.

7 Bevor über die Begründetheit eines Widerspruchs oder einer Klage entschieden wird, müssen bestimmte Sachentscheidungsvoraussetzungen – auch Zulässigkeitsvoraussetzungen genannt – erfüllt sein. Sind die Sachentscheidungsvoraussetzungen nicht erfüllt, ergeht keine „Entscheidung in der Sache". Gemeint ist: keine Entscheidung über den Kern des Rechtsstreits. Die zuständige Behörde und das Verwaltungsgericht prüfen dann nicht mehr, ob etwa der vom Widerspruchsführer oder Kläger geltend gemachte Anspruch auf Aufhebung des Verwaltungsakts besteht. Es ist deshalb zwischen der Zulässigkeit und der Begründetheit eines Widerspruchs und einer Klage zu unterscheiden.

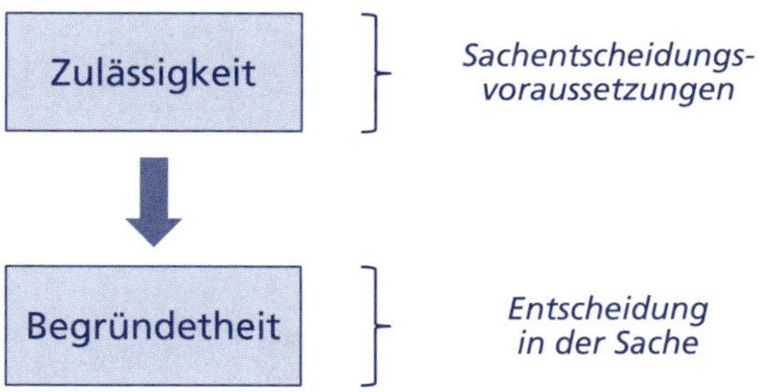

Abb. 63: Zulässigkeit und Begründetheit eines Widerspruchs

! **Klausurhinweis:** In der Klausur ist zunächst die Zulässigkeit des Widerspruchs oder der Klage zu prüfen. Erst wenn sämtliche Zulässigkeitsvoraussetzungen erfüllt sind, darf die Begründetheit des Rechtsbehelfs geprüft werden. Im Rahmen der Begründetheit geht es dann um die Frage, ob die behördliche Maßnahme rechtmäßig oder rechtswidrig ist.

Für sämtliche Rechtsbehelfe gelten allgemeine und besondere Zulässigkeitsvoraussetzungen. 8

- Bei den allgemeinen Zulässigkeitsvoraussetzungen handelt es sich um solche Voraussetzungen, die jeder Rechtsbehelf erfüllen muss.
- Die besonderen Zulässigkeitsvoraussetzungen gelten nur für bestimmte Rechtsbehelfsarten. Sie müssen zusätzlich zu den allgemeinen Zulässigkeitsvoraussetzungen erfüllt sein.

Erfolgsaussichten eines Rechtsbehelfs

- Zulässigkeit (Sachentscheidungsvoraussetzungen)
  - Allgemeine Zulässigkeitsvoraussetzungen
  - Besondere Zulässigkeitsvoraussetzungen
- Begründetheit

C. Kontrollfragen

1. Wann hat ein Rechtsbehelf Aussicht auf Erfolg? (→ Rn. 5 ff.)
2. Warum wird vor der Begründetheit eines Rechtsbehelfs immer seine Zulässigkeit geprüft? (→ Rn. 7)

§ 26 Nichtförmliche Rechtsbehelfe

1 Nichtförmliche Rechtsbehelfe werden im Gegensatz zu förmlichen Rechtsbehelfen nicht vor den Gerichten erhoben. Adressaten sind – wie Art. 17 GG über das Petitionsrecht verdeutlicht – alle „zuständigen Stellen" sowie die „Volksvertretung". Gemeint sind damit alle Organe der unmittelbaren und mittelbaren Staatsverwaltung des Bundes und der Länder sowie der Bundestag und die Landtage.

2 Gegenstand nichtförmlicher Rechtsbehelfe kann jede Art staatlichen Verwaltungshandelns unabhängig von seiner Rechtsnatur sein. Auch gegen das persönliche Verhalten von Verwaltungsbediensteten können sich nichtförmliche Rechtsbehelfe richten.

3 Nichtförmliche Rechtsbehelfe sind an keine Frist gebunden. Sie können daher auch erhoben werden, wenn die Fristen für förmliche Rechtsbehelfe bereits abgelaufen sind.

4 Nichtförmliche Rechtsbehelfe können zudem formlos erhoben werden. Zwar knüpft Art. 17 GG an die Schriftform an. Jedoch werden dadurch mündliche oder in sonstiger Weise eingelegte Rechtsbehelfe nicht unzulässig. Sie genießen lediglich keinen Grundrechtsschutz.[436]

---

436 *Schmitt Glaeser/Horn* VerwProzR Rn. 11.

5 In der Verwaltungspraxis werden drei Typen nichtförmlicher Rechtsbehelfe unterschieden:

- Mit der Gegenvorstellung moniert der Bürger das fachliche Verhalten einer bestimmten Verwaltungsstelle. Die Gegenvorstellung wird bei der Stelle eingereicht, die den fraglichen Akt erlassen oder unterlassen hat.
- Die Fachaufsichtsbeschwerde richtet sich ebenfalls gegen das fachliche Verhalten einer bestimmten Verwaltungsstelle. Im Unterschied zur Gegenvorstellung wird die Fachaufsichtsbeschwerde aber bei der übergeordneten Instanz der Verwaltungsstelle erhoben. Dies kann der Fachvorgesetzte des handelnden Beschäftigten oder die übergeordnete Behörde sein.
- Die Dienstaufsichtsbeschwerde hat das persönliche Verhalten eines öffentlich Bediensteten zum Gegenstand. Adressiert wird die Dienstaufsichtsbeschwerde an den Dienstvorgesetzten des handelnden Beschäftigten.

Nichtförmliche Rechtsbehelfe
- Gegenvorstellung
- Fachaufsichtsbeschwerde
- Dienstaufsichtsbeschwerde

§ 27 Verwaltungsrechtlicher Widerspruch

A. Doppelnatur des Widerspruchsverfahrens

1 Vor Erhebung der Anfechtungs- und Verpflichtungsklage sowie vor allen Klagen aus dem Beamtenverhältnis bedarf es grundsätzlich der erfolglosen Durchführung eines Vorverfahrens. Nach dem Rechtsbehelf des „Widerspruchs" (vgl. § 69 VwGO) wird dieses Vorverfahren als „Widerspruchsverfahren" bezeichnet. In ihm sind die Rechtmäßigkeit und (bei Ermessensverwaltungsakten) die Zweckmäßigkeit des streitgegenständlichen Verwaltungsakts zu überprüfen. Als außergerichtliches Verfahren stellt das Widerspruchsverfahren zunächst ein Verwaltungsverfahren dar. Es wird von einer Verwaltungsbehörde iSd § 1 IV VwVfG durchgeführt.

2 Zugleich ist das Widerspruchsverfahren jedoch ebenfalls Sachentscheidungsvoraussetzung im verwaltungsgerichtlichen Verfahren. Voraussetzung einer gerichtlichen Sachentscheidung über eine Anfechtungsklage ist, dass ein Widerspruchsverfahren erfolglos durchgeführt wurde. Dies ergibt sich nicht nur unmittelbar aus § 68 I 1 VwGO, sondern auch aus § 42 II VwGO. Denn nur wenn seinem Widerspruch nicht oder nicht in vollem Umfang stattgegeben wurde, kann der Kläger eine Verletzung eigener Rechte iSd § 42 II VwGO vor dem Verwaltungsgericht geltend machen.

3 Seiner Doppelnatur entsprechend ist das Widerspruchsverfahren in verwaltungsprozessualen und in verwaltungsverfahrensrechtlichen Vorschriften normiert. Konkret gestalten die §§ 68 ff. VwGO, § 126 II BBG bzw. § 54 II BeamtStG, §§ 79–80 VwVfG und die Ausführungsgesetze der Länder zur VwGO das Wi-

derspruchsverfahren näher aus. Die Regelungen der VwGO gehen dabei den verwaltungsverfahrensrechtlichen Bestimmungen vor.

B. Funktionen des Widerspruchs

Der verwaltungsrechtliche Widerspruch hat drei Funktionen: 4

- Das Widerspruchsverfahren ermöglicht der Verwaltung, eigene Fehler festzustellen und zu korrigieren. Es dient damit der Selbstkontrolle der Verwaltung. Deshalb ist das Widerspruchsverfahren auch Verwaltungsverfahren nach § 9 VwVfG.
- Das Widerspruchsverfahren dient dem Rechtsschutz des Bürgers. Die angefochtene Entscheidung der Behörde wird in vollem Umfang auf Rechtmäßigkeit und Zweckmäßigkeit (§ 68 I 1 VwGO) überprüft. Diese Überprüfung geht weiter als die Kontrolle der Verwaltungsgerichte, die das von der Verwaltung ausgeübte Ermessen nur auf Ermessensfehler überprüfen können.
- Die Selbstkontrolle der Verwaltung und die Möglichkeit, den Betroffenen im Widerspruchsverfahren von der Rechtmäßigkeit des Verwaltungsakts zu überzeugen, führen zur Vermeidung von Prozessen und damit zur Entlastung der Gerichte. Eine verwaltungsgerichtliche Klage erübrigt sich insbesondere, soweit dem Widerspruch stattgegeben wird und der Bürger sein Rechtsschutzziel erreicht.

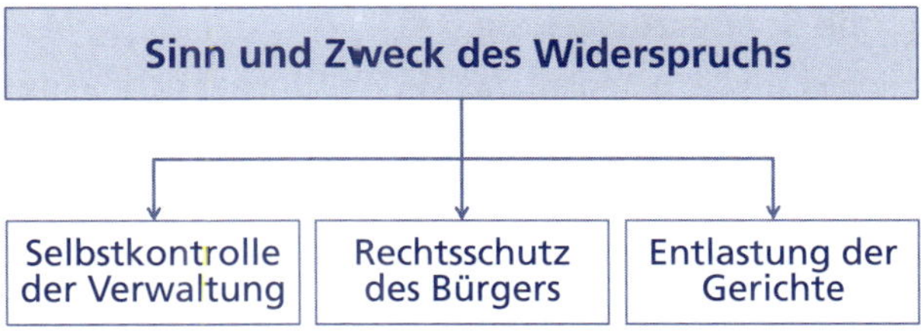

Abb. 64: Funktionen des Widerspruchs

C. Zulässigkeit des Widerspruchs

I. Eröffnung des Verwaltungsrechtswegs

Die Verwaltungsgerichte entscheiden über eine Klage oder einen Antrag in der Sache nur dann, wenn für die Austragung des Rechtsstreits der Verwaltungsrechtsweg eröffnet ist. Ansonsten sind andere Gerichte zuständig, wie zB die ordentlichen Gerichte für bürgerliche Rechtsstreitigkeiten. Die Eröffnung des Verwaltungsrechtswegs kann sich vor allem ergeben 5

- aus speziellen Rechtswegzuweisungen an das Verwaltungsgericht (sog. aufdrängende Sonderzuweisungen) oder
- aus der Generalklausel des § 40 I 1 VwGO.[437]

[437] Zu nennen ist ferner die Eröffnung des Verwaltungsrechtswegs kraft Verweisung des Rechtsstreits durch ein Gericht eines anderen Gerichtszweiges (§ 173 VwGO, § 17 a II 3 GVG).

6 Zwar sind diese Vorschriften auf verwaltungs*gerichtliche* Streitigkeiten zugeschnitten und deshalb auf das Widerspruchsverfahren nicht unmittelbar anwendbar. Wegen des „Vorschaltcharakters“[438] des Widerspruchsverfahrens finden sie jedoch analoge (entsprechende) Anwendung.

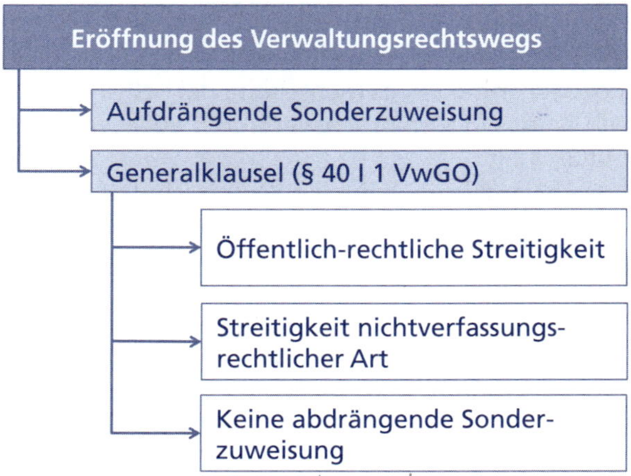

Abb. 65: Eröffnung des Verwaltungsrechtswegs

1. Aufdrängende Sonderzuweisung

7 Spezialgesetzliche Zuweisungen an das Verwaltungsgericht – sog. aufdrängende Sonderzuweisungen – gehen der Generalklausel des § 40 I 1 VwGO vor. Sie sind daher stets vor der Generalklausel zu prüfen.

Beispiele: § 54 BAföG; § 126 I BBG; § 54 I BeamtStG; § 83 I BPersVG; §§ 8 IV, 12, 16 III 2 HwO; § 82 I und II Soldatengesetz; § 40 II 2 VwGO.

8 Die wichtigste spezialgesetzliche Zuweisung enthält § 126 I BBG, wonach für alle Klagen der Beamten, Ruhestandsbeamten, früheren Beamten und der Hinterbliebenen „aus dem Beamtenverhältnis“ der Verwaltungsrechtsweg gegeben ist. Das Gleiche gilt nach § 126 I BBG für Klagen des Dienstherrn gegen Beamte. Der Begriff „aus dem Beamtenverhältnis“ ist weit auszulegen. Es kommt nicht darauf an, ob ein Beamter klagt oder verklagt wird. Entscheidend ist allein, ob der Streitgegenstand im Beamtenrecht „wurzelt“[439], also eine beamtenrechtliche Grundlage einschlägig ist. § 126 I findet analoge Anwendung auf die Erhebung von Widersprüchen.

Beispiele: Widerspruch gegen die Ablehnung des Antrags auf Erteilung einer Aussagegenehmigung für einen Beamten.

Gegenbeispiel: Widerspruch gegen die Prüfungsentscheidung in der Laufbahnprüfung.

---

[438] *Martini* VerwProzR 9.
[439] *Schenke* VerwProzR Rn. 149.

2. Generalklausel des §40 I 1 VwGO

Soweit eine Rechtsstreitigkeit nicht durch eine vorrangige Spezialregelung den Verwaltungsgerichten zugewiesen ist, ist die Eröffnung des Verwaltungsrechtswegs anhand der Generalklausel des §40 I 1 VwGO zu prüfen. Danach ist der Verwaltungsrechtsweg in allen 9

- öffentlich-rechtlichen Streitigkeiten
- nichtverfassungsrechtlicher Art gegeben,
- soweit sie nicht einem anderen Gericht ausdrücklich zugewiesen sind.

a) Öffentlich-rechtliche Streitigkeit

Der Verwaltungsrechtsweg ist nur in Streitigkeiten auf dem Gebiet des öffentlichen Rechts eröffnet. Streitigkeiten auf dem Gebiet des Privatrechts, auch bürgerliches Recht genannt, fallen nicht unter §40 I 1 VwGO. Über sie entscheiden regelmäßig die ordentlichen Gerichte nach §13 GVG[440]. Die Abgrenzung von öffentlichem Recht und Privatrecht besitzt daher nicht nur für das materielle Recht, sondern auch für das Prozessrecht erhebliche Relevanz. 10

Die verschiedenen Theorien zur Abgrenzung des öffentlichen Rechts vom Privatrecht wurden bereits ausführlich dargestellt (→ §1 Rn. 22ff.). An dieser Stelle findet sich daher nur noch ein kurzer Überblick. Die Beurteilung, ob eine Streitigkeit öffentlich-rechtlich oder privatrechtlich ist, richtet sich nach der Rechtsnatur des Rechtsverhältnisses, aus dem der Anspruch hergeleitet wird. Um dessen Rechtsnatur zu ermitteln, ist von der streitentscheidenden Norm auszugehen. Ist die streitentscheidende Norm öffentlich-rechtlich, so ist es auch die entsprechende Streitigkeit. 11

Kommen für die Beurteilung mehrere Rechtsgrundlagen in Betracht, so reicht für die Bejahung des Verwaltungsrechtswegs aus, dass eine der in Betracht kommenden Normen öffentlich-rechtlich ist. Ist der Verwaltungsrechtsweg nur unter einem einzigen Aspekt eröffnet, so entscheidet das Verwaltungsgericht den Rechtsstreit grundsätzlich umfassend unter allen in Betracht kommenden Gesichtspunkten (§17 II 1 GVG[441]), prüft dann also auch rechtswegfremde Ansprüche mit. 12

Auf einige Fallgruppen ist zur Wiederholung kurz hinzuweisen: 13

- *Abwehransprüche*: Bei der Abwehr einer belastenden behördlichen Maßnahme durch den Bürger richtet sich die Rechtsnatur der Streitigkeit nach der Rechtsnatur der abzuwehrenden Maßnahme. Deren Rechtsnatur wiederum richtet sich nach der Rechtsnatur ihrer Ermächtigungsgrundlage.
- *Leistungsansprüche*: Macht der Bürger einen Leistungsanspruch geltend, so ist die Hauptfrage der Streitigkeit, ob der Anspruch begründet ist. Daher richtet

---

440 §13 GVG: „Vor die ordentlichen Gerichte gehören die bürgerlichen Rechtsstreitigkeiten, die Familiensachen und die Angelegenheiten der freiwilligen Gerichtsbarkeit (Zivilsachen) sowie die Strafsachen, für die nicht entweder die Zuständigkeit von Verwaltungsbehörden oder Verwaltungsgerichten begründet ist oder auf Grund von Vorschriften des Bundesrechts besondere Gerichte bestellt oder zugelassen sind."

441 §17 II 1 GVG: „Das Gericht des zulässigen Rechtsweges entscheidet den Rechtsstreit unter allen in Betracht kommenden rechtlichen Gesichtspunkten."

sich die Rechtsnatur der Streitigkeit nach der Rechtsnatur der in Betracht kommenden Anspruchsgrundlage.

- *Realakte*: Problematisch sind häufig Fälle, in denen nur Realakte der Verwaltung in Rede stehen. Weil die Abgrenzungstheorien häufig zu unterschiedlichen Ergebnissen kommen, ist in diesen Fällen auf den Gesamtzusammenhang abzustellen. Besteht zwischen der konkreten Handlung und einer öffentlich-rechtlichen Aufgabenwahrnehmung ein Sachzusammenhang, ist auch die konkrete Handlung als öffentlich-rechtlich zu beurteilen.

Beispiel: Teilnahme am Straßenverkehr durch Einsatz eines Streifenwagens, wobei von Sonderrechten (Blaulicht, Martinshorn) Gebrauch gemacht wird.

Gegenbeispiel: Ehrverletzende Äußerungen eines Behördenleiters gegenüber einem Büromöbelvertreter im Zusammenhang mit Kaufvertragsverhandlungen.

- *Verwaltungsprivatrecht*: Im Bereich des Verwaltungsprivatrechts nimmt die Verwaltung zwar unmittelbar eine öffentliche Aufgabe wahr, sie wird aber in privatrechtlichen Formen tätig. In diesen Fällen wird das Privatrecht zwar durch öffentlich-rechtliche Vorschriften überlagert. Die öffentlich-rechtlichen Bindungen ändern jedoch nicht die Rechtsnatur der Streitigkeit als solcher. Da es sich um privatrechtliche Rechtsbeziehungen handelt, ist für entsprechende Streitigkeiten gem. § 13 GVG der ordentliche Rechtsweg eröffnet.

Beispiel: Die Stadtwerke Bonn GmbH – ein privates Unternehmen im Eigentum der Stadt Bonn – beliefert die Einwohner Bonns mit Trinkwasser. Die Lieferung von Trinkwasser ist zwar eine öffentliche Aufgabe der sog. Daseinsvorsorge; sie wird aber in privatrechtlicher Form durch den Abschluss eines Wasserliefervertrages erbracht. Für Rechtsstreitigkeiten um die Höhe der Abschlagszahlungen oder die Jahresabrechnung ist daher der ordentliche Rechtsweg nach § 13 GVG eröffnet.

b) Nichtverfassungsrechtliche Streitigkeit

14 Nach überwiegender Meinung sind verfassungsrechtlich nur solche Streitigkeiten, bei denen eine sog. doppelte Verfassungsunmittelbarkeit gegeben ist. Es handelt sich um Streitigkeiten, die sowohl in formeller als auch in materieller Hinsicht verfassungsrechtlichen Charakter besitzen, also um

- Streitigkeiten zwischen Verfassungsorganen oder sonst unmittelbar am Verfassungsleben beteiligten Rechtsträgern, zB Parteien, Fraktionen (formeller Aspekt),
- bei denen es im Kern um Rechte und Pflichten geht, die unmittelbar in der Verfassung geregelt sind (materieller Aspekt).

15 Unmittelbar am Verfassungsleben nehmen nur solche Beteiligte teil, die ihre rechtliche Existenz direkt aus dem Verfassungsrecht ableiten.

Beispiele: Oberste Verfassungsorgane wie der Bundespräsident, der Bundestag, der Bundesrat, die Bundesregierung usw oder Teile dieser Organe wie Fraktionen.

Verfassungsrecht in diesem Sinne ist nur das Staatsverfassungsrecht (Grundgesetz, Landesverfassungen). Nicht zum Verfassungsrecht iSd §40 I 1 VwGO gehören einfach-gesetzliche Vorschriften, selbst wenn sie materiell zum Verfassungsrecht gezählt werden. 16

Beispiele: Bundeswahlgesetz; Parteiengesetz; Abgeordnetengesetz.

Nichtverfassungsrechtlich iSv §40 I 1 VwGO sind daher insbesondere Streitigkeiten zwischen dem Bürger und dem Staat, auch wenn sich der Widerspruchsführer oder Kläger auf die Verletzung von Grundrechten beruft. Denn der Bürger ist zwar Träger von Grundrechten; er ist aber keine „Schöpfung" des Verfassungsrechts. Damit ist er kein Beteiligter, der unmittelbar am Verfassungsleben teilnimmt. Zudem ist Klagegegenstand und damit Hauptfrage der Streitigkeit die Rechtmäßigkeit einer verwaltungsrechtlichen Maßnahme; die Vereinbarkeit mit Grundrechten stellt demgegenüber regelmäßig nur eine Nebenfrage dar, die den Rechtsstreit nicht so verfassungsrechtlich prägt, als dass andere Gesichtspunkte völlig zurücktreten würden. 17

Ausnahmsweise gibt es aber Rechtsfragen, die so stark von der materiell-verfassungsrechtlichen Natur geprägt sind, dass allein aus diesem Grund ohne Rücksicht auf die Rechtsstellung der Beteiligten eine verfassungsrechtliche Streitigkeit anzunehmen ist. Das ist der Fall, wenn die Auslegung und Anwendung der Verfassung den eigentlichen Kern des Rechtsstreits bilden oder – anders ausgedrückt – wenn das streitige Rechtsverhältnis so entscheidend vom Verfassungsrecht geformt wird, dass andere Gesichtspunkte vollständig zurücktreten. 18

Beispiele: Klage eines Bürgers gegen den Bundestag, das Bundesgebiet neu zu gliedern; Klage eines Bürgers gegen den Bundestag, das Haushaltsgesetz zu ändern; Antrag gegen die Bundesregierung, ein Gesetzgebungsverfahren einzuleiten.

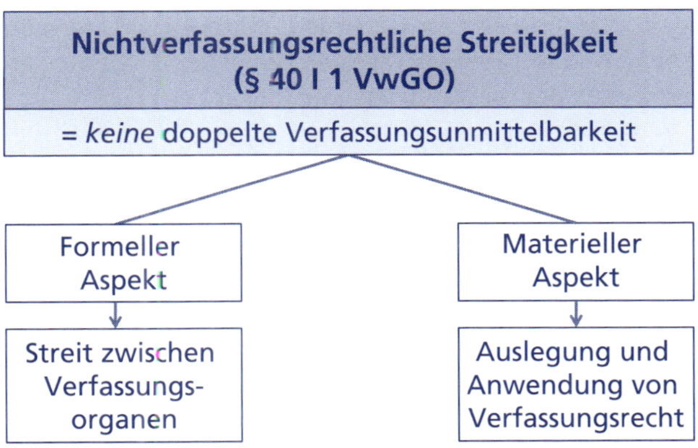

Abb. 66: Doppelte Verfassungsunmittelbarkeit

c) Keine abdrängende Sonderzuweisung

19 Bei öffentlich-rechtlichen Streitigkeiten nichtverfassungsrechtlicher Art ist nach § 40 I 1 VwGO der Verwaltungsrechtsweg nur eröffnet, wenn die Streitigkeit nicht einem anderen Gericht ausdrücklich zugewiesen ist (sog. abdrängende Sonderzuweisung). Neben den Zuweisungen an die Verfassungsgerichte können für öffentlich-rechtliche Streitigkeiten

- besondere Verwaltungsgerichte oder
- die ordentlichen Gerichte zuständig sein.

20 Die Zuständigkeit der besonderen Verwaltungsgerichte wird regelmäßig durch sachgebietsbezogene Generalklauseln begründet. Nach § 51 Sozialgerichtsgesetz sind die Sozialgerichte insbesondere zuständig für öffentlich-rechtliche Streitigkeiten auf dem Gebiet des Sozialversicherungs- und Kassenarztwesens. Gemäß § 33 Finanzgerichtsordnung entscheiden die Finanzgerichte insbesondere in öffentlich-rechtlichen Streitigkeiten über bestimmte Abgabenangelegenheiten.

21 Die Zuweisung öffentlich-rechtlicher Streitigkeiten an die ordentlichen Gerichte ist überwiegend historisch bedingt. Insbesondere im Staatshaftungsrecht ist zumeist die Zuständigkeit der Zivilgerichte begründet. Dass gilt vor allem für

- Ansprüche auf Enteignungsentschädigung (Art. 14 III 4 GG),
- Ansprüche wegen Amtshaftung (Art. 34 S. 3 GG) und
- die in der polizeilichen Praxis wichtigen Justizverwaltungsakte (§ 23 EGGVG).

> **Beispiel:** Bei der Verfolgung von Straftaten fungieren die Polizeibehörden im Auftrag der Staatsanwaltschaft und damit als „verlängerter Arm" der Justiz. In diesen Fällen wird die Polizei nicht präventiv zur Gefahrenabwehr, sondern repressiv als Strafverfolgungs- oder Justizbehörde tätig. Während gegen präventive Maßnahmen der Polizei die Verwaltungsgerichte angerufen werden können, ist bei repressivem polizeilichen Handeln gem. § 23 EGGVG der Rechtsweg zu den ordentlichen Gerichten eröffnet. Bei Überschneidungen von repressiver und präventiver Tätigkeit ist bei der Rechtswegprüfung auf das Schwergewicht der polizeilichen Tätigkeit abzustellen.

22 Auffangtatbestand ist § 40 II 1 VwGO, wonach für Schadenersatzansprüche aus der Verletzung öffentlich-rechtlicher Pflichten grundsätzlich der ordentliche Rechtsweg gegeben ist, es sei denn, die Pflichtverletzung beruht auf einem öffentlich-rechtlichen Vertrag.

> **Weitere Beispiele** für abdrängende Sonderzuweisungen: § 40 II BPolG (Gewahrsamnahme der Polizei); §§ 62, 68 OWiG (Bußgeldbescheide); § 63 GWB (Verwaltungsakte der Kartellbehörden); §§ 109, 110 StrVollzG (Maßnahmen auf dem Gebiet des Strafvollzugs).

> **Hinweis:** Kommt in Prüfungsarbeiten eine abdrängende Sonderzuweisung nicht infrage, genügt der kurze Hinweis, eine solche Sonderzuweisung sei nicht ersichtlich.

Eröffnung des Verwaltungsrechtswegs
- Aufdrängende Sonderzuweisung
- Generalklausel des § 40 I 1 VwGO
  - Öffentlich-rechtliche Streitigkeit
  - Streitigkeit nichtverfassungsrechtlicher Art
  - Keine abdrängende Sonderzuweisung

II. Statthaftigkeit des Widerspruchs

1. Voraussetzungen der Statthaftigkeit

Statthaft, dh der „richtige" Rechtsbehelf, ist der Widerspruch, wenn er Zuläs- 23
sigkeitsvoraussetzung für ein späteres Klageverfahren ist. Dies ist gem. § 68 VwGO bei Anfechtungs- und Verpflichtungsklagen der Fall, in beamtenrechtlichen Streitigkeiten nach § 126 Abs. 2 BBG auch bei sonstigen Klagen.

- Damit ein Anfechtungswiderspruch (§ 68 I 1 VwGO) statthaft ist, muss ein belastender Verwaltungsakt tatsächlich vorliegen. Ein vorbeugender Widerspruch gegen einen noch erst zu erlassenden Verwaltungsakt ist daher unzulässig.
- Mit dem Verpflichtungswiderspruch (§ 68 II VwGO) wird demgegenüber der Erlass eines abgelehnten begünstigenden Verwaltungsakts begehrt.

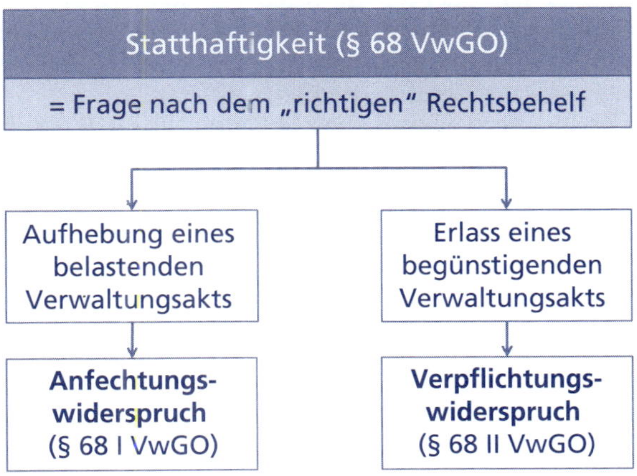

Abb. 67: Statthaftigkeit des Widerspruchs

Statthaftigkeit eines Widerspruchs
- Anfechtungswiderspruch (§ 68 I 1 VwGO)
- Verpflichtungswiderspruch (§ 68 II VwGO)

2. Entbehrlichkeit des Widerspruchs

24 Entbehrlich und damit unzulässig ist der Widerspruch, wenn einer der in § 68 I 2 VwGO geregelten Fälle vorliegt.

- Nach § 68 I 2 Hs. 1 VwGO ist der Widerspruch ausgeschlossen, wenn ein Bundes- oder Landesgesetz dies bestimmt.

Beispiele: § 11 AsylG (Entscheidungen im Asylverfahren); §§ 74, 70 VwVfG (Planfeststellungsbeschlüsse und Verwaltungsakte im förmlichen Verwaltungsverfahren); § 137 II TKG (Regulierungsverfügungen im Telekommunikationsrecht); ferner etwa aus dem Landesrecht § 8a NdsAGVwGO (kein Widerspruch gegen Polizeiverfügungen der Landespolizei).

- Ferner ist der Widerspruch nach § 68 I 2 Nr. 1 VwGO unstatthaft, wenn der Verwaltungsakt von einer obersten Bundes- oder einer obersten Landesbehörde erlassen worden ist.

Beispiel: Erlass eines Vereinsverbots durch das Bundesinnenministerium.

Aber auch hier ist ausnahmsweise doch ein Vorverfahren erforderlich, wenn ein Gesetz die Nachprüfung ausdrücklich vorschreibt.

Beispiel: § 126 II 2 BBG im Beamtenrecht.

- Ist bereits ein Widerspruchsverfahren durchgeführt worden und enthält der Widerspruchsbescheid oder der Abhilfebescheid erstmals eine Beschwer, so ist ein nochmaliger Widerspruch nach § 68 I 2 Nr. 2 VwGO ausgeschlossen (kein „doppeltes“ Widerspruchsverfahren).

Beispiel: W erhält einen Gebührenbescheid über 100 EUR. Nach Einlegung eines Widerspruchs wird durch Widerspruchsbescheid der ursprüngliche Gebührenbescheid aufgehoben und ein neuer Gebührenbescheid über nunmehr 150 EUR erlassen. Der Widerspruchsbescheid erhält eine erstmalige Beschwer von 50 EUR (= 150 EUR – 100 EUR).

- Erledigt sich der angefochtene Verwaltungsakt vor oder während des Widerspruchsverfahrens, so fehlt für einen Anfechtungswiderspruch das Rechtsschutzbedürfnis, da der Betroffene durch die Aufhebung keinen Vorteil mehr hätte. Entsprechendes gilt für den Verpflichtungswiderspruch, wenn der begehrte Verwaltungsakt zwischenzeitlich erteilt worden ist. Denn nach seiner Erledigung sind eine Änderung oder eine Aufhebung des Verwaltungsakts nicht mehr möglich.[442]

Beispiel: Das Bundesverwaltungsamt lehnt die Bewilligung einer Zuwendung an die Antragstellerin A ab. A legt sofort Widerspruch gegen den Ablehnungsbescheid ein. Während des laufenden Widerspruchsverfahrens entschließt sich das Bundesverwaltungsamt, der A die begehrte Zuwendung zu gewähren. Dem Widerspruch der A fehlt es damit am Rechtsschutzbedürfnis.

---

[442] BVerwGE 81, 226 (229) = NJW 1989, 2486.

Ausnahmen von der Statthaftigkeit eines Widerspruchs
- Ausschluss durch Bundes- oder Landesgesetz (§ 68 I 2 Hs. 1 VwGO)
- Oberste Bundes- oder Landesbehörde (§ 68 I Nr. 1 VwGO)
- Erstmalige Beschwer durch Abhilfe- oder Widerspruchsbescheid (§ 68 I Nr. 2 VwGO)
- Erledigung bzw. Erteilung des Verwaltungsakts

III. Widerspruchsbefugnis

Im öffentlichen Recht steht – anders als im Zivilrecht – der Pflicht der Verwaltung nicht immer auch ein Recht des Bürgers gegenüber. Der Bürger hat keinen allgemeinen Gesetzesvollziehungsanspruch. Nur soweit das Gesetz dem Bürger ein sog. subjektives öffentliches Recht einräumt, kann er 25

- bei einem Abwehrrecht das davon erfasste behördliche Verhalten abwehren oder
- bei einem Leistungsrecht ein bestimmtes behördliches Verhalten verlangen.

Die Hauptbedeutung des subjektiven öffentlichen Rechts liegt bei der Zulässigkeit von Widersprüchen, die analog § 42 II VwGO die Geltendmachung einer Rechtsverletzung voraussetzen (sog. Widerspruchsbefugnis), sowie bei der Begründetheit von Anfechtungs- oder Verpflichtungswidersprüchen, die analog § 113 I 1, V 1 VwGO nur bei einer Rechtsverletzung gegeben ist. 26

1. Zweck des § 42 II VwGO

Aus § 70 I 1 VwGO wird der Schluss gezogen, dass der Widerspruch eine Belastung, eine Beschwer voraussetzt. Es gilt: Widerspruchsbefugt ist nur, wer gem. § 42 II VwGO klagebefugt ist. Anders formuliert: Anfechtungs- und Verpflichtungswidersprüche sind nur zulässig, wenn der Widerspruchsführer analog § 42 II VwGO geltend machen kann, durch den Verwaltungsakt oder seine Ablehnung in seinen subjektiven Rechten verletzt zu sein. Sinn und Zweck dieser Zulässigkeitsvoraussetzung ist es in erster Linie, Popularwidersprüche zu verhindern, dass also jeder beliebige Bürger im Widerspruchsverfahren (oder im Klagewege) beliebige Interessen der Allgemeinheit oder Dritter verfolgen kann. Darüber hinaus sollen durch § 42 II VwGO Rechtsbehelfe ausgeschlossen werden, mit denen bloße ideelle oder wirtschaftliche Interessen verfolgt werden, die rechtlich nicht geschützt sind. 27

2. Anwendungsbereich des § 42 II VwGO

Unmittelbar verlangt § 42 II VwGO die Klagebefugnis als besondere Zulässigkeitsvoraussetzung nur für die Anfechtungs- und Verpflichtungsklage. § 42 II VwGO gilt darüber hinaus jedoch „analog", dh „entsprechend" im Widerspruchsverfahren als Zulässigkeitsvoraussetzung „Widerspruchsbefugnis". 28

3. Voraussetzungen der Widerspruchsbefugnis

Der Widerspruchsführer muss plausibel geltend machen, durch den angegriffenen Verwaltungsakt oder seine Ablehnung in einem ihm zustehenden Recht verletzt zu sein. An die Geltendmachung sind keine allzu strengen Anforde- 29 rungen zu stellen. Zwar reicht eine bloße Verbalbehauptung nicht aus. Erforderlich und ausreichend ist aber, dass nach dem Sachvortrag des Widerspruchsführers eine Verletzung seiner subjektiven Rechte durch den möglicherweise rechtswidrigen Verwaltungsakt nicht auszuschließen und damit möglich ist.

30 Negativ formuliert heißt das, dass die Widerspruchsbefugnis nur dann fehlt, „wenn offensichtlich und eindeutig nach keiner Betrachtungsweise die vom Widerspruchsführer behaupteten Rechte bestehen oder ihm zustehen können"[443]. Wenn der Widerspruchsführer folglich nicht plausibel darlegen kann, dass der angegriffene Verwaltungsakt gerade in *seine* Rechtssphäre eingreift, oder wenn das vom Widerspruchsführer behauptete Recht gar nicht existiert, ist die Widerspruchsbefugnis zu verneinen.

31 Subjektiv-öffentliche Rechte begründen einen Anspruch des Bürgers gegen den Staat auf ein konkretes Tun, Dulden oder Unterlassen. Subjektiv-öffentliche Rechte ergeben sich in erster Linie aus einfachgesetzlichen Vorschriften. Entscheidend ist, ob die infrage kommende Vorschrift auch individuelle Interessen einzelner Bürger schützen soll oder ausschließlich dem Schutz öffentlicher Interessen zu dienen bestimmt ist (Schutznormtheorie).[444] Ob ersteres der Fall ist, kann sich aus dem Wortlaut oder dem Sinn und Zweck der Norm ergeben. Ergänzend können auch aus den Grundrechten subjektive Rechte hergeleitet werden, insbesondere wenn es an gesetzlichen Regelungen fehlt.

4. Fallgruppen

a) Anfechtungswiderspruch

32 Die Widerspruchsbefugnis ist in der Regel unproblematisch, wenn der Adressat einen ihn belastenden Verwaltungsakt anficht (Abwehrsituation). Hier hilft die sog. Adressatentheorie, da bei einer belastenden Maßnahme stets in subjektive Rechte des Adressaten, zumindest in seine allgemeine Handlungsfreiheit aus Art. 2 I GG eingegriffen wird.

! **Beachte:** Die Adressatentheorie ist nur bei Anfechtungswidersprüchen einschlägig, also wenn der Widerspruchsführer einen belastenden Verwaltungsakt abwehren will, nicht dagegen bei Verpflichtungswidersprüchen.

b) Verpflichtungswiderspruch

33 Die Adressatentheorie hilft nicht weiter, sofern der Widerspruchsführer einen abgelehnten Verwaltungsakt erstrebt (Vornahmesituation). Hier gilt die Möglichkeitstheorie: Der Widerspruchsführer muss geltend machen, möglicherweise einen Anspruch auf den begehrten Verwaltungsakt zu haben. Es ist daher darauf abzustellen, ob die in Betracht kommende Rechtsgrundlage für den Widerspruchsführer ein subjektives Recht begründet, mithin Anspruchsqualität hat. Ob der Anspruch dem Widerspruchsführer tatsächlich zusteht, ist erst im Rahmen der Begründetheit des Widerspruchs zu prüfen. Im Rahmen der

---

443 Vgl. BVerwGE 44, 1 (3) = NJW 1974, 203.

444 BVerwGE 72, 226 (229 f.) = NJW 1986, 1628.

Zulässigkeit reicht die Möglichkeit eines solches Anspruchs aus. Nur bei Normen, bei denen eindeutig feststeht, dass sie keine individuellen subjektiven Rechte gewähren, ist die Widerspruchsbefugnis zu verneinen.

Klausurhinweis: In der Fallbearbeitung genügt auf keinen Fall der häufig anzutreffende Satz, der Widerspruchsführer müsse lediglich die Möglichkeit der Rechtsverletzung behaupten. Vielmehr ist es Aufgabe des Fallbearbeiters, diese Möglichkeit näher zu begründen. Auf der anderen Seite darf nicht seitenlang geprüft werden, ob der Widerspruchsführer durch den Verwaltungsakt tatsächlich in seinen Rechten verletzt ist. Die Prüfung der Widerspruchsbefugnis darf nicht in eine vorweggenommene Prüfung der Begründetheit mutieren.

IV. Form

Der Widerspruch muss nach §70 I 1, II VwGO schriftlich oder zur Niederschrift 34 erklärt werden. Im Umkehrschluss bedeutet dies zunächst, dass der Widerspruch – im Unterschied zum Antrag nach §22 VwVfG – nicht mündlich oder fernmündlich erhoben werden darf.[445] Eine schriftliche Erhebung setzt voraus, dass der Widerspruch dem Widerspruchsführer eindeutig zugeordnet werden kann und er willentlich in den Rechtsverkehr gelangt ist. Die Unterschrift reicht dafür regelmäßig aus. In der Verwaltungspraxis ist die Einlegung des Widerspruchs durch Telefax üblich geworden; an ihrer Zulässigkeit bestehen heute keine Zweifel mehr.[446]

Bei der Erhebung des Widerspruchs zur Niederschrift ist die wörtliche Nieder- 35 schrift maßgeblich; ein bloßer Aktenvermerk genügt nicht. Die Niederschrift muss nochmals vorgelesen und vom Widerspruchsführer oder seinem bevollmächtigten Vertreter genehmigt worden sein.

Eine Bezeichnung des Rechtsbehelfs als „Widerspruch" ist für seine Zulässig- 36 keit nicht notwendig. Zulässig ist also auch der als „Einspruch", „Beschwerde" oder sonstwie bezeichnete Widerspruch. Dem Widerspruchsschreiben muss sich lediglich die Aufforderung an die Behörde entnehmen lassen, eine bestimmte Entscheidung nachzuprüfen und zu ändern oder aufzuheben.

V. Frist

Der Widerspruch ist nach §70 I 1 VwGO innerhalb eines Monats (und nicht 37 innerhalb von vier Wochen!) nach Bekanntgabe des Verwaltungsakts zu erheben. Die Frist beginnt mit der Bekanntgabe des Verwaltungsakts oder dessen Ablehnung an den Widerspruchsführer (§41 VwVfG). Die Frist endet mit dem Ablauf des Tages des folgenden Monats, welcher durch seine Zahl dem Tag entspricht, an dem die Bekanntgabe erfolgte (§188 II BGB). Die Paragraphenkette ergibt sich entweder aus §§79, 31 I VwVfG iVm §188 II BGB (sog. „verwal-

[445] BVerwGE 26, 201 (202) = BeckRS 1967, 30430264.
[446] BVerwGE 77, 238 ff..

tungsverfahrensrechtliche Lösung") oder aus § 57 II VwGO, § 222 I ZPO iVm § 188 II BGB (sog. „verwaltungsprozessuale Lösung"). Sachliche Unterschiede zwischen beiden Verweisketten bestehen jedoch nicht, da in jedem Fall die §§ 187 ff. BGB anwendbar sind.

38 Die Frist des § 70 I VwGO beginnt allerdings nur, wenn dem Verwaltungsakt eine ordnungsgemäße Rechtsbehelfsbelehrung beigefügt worden war. § 70 II VwGO verweist auf § 58 VwGO. Ist die Belehrung vollständig unterblieben oder unrichtig erteilt worden, so gilt nicht die Monatsfrist des § 70 VwGO, sondern nach § 58 II VwGO eine Frist von einem Jahr.

39 Wird der Widerspruch nach Ablauf der Widerspruchsfrist eingelegt, ist er unzulässig. Der Verwaltungsakt oder seine Ablehnung werden bestandskräftig. Die Bestandskraft führt dazu, dass der vom Verwaltungsakt Betroffene nicht mehr seine Aufhebung verlangen kann. Auf die Rechtmäßigkeit oder die nach § 43 VwVfG ohnehin bestehende Wirksamkeit des Verwaltungsakts wirkt sich die Bestandskraft nicht aus.

40 Da § 70 I VwGO an eine Bekanntgabe anknüpft, ist fraglich, innerhalb welcher Frist der Widerspruch zu erheben ist, wenn eine Bekanntgabe an den Widerspruchsführer unterblieben ist. Die Widerspruchsfrist des § 70 I VwGO beginnt mit der Bekanntgabe durch die Behörde (§ 41 VwVfG). Fehlt diese, genügt auch eine ohne den Willen der Behörde erfolgte zufällige Kenntniserlangung nicht, um die Frist in Gang zu setzen. Ebenso wenig ist die Jahresfrist einschlägig, da auch sie eine behördlich veranlasste Bekanntgabe voraussetzt. Ist keine Bekanntgabe erfolgt, läuft folglich keine Widerspruchsfrist. Nach Treu und Glauben muss sich der Betroffene aber so behandeln lassen, als sei ihm der Verwaltungsakt zugegangen, wenn er hiervon sichere Kenntnis hat oder hätte haben müssen. Aufgrund des Rechtsgedankens des § 58 II VwGO tritt eine Verwirkung des Widerspruchs in der Regel ein Jahr nach einer möglichen Kenntniserlangung ein.

VI. Einlegung des Widerspruchs bei der zuständigen Behörde

41 Der Widerspruch kann entweder bei der Ausgangsbehörde, die den Verwaltungsakt oder dessen Ablehnung erlassen hat, oder bei der Widerspruchsbehörde eingelegt werden (§ 70 I 1, II VwGO). Widerspruchsbehörde ist regelmäßig die nächsthöhere Behörde (§ 73 I 2 Nr. 1 VwGO).

42 Ist die nächsthöhere Behörde jedoch eine oberste Bundes- oder oberste Landesbehörde, ist die Ausgangsbehörde zugleich Widerspruchsbehörde (§ 73 I 2 Nr. 2 VwGO). Der Gesetzgeber wollte hierdurch die Bundes- und Landesministerien von Einzelfallentscheidungen entlasten. Eine „Rückausnahme" von der Ausnahme sehen wiederum § 126 III 1 BBG und § 54 III 1 BeamtStG vor.

43 Eine zweite Ausnahme vom Grundsatz der „nächsthöheren Behörde" enthält § 73 I 2 Nr. 3 VwGO: In Selbstverwaltungsangelegenheiten fungiert die Selbstverwaltungsbehörde als Widerspruchsbehörde. Der Grund hierfür besteht in der Selbstverwaltungsgarantie, die vor allem bei Gemeinden, Universitäten und Hochschulen sogar verfassungsrechtlich geschützt ist (vgl. Art. 28 II 1, Art. 5 III 1 GG). Eine volle Zweckmäßigkeitskontrolle eines Verwaltungsakts einer Selbstverwaltungsbehörde durch die Widerspruchsbehörde wäre mit der Selbstverwaltungsgarantie nicht vereinbar.

D. Begründetheit des Widerspruchs

I. Prüfungsmaßstab und Prüfungsumfang

Nach §72 VwGO hilft die Behörde dem Widerspruch ab, wenn sie ihn „für begründet hält". Wann ein Widerspruch begründet ist, sagt die VwGO nicht explizit. §73 I 1 VwGO bestimmt lediglich, dass ein Widerspruchsbescheid ergeht, falls die Behörde dem Widerspruch nicht abhilft. Allerdings nennt §68 I 1, II VwGO Maßstäbe und Umfang der Prüfung eines Verwaltungsaktes oder seiner Ablehnung: Vor Erhebung der Anfechtungs- oder Verpflichtungsklage sind Rechtmäßigkeit und Zweckmäßigkeit des Verwaltungsakts oder seiner Ablehnung nachzuprüfen. Gemäß §113 I 1, V 1 VwGO wiederum sind Anfechtungs- und Verpflichtungsklage begründet, wenn der angefochtene Verwaltungsakt oder dessen Ablehnung rechtswidrig ist und der Betroffene dadurch in seinen Rechten verletzt wird. 44

Aus §68 VwGO und einer analogen Anwendung des unmittelbar nur für Klagen geltenden §113 VwGO ergibt sich Folgendes für die Begründetheit von Widersprüchen: Ein Widerspruch ist begründet, 45

- wenn der angefochtene Verwaltungsakt (oder die Ablehnung des beantragten Verwaltungsakts) rechtswidrig ist und der Widerspruchsführer dadurch in seinen Rechten verletzt wird oder
- wenn der Verwaltungsakt (oder die Ablehnung des beantragten Verwaltungsakts) unzweckmäßig ist und der Widerspruchsführer dadurch in seinen Interessen beeinträchtigt wird (§68 I 1 VwGO iVm §113 I 1 VwGO analog oder §68 II, I 1 VwGO iVm §113 V 1 VwGO analog).

Der Widerspruchsbehörde steht somit eine umfassende Kontrollbefugnis zu. Es kommt nicht nur auf die Rechtmäßigkeit des Verwaltungshandelns, sondern auch auf seine fachliche Richtigkeit, seine Zweckmäßigkeit an. Die für das Verwaltungsgericht im Verwaltungsprozess geltenden Prüfungsbeschränkungen greifen für die Widerspruchsbehörde grundsätzlich nicht: 46

- Bei einem Ermessensverwaltungsakt ist die Widerspruchsbehörde nicht nach §114 S. 1 VwGO auf die Prüfung von Ermessensfehlern beschränkt; sie muss vielmehr eine eigene Ermessensentscheidung treffen.
- Bei Verwaltungsakten mit Beurteilungsspielraum muss die Widerspruchsbehörde ihre eigene Beurteilung an die Stelle der Beurteilung der Ausgangsbehörde setzen.

Ausnahmen gelten allerdings bei der Kontrolle von 47

- Entscheidungen in Selbstverwaltungsangelegenheiten: Sofern die Selbstverwaltungsbehörde und die Widerspruchsbehörde nicht identisch sind, darf die Widerspruchsbehörde die Entscheidung nur auf ihre Rechtmäßigkeit überprüfen.
- Prüfungsentscheidungen: Die Widerspruchsbehörde kann die Ausgangsbehörde nur anweisen, die Prüfung neu zu bewerten oder gegebenenfalls zu wiederholen. Eine eigene Bewertung darf die Widerspruchsbehörde hingegen nicht vornehmen.

48 Für die Entscheidung der Ausgangs- oder Widerspruchsbehörde ergeben sich daraus folgende Möglichkeiten:

- Ist der angefochtene Verwaltungsakt rechtswidrig, so ist dem Widerspruch abzuhelfen, wenn der Widerspruchsführer durch die Rechtswidrigkeit des Verwaltungsakts in seinen Rechten verletzt wird.
- Ist der Verwaltungsakt rechtmäßig und handelt es sich um einen gebundenen Verwaltungsakt, ist der Widerspruch unbegründet, und es ergeht ein Widerspruchsbescheid.
- Bei einem Ermessensverwaltungsakt kann der Widerspruch jedoch Erfolg haben – auch wenn der Verwaltungsakt rechtmäßig ist –, sofern die Widerspruchsbehörde den Verwaltungsakt für unzweckmäßig hält.

II. Entscheidungserheblicher Zeitpunkt

49 Maßgeblicher Zeitpunkt für die Beurteilung der Sach- und Rechtslage ist beim Widerspruchsverfahren grundsätzlich der Zeitpunkt des Erlasses des Abhilfe- oder Widerspruchsbescheids. Hat sich zwischen dem Erlass des Ausgangsbescheids und dem Zeitpunkt der Entscheidung über den Widerspruch die Sach- oder Rechtslage geändert, so muss die Widerspruchsbehörde dies grundsätzlich berücksichtigen. Denn aus § 79 I Nr. 1 VwGO folgt die Einheit des vorgerichtlichen Verfahrens. Erst der Widerspruchsbescheid legt die behördliche Entscheidung, die Streitgegenstand vor dem Verwaltungsgericht wird, endgültig fest. Ein ursprünglich rechtswidriger Verwaltungsakt kann daher rechtmäßig, ein ursprünglich rechtmäßiger Verwaltungsakt rechtswidrig werden.

III. Rechtsverletzung

50 Die Rechtswidrigkeit eines Verwaltungsakts reicht für sich genommen nicht aus, dem Widerspruch zum Erfolg zu verhelfen. Der Widerspruchsführer muss vielmehr zusätzlich durch die Rechtswidrigkeit in seinen Rechten oder Interessen verletzt sein (§ 113 I 1, V 1 VwGO analog). Der unmittelbare Adressat eines belastenden rechtswidrigen Verwaltungsakts ist stets in seinen Rechten verletzt. Im Übrigen muss genau geprüft werden, ob der Ausgangsbescheid den Widerspruchsführer in einem subjektiven Recht verletzt. Ist eine solche Verletzung nicht festzustellen, ist der Widerspruch trotz objektiver Rechtswidrigkeit des Ausgangsbescheids unbegründet.

> **Beispiel:** Nachbar N legt Widerspruch gegen eine dem Bauherrn B erteilte Baugenehmigung mit der Begründung ein, die Baugenehmigung verstoße gegen denkmalschutzrechtliche Vorschriften. – Das Denkmalschutzrecht schützt nicht den Nachbarn eines Bauvorhabens. Mangels Rechtsverletzung des N ist sein Widerspruch als unbegründet zurückzuweisen.

E. Überblick über das Widerspruchsverfahren

Verfahrensrechtlich bestehen folgende Entscheidungsmöglichkeiten der Ausgangs- und der Widerspruchbehörde: 51

- Hält die Ausgangsbehörde den Widerspruch für zulässig und begründet, so hilft sie ihm gem. §72 VwGO ab und entscheidet über die Kosten (Abhilfebescheid). Anderenfalls legt die Ausgangsbehörde dem Vorgang der Widerspruchsbehörde mit der Bitte um Entscheidung vor.
- Nach §73 I 2 Nr. 2 VwGO entscheidet die Ausgangsbehörde selbst über den Widerspruch, wenn die nächsthöhere Behörde eine oberste Bundes- oder Landesbehörde ist. Entsprechendes gilt, wenn die Ausgangsbehörde selbst eine oberste Bundes- oder Landesbehörde ist und abweichend von §68 I 2 Nr. 1 VwGO ein Vorverfahren stattfindet (zB im Beamtenrecht nach §126 II 1 BBG). Da es hier keine höhere Behörde gibt, kann nur die Ausgangsbehörde selbst über den Widerspruch entscheiden. Hält die Ausgangsbehörde den Widerspruch für zulässig und begründet, so hilft sie ihm nach §72 VwGO ab und entscheidet über die Kosten (Abhilfebescheid).
- Anderenfalls weist die Widerspruchsbehörde den Widerspruch als unzulässig bzw. unbegründet zurück (Widerspruchsbescheid nach §73 I 1 VwGO).

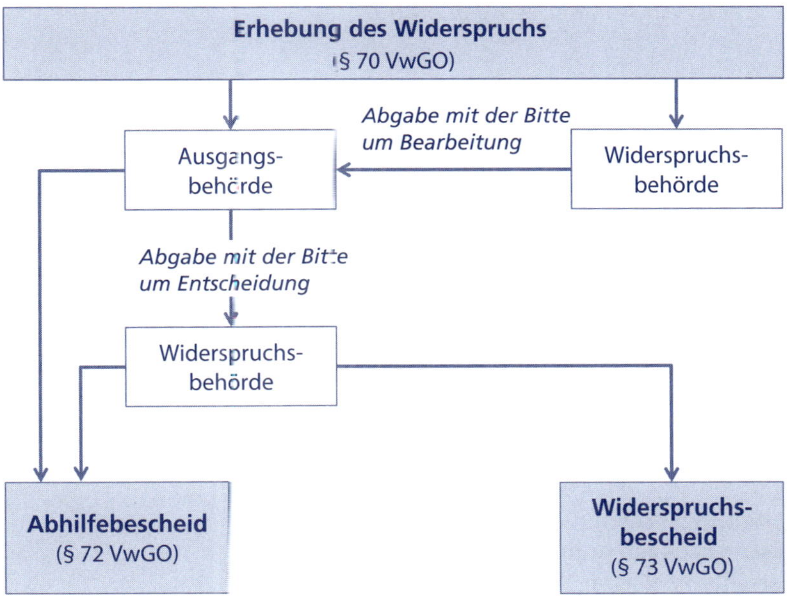

Abb. 68: Ablauf des Widerspruchsverfahrens

F. Kontrollfragen

1. Wo finden sich Vorschriften über das Widerspruchsverfahren? (→ Rn. 3)
2. Welchem Zweck dient das Widerspruchsverfahren? (→ Rn. 4)
3. Wann ist ein Widerspruch statthaft? (→ Rn. 23)
4. Wann ist ein Widerspruch entbehrlich und damit unzulässig? (→ Rn. 24)
5. Was sind oberste Bundes- und Landesbehörden iSd § 68 I 2 Nr. 1 VwGO? (→ Rn. 24)
6. Wer ist widerspruchsbefugt? Welche Funktion hat die Widerspruchsbefugnis? (→ Rn. 25 ff.)
7. Was besagt die Möglichkeitstheorie? Was ist die Adressatentheorie? Wann sind die beiden Theorien jeweils anwendbar? (→ Rn. 32 f.)
8. Was bedeutet Schriftform iSd § 70 I 1 VwGO? (→ Rn. 34 ff.)
9. Anhand welcher Paragraphenkette berechnet sich die Monatsfrist des § 70 I 1 VwGO? (→ Rn. 37)
10. Innerhalb welcher Frist ist der Widerspruch zu erheben? (→ Rn. 37 f.)
11. Bei welcher Behörde ist der Widerspruch einzulegen? (→ Rn. 41 ff.)
12. Was veranlasst die Widerspruchsbehörde, wenn der Widerspruch bei ihr erhoben wird? (→ Rn. 51)
13. Welche Entscheidungen kann die Ausgangsbehörde, bei welcher der Widerspruch erhoben wurde, treffen? (→ Rn. 51)
14. Was ist ein Abhilfebescheid(→ Rn. 51)

§ 28 Verwaltungsgerichtliche Klagen

A. Überblick über die Klagearten

1 Das verfassungsrechtliche Gebot effektiven Rechtsschutzes aus Art. 19 IV GG gewährleistet Rechtsschutz gegen hoheitliche Handlungen oder Unterlassungen unabhängig von der Handlungsform, welche die Behörde im konkreten Fall gewählt hat. Für jede behördliche Handlung, die in Rechte eines Bürgers eingreift, muss daher eine Klageart zur Verfügung stehen. In der Konsequenz ist das System der verwaltungsprozessualen Klagearten nicht abgeschlossen.

2 Dennoch lassen sich im Verwaltungsprozessrecht nahezu alle Klagearten den drei folgenden Klagetypen zuordnen:

- Gestaltungsklagen,
- Leistungsklagen und
- Feststellungsklagen.

3 Wichtigste Gestaltungsklage des Verwaltungsprozessrechts ist die Anfechtungsklage (§ 42 I Var. 1 VwGO). Ist sie erfolgreich, wird mit ihr die Rechtslage unmittelbar gestaltet: Mit dem stattgebenden Urteil hebt das Verwaltungsgericht den angefochtenen Verwaltungsakt teilweise oder ganz auf und beseitigt damit seine Wirksamkeit nach § 43 VwVfG.

4 Mit der Verpflichtungsklage (§ 42 I Var. 2 VwGO) wird nicht die Aufhebung, sondern der Erlass eines regelmäßig begünstigenden Verwaltungsakts begehrt.

Die Verpflichtungsklage ist eine besondere Form der Leistungsklage, da der Kläger mit ihr die Verurteilung der Verwaltung zu einem Tätigwerden erreichen will. Begehrt der Bürger ein Tun, Dulden oder Unterlassen der Verwaltung, das nicht aus einem Verwaltungsakt besteht, stellt die VwGO eine allgemeine Leistungsklage zur Verfügung. Die allgemeine Leistungsklage wird zwar nicht ausdrücklich geregelt, jedoch in der VwGO an zahlreichen Stellen (§§43 II, 111, 113 III, 169 II, 170 I VwGO) erwähnt oder vorausgesetzt.

5 Darüber hinaus kennt die VwGO noch die Feststellungsklage (§43 VwGO), die auf die Feststellung des Bestehens oder Nichtbestehens eines Rechtsverhältnisses oder der Nichtigkeit eines Verwaltungsakts gerichtet ist. Zu erwähnen sind zuletzt die Fortsetzungsfeststellungsklage (§113 I 4 VwGO) und der Normenkontrollantrag (§47 VwGO).

6 Welche Klageart statthaft ist, richtet sich nach der behördlichen Handlungsform, die der Bürger abwehren oder erreichen will. Die folgende Übersicht[447] dient der Erleichterung des Verständnisses:

	Abwehr	Begünstigung
Verwaltungsakt	Anfechtungsklage	Verpflichtungsklage
Realakt	Unterlassungsklage	Allgemeine Leistungsklage
Rechtsnorm	Normenkontrolle	„Normerlassklage" (str.)

Abb. 69: System der Klagearten

B. Anfechtungsklage

I. Klageziel und Klagegegenstand

7 Die Anfechtungsklage (§42 I Var. 1 VwGO) ist auf die Aufhebung belastender Verwaltungsakte gerichtet. Sie zielt auf eine Rechtsgestaltung, nämlich die unmittelbare gerichtliche Beseitigung des den Kläger belastenden Verwaltungsakts. Gegenstand der Anfechtungsklage ist der ursprüngliche Verwaltungsakt in der Gestalt, die er durch den Widerspruchsbescheid (→ §27 Rn. 51) erhalten hat (§79 I Nr. 1 VwGO).

8 Der Abhilfebescheid oder der Widerspruchsbescheid können selbst Gegenstand der Anfechtungsklage sein, wenn sie erstmalig eine Belastung („Beschwer") enthalten (§79 I Nr. 2 VwGO). Eine erstmalige Beschwer durch einen Widerspruchsbescheid liegt bei allen Verwaltungsakten mit Drittwirkung vor, wenn ein ursprünglich den Dritten begünstigender Verwaltungsakt durch den Widerspruchsbescheid zu dessen Nachteil abgeändert oder sogar aufgehoben

[447] Entnommen aus *Hufen*, Verwaltungsprozeßrecht, 2. Aufl. 1998, §13 Rn. 8.

wird. Gleiches gilt für einen Abhilfebescheid, der erstmalig eine Beschwer enthält.

Beispiel: Bauherr B beantragt eine Genehmigung für den Bau einer Garage auf seinem Grundstück, die ihm von der zuständigen Bauaufsichtsbehörde erteilt wird. Nachbar N, der von der Baugenehmigung erfahren hat, meint jedoch, dass die geplante Garage bauordnungsrechtlich unzulässig sei, und legt Widerspruch gegen die Genehmigung ein. Nach Prüfung der Sach- und Rechtslage hilft die Bauaufsichtsbehörde dem Widerspruch des N ab, indem sie die dem B erteilte Baugenehmigung wieder aufhebt. Der Abhilfebescheid enthält erstmalig eine Beschwer des B in Gestalt der Beseitigung einer zuvor erteilten Begünstigung. Er kann daher von B nach §79 I Nr. 2 VwGO mit der Anfechtungsklage angegriffen werden.

9 Der Widerspruchsbescheid kann – muss jedoch nicht – auch dann alleiniger Gegenstand der Anfechtungsklage sein, wenn und soweit er gegenüber dem ursprünglichen Verwaltungsakt eine zusätzliche selbstständige rechtliche Beschwer enthält (§79 II 1 VwGO).

Beispiel: Eine Behörde erlässt gegenüber dem Gebührenschuldner G einen Gebührenbescheid iHv 75 EUR. Nach dem Widerspruch des G ergeht ein Widerspruchsbescheid, mit dem die zuständige Behörde nunmehr eine Gebühr iHv 100 EUR festsetzt. Der Widerspruchsbescheid enthält gegenüber dem ursprünglichen belastenden Verwaltungsakt eine zusätzliche Belastung iHv 25 EUR.

II. Zulässigkeit

1. Eröffnung des Verwaltungsrechtswegs

10 Erste Sachentscheidungsvoraussetzung für alle Anfechtungsklagen ist, dass der Verwaltungsrechtsweg in dem konkreten Fall eröffnet ist. Die VwGO enthält in ihrem §40 I 1 VwGO die generelle Zuweisung der dort genannten Streitigkeiten an das Verwaltungsgericht (→ §27 Rn. 5 ff.). §40 I VwGO darf aber nur angewandt werden, wenn in dem für den Streitfall einschlägigen Gesetz keine vorrangige Zuweisung an das Verwaltungsgericht gefunden werden kann (sog. aufdrängende Sonderzuweisung; → §27 Rn. 7 f.).

2. Statthaftigkeit

11 Die Zulässigkeit einer jeden verwaltungsgerichtlichen Klage setzt ihre Statthaftigkeit voraus. Statthaftigkeit einer Klage meint, dass die konkrete Klage von ihrem Wesen her zum Klagebegehren „passt", dass also das vom Kläger angestrebte Ziel gerade mit der in Rede stehenden Klage erreicht werden kann.

Hinweis: Ist die geprüfte Klageart nicht statthaft, heißt dies nicht, dass damit die Zulässigkeitsprüfung beendet ist. Vielmehr muss in diesem Fall weiter geprüft werden, ob eine andere Klageart statthaft ist.

Die Anfechtungsklage ist nach §42 I Var. 1 VwGO statthaft, wenn der Kläger die Aufhebung eines belastenden Verwaltungsakts durch das Verwaltungsgericht begehrt (vgl. §113 I 1 VwGO). 12

- Typischer Fall ist die Klage des Adressaten gegen einen ihn belastenden Verwaltungsakt.

> **Beispiel:** Ein Grundstückseigentümer klagt gegen die behördliche Anordnung der Beseitigung eines nicht genehmigten Gartenhauses.

- Entsprechendes gilt, wenn der Kläger einen Verwaltungsakt anficht, der einen Dritten belastet.

> **Beispiel:** Ehefrau F klagt gegen eine Verfügung der Ausländerbehörde, durch die ihr Ehemann M ausgewiesen wird.

- Eine Anfechtungsklage ist schließlich statthaft, wenn ein Dritter sich gegen einen ihn belastenden, den Adressaten aber begünstigenden Verwaltungsakt richtet (Verwaltungsakt mit Doppelwirkung).

> **Beispiel:** Ein Nachbar klagt gegen eine dem Bauherrn erteilte Baugenehmigung. – Ein Taxiunternehmer wendet sich gegen die Zulassung eines Konkurrenten.

Der Begriff des Verwaltungsakts in §42 I VwGO entspricht dem Begriff in §35 VwVfG. Ausreichend ist auch hier ein sog. Form-Verwaltungsakt (formeller Verwaltungsakt). Bei ihm wird allein auf die nach außen erkennbare Form abgestellt: Wird eine behördliche Maßnahme für den Adressaten objektiv erkennbar im Wege einer einseitig hoheitlichen Regelung eines Einzelfalles mit Außenwirkung getroffen, so handelt es sich selbst dann um einen Verwaltungsakt, wenn die beabsichtigte Regelung eine privatrechtliche Rechtsbeziehung betrifft. 13

Gegenstand einer Anfechtungsklage kann auch ein nichtiger Verwaltungsakt iSd §44 VwVfG sein. Zwar entfaltet ein nichtiger Verwaltungsakt keinerlei Rechtswirkungen. So stellt §43 III VwVfG klar: „Ein nichtiger Verwaltungsakt ist unwirksam." Seine Aufhebung hat daher keine rechtsgestaltende Wirkung. Da aber auch von einem nichtigen Verwaltungsakt der Rechtsschein der Verbindlichkeit ausgeht, muss der Betroffene die Möglichkeit haben, ein klarstellendes Urteil des Verwaltungsgerichts zu erhalten. Statthafte Klageart hierfür ist vorrangig die Feststellungsklage nach §43 I Var. 3 VwGO, gerichtet auf die Feststellung der Nichtigkeit des Verwaltungsakts. §43 II 2 VwGO eröffnet jedoch die Möglichkeit, anstelle der Feststellungsklage eine Anfechtungsklage zu erheben. Grund hierfür ist die Schutzbedürftigkeit des Klägers, der regelmäßig nur schwer beurteilen kann, ob der einem Verwaltungsakt anhaftende Fehler zu dessen Nichtigkeit iSd §44 VwVfG oder nur zu seiner Anfechtbarkeit führt. 14

3. Klagebefugnis

15 Eine Anfechtungsklage ist nur zulässig, wenn der Kläger geltend macht, durch den Verwaltungsakt in seinen Rechten verletzt zu sein (§ 42 II VwGO). Diese als Klagebefugnis bezeichnete Zulässigkeitsvoraussetzung verlangt mehr als die bloße Behauptung des Klägers, durch den Verwaltungsakt in seinen Rechten verletzt zu sein. Vielmehr muss der Kläger diese Möglichkeit substantiiert darlegen. Die Rechtsverletzung muss danach tatsächlich möglich erscheinen (Möglichkeitstheorie).

Hinweis: In der Fallbearbeitung genügt nicht der Satz, der Kläger müsse die Möglichkeit der Rechtsverletzung darlegen. Es ist Aufgabe des Prüflings, diese Möglichkeit näher zu begründen. Auf der anderen Seite darf nicht geprüft werden, ob der Kläger durch den Verwaltungsakt tatsächlich in seinen Rechten verletzt wird. Dies ist erst eine Frage der Begründetheit der Klage (§ 113 I 1 VwGO).

16 Wendet sich der Adressat im Wege einer Anfechtungsklage gegen einen ihn belastenden Verwaltungsakt, kann bei der Prüfung der Klagebefugnis auf die sog. Adressatentheorie abgestellt werden: Nach ihr ist der Adressat eines belastenden Verwaltungsakts in der Regel möglicherweise in seinen Rechten verletzt. Denn der Adressat eines belastenden Verwaltungsakts ist zumindest in seiner allgemeinen Handlungsfreiheit nach Art. 2 I GG beeinträchtigt. Daraus folgt allerdings noch nicht allein die Möglichkeit einer Rechtsverletzung. Denn Rechtseingriffe sind nicht schon per se Rechtsverletzungen. Der bloße Hinweis auf die Adressatentheorie ersetzt daher keine kurze Begründung, weshalb der Verwaltungsakt möglicherweise rechtswidrig ist. Die Adressatentheorie erklärt lediglich, weshalb ein möglicherweise rechtswidriger Verwaltungsakt den Adressaten möglicherweise auch in seinen eigenen Rechten verletzt. Im Übrigen entspricht der Klagebefugnis bei der Anfechtungsklage gem. § 42 II VwGO die Widerspruchsbefugnis beim Anfechtungswiderspruch analog § 42 II VwGO (→ § 27 Rn. 25 ff.).

4. Durchführung eines Vorverfahrens

17 Eine Anfechtungsklage ist grundsätzlich nur zulässig, wenn vor ihrer Erhebung ein Vorverfahren nach § 68 I VwGO ordnungsgemäß, aber erfolglos durchgeführt worden ist. Ein (erfolgloses) Vorverfahren – auch Widerspruchsverfahren genannt – beginnt mit der Erhebung des Widerspruchs (§ 69 VwGO) und endet in den Fällen des § 73 VwGO mit dem Erlass eines Widerspruchsbescheids (dazu ausführlich → § 27 Rn. 51).

18 Ein Vorverfahren ist entbehrlich, soweit § 68 I 2 VwGO Ausnahmen vorsieht:

- Ausschluss kraft Gesetzes: Die Länder machen von dieser Möglichkeit in ihren Ausführungsgesetzen zur VwGO (AGVwGO) reichlich Gebrauch;
- Erlass des Verwaltungsakts von einer obersten Bundes- oder Landesbehörde (§ 68 I 2 Nr. 1 VwGO);

- Anfechtung eines Abhilfe- oder Widerspruchsbescheids, der den Anfechtenden erstmalig beschwert (§ 68 I 2 Nr. 2 VwGO).

Ist das erforderliche Vorverfahren nicht ordnungsgemäß durchgeführt worden, 19
ist die Anfechtungsklage unzulässig.

Ausnahmsweise ist das Fehlen des Vorverfahrens jedoch unschädlich, wenn es 20
aus anderen als in den in § 68 II 2 VwGO genannten Gründen nicht durchzuführen ist. Die Rechtsprechung geht davon aus, dass ein Vorverfahren entbehrlich ist, wenn sein Ziel, nämlich die Überprüfung der Recht- und Zweckmäßigkeit des Verwaltungsakts (§ 68 I 1 VwGO), schon auf andere Weise erreicht worden ist oder nicht mehr erreicht werden kann. Das hat die Rechtsprechung etwa angenommen, wenn

- ein angefochtener Verwaltungsakt von der Behörde durch einen anderen Verwaltungsakt ersetzt oder abgeändert wird und der neue Verwaltungsakt im Wesentlichen dieselben Sach- und Rechtsfragen zum Gegenstand hat oder
- die Widerspruchsbehörde bereits vor Erhebung des Widerspruchs ihre ablehnende Haltung äußert, zB als Aufsichtsbehörde die Rechtmäßigkeit des Verwaltungsakts bestätigt.

Aus Gründen der Prozessökonomie soll das Vorverfahren auch entbehrlich sein, 21
wenn sich der Beklagte auf die Klage vor Gericht sachlich einlässt, obwohl zuvor überhaupt kein Vorverfahren durchgeführt worden ist.

5. Ordnungsgemäße Klageerhebung

Die Anfechtungsklage ist gem. § 81 VwGO schriftlich zu erheben. Alternativ 22
kann die Klage beim Verwaltungsgericht zur Niederschrift des Urkundsbeamten der Geschäftsstelle erhoben werden. Dem Schriftformerfordernis ist ausnahmsweise auch ohne eigenhändige Unterschrift genügt, wenn sich aus anderen Umständen die Urheberschaft des Klägers zweifelsfrei feststellen lässt.

> **Beispiele:** Klageerhebung per E-Mail; Telefax, wenn das Original eine eigenhändige Unterschrift aufweist; Computerfax.

Die Klageschrift muss den Kläger, den Beklagten und den Gegenstand des 23
Klagebegehrens bezeichnen (§ 82 I 1 VwGO). Bei Anfechtungsklagen genügt zur Bezeichnung des Beklagten – auch wenn die Klage gegen den Verwaltungsträger zu richten ist – die Angabe der Behörde, die den angefochtenen Verwaltungsakt erlassen hat (§ 78 Abs. 1 Nr. 1 VwGO).

Zum fakultativen Inhalt der Klageschrift zählt nach § 82 I 2 VwGO die Angabe 24
eines Antrags. Eine Begründung der Klage ist ebenfalls nicht zwingend (vgl. „soll").

6. Klagefrist

§ 74 I VwGO bestimmt, dass die Anfechtungsklage innerhalb eines Monats nach 25
Zustellung des Widerspruchsbescheids erhoben werden muss. Ist gem. § 68 I 2 VwGO ein Vorverfahren entbehrlich, muss die Klage innerhalb eines Monats nach Bekanntgabe des Ausgangsbescheids gegenüber dem Kläger erhoben werden.

Hinweis: Nach §58 I VwGO beginnt die Monatsfrist nur zu laufen, wenn der Widerspruchsbescheid bzw. der Ausgangsbescheid eine ordnungsgemäße, dh inhaltlich zutreffende Rechtsbehelfsbelehrung enthält. Ist das nicht der Fall, gilt nach §58 II VwGO eine Jahresfrist.

26 Unrichtig ist die Rechtsbehelfsbelehrung, wenn obligatorische Bestandteile iSd §58 I VwGO fehlen (Bezeichnung des Rechtsbehelfs, Adressat, Sitz und Frist) oder wenn die Rechtsbehelfsbelehrung unrichtige Zusätze enthält, die objektiv geeignet sind, die Rechtsbehelfseinlegung zu erschweren.

Beispiel: Unrichtig ist eine Rechtsbehelfsbelehrung, wenn sie nur darauf verweist, dass eine Klage schriftlich erhoben werden muss, ohne Hinweis auf die Möglichkeit einer Einlegung durch Niederschrift bei Gericht (§81 I 2 VwGO). Zwar gehört die Form nicht zu den obligatorischen Bestandteilen einer Rechtsbehelfsbelehrung, sodass darüber grundsätzlich nicht belehrt werden muss. Wenn aber fakultativ über die Form belehrt wird, muss die Belehrung vollständig sein.

7. Richtiger Beklagter

27 Die Anfechtungsklage muss gegen den richtigen Beklagten gerichtet sein. Dies folgt aus §78 VwGO, der die Prozessführungsbefugnis auf Beklagtenseite regelt. Richtiger Beklagter ist bei Anfechtungsklagen nach §78 I Nr. 1 VwGO der Bund, das Bundesland oder die Körperschaft, Anstalt oder Stiftung des öffentlichen Rechts, deren Behörde den angefochtenen Verwaltungsakt erlassen hat (sog. Rechtsträgerprinzip). Sofern das Landesrecht dies bestimmt, sind Anfechtungsklagen gegen die Behörde selbst zu richten (§78 I Nr. 2 VwGO). Ist die Klage nicht gegen den richtigen Beklagten gerichtet, muss sie als unzulässig abgewiesen werden.

Zulässigkeit einer Anfechtungsklage

- Eröffnung des Verwaltungsrechtswegs
- Statthaftigkeit (§42 I Var. 1 VwGO)
- Klagebefugnis (§42 II VwGO)
- Durchführung eines Vorverfahrens (§§68ff. VwGO)
- Ordnungsgemäße Klageerhebung (§81 VwGO)
- Klagefrist (§74 I VwGO)
- Richtiger Beklagter (§78 VwGO)

III. Begründetheit

28 Die Anfechtungsklage ist gem. §113 I 1 VwGO begründet, wenn

- der Verwaltungsakt tatsächlich rechtswidrig und
- der Kläger dadurch in seinen Rechten verletzt ist.

Ist die Anfechtungsklage begründet, hebt das Gericht den angefochtenen Verwaltungsakt in Gestalt des Widerspruchsbescheids (§ 79 Abs. 1 Nr. 1 VwGO) auf. Der Prüfungsaufbau orientiert sich an den Vorgaben des § 113 I 1 VwGO. 29

1. Rechtswidrigkeit des Verwaltungsakts

Die Frage der Rechtmäßigkeit von Verwaltungsakten wurde bereits ausführlich dargestellt (→ §§ 11 ff.). 30

2. Verletzung des Klägers in eigenen Rechten

Der Kläger muss durch die Rechtswidrigkeit des Verwaltungsakts („dadurch") seinen Rechten verletzt sein. Begründet ist die Klage somit nur bei der Erfüllung objektiver und subjektiver Voraussetzungen. Die objektive Rechtswidrigkeit allein reicht nicht aus, um der Anfechtungsklage zum Erfolg zu verhelfen, wenn nicht der Kläger gleichzeitig in einem subjektiven Recht verletzt ist. Der Bürger hat keinen allgemeinen Gesetzesvollziehungsanspruch, sondern kann die Aufhebung des Verwaltungsakts nur verlangen, soweit er in eigenen Rechten verletzt ist. 31

Da belastende Maßnahmen stets in Grundrechte des Adressaten, zumindest in das Auffanggrundrecht aus Art. 2 I GG (allgemeine Handlungsfreiheit) eingreifen, ist die Rechtsverletzung bei einer Anfechtungsklage des Adressaten in der Regel unproblematisch. Der Eingriff in das subjektive Recht aus Art. 2 I GG kann nur dann von den Grundrechtsschranken gedeckt sein, wenn er rechtmäßig ist. Bei rechtswidrigem Verwaltungshandeln liegt dagegen immer eine Rechtsverletzung vor. 32

Hinweis: In der Klausur kann die Rechtsverletzung kurz im sog. Urteilsstil festgehalten werden, zB durch die Formulierung „Der Verwaltungsakt ist damit rechtswidrig und verletzt den Kläger als Adressat in seinem subjektiven Recht aus Art. 2 Abs. 1 GG". Problematisch und näher zu erörtern ist die Rechtsverletzung dagegen bei Klagen eines Dritten, der nicht Adressat des Verwaltungsakts ist.

Begründetheit einer Anfechtungsklage
- Rechtswidrigkeit des Verwaltungsakts
- Verletzung des Klägers in seinen Rechten

C. Verpflichtungsklage

I. Klageziel und Klagegegenstand

Die Verpflichtungsklage (§ 42 I Var. 2 VwGO) ist auf den Erlass eines den Kläger begünstigenden Verwaltungsakts gerichtet. Sie gehört daher zu den verwaltungsgerichtlichen Leistungsklagen. 33

Hat die Behörde den vom Kläger beantragten Verwaltungsakt bereits durch Bescheid ausdrücklich abgelehnt, wird die Verpflichtungsklage auch als Ver- 34 sagungsgegenklage bezeichnet. Streitgegenstand der Versagungsgegenklage ist allerdings bei genauer Betrachtung nicht die Versagung oder Ablehnung eines Verwaltungsakts, sondern die Verpflichtung zu einer Leistung. Die Versagungsgegenklage ist folglich keine verkappte Anfechtungsklage, die auf die Anfechtung des Ablehnungsbescheids gerichtet wäre, sondern sie stellt eine Verpflichtungsklage dar, die auf die Verpflichtung der Verwaltung zum Erlass eines Verwaltungsakts abzielt.

35 Solange die Behörde den beantragten Verwaltungsakt weder erlässt noch ablehnt, sie also schlichtweg untätig bleibt, kann der Antragsteller eine Untätigkeitsklage erheben. Auch die Untätigkeitsklage ist ein Unterfall der Verpflichtungsklage. Nach §75 S. 1 VwGO kann die Untätigkeitsklage ohne vorherige Durchführung eines Vorverfahrens erhoben werden, sofern die Behörde über einen Widerspruch oder einen Antrag auf Erlass eines Verwaltungsakts „ohne zureichenden Grund in angemessener Frist sachlich nicht entschieden" hat.

36 §75 S. 2 VwGO ergänzt, dass eine Verpflichtungsklage vor Abschluss eines Vorverfahrens nach §§68 ff. VwGO regelmäßig erst nach Ablauf einer Frist von drei Monaten zulässig ist, es sei denn, dass wegen besonderer Umstände eine kürzere Frist geboten ist.

> **Beispiele:** Bedürftigkeit eines Antragstellers bei Arbeitslosengeld II; Dringlichkeit einer Entscheidung über die Anfechtung einer Modulprüfung, weil sonst das Studium nicht fortgesetzt werden kann.

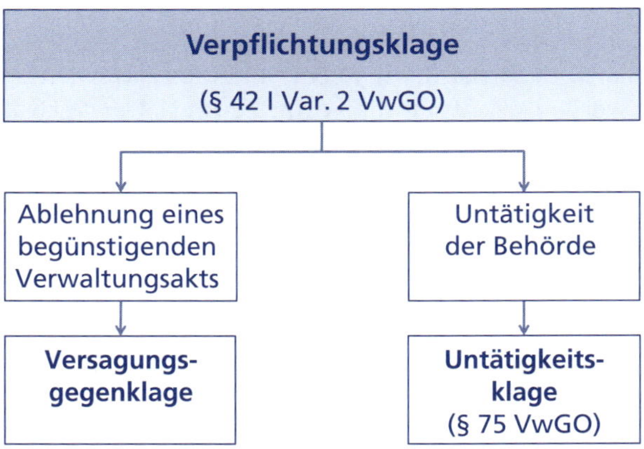

Abb. 70: Typen der Verpflichtungsklage

37 Gemeinsam mit der Anfechtungsklage hat die Verpflichtungsklage somit, dass die Parteien sich um einen Verwaltungsakt iSd §35 VwVfG streiten. Im Unterschied zur Anfechtungsklage will der Kläger bei der Verpflichtungsklage aber kein belastendes Verwaltungshandeln abwehren, sondern im Gegenteil eine Begünstigung erreichen.

II. Zulässigkeit

1. Eröffnung des Verwaltungsrechtswegs

Wie alle anderen verwaltungsgerichtlichen Klagearten setzt auch die Verpflichtungsklage voraus, dass der Verwaltungsrechtsweg eröffnet ist (s. dazu ausführlich → § 27 Rn. 5 ff.). 38

2. Statthaftigkeit

Die Verpflichtungsklage ist als besondere Form der Leistungsklage nach § 42 I Var. 2 VwGO nur statthaft, wenn der Kläger den Erlass eines abgelehnten oder unterlassenen begünstigenden Verwaltungsakts begehrt. 39

Die Verpflichtungsklage erfasst dabei zunächst die Fälle, in denen der Kläger einen begünstigenden Verwaltungsakt an sich selbst erstrebt. 40

> **Beispiel:** Bauherr B begehrt eine Baugenehmigung, deren Erlass die Behörde aber abgelehnt hat.

Die Verpflichtungsklage ist zudem statthaft, wenn der Kläger einen Verwaltungsakt begehrt, der einen Dritten belastet oder auch begünstigt. 41

> **Beispiel:** Nachbar N verlangt von der zuständigen Baubehörde den Erlass einer Anordnung gegen den Bauherrn B, angeblich illegal errichtetes Bauvorhaben abzureißen.

Im Falle der Versagungsgegenklage richtet sich die Verpflichtungsklage automatisch gegen die antragsablehnende Entscheidung der Behörde. Ist die Verpflichtungsklage erfolgreich, verurteilt das Gericht den Beklagten zum Erlass des beantragten Verwaltungsakts (§ 113 V 1 VwGO). In dieser Verurteilung liegt zwangsläufig die Aufhebung der antragsablehnenden Behördenentscheidung. 42

Eine Verpflichtungsklage ist zuletzt statthaft, wenn der Kläger keinen Anspruch auf Erlass eines Verwaltungsakts mit einem ganz bestimmten Inhalt geltend macht, sondern nur eine nochmalige und diesmal ermessens- oder beurteilungsfehlerfreie Entscheidung der Behörde begehrt. Zwar verlangt der Kläger hier von der Behörde ebenfalls den Erlass eines Verwaltungsakts. Da im Erfolgsfall das Gericht die Behörde aber nicht zur Gewährung der eigentlichen Begünstigung, sondern nur zur nochmaligen Bescheidung des Klägers unter Beachtung der gerichtlichen Rechtsauffassung verurteilt (§ 113 V 2 VwGO), spricht man auch von einer sog. „Bescheidungsklage“. 43

3. Klagebefugnis

Ähnlich wie die Anfechtungsklage ist auch die Verpflichtungsklage nur zulässig, wenn der Kläger gem. § 42 II VwGO geltend macht, durch die Ablehnung oder Unterlassung des Verwaltungsakts in seinen Rechten verletzt zu sein (Klagebefugnis). Der Wortlaut des § 42 II VwGO ist missverständlich. Entscheidend ist, ob der Kläger möglicherweise einen Anspruch auf Erlass des beantragten Verwaltungsakts hat. Ist ein Anspruch des Klägers auf Erlass des begehrten Verwaltungsakts nicht offensichtlich ausgeschlossen, muss seine Klagebefugnis bejaht werden. 44

45 Nichts anderes gilt für „Bescheidungsklagen“. Auch hier ist darzulegen, dass der Kläger möglicherweise einen Anspruch auf eine nochmalige behördliche Bescheidung hat. Dies erfordert die Darlegung einer Rechtsnorm, die dem Kläger möglicherweise einen Anspruch auf eine ermessens- bzw. beurteilungsfehlerfreie behördliche Entscheidung einräumt. Derartige Ansprüche können sich aus einfachgesetzlichen Vorschriften sowie (ausnahmsweise) unmittelbar aus den Grundrechten ergeben.

! **Beachte:** Die Adressatentheorie findet ausschließlich bei der Anfechtungsklage, nicht aber bei der Verpflichtungsklage Anwendung. Der Adressat eines Ablehnungsbescheides ist also nicht schon wegen der in der Ablehnung liegenden „Belastung“ klagebefugt. Anderenfalls würde bereits die behördliche Ablehnung utopischer Phantasieanträge ausreichen, die Klagebefugnis gem. §42 II VwGO zu begründen.

4. Durchführung eines Vorverfahrens

46 Das grundsätzliche Erfordernis des Vorverfahrens gilt gem. §68 II VwGO auch für die Verpflichtungsklage. Widerspruch ist gegen die ablehnende Behördenentscheidung einzulegen. Wurde der Antrag auf Erlass eines Verwaltungsakts durch die Behörde abgelehnt, ist innerhalb eines Monats nach Bekanntgabe der Antragsablehnung (= Verwaltungsakt) gegen diese Entscheidung Widerspruch einzulegen.

47 Hat die Behörde auf den Antrag oder auf den Widerspruch nicht innerhalb angemessener Frist reagiert, kann nach §75 S. 1 VwGO ohne vollständige Durchführung des Vorverfahrens Verpflichtungsklage erhoben werden (zur sog. Untätigkeitsklage → Rn. 35).

5. Ordnungsgemäße Klageerhebung

48 Gemäß §81 VwGO muss die Verpflichtungsklage schriftlich oder bei dem Verwaltungsgericht zur Niederschrift des Urkundsbeamten der Geschäftsstelle erhoben werden (→ Rn. 22 ff.).

6. Klagefrist

49 Für die Erhebung der Versagungsgegenklage gilt gem. §74 II VwGO die Monatsfrist des §74 I VwGO. Ist ein Vorverfahren nach §68 I 1, II VwGO erforderlich, beginnt die Monatsfrist mit der Zustellung des Widerspruchsbescheids. Ist ein Vorverfahren hingegen gem. §68 I 2, II VwGO entbehrlich, fängt die Monatsfrist mit der Bekanntgabe des Ablehnungsbescheides an zu laufen. Fehlt eine ordnungsgemäße Rechtsbehelfsbelehrung, gilt die Jahresfrist des §58 II VwGO.

50 Die Untätigkeitsklage kann erst nach Ablauf der Sperrfrist von drei Monaten erhoben werden, sofern nicht besondere Gründe eine kürzere Frist rechtfertigen. Eine Klage vor Ablauf der Frist ist unzulässig. Im Übrigen sieht die VwGO keine Klagefrist im eigentlichen Sinne für die Untätigkeitsklage vor. Nach Ablauf eines Jahres nimmt die Rechtsprechung freilich in Anlehnung an §58 II VwGO regelmäßig eine Verwirkung des Klagerechts an.

7. Richtiger Beklagter

Die Verpflichtungsklage muss gegen den richtigen Beklagten gerichtet werden (§78 VwGO; → Rn. 27). 51

Zulässigkeit einer Verpflichtungsklage

- Eröffnung des Verwaltungsrechtswegs
- Statthaftigkeit (§ 42 I Var. 2 VwGO)
- Klagebefugnis (§ 42 II VwGO)
- Durchführung eines Vorverfahrens (§§ 68 ff. VwGO)
- Ordnungsgemäße Klageerhebung (§ 81 VwGO)
- Klagefrist (§ 74 II VwGO)
- Richtiger Beklagter (§ 78 VwGO)

III. Begründetheit

52 Die Verpflichtungsklage ist begründet, wenn der Kläger tatsächlich einen Anspruch auf Erlass des beantragten Verwaltungsakts hat, §113 V 1 VwGO. Steht fest, dass der Kläger einen Anspruch auf Erlass eines Verwaltungsakts mit einem ganz bestimmten Inhalt hat (die Sache ist dann „spruchreif"), verurteilt das Gericht die zuständige Behörde zum Erlass dieses Verwaltungsakts, §113 V 1 VwGO (sog. Vornahmeurteil).

53 Hat der Kläger keinen Anspruch auf Erlass eines Verwaltungsakts mit einem ganz bestimmten Inhalt, sondern nur einen Anspruch auf (nochmalige) behördliche ermessens- oder beurteilungsfehlerfreie Entscheidung und hat die Behörde diesen Anspruch noch nicht erfüllt – weil sie entweder noch gar nicht oder rechtsfehlerhaft entschieden hat –, verurteilt das Gericht die Behörde zur (nochmaligen) Bescheidung des Klägers unter Berücksichtigung der Rechtsauffassung des Gerichts (§113 V 2 VwGO). Dies wird auch als Bescheidungsurteil bezeichnet.

54 Keinen Anspruch auf einen Verwaltungsakt mit einem ganz bestimmten Inhalt, sondern nur auf eine ermessens- oder beurteilungsfehlerfreie Entscheidung hat der Kläger bei Ermessensverwaltungsakten (Ausnahme: Ermessensreduzierung auf Null) oder bei der Anwendung unbestimmter Rechtsbegriffe mit Beurteilungsspielraum (zB Prüfungsentscheidungen).

55 Erhebt der Kläger in einem solchen Fall eine normale, unbeschränkte Verpflichtungsklage, unterliegt er teilweise – die Behörde wird ja nicht zum Erlass eines ganz bestimmten Verwaltungsakts verurteilt – und muss einen Teil der Kosten tragen.

56 Daraus ergeben sich für die Begründetheit einer Verpflichtungsklage zwei Aufbaumöglichkeiten:

- **Rechtswidrigkeits- oder Ablehnungsaufbau:** Orientiert am Wortlaut des §113 V 1 VwGO ist die Begründetheit der Verpflichtungsklage – wie bei der Anfechtungsklage – nach Rechtswidrigkeit und Rechtsverletzung zu trennen. Dieser Aufbau hat den Vorteil, dass man die behördliche Ablehnungsentscheidung zwanglos auf ihre formellen und materiellen Vorausset-

zungen überprüfen kann. Das gilt insbesondere für die Prüfung etwaiger Ermessensfehler und Beurteilungsfehler. Unbefriedigend ist allerdings, dass der bei der Verpflichtungsklage wichtige Anspruch erst im Rahmen der Rechtsverletzung geprüft wird.
- Teilweise wird deshalb dem sog. **Anspruchsaufbau** gefolgt. Denn hat der Kläger einen Anspruch auf Erlass des Verwaltungsakts, so ist dessen Ablehnung rechtswidrig und verletzt ihn in seinen subjektiven Rechten.

D. Allgemeine Leistungsklage

I. Klageziel und Klagegegenstand

57 Zu den verwaltungsgerichtlichen Leistungsklagen im weiteren Sinne zählen alle Klagen, die weder auf eine Gestaltung noch eine Feststellung, sondern auf ein Tun oder ein Unterlassen gerichtet sind. Diese weite Begriffsbestimmung umfasst ebenfalls die Verpflichtungsklage nach § 42 I Var. 2 VwGO, mit der eine Leistung in Gestalt eines Verwaltungsakts begehrt wird. In Abgrenzung zur Verpflichtungsklage ist die allgemeine Leistungsklage auf die Vornahme oder das Unterlassen eines Verwaltungshandelns gerichtet, das kein Verwaltungsakt iSd § 35 VwVfG ist. In der Praxis ist der überwiegende Teil der allgemeinen Leistungsklagen auf die Vornahme oder das Unterlassen eines tatsächlichen Verwaltungshandelns (Realakte) gerichtet. Denkbar sind jedoch auch allgemeine Leistungsklagen in Bezug auf andere Handlungsformen der Verwaltung. Umstritten ist die Statthaftigkeit einer Leistungsklage auf Normerlass.[448]

> **Beachte:** Die allgemeine Leistungsklage deckt den Bereich der Leistungsklagen im weiteren Sinne ab, der nicht von der Verpflichtungsklage gem. § 42 I Var. 2 VwGO erfasst wird. Zutreffend wird die allgemeine Leistungsklage daher auch als „Auffangklage" bezeichnet.[449]

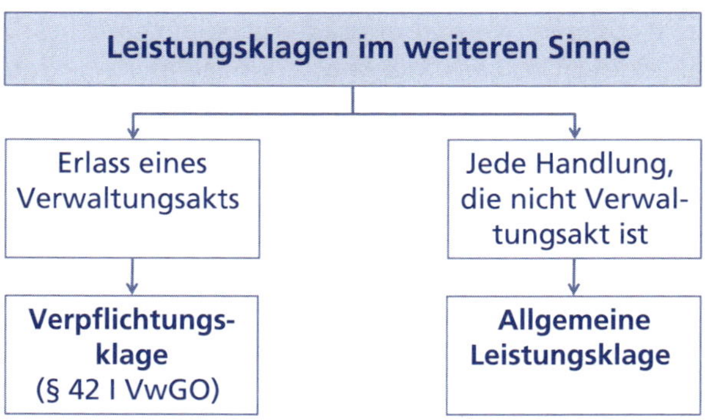

Abb. 71: Leistungsklagen im weiteren Sinne

[448] Dagegen *Schmitt Glaeser/Horn* VerwProzR Rn. 375: Statthaftigkeit einer Feststellungsklage, wenn das Begehren auf die Vornahme oder den Erlass einer Rechtsnorm gerichtet ist.

[449] So *Schmitt Glaeser/Horn* VerwProzR Rn. 373.

Wenngleich die allgemeine Leistungsklage nicht ausdrücklich geregelt ist, so wird sie doch in der VwGO an verschiedenen Stellen erwähnt bzw. vorausgesetzt (vgl. §§ 43 II, 111, 113 IV, 169 II, 170 VwGO). Sie ist daher auch in der Rechtsprechung anerkannt.[450] 58

II. Zulässigkeit

1. Eröffnung des Verwaltungsrechtswegs

Die Zulässigkeit der allgemeinen Leistungsklage setzt die Eröffnung des Verwaltungsrechtswegs aufgrund einer aufdrängenden Sonderzuweisung oder nach § 40 I 1 VwGO voraus (dazu → § 27 Rn. 5 ff.). 59

2. Statthaftigkeit

Es wurde bereits erwähnt, dass die allgemeine Leistungsklage auf die Verurteilung zu einer Leistung gerichtet ist, die nicht Verwaltungsakt ist (→ Rn. 57). Folgende Fallgruppen kommen insbesondere in Betracht: 60

- Auskünfte, Warnungen oder Empfehlungen;

> **Beispiele:** Klage auf Bekanntgabe eines Informanten;[451] Klage auf Auskunft aus dem Melderegister zur Verfolgung schuldrechtlicher Ansprüche;[452] Klage gegen behördliche Warnungen vor einer Weltanschauungsgemeinschaft;[453] Klage gegen die Empfehlung einer Kommune, in Karton verpackte Getränke zu meiden.[454]

- Widerruf von amtlichen Tatsachenbehauptungen (wegen Wettbewerbsschädigung oder Ehrverletzung);

> **Beispiel:** Klage eines Rüstungsunternehmens auf Widerruf der Behauptung der Bundesministerin der Verteidigung, ein von ihm hergestelltes Sturmgewehr sei bei hohen Temperaturen im Sommer völlig untauglich.

- Geldzahlungen;

> **Beispiel:** Klage auf Auszahlung einer bereits bewilligten Zuwendung.[455]

- Folgenbeseitigung rechtswidrigen Verwaltungshandelns.

> **Beispiel:** Löschung erkennungsdienstlicher Daten, deren Speicherung gegen das Grundrecht auf informationelle Selbstbestimmung verstößt.[456]

---

[450] Exemplarisch BVerwGE 31, 301 (303) = NJW 1969, 1131.
[451] VG Gießen NJW 1995, 2741.
[452] OVG Münster NJW 1973, 10.
[453] BVerwGE 82, 76 = NJW 1989, 2272.
[454] VGH Kassel NVwZ 1995, 611 f.
[455] BVerwGE 75, 72 = NJW 1974, 2196.
[456] Vgl. VGH Mannheim DÖV 1973, 464.

Fallgruppen der allgemeinen Leistungsklage
- Auskünfte, Warnungen, Empfehlungen
- Widerruf von amtlichen Tatsachenbehauptungen
- Geldzahlungen
- Folgenbeseitigung rechtswidrigen Verwaltungshandelns

3. Klagebefugnis

61 Der Kläger muss analog §42 II VwGO klagebefugt sein. Er muss also geltend machen, durch die Ablehnung oder die Vornahme eines tatsächlichen Verwaltungshandelns möglicherweise in eigenen Rechten verletzt zu sein. Zwar findet §42 II VwGO seinem Wortlaut zufolge unmittelbar nur auf die Anfechtungs- und die Verpflichtungsklage Anwendung. Die verfassungsrechtliche Rechtsweggarantie in Art. 19 IV GG setzt freilich die Möglichkeit der Verletzung eigener subjektiver Rechte voraus. §42 II VwGO gilt daher analog auch bei der allgemeinen Leistungsklage.

4. Durchführung eines Vorverfahrens

62 Ein Vorverfahren in Gestalt eines Widerspruchsverfahrens ist nicht erforderlich. §68 VwGO beschränkt das Vorverfahren auf die Anfechtungs- und die Verpflichtungsklage. Eine wichtige Ausnahme normieren §126 II BBG und §54 II BeamtStG, die für allgemeine Leistungsklagen aus dem Beamtenverhältnis ein Vorverfahren vorschreiben.

Beispiele: Die Beamtin A beantragt die Korrektur einer ihrer Ansicht nach viel zu schlechten Beurteilung. Der Beamte B begehrt die Rückgängigmachung einer Umsetzung in ein anderes Referat seiner Behörde.[457]

5. Ordnungsgemäße Klageerhebung

63 Gemäß §81 VwGO muss die Verpflichtungsklage schriftlich oder bei dem Verwaltungsgericht zur Niederschrift des Urkundsbeamten der Geschäftsstelle erhoben werden (→ Rn. 22 ff.).

6. Klagefrist

64 Bei der allgemeinen Leistungsklage sind keine Klagefristen zu beachten. §74 VwGO findet auf die allgemeine Leistungsklage keine, auch keine analoge Anwendung.

7. Richtiger Beklagter

65 Die allgemeine Leistungsklage muss gegen den richtigen Beklagten gerichtet werden (§78 VwGO analog; → Rn. 27).

---

[457] BVerwGE 75, 138 (140) = BeckRS 9998, 169656.

Zulässigkeit einer allgemeinen Leistungsklage

- Eröffnung des Verwaltungsrechtswegs
- Statthaftigkeit
- Klagebefugnis (§ 42 II VwGO analog)
- Keine Durchführung eines Vorverfahrens
- Ordnungsgemäße Klageerhebung (§ 81 VwGO)
- Keine Einhaltung einer Klagefrist
- Richtiger Beklagter (§ 78 VwGO analog)

III. Begründetheit

Die allgemeine Leistungsklage ist begründet, wenn dem Kläger gegen den Rechtsträger der beklagten Behörde ein Leistungsanspruch auf das begehrte Tun oder Unterlassen zusteht. Der Anspruch kann sich ergeben aus 66

- europäischem Unionsrecht,
- der Verfassung,
- einem Gesetz,
- einer Zusage oder
- einem Verwaltungsvertrag gem. §§ 54 ff. VwVfG.

E. Allgemeine Feststellungsklage

I. Klageziel und Klagegegenstand

Die VwGO bietet eine ganze Reihe verschiedener Arten von Feststellungsklagen an: 67

- Die allgemeine Feststellungsklage zielt auf die Feststellung des Bestehens oder Nichtbestehens eines Rechtsverhältnisses (§ 43 I Var. 1 VwGO).
- Die vorbeugende Feststellungsklage ist auf die Feststellung der Rechtswidrigkeit eines sich erst in Zukunft konkretisierenden Rechtsverhältnisses gerichtet.
- Mit der Nichtigkeitsfeststellungsklage soll die Nichtigkeit eines Verwaltungsakts festgestellt werden (§ 43 I Var. 2 VwGO).
- Mit der Erhebung einer Fortsetzungsfeststellungsklage begehrt der Kläger die Feststellung der Rechtswidrigkeit von bereits erledigten Verwaltungsakten (§ 113 I 4 VwGO; dazu → Rn. 87 ff.).
- Bei der Zwischenfeststellungsklage geht es um die Feststellung eines prozessualen Rechtsverhältnisses (§ 173 VwGO iVm § 256 II ZPO).
- Der Normenkontrollantrag (§ 47 VwGO) ist eine besondere Form der Feststellungsklage (dazu → Rn. 114 ff.).

Allen Feststellungklagen ist gemeinsam, dass sie auf eine „rechtsbezeugende Feststellung“[458] abzielen. Durch ein Feststellungsurteil wird weder unmittelbar die Rechtslage gestaltet noch die Verwaltung zu einer Leistung verurteilt. Ein 68

[458] *Schmitt Glaeser/Horn* VerwProzR Rn. 326.

Feststellungsurteil ist daher nicht vollstreckbar. Im Folgenden werden Zulässigkeit und Begründetheit der allgemeinen Feststellungsklage (§43 I Var. 1 VwGO) dargestellt.

Typen von Feststellungsklagen

- Allgemeine Feststellungsklage (§43 I Var. 1 VwGO)
- Vorbeugende Feststellungsklage
- Nichtigkeitsfeststellungsklage (§43 I Var. 2 VwGO)
- Fortsetzungsfeststellungsklage (§113 I 4 VwGO)
- Zwischenfeststellungsklage (§173 VwGO iVm §256 II ZPO)
- Normenkontrollantrag (§47 VwGO)

II. Zulässigkeit

1. Eröffnung des Verwaltungsrechtswegs

69 Die Zulässigkeit der allgemeinen Feststellungsklage setzt die Eröffnung des Verwaltungsrechtswegs aufgrund einer aufdrängenden Sonderzuweisung oder nach Maßgabe des §40 I 1 VwGO voraus (dazu → §27 Rn. 5 ff.).

2. Statthaftigkeit

70 Die allgemeine Feststellungsklage ist in §43 I Var. 1 VwGO normiert. Sie ist auf die Feststellung des Bestehens oder Nichtbestehens eines Rechtsverhältnisses gerichtet. Die Klage auf Feststellung des Bestehens eines Rechtsverhältnisses wird als positive Feststellungsklage bezeichnet. Bei einer Klage auf Feststellung des Nichtbestehens eines Rechtsverhältnisses spricht man von einer negativen Feststellungsklage.

71 Streitgegenstand einer allgemeinen Feststellungsklage ist in jedem Fall ein Rechtsverhältnis. Unter einem Rechtsverhältnis sind die „rechtlichen Beziehungen zu verstehen, die sich aus einem konkreten Sachverhalt aufgrund einer öffentlich-rechtlichen Norm für das Verhältnis von […] Personen untereinander oder einer Person zu einer Sache ergeben“.[459] Gegenstand der Feststellungsklage können auch einzelne aus dem Rechtsverhältnis resultierende Rechte und Pflichten sein.[460]

Beispiele: Streitigkeiten über das Bestehen einer gewerberechtlichen Erlaubnispflicht, über das Bestehen eines Beamtenverhältnisses, über den Inhalt einzelner Dienstpflichten eines Beamten.

72 Bei genauer Betrachtung besteht ein Rechtsverhältnis somit aus drei Elementen:

- eine sich aus einem konkreten Sachverhalt ergebende
- öffentlich-rechtliche Beziehung
- zwischen Personen untereinander oder zwischen einer Person und einer Sache.

---

459 BVerwGE 100, 262 (264 f.) = BeckRS 9998, 03298.

460 BVerwGE 40, 323 (325) = BeckRS 1972, 30443217.

Nicht feststellungsfähig sind dagegen zB 73

- rein tatsächliche Belange ohne rechtliche Bezüge,

> **Beispiel:** Streit über Eigenschaften einer Person, wie zB die Frage der Eignung oder Zuverlässigkeit.

- Vorfragen oder unselbstständige Teile von Rechtsverhältnissen,

> **Beispiel:** Streit über die Qualifikation bestimmter Vorgänge als rechtswidrig oder schuldhaft.

- abstrakte Rechtsfragen bzw. der Inhalt einer Rechtsnorm.

> **Beispiel:** Streit um die Wirksamkeit einer Rechtsverordnung; Streit um die Anwendbarkeit eines Gesetzes.

Statthaft ist eine allgemeine Feststellungsklage nur, sofern das Rechtsverhältnis hinreichend konkret ist. Voraussetzung dafür ist, dass, dass die Anwendung einer bestimmten öffentlich-rechtlichen Rechtsnorm auf einen hinreichend umrissenen und überschaubaren Sachverhalt zwischen den Prozessparteien streitig ist.[461] 74

> **Beispiele** für hinreichend konkrete Rechtsverhältnisse: Streit um die Eintragungspflicht in die Handwerksrolle;[462] Streit um Genehmigungsfreiheit von Tierversuchen;[463] Streit um das Nichtbestehen einer beamtenrechtlichen Umzugspflicht.[464]

> **Beispiele** für **nicht** hinreichend konkrete Rechtsverhältnisse: Streit um die Gültigkeit einer Frauenförderungsrichtlinie außerhalb eines konkreten Bewerbungsverfahrens;[465] Streit um Befugnisse von Behörden ohne Anlass.

3. Subsidiarität

Die Feststellungsklage ist nach §43 II 1 VwGO nicht zulässig, soweit der Kläger seine Rechte durch Gestaltungs- oder Leistungsklage verfolgen kann oder hätte verfolgen können. Gegenüber Anfechtungs-, Verpflichtungs- und Leistungsklagen ist die Feststellungsklage daher subsidiär. 75

Die Subsidiarität der Feststellungsklage soll zum einen verhindern, dass die Verwaltungsgerichte doppelt in Anspruch genommen werden. 76

> **Beispiel:** Grundstückseigentümer B hat eine Baugenehmigung für ein Bauvorhaben beantragt, deren Erteilung die zuständige Bauaufsichtsbehörde jedoch abgelehnt hat. Die bloße verwaltungsgerichtliche Feststellung, dass die Behörde verpflichtet ist, die beantragte Genehmigung zu erteilen, würde dem B nicht weiterhelfen. Da das Feststellungsurteil nicht vollstreckbar ist,

---

461 *Detterbeck* AllgVerwR Rn. 1396.
462 BVerwGE 16, 92 (93) = BeckRS 9998, 181387.
463 BVerwG NJW 1988, 1534.
464 VGH Mannheim NVwZ 1992, 595.
465 AA VG Bremen NJW 1988, 3224: Statthaftigkeit angenommen.

müsste B erneut Klage erheben (und zwar eine Verpflichtungsklage), wenn die Behörde sich weiterhin weigerte, die Baugenehmigung zu erteilen.

77 Zum anderen soll die Subsidiaritätsklausel vermeiden, dass die besonderen Sachentscheidungsvoraussetzungen von Anfechtungs-, Verpflichtungs- und Leistungsklagen durch die Erhebung einer Feststellungsklage umgangen werden. Eine Feststellungsklage ist daher auch dann subsidiär, wenn eine Anfechtungsklage nicht mehr zulässig ist, zB weil die Klagefrist gem. § 74 VwGO abgelaufen ist (vgl. § 43 II VwGO: „oder hätte verfolgen können").

78 Zu beachten ist jedoch, dass die Subsidiaritätsklausel aus § 43 II 1 VwGO in bestimmten Fällen nicht gilt:

- Bei der Nichtigkeitsfeststellungsklage steht dem Kläger gem. § 43 II 2 VwGO ein Wahlrecht zwischen der Anfechtungs- und der Nichtigkeitsklage zu.
- Die Subsidiaritätsklausel ist nur anwendbar, wenn der Kläger mit der Anfechtungs- oder Leistungsklage mehr erzielt, als er mit der Feststellungsklage erreichen könnte. Ist hingegen die Feststellungsklage ausnahmsweise rechtsschutzintensiver, ist sie nicht subsidiär.

Beispiel: Beamter B ist kraft Gesetzes entlassen worden (§ 31 BBG, § 22 BeamtStG). Er überlegt, ob er auf Feststellung des Bestehens des Beamtenverhältnisses (Feststellungsklage) oder auf Fortzahlung der Bezüge (Leistungsklage) klagen soll. Da die Feststellungsklage den Streitgegenstand umfassend klärt, ist sie nicht subsidiär gegenüber der Leistungsklage, bei der das Bestehen des Beamtenverhältnisses nur mittelbar geprüft würde.

- Die Rechtsprechung wendet den Grundsatz der Subsidiarität der Feststellungsklage auch dann nicht an, wenn sich die Feststellungsklage gegen den Staat oder andere Träger öffentlicher Gewalt richtet. Denn beim Staat sei zu erwarten, dass er Urteile auch ohne einen entsprechenden Vollstreckungsdruck respektiere.[466] Diese Auffassung vermag jedoch nicht zu überzeugen. Denn verwaltungsgerichtliche Klagen sind typischerweise gegen den Staat gerichtet, sodass die Subsidiaritätsklausel weitgehend leerliefe. Zudem geht die VwGO in ihren §§ 170, 172 auch davon aus, dass Vollstreckungsmöglichkeiten gegen den Staat sehr wohl erforderlich sind.[467]

4. Feststellungsinteresse

79 Die Feststellungsklage ist nur zulässig, falls der Kläger ein berechtigtes Interesse an der baldigen Feststellung hat (Feststellungsinteresse). Anders als § 256 ZPO für die zivilgerichtliche Feststellungsklage verlangt § 43 I VwGO für die verwaltungsgerichtliche Feststellungsklage kein rechtliches Interesse. Ausreichend ist vielmehr jedes schutzwürdige Interesse rechtlicher, wirtschaftlicher oder ideeller Art.

Beispiele: drohendes Bußgeldverfahren; Rehabilitationsbedürfnis (zB bei polizeilichen Maßnahmen).

---

466 BVerwGE 36, 179 (181) = NJW 1971, 1284; ferner BVerwGE 40, 323 (327) = BeckRS 1972, 30443217.

467 *Detterbeck* AllgVerwR Rn. 1401; *Schmitt Glaeser/Horn* VerwProzR Rn. 337.

5. Klagebefugnis

Das BVerwG verlangt in seiner jüngeren Rechtsprechung auch bei Feststellungs- 80
klagen eine Klagebefugnis analog § 42 II VwGO.[468] Der Kläger muss also geltend machen, dass er an dem festzustellenden Rechtsverhältnis selbst beteiligt ist oder dass von dem Rechtsverhältnis eigene Rechte des Klägers abhängen.

Für eine analoge Anwendung des § 42 II VwGO bei Feststellungsklagen besteht 81
allerdings kein Bedürfnis. Wenn ein „konkretes" Rechtsverhältnis vorliegt und ein Feststellungsinteresse des Klägers iSd § 43 I VwGO gegeben ist, geht es dem Kläger regelmäßig um die Verwirklichung eigener subjektiver Rechte.[469] Popularklagen, die § 42 II VwGO verhindern soll, sind daher ohnehin ausgeschlossen.

6. Durchführung eines Vorverfahrens

Ein Vorverfahren in Gestalt eines Widerspruchsverfahrens entfällt bei der all- 82
gemeinen Feststellungsklage, wie sich aus § 68 VwGO ergibt. Nur bei beamtenrechtlichen Feststellungsklagen schreiben § 126 II 1 BBG und § 54 II 1 BeamtStG ein Vorverfahren vor.

7. Ordnungsgemäße Klageerhebung

Gemäß § 81 VwGO muss die allgemeine Feststellungsklage schriftlich oder bei 83
dem Verwaltungsgericht zur Niederschrift des Urkundsbeamten der Geschäftsstelle erhoben werden (→ Rn. 22 ff.).

8. Klagefrist

Klagefristen sind bei der allgemeinen Feststellungsklage grundsätzlich nicht 84
einzuhalten. Ausnahmen sehen lediglich § 126 II 1 BBG und § 54 II 1 BeamtStG bei beamtenrechtlichen Feststellungsklagen vor.

9. Richtiger Beklagter

Die allgemeine Feststellungsklage muss gegen den richtigen Beklagten gerich- 85
tet werden (§ 78 VwGO analog; → Rn. 27).

Zulässigkeit einer allgemeinen Feststellungsklage

- Eröffnung des Verwaltungsrechtswegs
- Statthaftigkeit (§ 43 I VwGO)
- Subsidiarität (§ 43 II VwGO)
- Feststellungsinteresse (§ 43 I VwGO)
- Keine Klagebefugnis (§ 42 II VwGO analog)
- Keine Durchführung eines Vorverfahrens (§§ 68 ff. VwGO)
- Ordnungsgemäße Klageerhebung (§ 81 VwGO)
- Keine Einhaltung einer Klagefrist
- Richtiger Beklagter (§ 78 VwGO analog)

---

[468] BVerwGE 130, 52 Rn. 14 = BeckRS 2008, 31089; BVerwGE 111, 276 (279) = NJW 2000, 3584.

[469] Ebenso *Detterbeck* AllgVerwR Rn. 1403; *Schmitt Glaeser/Horn* VerwProzR Rn. 341.

III. Begründetheit

86 Die allgemeine Feststellungsklage ist begründet, wenn (bei der positiven Feststellungsklage) das streitige Rechtsverhältnis besteht oder (bei der negativen Feststellungsklage) das streitige Rechtsverhältnis nicht besteht. Die Nichtigkeitsfeststellungsklage ist begründet, wenn der angegriffene Verwaltungsakt nichtig ist. Wie das Rechtsverhältnis oder der Verwaltungsakt zu beurteilen sind, richtet sich nach materiellem Recht.

F. Fortsetzungsfeststellungsklage

I. Klageziel und Klagegegenstand

87 Greift ein Bürger einen Verwaltungsakt mittels einer Anfechtungsklage an und wird der Verwaltungsakt während des Prozesses unwirksam, wird die Anfechtungsklage unzulässig. Denn es liegt kein Verwaltungsakt mehr vor, den das Verwaltungsgericht aufheben könnte. Das VwVfG spricht davon, dass sich der Verwaltungsakt „erledigt" hat (vgl. den Wortlaut des §43 II VwVfG). Häufig hat der Kläger aber ein Interesse daran, den Prozess auch nach der Erledigung fortzusetzen und gerichtlich feststellen zu lassen, dass der Verwaltungsakt rechtswidrig war. In diesem Fall ordnet §113 I 4 VwGO an, dass das Gericht unter bestimmten Voraussetzungen die Rechtswidrigkeit des angefochtenen Verwaltungsakts feststellt. Eine solche Klage wird Fortsetzungsfeststellungsklage genannt. Sie führt die nach der Erledigung des Verwaltungsakts nicht mehr zulässige Anfechtungsklage („Eingangsklage") fort.

88 Der Fortsetzungsfeststellungsklage kommt insbesondere in der Praxis der Polizeien des Bundes und der Länder erhöhte Relevanz zu. Das liegt vor allem daran, dass Maßnahmen im Polizei- und Ordnungsrecht regelmäßig kurzfristig angelegt und daher bereits beendet sind, bevor der Betroffene eine verwaltungsgerichtliche Klage erheben kann.

II. Zulässigkeit

89 Die Fortsetzungsfeststellungsklage setzt die ursprüngliche (Anfechtungs-)Klage fort. Deshalb müssen die für die Anfechtungsklage erforderlichen Sachentscheidungsvoraussetzungen erfüllt sein.

1. Eröffnung des Verwaltungsrechtswegs

90 Die Zulässigkeit der Fortsetzungsfeststellungsklage setzt die Eröffnung des Verwaltungsrechtswegs aufgrund einer aufdrängenden Sonderzuweisung oder nach §40 I 1 VwGO voraus (dazu → §27 Rn. 5 ff.).

2. Statthaftigkeit

a) Erledigung des Verwaltungsakts nach Erhebung und vor Entscheidung der Anfechtungsklage

91 Statthaft ist eine Fortsetzungsfeststellungsklage gem. §113 I 4 VwGO, wenn sich der angefochtene Verwaltungsakt **nach Erhebung und vor Entscheidung** der Anfechtungsklage erledigt hat. Das Wort „vorher" in §113 I 4 VwGO bezieht sich nicht auf die Klageerhebung, sondern auf die den Prozess abschließende

gerichtliche Entscheidung, in der Regel also das Urteil. Dass § 113 I 4 VwGO unmittelbar die Erledigung eines Verwaltungsakts nach Erhebung einer **Anfechtungs**klage regelt, ergibt sich aus der systematischen Stellung der Vorschrift: § 113 I 1 VwGO behandelt die Begründetheit der Anfechtungsklage.

Beispiel: Gewerbetreibender G hat Steuerschulden iHv 1 Mio. EUR. Die zuständige Aufsichtsbehörde untersagt dem G daher die weitere Ausübung seines Gewerbes. G geht gegen die Untersagungsverfügung mit Widerspruch und Anfechtungsklage vor. Während des Verwaltungsprozesses entschließt sich G jedoch, seinen Betrieb aus gesundheitlichen Gründen aufzugeben. Infolge der Betriebsaufgabe des G hat sich die gewerberechtliche Untersagungsverfügung erledigt. G kann die Anfechtungsklage gem. § 113 I 4 VwGO auf eine Fortsetzungsfeststellungsklage umstellen.

§ 113 I 4 VwGO führt die Erledigung eines Verwaltungsakts durch Zurücknahme an, schließt mit der Formulierung „oder anders" aber auch weitere Fälle der Erledigung mit ein. In der Rechtsprechung wird die Erledigung häufig mit dem „Wegfall der Beschwer" gleichgesetzt.[470] Gemeint ist der Wegfall der belastenden Wirkung des Verwaltungsakts gegenüber dem Adressaten oder einem Dritten. § 43 II VwVfG nennt folgende Fallgruppen einer Erledigung: 92

- Rücknahme, Widerruf und anderweitige Aufhebung;

Beispiel: Die Behörde nimmt den von ihr als rechtswidrig erkannten Verwaltungsakt nach § 48 VwVfG zurück.

- Zeitablauf;

Beispiel: Das gegenüber dem polizeibekannten Randalierer R ausgesprochene Verbot, den Hauptbahnhof Köln zu betreten (sog. Platzverweis), gilt lediglich zwischen 10.00 und 22.00 Uhr an einem ganz bestimmten Samstag, an dem ein Fußballspiel des 1. FC Köln gegen Borussia Mönchengladbach stattfindet. Nach 22.00 Uhr hat sich der befristete Platzverweis durch Zeitablauf erledigt.

- Erledigung auf andere Weise.

Beispiel: Milliardär M erhält eine Abrissverfügung für seinen ohne Genehmigung mitten in den Stranddünen der Insel Sylt gebauten Luxusbungalow. Nach erfolgloser Durchführung eines Widerspruchsverfahrens erhebt M Anfechtungsklage. Während des Verwaltungsprozesses brennt der Bungalow vollständig ab. Durch den Brand des Bungalows ist das Regelungsobjekt der Abrissverfügung weggefallen Die Verfügung hat sich „auf andere Weise" erledigt.

Die Vollziehung eines Verwaltungsakts führt jedoch nur ausnahmsweise zu seiner Erledigung. In der Regel bleibt der Verwaltungsakt als Rechtsgrund für die Vollziehung wirksam. Es ist dann folglich keine Fortsetzungsfeststellungsklage, sondern Anfechtungsklage zu erheben. 93

---

470 BVerwGE 66, 75 (77) = NJW 1983, 774.

Beispiele: Der Steuerpflichtige S entrichtet eine Steuernachzahlung, obwohl er den entsprechenden Steuerbescheid für rechtswidrig hält. Der gegenüber dem S ergangene Steuerbescheid ist der Rechtsgrund für die Zahlung des S und das „Behaltendürfen" der Finanzbehörde. Der Bescheid erledigt sich somit nicht durch die Entrichtung der Steuer. – Die Polizei stellt bei Ausschreitungen am 1. Mai in Berlin bei dem „Chaoten" C eine Waffe sicher und nimmt sie mit auf die Polizeiwache. Die Sicherstellungsverfügung ist der Rechtsgrund für die Verwahrung der Waffe auf der Polizeiwache.

94 Nur ausnahmsweise führt der Vollzug eines Verwaltungsakts zu seiner Erledigung. Dies ist dann der Fall, wenn sich die Rechtswirkungen des Verwaltungsakts mit seiner Vollziehung erschöpfen und eine Rückgängigmachung nicht mehr möglich ist.

Beispiel: Bei einer Demonstration lässt die zuständige Versammlungsbehörde eine Auflösungsverfügung. Da die Demonstranten der Auflösungsverfügung nicht freiwillig Folge leisten, treibt die Polizei die Demonstranten gewaltsam auseinander. Damit haben sich die Rechtswirkungen der Auflösungsverfügung vollständig erschöpft.

b) Erledigung des Verwaltungsakts vor Erhebung der Anfechtungsklage

95 § 113 I 4 VwGO regelt ausdrücklich nur den Fall der Erledigung nach Klageerhebung, also während des Verwaltungsprozesses. Insbesondere bei einer Vielzahl kurzlebiger polizeilicher Maßnahmen tritt die Erledigung jedoch bereits vor der Klageerhebung ein. Eine Anfechtungsklage ist in diesen Fällen von Anfang an unzulässig. Zur Vermeidung von Rechtsschutzlücken erweitert die Rechtsprechung in diesen Fällen den Anwendungsbereich der Fortsetzungsfeststellungsklage: Hat sich der Verwaltungsakt bereits **vor Erhebung** der Anfechtungsklage erledigt, ist eine Fortsetzungsfeststellungsklage **analog** § 113 I 4 VwGO statthaft.[471] Der Rechtsprechung ist zuzustimmen: In der Tat erscheint eine unterschiedliche Behandlung der Erledigung nur schwer nachvollziehbar, zumal es häufig vom Zufall abhängen dürfte, ob die Klage im Zeitpunkt der Erledigung des Verwaltungsakts schon erhoben ist.[472]

Beispiel: Polizist P verbietet dem Hooligan H, das Westfalenstadion in Dortmund während eines Fußballderbys der Borussia Dortmund gegen den FC Schalke 04 zu betreten. Noch bevor H seine Wut in eine verwaltungsgerichtliche Klage fassen kann, ist das Fußballspiel bereits beendet.

c) Erledigung einer Verpflichtungsklage

96 Nicht nur ein belastender Verwaltungsakt kann sich erledigen. Auch bei einer statthaften, aber erledigten Verpflichtungsklage kommt eine Fortsetzung des Verwaltungsprozesses in Betracht. Zu denken ist etwa an eine Verpflichtungsklage, die gegenstandslos geworden ist, weil eine Erlaubnis entweder zu spät oder gar nicht erlassen wird.

---

[471] BVerwGE 26, 161 (165) = BeckRS 1967, 103941; dazu auch *Würtenberger* JuS 1974, 320 ff.
[472] *Schmitt Glaeser/Horn* VerwProzR Rn. 361.

Beispiel: Schausteller S beantragt die Zulassung zu einem Volksfest. Die zuständige Behörde lehnt den Antrag ab. Nach einem erfolglosen Widerspruchsverfahren erhebt S Verpflichtungsklage auf Zulassung. Noch während des verwaltungsgerichtlichen Verfahrens findet das Volksfest statt. Spätestens nach dem Ende des Volksfestes hat sich das Verpflichtungsbegehren durch Zeitablauf erledigt.

Die Rechtsprechung wendet § 113 I 4 VwGO **analog** auch im Falle der Erledigung einer **Verpflichtungsklage** vor oder nach Klageerhebung an. Die Fortsetzungsfeststellungsklage richtet sich in diesem Fall auf die Feststellung der Rechtswidrigkeit der Versagung oder Unterlassung des Verwaltungsakts, der – wenn er erlassen worden wäre – seine Erledigung gefunden hätte. **97**

d) „Erledigung" einer allgemeinen Leistungsklage

Hat sich hoheitliches Handeln ohne Verwaltungsaktqualität „erledigt", ist § 113 I 4 VwGO weder unmittelbar noch analog anwendbar. Zwar können auch tatsächliche Verwaltungshandlungen gegenstandslos werden und insoweit ihre rechtliche Bedeutung verlieren. Die ursprünglich statthafte allgemeine Leistungsklage weist jedoch keinen Verwaltungsaktbezug auf, den § 113 I 4 VwGO wiederum verlangt. Im Übrigen besteht auch kein Rechtsschutzbedürfnis für eine Erweiterung des Anwendungsbereichs der Fortsetzungsfeststellungsklage bei erledigten Klagen, die sich nicht auf einen Verwaltungsakt beziehen. Statthaft ist in diesen Fällen vielmehr eine allgemeine Feststellungsklage nach § 43 I Var. 1 VwGO. Eine analoge Anwendung des § 113 I 4 VwGO bei der allgemeinen Leistungsklage ist daher abzulehnen.[473] **98**

3. Klagebefugnis

Weil die Fortsetzungsfeststellungsklage die ursprünglich statthafte Anfechtungs- oder Verpflichtungsklage fortsetzen soll, ist sie nur zulässig, wenn der Kläger geltend machen kann, dass der erledigte Verwaltungsakt oder dessen Ablehnung oder Unterlassung rechtswidrig gewesen sei und ihn in seinen Rechten verletzt habe (§ 42 II VwGO analog). **99**

4. Besonderes Feststellungsinteresse

§ 113 I 4 VwGO verlangt ein besonderes Feststellungsinteresse des Klägers an der Feststellung der Rechtswidrigkeit des erledigten Verwaltungsakts: das sog. Fortsetzungsfeststellungsinteresse. Das Erfordernis des berechtigten Interesses soll verhindern, dass Verwaltungsgerichte auch dann noch über die Rechtswidrigkeit von Verwaltungsakten urteilen müssen, wenn diesen Verwaltungsakten infolge ihrer Erledigung für die Betroffenen keine rechtliche Relevanz mehr zukommt. Ein Fortsetzungsfeststellungsinteresse wird insbesondere angenommen bei **100**

- Wiederholungsgefahr,
- der Beseitigung einer fortbestehenden Diskriminierung (Rehabilitationsbedürfnis),

---

[473] Überzeugend *Schmitt Glaeser/Horn* VerwProzR Rn. 361.

- der Vorbereitung von Schadensersatzprozessen (Präjudizwirkung) und
- schweren Grundrechtseingriffen.

a) Wiederholungsgefahr

101 Wiederholungsgefahr liegt vor, wenn zu erwarten ist, dass die Behörde in naher Zukunft einen vergleichbaren Verwaltungsakt erneut erlässt. Dabei genügt weder die bloße theoretische Möglichkeit einer Wiederholung noch muss umgekehrt feststehen, dass eine vergleichbare Situation tatsächlich wieder eintritt. Ausreichend sind konkrete Anhaltspunkte, die es in absehbarer Zeit als hinreichend wahrscheinlich erscheinen lassen, dass unter im Wesentlichen unveränderten tatsächlichen und rechtlichen Verhältnissen ein gleichartiger Verwaltungsakt ergehen wird.[474]

> **Beispiel:** Schausteller S beantragt die Zulassung zu einem jährlich stattfindenden Volksfest. Die zuständige Behörde lehnt den Antrag ab. Noch während des verwaltungsgerichtlichen Verfahrens findet das Volksfest statt, womit sich das Verpflichtungsbegehren durch Zeitablauf erledigt hat. Schausteller S will sich im nächsten Jahr wieder um die Zulassung zu dem Fest bewerben.

b) Rehabilitationsbedürfnis

102 Ein Rehabilitationsbedürfnis ist insbesondere zu bejahen, wenn der ursprüngliche Verwaltungsakt eine diskriminierende Wirkung entfaltet, die auch nach der Erledigung fortwirkt und nur durch eine gerichtliche Sachentscheidung ausgeglichen werden kann.

> **Beispiele:** Nichtversetzung im Schulbereich; polizeiliche Behandlung als Störer während einer Demonstration;[475] abwertende Bemerkungen in der dienstlichen Beurteilung eines Beamten.[476]

c) Präjudizwirkung

103 Das Fortsetzungsfeststellungsinteresse kann sich schließlich auch aus einer Präjudizwirkung der verwaltungsgerichtlichen Entscheidung für einen Schadensersatzprozess vor den Zivilgerichten ergeben. Hat nämlich das Verwaltungsgericht die Rechtswidrigkeit des betroffenen Verwaltungshandelns festgestellt, so ist das Zivilgericht in einem Schadenersatzprozess (zB wegen Amtshaftung gem. Art. 34 GG, § 839 BGB) durch die Rechtskraft nach § 121 VwGO an das Feststellungsurteil gebunden.[477] Die Fortsetzungsfeststellungsklage vor dem Verwaltungsgericht hat für den Kläger den Vorteil des Amtsermittlungsgrundsatzes nach § 86 I VwGO, während er im Zivilprozess die volle Darlegungs- und Beweislast für die Rechtswidrigkeit des Verwaltungsakts trägt.

---

474 BVerwG DVBl 1994, 168 f.
475 BVerwGE 26, 168 = BeckRS 1967, 103941.
476 OVG Münster NVwZ 1993, 75 f.
477 BVerwGE 9, 196 (198) = BeckRS 1959, 103503.

Der Gesichtspunkt der Präjudizwirkung begründet ein Fortsetzungsfeststellungsinteresse aber nur, wenn sich der Verwaltungsakt **nach** Klageerhebung erledigt hat. Bei Erledigung **vor** Klageerhebung hingegen braucht keine Vorarbeit für einen Zivilprozess geleistet zu werden. Der Kläger kann sich in diesem Fall sofort an das zuständige Landgericht wenden, das die Rechtswidrigkeit des Verwaltungsakts selbst prüfen muss. Hier würde die vorherige Anrufung des Verwaltungsgerichts zu einer unökonomischen Prozessvermehrung führen. 104

d) Schwere Grundrechtseingriffe

In der neueren Rechtsprechung wird darauf abgestellt, dass sich ein schutzwürdiges Interesse an der Feststellung der Rechtswidrigkeit eines erledigten Verwaltungsakts auch aus der Art der Beeinträchtigung, insbesondere im grundrechtlich geschützten Bereich ergeben kann. Dies gelte vor allem, wenn bei Grundrechtseingriffen aus zeitlichen Gründen zuvor ein Rechtsschutz nicht möglich war.[478] 105

Allein die Möglichkeit einer Grundrechtsverletzung reicht für die Annahme des Fortsetzungsfeststellungsinteresses freilich nicht aus. Denn jedes belastende Verwaltungshandeln greift zumindest in den Schutzbereich der allgemeinen Handlungsfreiheit aus Art. 2 I GG ein. Nur bei schwerwiegenden Eingriffen in Grundrechte wird daher ein Fortsetzungsfeststellungsinteresse bejaht werden können.[479] 106

Beispiele: Schwere Eingriffe in die Grundrechte aus Art. 2 II, 8, 10 und 13 GG.

5. Durchführung eines Vorverfahrens

Ausgangspunkt zur Beantwortung der Frage, ob eine Fortsetzungsfeststellungsklage die vorherige Durchführung eines Vorverfahrens verlangt, ist folgende Überlegung: Da die Fortsetzungsfeststellungsklage eine ursprünglich statthafte Anfechtungs- oder Verpflichtungsklage fortführen soll, darf sie nicht an die Stelle einer unzulässigen Anfechtungs- oder Verpflichtungsklage treten. Deshalb ist eine Fortsetzungsfeststellungsklage unzulässig, wenn eine Anfechtungs- oder Verpflichtungsklage im Zeitpunkt der Erledigung des Verwaltungsakts bzw. des Verpflichtungsbegehrens unzulässig war. 107

Aus diesen Prämissen resultiert konkret: 108

- Haben sich der Verwaltungsakt oder das Verpflichtungsbegehren **nach Ablauf der Widerspruchsfrist** des § 70 VwGO erledigt, muss das Vorverfahren ordnungsgemäß eingeleitet worden sein. Ist dies nicht geschehen, sind eine im Zeitpunkt der Erledigung erhobene Anfechtungs- oder Verpflichtungsklage und damit auch eine Fortsetzungsfeststellungsklage unzulässig. Anders formuliert: Hat sich der Verwaltungsakt nach Ablauf der Widerspruchsfrist erledigt, ist eine Fortsetzungsfeststellungsklage nur zulässig, wenn vor der Erledigung fristgemäß Widerspruch eingelegt worden ist.

---

478 BVerwGE 61, 164 (167) = BeckRS 1980, 30424776; OVG Bremen NVwZ 1987, 235.
479 *Würtenberger/Heckmann*, Verwaltungsprozessrecht, 4. Aufl. 2018, Rn. 739.

- Haben sich der Verwaltungsakt oder das Verpflichtungsbegehren **vor Ablauf der Widerspruchsfrist** des § 70 VwGO erledigt – war also zum Zeitpunkt der Erledigung ein Widerspruch noch zulässig –, braucht ein Vorverfahren nicht mehr durchgeführt oder fortgesetzt zu werden.

109 Bei der Berechnung der Widerspruchsfrist ist § 70 II VwGO iVm § 58 VwGO zu beachten. Danach beginnt die Monatsfrist des § 70 I VwGO nur zu laufen, wenn der Betroffene über die Widerspruchsmöglichkeit richtig und schriftlich belehrt worden ist (§ 58 II VwGO). Steht ein mündlicher oder konkludent erteilter Verwaltungsakt, der sich erledigt hat, in Rede, fehlt in aller Regel eine solche Rechtsbehelfsbelehrung. Sowohl im Fall der fehlenden als auch der unrichtigen Rechtsbehelfsbelehrung gilt gem. § 70 II VwGO iVm § 58 II VwGO eine Jahresfrist.

6. Ordnungsgemäße Klageerhebung

110 Der Fortsetzungsfeststellungsantrag ist nicht im ursprünglichen Klageantrag enthalten. Auch stellt das Verwaltungsgericht die Rechtswidrigkeit des erledigten Verwaltungsakts nicht von Amts wegen fest. Für die Fortsetzungsfeststellungsklage verlangt § 113 I 4 VwGO deshalb einen besonderen Antrag des Klägers.

7. Klagefrist

111 Bei der Frage der Fristbindung der Fortsetzungsfeststellungsklage ist zu unterscheiden:

- Eine Fortsetzungsfeststellungsklage ist unzulässig, wenn im Zeitpunkt der Erledigung des Verwaltungsakts oder des Verpflichtungsbegehrens eine bereits anhängige Anfechtungs- oder Verpflichtungsklage unzulässig war – zB weil die Widerspruchsfrist nach § 70 VwGO oder die Klagefrist nach § 74 VwGO versäumt wurde. Grund hierfür ist wieder die Überlegung, dass an die Stelle einer unzulässigen Anfechtungs- und Verpflichtungsklage keine zulässige Fortsetzungsfeststellungsklage treten darf.
- Anders ist der Fall zu beurteilen, bei dem im Zeitpunkt der Erledigung des Verwaltungsakts oder des Verpflichtungsbegehrens eine Anfechtungs- oder Verpflichtungsklage zwar noch nicht anhängig war, aber in zulässiger Weise noch hätte erhoben werden können – zB weil die Klagefrist nach § 74 VwGO noch nicht verstrichen war. In diesem Fall ist die Fortsetzungsfeststellungsklage nicht fristgebunden. Der Grund hierfür liegt darin, dass die Fortsetzungsfeststellungsklage ihrer Rechtsnatur nach keine Gestaltungs- oder Leistungsklage, sondern eine Feststellungsklage ist. Feststellungsklagen sind aber nicht fristgebunden. Deshalb gelten auch für die Fortsetzungsfeststellungsklage keine Fristen, wenn der Verwaltungsakt im Zeitpunkt seiner Erledigung noch anfechtbar war.

8. Richtiger Beklagter

112 Die Fortsetzungsfeststellungsklage muss gegen den richtigen Beklagten gerichtet werden (§ 78 VwGO analog; → Rn. 27).

Zulässigkeit einer Fortsetzungsfeststellungsklage
- Eröffnung des Verwaltungsrechtswegs
- Statthaftigkeit (§ 113 I 4 VwGO analog)
- Klagebefugnis (§ 42 II VwGO analog)
- Besonderes Feststellungsinteresse (§ 43 I VwGO)
- Keine Durchführung eines Vorverfahrens
- Ordnungsgemäße Klageerhebung (§ 81 VwGO)
- Keine Einhaltung einer Klagefrist
- Richtiger Beklagter (§ 78 VwGO analog)

III. Begründetheit

Die Fortsetzungsfeststellungsklage nach § 113 I 4 VwGO setzt die erledigte **113** Klage fort. Ihre Begründetheit richtet sich somit danach, ob ihr ein Anfechtungs- oder ein Verpflichtungsbegehren des Klägers zugrunde liegt.

- In der Anfechtungssituation ist die Fortsetzungsfeststellungsklage begründet, wenn der Verwaltungsakt rechtswidrig war und der Kläger dadurch in seinen Rechten verletzt wurde. Wie bei der Anfechtungsklage sind hier also die Rechtmäßigkeit des erledigten Verwaltungsakts und die Rechtsverletzung des Klägers zu prüfen.
- In der Verpflichtungssituation ist die Fortsetzungsfeststellungsklage begründet, wenn der Kläger einen Anspruch auf Erlass des beantragten Verwaltungsakts bzw. einen Anspruch auf (nochmalige) ermessensfehlerfreie oder beurteilungsfehlerfreie Bescheidung durch die Behörde hatte. Wie bei der Verpflichtungsklage sind hier also die formellen und materiellen Voraussetzungen einer Anspruchsgrundlage zu prüfen.

Beachte: Obwohl das Verwaltungsgericht gem. § 113 I 4 VwGO nur die Rechtswidrigkeit der erledigten Maßnahme feststellt, setzt die Begründetheit der Fortsetzungsfeststellungsklage nicht nur die Rechtswidrigkeit des Verwaltungsakts, sondern ebenfalls die Verletzung des Klägers in seinen Rechten voraus. Denn die Fortsetzungsfeststellungsklage ersetzt die ursprünglich zulässige Anfechtungs- oder Verpflichtungsklage, so als ob der angefochtene Verwaltungsakt oder dessen Ablehnung oder Unterlassung sich nicht erledigt hätte.

G. Normenkontrolle nach § 47 VwGO

I. Antragsziel und Antragsgegenstand

Die verwaltungsgerichtliche Normenkontrolle nach § 47 VwGO ist ein beson- **114** deres Feststellungsverfahren. Während die allgemeine Feststellungsklage nach § 43 I VwGO auf die Feststellung des Bestehens oder Nichtbestehens eines Rechtsverhältnisses oder der Nichtigkeit eines Verwaltungsakts gerichtet ist, bezweckt die Normenkontrolle nach § 47 VwGO allgemein die Feststellung der

Gültigkeit oder Ungültigkeit einer Rechtsnorm. Die allgemeine Feststellungsklage ist folglich – wie auch alle anderen bisher behandelten Klagearten – stets auf behördliche Einzelakte gerichtet. Die Normenkontrolle nach § 47 VwGO hingegen hat Satzungen und andere untergesetzliche Rechtsvorschriften zum Gegenstand. Man spricht daher auch von abstrakter Normenkontrolle. Für das Verständnis des Normenkontrollverfahrens nach § 47 VwGO ist die Unterscheidung von prinzipaler und inzidenter Normenkontrolle wichtig:

- Bei der prinzipalen Normenkontrolle werden Rechtsnormen als solche unmittelbar auf ihre Gültigkeit überprüft (prinzipaliter = lat. „vor allem, in erster Linie"). Die gerichtliche Kontrolle erfolgt losgelöst von einer behördlichen Einzelmaßnahme.
- Bei einer inzidenten Normenkontrolle ist die Gültigkeit einer Rechtsnorm nur Vorfrage für eine sich anschließende Einzelfallentscheidung (inzidenter = lat. „beiläufig, am Rand"). Die infrage stehende Rechtsnorm wird aus Anlass eines konkreten Einzelfalles im Rahmen einer bestimmten Klageart (mit-)geprüft.

115 Mit einem Normenkontrollantrag nach § 47 VwGO wird geltend gemacht, dass eine untergesetzliche Rechtsnorm wegen Verstoßes gegen höherrangiges Recht unwirksam sei. Es handelt sich folglich um eine prinzipale Normenkontrolle.

> **Weitere Beispiele für prinzipale Normenkontrollen:** Abstrakte Normenkontrolle (Art. 93 I Nr. 2 GG); Rechtssatzverfassungsbeschwerde (§ 93 I Nr. 4a GG); konkrete Normenkontrolle (Art. 100 I GG).

116 Die verwaltungsgerichtliche Normenkontrolle hat drei Funktionen:

1. Die Normenkontrolle dient zunächst der objektiven Rechtskontrolle, was sich an der Antragsberechtigung in § 47 II 1 VwGO und der Wirkung der Entscheidung in § 47 V 2 VwGO zeigt. Nach § 47 II 1 VwGO sind auch Behörden antragsberechtigt, die jedoch nicht Träger subjektiver Rechte sind, sondern Kompetenzen wahrnehmen. Zum anderen wirkt das Urteil nach § 47 V 2 VwGO nicht nur zwischen den Verfahrensparteien („inter partes"), sondern „in der ganzen Rechtsgemeinschaft"[480] („inter omnes").
2. Das Normenkontrollverfahren ist zudem ein subjektives Rechtsschutzverfahren. Das subjektive Element wird vor allem von § 47 II 1 VwGO betont, wonach antragstellende natürliche und juristische Personen die gegenwärtige oder künftige Verletzung eigener Rechte geltend machen müssen.
3. Die verwaltungsgerichtliche Normenkontrolle beugt zuletzt zahlreichen verwaltungsgerichtlichen Einzelprozessen vor, in denen die Wirksamkeit einzelner Rechtsnormen jeweils inzident geprüft werden müsste. Insoweit dient die Normenkontrolle auch der Prozessökonomie.

[480] BVerwGE 56, 172 (174) = NJW 1978, 2522.

II. Zulässigkeit

1. Eröffnung des Verwaltungsrechtswegs

Gemäß §47 I entscheidet das Oberverwaltungsgericht (bzw. der Verwaltungsgerichtshof) „im Rahmen seiner Gerichtsbarkeit". Das bedeutet, dass auch im Rahmen einer Normenkontrolle nach §47 VwGO der Verwaltungsrechtsweg eröffnet sein muss. Werden Parlamentsgesetze zum Gegenstand einer Normenkontrolle gemacht, handelt es sich um verfassungsrechtliche Streitigkeiten, für die der Verwaltungsrechtsweg nicht eröffnet ist. Weil mit der Normenkontrolle nach §47 VwGO nur untergesetzliche Rechtsvorschriften auf ihre Gültigkeit überprüft werden können, ist sie unproblematisch als „Streitigkeit nichtverfassungsrechtlicher Art" iSd §40 I 1 VwGO einzuordnen. 117

2. Statthaftigkeit

Statthaft ist ein Normenkontrollantrag gegen die in §47 I VwGO genannten Rechtsnormen. Dabei ist zwischen §47 I Nr. 1 und Nr. 2 VwGO trennscharf zu unterscheiden: 118

- Nach §47 I Nr. 1 VwGO sind statthafter Gegenstand eines Normenkontrollverfahrens Satzungen nach den Vorschriften des Baugesetzbuchs (sowie Rechtsverordnungen nach §246 II BauGB). Der praktisch wichtigste Fall ist die Überprüfung von Bebauungsplänen (§10 BauGB). Flächennutzungspläne (§5 BauGB) hingegen werden nicht als Satzungen, sondern als lediglich vorbereitende Bauleitpläne erlassen und unterliegen daher nicht der Normenkontrolle.[481]
- Andere im Rang unter dem Landesgesetz stehende Rechtsvorschriften können nach §47 I Nr. 2 VwGO Gegenstand eines Normenkontrollverfahrens sein, sofern dies der Landesgesetzgeber durch ein Parlamentsgesetz bestimmt. Mit Ausnahme von Berlin, Hamburg und Nordrhein-Westfalen haben alle Bundesländer von der Ermächtigung des §47 I Nr. 2 Hs. 2 VwGO Gebrauch gemacht. „Andere" Rechtsvorschriften sind Rechtsverordnungen und Satzungen, die aufgrund von Landesgesetzen oder von Landesbehörden aufgrund von Bundesgesetzen erlassen wurden.

Das Normenkontrollverfahren nach §47 VwGO ist nicht statthaft, wenn Bundesrecht, Landesverfassungsrecht oder formelle Landesgesetze angegriffen werden sollen. Ob Verwaltungsvorschriften zum Gegenstand eines Normenkontrollantrags gemacht werden können, wird kontrovers diskutiert.[482] 119

---

481 Zur umstr. analogen Anwendung des §47 I Nr. 1 VwGO bei Darstellungen im Flächennutzungsplan mit den Rechtswirkungen des §35 III 3 BauGB s. BVerwG NVwZ 2007, 1081 ff.; zustimmend *Schenke* NVwZ 2007, 134 (140 f.); dagegen *Herrmann* NVwZ 2009, 1185 ff..

482 Dafür *Sauerland*, Die Verwaltungsvorschrift im System der Rechtsquellen, 2005, 419 ff.; zustimmend *Würtenberger/Heckmann*, Verwaltungsprozessrecht, 4. Aufl. 2018 Rn. 513; aA BVerwG NJW 1979, 280.

3. Antragsbefugnis

120 Die Antragsbefugnis in § 47 II 1 VwGO ist der Klagebefugnis in § 42 II VwGO angenähert. Dabei differenziert das Gesetz zwischen natürlichen und juristischen Personen einerseits und Behörden andererseits:

- Antragstellende natürliche oder juristische Personen müssen geltend machen, „durch die Rechtsvorschrift oder deren Anwendung in ihren Rechten verletzt zu sein oder in absehbarer Zeit verletzt zu werden." Für das „Geltendmachen" einer Rechtsverletzung findet die zu § 42 II VwGO entwickelte Möglichkeitstheorie Anwendung. Der Antragsteller muss Tatsachen vortragen, die die Verletzung eines subjektiv-öffentlichen Rechts möglich erscheinen lassen. Im Gegensatz zur Klagebefugnis nach § 42 II VwGO kann sich die Antragsbefugnis nach § 47 II 1 VwGO nicht nur aus einer möglichen gegenwärtigen, sondern auch aus einer möglichen künftigen Rechtsverletzung ergeben.
- Behörden können nach § 47 II 1 Hs. 2 VwGO ein Normenkontrollverfahren betreiben, ohne eine Rechtsverletzung darlegen zu müssen. Entgegen dem Wortlaut des § 47 II 1 VwGO kann jedoch nicht „jede" Behörde einen Normenkontrollantrag stellen. Verlangt wird vielmehr, dass die Behörde mit der Vollziehung der beanstandeten Rechtsvorschrift befasst ist oder bei der Wahrnehmung ihrer Aufgaben zu beachten hat.[483]

4. Durchführung eines Vorverfahrens

121 § 68 VwGO erwähnt das Normenkontrollverfahren nicht. Die Erhebung eines Widerspruchs entfällt daher.

5. Ordnungsgemäßer Antrag

122 Das Oberverwaltungsgericht (bzw. der Verwaltungsgerichtshof) wird nur „auf Antrag" tätig (§ 47 I VwGO). Das Normenkontrollverfahren wird folglich nicht von Amts wegen eingeleitet. Der Antrag muss auf Feststellung der Ungültigkeit einer Rechtsvorschrift gerichtet sein, wie sich aus § 47 I VwGO ergibt („Antrag über die Gültigkeit"). Im Übrigen findet § 81 I VwGO analoge Anwendung.

6. Antragsfrist

123 Der Normenkontrollantrag ist innerhalb einer Frist von einem Jahr nach Bekanntmachung der angegriffenen Rechtsvorschrift zu stellen (§ 47 II 1 VwGO). Nach Ablauf der Frist ist eine prinzipale Normenkontrolle ausgeschlossen; anderenfalls hätte die Befristung keinen Sinn. Eine inzidente Überprüfung untergesetzlicher Rechtsvorschriften im Rahmen einer verwaltungsgerichtlichen Anfechtungs- oder Verpflichtungsklage kann hingegen auch nach Fristablauf noch vorgenommen werden.

7. Richtiger Antragsgegner

124 Richtiger Antragsgegner ist die juristische Person des öffentlichen Rechts, welche die Rechtsvorschrift erlassen hat (§ 47 II 2 VwGO).

---

[483] VGH Mannheim NVwZ 1999, 1249.

Zulässigkeit eines Normenkontrollantrags gem. §47 VwGO
- Eröffnung des Verwaltungsrechtswegs
- Statthaftigkeit (§47 I Nr. 1 und 2 VwGO)
- Antragsbefugnis (§47 II 1 VwGO)
- Keine Durchführung eines Vorverfahrens
- Ordnungsgemäßer Antrag (§§47 I, 81 VwGO)
- Antragsfrist (§47 II 1 VwGO)
- Richtiger Antragsgegner (§47 II 2 VwGO)

III. Begründetheit

Der Normenkontrollantrag nach §47 VwGO ist begründet, wenn die angegriffene Rechtsvorschrift rechtswidrig und damit ungültig ist. Überprüft wird ausschließlich die Rechtmäßigkeit, nicht aber die Zweckmäßigkeit der Norm. Da die Normenkontrolle (auch) der objektiven Rechtsbeanstandung dient, beschränkt sich die verwaltungsgerichtliche Prüfung auf objektiv-rechtliche Maßstäbe. Auf eine Verletzung des Antragstellers in eigenen subjektiven Rechten kommt es nicht an. Der subjektive Rechtsschutzcharakter findet seinen Niederschlag lediglich in der Antragsbefugnis gem. §47 II 1 VwGO. Kommt das Oberverwaltungsgericht (bzw. der Verwaltungsgerichtshof) zu der Überzeugung, dass die Rechtsvorschrift ungültig ist, erklärt es sie für unwirksam. In diesem Fall ist die Entscheidung allgemein verbindlich (§47 V 2 VwGO). 125

H. Kontrollfragen

1. In welche Kategorien lassen sich die verwaltungsgerichtlichen Klagearten einteilen? (→ Rn. 2)
2. Was ist Gegenstand der Anfechtungsklage? (→ Rn. 7 ff.)
3. Wann ist der Widerspruchsbescheid allein Gegenstand der Anfechtungsklage? (→ Rn. 8 f.)
4. B hat in einem Naturschutzgebiet ohne Baugenehmigung einen sog. „Schwarzbau" errichtet. Die zuständige Behörde ordnet den Abriss des Gebäudes an. Nach erfolglosem Widerspruchsverfahren geht B im Klageweg gegen die Abrissverfügung vor. Welche Klageart ist statthaft? (→ Rn. 12)
5. Was regelt die Vorschrift in §42 II VwGO und welchem Zweck dient sie? (→ Rn. 15 f.)
6. Was muss ein Kläger vortragen, um gem. §42 II VwGO klagebefugt zu sein? (→ Rn. 15 f.)
7. Wie lässt sich mit der Adressatentheorie die Klagebefugnis bei Anfechtungsklagen nach §42 II VwGO herleiten? (→ Rn. 16)
8. Innerhalb welcher Frist ist die Anfechtungsklage zu erheben? Wie berechnet sich die Klagefrist? (→ Rn. 25 f.)
9. Wann ist die Anfechtungsklage begründet? (→ Rn. 28 ff.)
10. Erläutern Sie, inwieweit bei der Verpflichtungsklage zwischen der Versagungsgegenklage und der Untätigkeitsklage zu unterscheiden ist? (→ Rn. 34 f.)

11. B möchte in einem Naturschutzgebiet ein Wochenendhaus errichten und beantragt die Erteilung einer Baugenehmigung. Die zuständige Behörde lehnt die beantragte Baugenehmigung jedoch ab. Nach erfolglosem Widerspruchsverfahren will B den Erlass der Baugenehmigung verwaltungsgerichtlich erstreiten. Welche Klageart ist statthaft? (→ Rn. 39 ff.)
12. Muss vor Erhebung einer Verpflichtungsklage ein Widerspruchsverfahren durchgeführt werden? (→ Rn. 46 f.)
13. Müssen Fristerfordernisse vor der Erhebung einer Versagungsgegenklage beachtet werden? (→ Rn. 49 f.)
14. Wann ist eine Verpflichtungsklage begründet? (→ Rn. 52 ff.)
15. Wie werden Verpflichtungsklage und allgemeine Leistungsklage voneinander unterschieden? (→ Rn. 57)
16. Wo ist die allgemeine Leistungsklage in der VwGO geregelt? (→ Rn. 58)
17. Wann ist eine allgemeine Leistungsklage statthaft? (→ Rn. 60)
18. Muss der Kläger auch bei der allgemeinen Leistungsklage klagebefugt sein? (→ Rn. 61)
19. Muss vor Erhebung der allgemeinen Leistungsklage ein Vorverfahren durchgeführt worden sein? (→ Rn. 62)
20. Muss bei der allgemeinen Leistungsklage eine Frist eingehalten werden? (→ Rn. 64)
21. Wann ist eine allgemeine Leistungsklage begründet? (→ Rn. 66)
22. Wozu dient die allgemeine Feststellungsklage? Wo ist sie geregelt? (→ Rn. 67)
23. Welche besonderen Sachurteilsvoraussetzungen müssen bei der allgemeinen Feststellungsklage erfüllt sein? (→ Rn. 70 ff.)
24. Was ist ein Rechtsverhältnis iSd §43 I VwGO? (→ Rn. 71)
25. Was besagt der in §43 II 1 VwGO geregelte Grundsatz der Subsidiarität der Feststellungsklage? (→ Rn. 75 ff.)
26. Wann besitzt der Kläger ein berechtigtes Feststellungsinteresse? (→ Rn. 79)
27. Wann ist eine allgemeine Feststellungsklage begründet? (→ Rn. 86)
28. Was ist das Ziel einer Fortsetzungsfeststellungsklage? (→ Rn. 87)
29. Auf welche prozessuale Situation ist §113 I 4 VwGO unmittelbar anwendbar? (→ Rn. 91)
30. Wann ist die Vorschrift in §113 I 4 VwGO analog anzuwenden? (→ Rn. 95 ff.)
31. Unter welchen Voraussetzungen ist ein besonderes Interesse an der Feststellung der Rechtswidrigkeit eines erledigten Verwaltungsakts anzunehmen? (→ Rn. 100 ff.)
32. Erfordert die Fortsetzungsfeststellungsklage die vorherige Durchführung eines Widerspruchsverfahrens? Begründen Sie! (→ Rn. 107 ff.)
33. Worin liegt der Unterschied zwischen einer prinzipalen und einer inzidenten Normenkontrolle? (→ Rn. 114)
34. Was ist der Antragsgegenstand einer Normenkontrolle gem. §47 VwGO? (→ Rn. 115)
35. Welche Funktionen kommen einer Normenkontrolle gem. §47 VwGO zu? (→ Rn. 116)
36. Welche Wirkungen entfalten verwaltungsgerichtliche Entscheidungen im Rahmen einer Normenkontrolle gem. §47 VwGO? (→ Rn. 116)

§ 29 Vorläufiger Rechtsschutz

A. Einleitung

1 Verwaltungsgerichtliche Verfahren dauern regelmäßig sehr lange. Nicht selten müssen die Prozessbeteiligten bereits in der ersten Instanz mehrere Jahre auf eine gerichtliche Entscheidung warten. In der Zwischenzeit drohen den Betroffenen die Schaffung vollendeter Tatsachen oder erhebliche, nur schwer wieder zu behebende Nachteile.

> **Beispiel:** Ausländer A soll in sein Heimatland abgeschoben werden, obwohl er dort zum Tode verurteilt worden ist. Wird die (wegen § 60 AufenthG) rechtswidrige Abschiebung vollzogen, droht dem A die Hinrichtung. Das erst in einem Jahr zu erwartende Urteil im verwaltungsgerichtlichen Verfahren käme zu spät.

2 Vorläufiger Rechtsschutz im Verwaltungsprozess dient dem Schutz des Bürgers vor einer irreparablen Beeinträchtigung seiner Rechte bis zum rechtskräftigen Abschluss des Verfahrens. Dieser Schutz hat verfassungsrechtlichen Rang: So gewährleistet Art. 19 IV GG effektiven Rechtsschutz gegen Maßnahmen der öffentlichen Gewalt. Effektiver Rechtsschutz aber heißt rechtzeitiger Rechtsschutz – auch gegenüber voreiliger öffentlicher Gewalt[484].

Abb. 72: Gebot der Effektivität des Rechtsschutzes

3 Die VwGO kennt in ihren §§ 80–80b und § 123 zwei verschiedene Arten des vorläufigen Rechtsschutzes:

1. Beim belastenden Verwaltungsakt entfalten Anfechtungswiderspruch und Anfechtungsklage kraft Gesetzes aufschiebende Wirkung (§ 80 I VwGO). Der Kläger braucht den Verwaltungsakt zunächst nicht zu befolgen; die Verwaltung darf den Verwaltungsakt vorläufig nicht vollziehen. Nur wenn die aufschiebende Wirkung nach § 80 II, III VwGO ausgeschlossen ist, entscheidet das Gericht im sog. Aussetzungsverfahren nach § 80 V VwGO über die Vollziehung des Verwaltungsakts.
2. Die einstweilige Anordnung nach § 123 VwGO (sog. Anordnungsverfahren) ist in allen Fallkonstellationen einschlägig, in denen es nicht um die Vollziehung eines belastenden Verwaltungsakts geht. Sie kommt somit bei allen Klagearten außer der Anfechtungsklage zur Anwendung.

---

484 *Hufen*, Verwaltungsprozeßrecht, 11. Aufl. 2019, § 31 Rn. 1 f.

4 Die Verfahren des vorläufigen Rechtsschutzes nach §80 und §123 VwGO schließen sich aus. Aus §123 V VwGO folgt, dass die einstweilige Anordnung subsidiär und nur statthaft ist, wenn keiner der Fälle der §§80, 80a VwGO vorliegt.

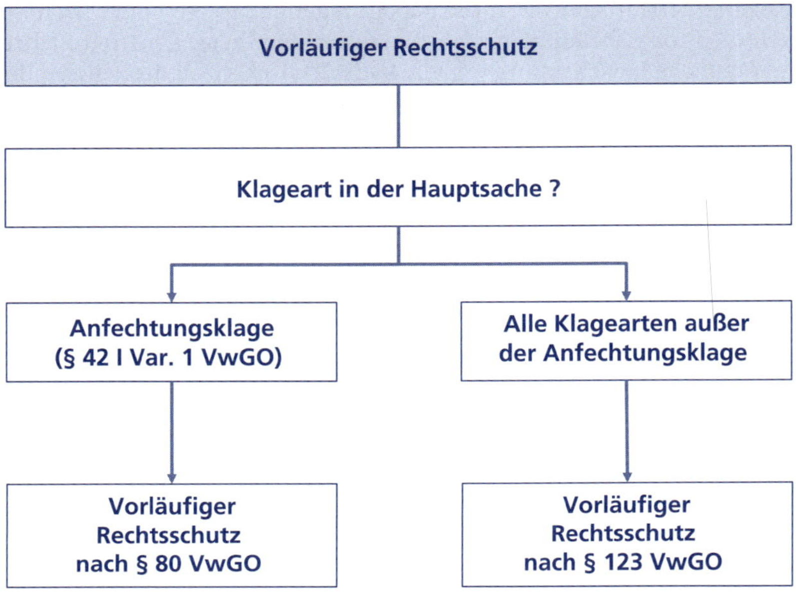

Abb. 73: Typen des vorläufigen Rechtsschutzes

B. Vorläufiger Rechtsschutz nach §80 VwGO

I. Aufschiebende Wirkung von Widerspruch und Anfechtungsklage (§80 I VwGO)

1. Bedeutung der aufschiebenden Wirkung

5 §80 I VwGO ordnet an, dass Anfechtungswiderspruch und Anfechtungsklage aufschiebende Wirkung entfalten. Unzweifelhaft verbietet die aufschiebende Wirkung der Behörde, den Verwaltungsakt gegenüber dem Betroffenen zu vollziehen oder sogar zwangsweise zu vollstrecken (sog. Vollzugs- oder Vollstreckungshemmung). Diese Wirkung kann jedoch nur bei vollstreckbaren Verwaltungsakten, die auf ein Tun, Dulden oder Unterlassen gerichtet sind, eintreten.

6 Feststellende und rechtsgestaltende Verwaltungsakte sind hingegen nicht der Vollstreckung fähig, da sie die Rechtslage lediglich deklaratorisch feststellen bzw. konstitutiv ändern. Wenn ein Widerspruch oder eine Anfechtungsklage in einem solchen Fall dennoch eine aufschiebende Wirkung entfaltet, wie §80 I 2 VwGO klarstellt, muss die aufschiebende Wirkung über die bloße Vollzugshemmung hinausgehen. Im Einzelnen ist hier vieles umstritten.

1. Nach der strengen Wirksamkeitstheorie verhindert die aufschiebende Wirkung die Wirksamkeit des Verwaltungsakts schlechthin.[485] Bis zum Wegfall der aufschiebenden Wirkung ist der angegriffene Verwaltungsakt als noch nicht wirksam zu behandeln. Wirksam wird der Verwaltungsakt erst in dem Zeitpunkt, in dem die aufschiebende Wirkung entfällt.
2. Die eingeschränkte Wirksamkeitstheorie nimmt nur eine vorläufige Wirksamkeitshemmung an. Nach dem Wegfall der aufschiebenden Wirkung des Widerspruchs oder der Anfechtungsklage entfällt die vorläufige Wirksamkeitshemmung rückwirkend.[486]
3. Nach der Vollziehbarkeitstheorie lässt die aufschiebende Wirkung die Wirksamkeit des Verwaltungsakts unberührt. Vielmehr führt die aufschiebende Wirkung zum Ausschluss von Maßnahmen, die zur Vollziehung des im Übrigen wirksamen Verwaltungsakts getroffen werden.[487]

Für die Vollziehbarkeitstheorie spricht insbesondere, dass in § 80 II–V VwGO 7
im Kontext der aufschiebenden Wirkung jeweils von „Vollziehung" die Rede ist. Insbesondere kann die Behörde nach § 80 II 1 Nr. 4 VwGO die „sofortige Vollziehung", nicht aber die „sofortige Wirksamkeit" eines Verwaltungsakts anordnen. Deshalb folgt aus der Gesetzessystematik eine Gleichstellung von aufschiebender Wirkung und Aussetzung der Vollziehung.

2. Voraussetzungen der aufschiebenden Wirkung

Der Eintritt der aufschiebenden Wirkung ist an folgende Voraussetzungen ge- 8
knüpft:

1. Die Verweisung in § 80 I 1 VwGO („Widerspruch und Anfechtungsklage") auf §§ 68 und 42 VwGO sowie die Vorschrift in § 80 I 2 VwGO verdeutlichen, dass die aufschiebende Wirkung einen wirksam erlassenen Verwaltungsakt erfordert. Sofern ein Widerspruch auch gegenüber anderen Handlungsformen der Verwaltung statthaft sein sollte, wie zB im Beamtenrecht nach § 126 II BBG, entfaltet ein Widerspruch keine aufschiebende Wirkung.
2. Gegen den Verwaltungsakt muss im verwaltungsgerichtlichen Verfahren eine Anfechtungsklage statthaft sein. Anders formuliert: Einem Widerspruch kommt nur dann aufschiebende Wirkung zu, wenn es sich um einen Anfechtungswiderspruch iSd § 68 I VwGO handelt. Bei Ablehnungsbescheiden ist § 80 VwGO folglich nicht anwendbar. In diesem Fall ist ein Verpflichtungswiderspruch gem. § 68 II VwGO bzw. eine Verpflichtungsklage gem. § 42 I Var. 2 VwGO statthaft, bei der sich der vorläufige Rechtsschutz nach § 123 VwGO richtet (dazu noch → § 29 Rn. 35 ff.).
3. Umstritten ist, ob der Eintritt der aufschiebenden Wirkung von der Zulässigkeit von Widerspruch und Anfechtungsklage abhängt oder ohne Rücksicht auf das Vorliegen der Sachentscheidungsvoraussetzungen eintritt. Unter Hinweis auf den Gesetzeswortlaut des § 80 I VwGO geht die hM davon aus, dass grundsätzlich auch ein unzulässiger Rechtsbehelf aufschiebende

[485] *Erichsen* JURA 1984, 414 (423); *Erichsen/Klenke* DÖV 1976, 833 ff.
[486] *Kopp/Schenke* VwGO § 80 Rn. 22; *Schoch* NVwZ 1991, 1121 (1122).
[487] BVerfGE 35, 263 (264) = NJW 1973, 1491; BVerwGE 66, 218 (222) = NJW 1983, 776.

Wirkung entfalten kann.[488] Dafür spricht, dass auch die Zulässigkeit des Widerspruchs oder der Anfechtungsklage erst im Widerspruchs- oder im verwaltungsgerichtlichen Verfahren selbst zu prüfen sind. Zur Verhinderung von Rechtsmissbrauch wird jedoch eine Ausnahme zu machen sein, wenn der Widerspruch oder die Anfechtungsklage offensichtlich unzulässig sind.[489]

4. Von der Begründetheit des Rechtsbehelfs ist die aufschiebende Wirkung in jedem Fall unabhängig. Auch dem offensichtlich unbegründeten Widerspruch kommt somit stets aufschiebende Wirkung zu.[490]
5. Dass ein Widerspruch oder eine Anfechtungsklage auch tatsächlich erhoben worden sein muss, um aufschiebende Wirkung zu entfalten, bedarf keiner besonderen Erwähnung.

3. Dauer der aufschiebenden Wirkung

9 Die aufschiebende Wirkung tritt mit der Erhebung des Widerspruchs oder, sofern ausnahmsweise die Durchführung eines Widerspruchsverfahrens entbehrlich ist (§ 68 I 2 VwGO), mit der Erhebung der Anfechtungsklage ein (§ 80 I 1 VwGO). Sie wirkt auf den Zeitpunkt des Erlasses des Verwaltungsakts zurück. Alle bereits vor der Erhebung des Rechtsbehelfs von der Behörde ergriffenen Vollziehungsmaßnahmen sind rückgängig zu machen.

10 Die aufschiebende Wirkung des Widerspruchs endet nicht mit dem Erlass eines Widerspruchsbescheides, sondern mit dem Ablauf der Klagefrist gem. § 74 I VwGO bzw. mit der Rechtskraft des erstinstanzlichen Urteils (§ 80b I 1 VwGO).

II. Ausnahmen von der aufschiebenden Wirkung (§ 80 II VwGO)

11 § 80 II 1 VwGO nennt abschließend vier Fallgruppen, bei denen die aufschiebende Wirkung von Widerspruch und Anfechtungsklage ausgeschlossen ist. In den Nr. 1–3 wird die aufschiebende Wirkung kraft Gesetzes ausgeschlossen. In den dort genannten Situationen überwiegt das öffentliche Interesse an der Vollziehung des jeweiligen Verwaltungsakts das private Interesse, von einer Vollziehung des Verwaltungsakts verschont zu bleiben. In Nr. 4 hingegen entfalten Widerspruch und Anfechtungsklage grundsätzlich aufschiebende Wirkung. Die zuständige Behörde hat aber im öffentlichen Interesse oder im überwiegenden Interesse eines Beteiligten die sofortige Vollziehung des Verwaltungsakts ausdrücklich angeordnet.

---

488 *Würtenberger/Heckmann*, Verwaltungsprozessrecht, 4. Aufl. 2018, Rn. 575.

489 So insbesondere BVerwG DVBl 1993, 256 (258); OVG Hamburg DÖV 1988, 308; jeweils zu § 42 II VwGO.

490 BVerwGE 13, 1 (8) = NJW 1962, 602.

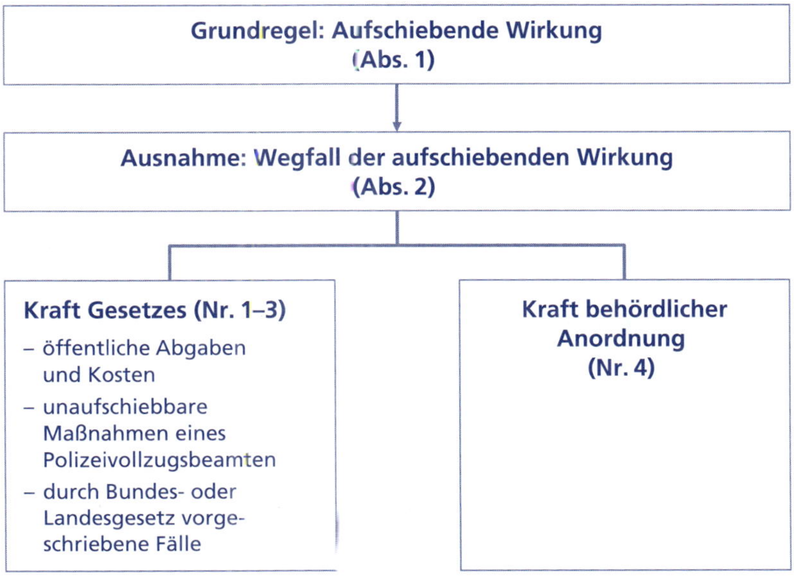

Abb. 74: Ausnahmen von der aufschiebenden Wirkung (§80 II VwGO)

1. Öffentliche Abgaben und Kosten (§80 II 1 Nr. 1 VwGO)

Gemäß §80 II 1 Nr. 1 VwGO entfällt die aufschiebende Wirkung von Wider- 12
spruch und Anfechtungsklage kraft Gesetzes bei der Anforderung von öffentlichen Abgaben und Kosten. Abgaben sind über die „klassischen" Abgaben der Steuern, Gebühren und Beiträge hinaus alle Geldleistungen mit Finanzierungsfunktion, auf deren zügiger Entrichtung die Verwaltung zur Erfüllung ihrer notwendigen öffentlichen Aufgaben angewiesen ist.

Beispiele: Steuern; Gebühren; Beiträge.

Geldforderungen, die nicht der Deckung des allgemeinen staatlichen Finanzierungsbedarfs dienen, sondern andere Zwecke verfolgen, gehören nicht zu den Abgaben in diesem Sinne.

Beispiele: Geldstrafen; Bußgelder.

Kosten sind alle Gebühren und Auslagen, die den Beteiligten wegen der Durch- 13
führung eines Verwaltungsverfahrens nach im Voraus feststehenden Sätzen auferlegt werden.

2. Unaufschiebbare Maßnahmen von Polizeivollzugsbeamten (§80 II 1 Nr. 2 VwGO)

Bei unaufschiebbaren polizeilichen Anordnungen und Maßnahmen haben 14
Widerspruch und Anfechtungsklage gem. §80 II 1 Nr. 2 VwGO ebenfalls keine aufschiebende Wirkung. Die Vorschrift bezieht sich ausschließlich auf Verwaltungsakte der polizeilichen Vollzugsbeamten, nicht aber der Ordnungsbehör-

den. Die Maßnahmen müssen unaufschiebbar, also ein sofortiges Eingreifen der Polizei erforderlich sein.

> **Beispiel:** Der betrunkene B torkelt völlig hilflos auf einem Bahnsteig des Hauptbahnhofs Köln umher und droht, auf die Gleise zu stürzen. Er wird von einem Polizisten in Gewahrsam genommen.

15 § 80 II 1 Nr. 2 VwGO gilt analog auch bei Verkehrszeichen, die Gebote oder Verbote nach § 41 StVO aussprechen, und abgelaufenen Parkuhren (Parkuhr als sofort vollziehbares Wegfahrgebot).[491]

3. Andere bundes- und landesgesetzlich bestimmte Fälle (§ 80 II 1 Nr. 3 VwGO).

16 Gemäß § 80 II 1 Nr. 3 VwGO kann die aufschiebende Wirkung auch durch Bundesgesetz oder für Landesrecht durch Landesgesetz ausgeschlossen werden.

> **Beispiele:** Baugenehmigungen (§ 212a I BauGB); Abschiebungsanordnungen (§ 58a I 2 AufenthG); Zurücknahme der Anerkennung als Asylberechtigter (§ 75 II AsylG); Versetzung oder Abordnung im Beamtenrecht (§ 126 IV BBG, § 54 IV BeamtStG).

4. Behördliche Anordnung der sofortigen Vollziehung (§ 80 II 1 Nr. 4, III VwGO)

17 Besteht nicht generell, sondern nur im Einzelfall ein besonderes öffentliches oder privates Interesse an der zügigen Vollziehung eines Verwaltungsakts, kann die zuständige Behörde die aufschiebende Wirkung durch Anordnung der sofortigen Vollziehung gem. § 80 II 1 Nr. 4 VwGO ausschließen.

a) Rechtsnatur der Anordnung der sofortigen Vollziehung

18 Die Vollziehungsanordnung nach § 80 II 1 Nr. 4 VwGO ist kein eigener Verwaltungsakt, sondern Bestandteil des Hauptverwaltungsakts. Denn sie setzt einen Verwaltungsakt voraus und regelt nur dessen Vollziehung. Dies gilt sogar dann, wenn beide Entscheidungen – Hauptverwaltungsakt und Vollziehungsanordnung – zeitlich auseinanderfallen und getrennt erlassen werden.

b) Zuständige Behörde

19 Zur Anordnung der sofortigen Vollziehung eines Verwaltungsakts sind sowohl die Ausgangsbehörde als auch die Widerspruchsbehörde zuständig (§ 80 II 1 Nr. 4 VwGO). Die Zuständigkeit der Widerspruchsbehörde besteht sogar vor der Erhebung eines Widerspruchs. Gleichzeitig bleibt die Ausgangsbehörde auch nach der Abgabe an die Widerspruchsbehörde zuständig. Insoweit besteht eine „Zuständigkeitskonkurrenz" zwischen beiden Behörden.

c) Verfahren

20 Eine vorherige Anhörung des von der sofortigen Vollziehbarkeit nachteilig Betroffenen verlangt § 28 VwVfG nicht. Denn § 28 VwVfG ordnet eine Anhörung

---

[491] BVerwG NJW 1978, 656; NVwZ 1988, 623.

nur bei dem Erlass eines Verwaltungsakts an. Zudem schließt die Vollziehungsanordnung kein Verwaltungsverfahren iSd §9 VwVfG ab.

d) Schriftliche Begründung

Die Behörde muss die sofortige Vollziehung eines Verwaltungsakts schriftlich anordnen. Zudem ist die Anordnung, genauer: das besondere Interesse an der sofortigen Vollziehung, schriftlich zu begründen (§80 III 1 VwGO). Eine fehlende oder nicht ausreichende Begründung macht die Vollziehungsanordnung rechtswidrig. Eine Heilung von Begründungsmängeln gem. §45 I Nr. 2, II VwVfG wird von der hM zu Recht abgelehnt. Zum einen ist die Anordnung kein Verwaltungsakt. Zum anderen verdrängt §80 III VwGO als Sonderregelung die Vorschriften des VwVfG über die Heilung von Verfahrensfehlern.[492] 21

e) Materielle Rechtmäßigkeitsvoraussetzungen

Die Anordnung der sofortigen Vollziehung ist gem. §80 II 1 Nr. 4 VwGO nur materiell rechtmäßig, wenn die sofortige Vollziehung tatsächlich im öffentlichen Interesse oder überwiegenden Interesse eines Verfahrensbeteiligten liegt. Dabei muss es sich um ein besonderes Interesse handeln, das über das allgemeine Interesse hinausgeht, das den Erlass des Verwaltungsakts gerechtfertigt hat. 22

Bei der Interessenabwägung ist zu berücksichtigen, dass die aufschiebende Wirkung die gewollte Regel, die Anordnung der sofortigen Vollziehung die begründungsbedürftige Ausnahme ist.[493] Der Rechtmäßigkeit des zu vollziehenden Verwaltungsakts kommt bei der Abwägung regelmäßig ebenfalls keine Relevanz zu: Die Rechtmäßigkeit des Verwaltungsakts ist Voraussetzung für seinen Erlass, rechtfertigt als solche jedoch noch nicht seine sofortige Vollziehung. 23

Für die Anordnung der sofortigen Vollziehung spricht etwa, wenn der Verwaltungsakt dem Schutz besonders wichtiger Rechtsgüter wie Leben und Gesundheit dient. Je größer die Gefahren für das in Rede stehende Rechtsgut sind, desto schwerer ist das Interesse an der sofortigen Vollziehung zu gewichten. Umgekehrt sind an die Begründung eines Interesses an der sofortigen Vollziehung umso strengere Anforderungen zu stellen, je schwerwiegender der Rechtseingriff für den hiervon nachteilig Betroffenen wiegt. 24

Sind die tatbestandlichen Voraussetzungen des §80 II 1 Nr. 4 VwGO erfüllt, steht die Anordnung der sofortigen Vollziehung im Ermessen der Behörde. 25

Voraussetzungen der behördlichen Anordnung der sofortigen Vollziehung

- Formelle Rechtmäßigkeit
  - Zuständigkeit
  - Keine Anhörung
  - Schriftliche Begründung

---

492 *Schenke* VerwArch 91 (2000), 587 (597 ff.); aA OVG Berlin-Brandenburg NVwZ-RR 2008, 727.

493 BVerfGE 35, 382 (402) = NJW 1974, 227.

- Materielle Rechtmäßigkeit
  - Öffentliches Interesse oder überwiegendes privates Interesse an der sofortigen Vollziehung
  - Ermessen

III. Behördliche Aussetzung der Vollziehung (§ 80 IV VwGO)

26 Nach § 80 IV VwGO können sowohl die Ausgangsbehörde als auch die Widerspruchsbehörde die Vollziehung aussetzen. Die Aussetzung der Vollziehung ist das „Gegenstück"[494] zur Anordnung der sofortigen Vollziehung. Sie bewirkt die Herstellung oder Wiederherstellung der aufschiebenden Wirkung des Rechtsbehelfs. Die Aussetzung der Vollziehung eines Verwaltungsakts ist selbst kein Verwaltungsakt.

27 Eine Entscheidung nach § 80 IV VwGO darf nur ergehen, wenn das Aussetzungsinteresse des Betroffenen Vorrang vor dem öffentlichen Vollzugsinteresse zukommt. Ob dies der Fall ist, hat die Behörde im Rahmen einer umfassenden Abwägung zu entscheiden. Bei der Anforderung von öffentlichen Abgaben und Kosten soll die Aussetzung nach § 80 IV 3 VwGO erfolgen, wenn ernstliche Zweifel an der Rechtmäßigkeit des angegriffenen Verwaltungsakts bestehen oder die Vollziehung für den Abgaben- oder Kostenpflichtigen eine unbillige, nicht durch überwiegende öffentliche Interessen gebotene Härte zur Folge hätte.

Beispiele: Ernstliche Zweifel bestehen etwa, wenn der Erfolg des Rechtsbehelfs in der Hauptsache wahrscheinlicher als der Misserfolg ist.[495] – Eine unbillige Härte besteht zB, wenn bei der sofortigen Vollziehung eines Abgabenbescheids die Insolvenz des Pflichtigen droht.[496]

IV. Gerichtliche Anordnung oder Wiederherstellung der aufschiebenden Wirkung (§ 80 V VwGO)

1. Antragsziel und Antragsgegenstand

28 Vorläufigen Rechtsschutz gewährt § 80 I VwGO bei belastenden Verwaltungsakten in der Regel durch die aufschiebende Wirkung von Widerspruch und Anfechtungsklage. In den Fällen des § 80 II 1 VwGO, bei denen kraft Gesetzes oder aufgrund behördlicher Anordnung die aufschiebende Wirkung entfällt, kann das Verwaltungsgericht auf Antrag nach § 80 V VwGO die aufschiebende Wirkung erstmals anordnen oder wiederherstellen.

29 Dabei ist zwischen der „Anordnung" und der „Wiederherstellung" zu unterscheiden:

---

494 *Hufen,* Verwaltungsprozessrecht, 11. Aufl. 2019, § 32 Rn. 22.
495 OVG Münster DVBl 1990, 720.
496 VG Gera ThürVBl. 1999, 93.

- Ist ein Verwaltungsakt kraft Gesetzes sofort vollziehbar (§80 II 1 Nr. 1–3 VwGO), kann das Verwaltungsgericht auf Antrag die aufschiebende Wirkung gem. §80 V 1 Var. 1 VwGO „anordnen".
- Hat die Behörde die sofortige Vollziehung des Verwaltungsakts ausdrücklich angeordnet (§80 II 1 Nr. 4 VwGO), kann das Verwaltungsgericht auf Antrag die aufschiebende Wirkung gem. §80 V 1 Var. 2 VwGO „wiederherstellen".

Bei beiden Varianten handelt es sich um ein gerichtliches Rechtsschutzverfahren mit Zulässigkeits- und Begründetheitsprüfung. 30

2. Zulässigkeit eines Antrags

Die wichtigsten Voraussetzungen der Zulässigkeit eines Antrags nach §80 V 1 VwGO lauten wie folgt: 31

- Für eine Entscheidung gem. §80 V 1 VwGO muss selbstverständlich der Verwaltungsrechtsweg eröffnet sein (aufdrängende Sonderzuweisung oder §40 I 1 VwGO analog).
- Statthaft ist ein Antrag auf Anordnung oder Wiederherstellung der aufschiebenden Wirkung nur, wenn der Antragsteller sich gegen den Vollzug eines ihn belastenden Verwaltungsakts wehrt.
- Auch der vorläufige Rechtsschutz gem. §80 V VwGO erfordert eine Antragsbefugnis analog §42 II VwGO. Der Antragsteller muss durch die Vollziehung des Verwaltungsakts möglicherweise in seinen Rechten verletzt sein.
- Das Rechtsschutzbedürfnis für einen Antrag an das Gericht gem. §80 V VwGO ist zu bejahen, wenn der Widerspruch oder die Klage nach §80 II VwGO keine aufschiebende Wirkung entfaltet.
- Der Antrag ist – vorbehaltlich gesetzlicher Ausnahmen in Spezialnormen – nicht fristgebunden.
- Der Antragsgegner bestimmt sich wie bei der Anfechtungsklage analog §78 I Nr. 1 und 2 VwGO.

Im Übrigen sind ähnliche Sachentscheidungsvoraussetzungen wie in der Hauptsache zu beachten. 32

Zulässigkeit eines Antrags nach §80 V VwGO

- Eröffnung des Verwaltungsrechtswegs
- Statthaftigkeit (§80 V VwGO)
- Antragsbefugnis (§42 II VwGO analog)
- Keine Durchführung eines Vorverfahrens
- Ordnungsgemäßer Antrag (§§81 f. VwGO analog)
- Keine Einhaltung einer Antragsfrist
- Rechtsschutzbedürfnis
- Richtiger Antragsgegner (§78 I VwGO analog)

3. Begründetheit eines Antrags

Begründet ist ein Antrag nach §80 V VwGO, wenn eine Abwägung zwischen dem öffentlichen Interesse am Vollzug des Verwaltungsakts (sog. Vollzugsinteresse) und dem privaten Aussetzungsinteresse zugunsten des Antragstellers 33 ausfällt. Im vorläufigen Rechtsschutzverfahren nach §80 V VwGO entscheidet das Verwaltungsgericht folglich nicht endgültig über die Rechtmäßigkeit des angegriffenen Verwaltungsakts. Vielmehr trifft es nur eine vorläufige Entscheidung über dessen sofortige Vollziehung. Geboten ist daher lediglich eine summarische Prüfung im Rahmen einer Interessenabwägung.

34 Die Interessenabwägung richtet sich im Wesentlichen nach den Erfolgsaussichten in der Hauptsache. Sie wird von folgenden Leitlinien gesteuert:

- Entfällt die aufschiebende Wirkung kraft Gesetzes (Fälle des §80 II 1 Nr. 1–3 VwGO), verdeutlicht der Gesetzgeber, dass er grundsätzlich von einem Vorrang des öffentlichen Vollzugsinteresses ausgeht. Eine Anordnung der aufschiebenden Wirkung verlangt daher besondere Umstände, die ein Überwiegen des Aussetzungsinteresses des Antragstellers ausnahmsweise rechtfertigen.
  - Bei der Anforderung von öffentlichen Abgaben und Kosten gem. §80 II 1 Nr. 1 VwGO lässt sich der Vorschrift in §80 IV 3 VwGO ein Maßstab für die Abwägung entnehmen. Danach soll die Aussetzung der Vollziehung erfolgen, wenn ernstliche Zweifel an der Rechtmäßigkeit des angegriffenen Verwaltungsakts bestehen oder wenn die Vollziehung für den Pflichtigen eine unbillige, nicht durch überwiegende öffentliche Interessen gebotene Härte zur Folge hätte. Dieser Maßstab aus dem Aussetzungsverfahren gem. §80 IV VwGO findet im gerichtlichen Verfahren nach §80 V VwGO analoge Anwendung.
  - In den Fällen des §80 II 1 Nr. 2 und 3 VwGO verallgemeinert die hM den Rechtsgedanken des §80 IV 3 VwGO im Rahmen der Abwägung.
- Hat der Antragsteller die Wiederherstellung der kraft behördlicher Vollzugsanordnung nach §80 II 1 Nr. 4 VwGO ausgeschlossenen aufschiebenden Wirkung beantragt, ist der Antrag bereits begründet, wenn die Vollziehungsanordnung formell fehlerhaft ist.

Beispiel: Das besondere Vollzugsinteresse ist nicht den Anforderungen des §80 III 1 VwGO entsprechend begründet worden.

- Allgemein überwiegt bei einem Antrag nach §80 V VwGO das Aussetzungsinteresse des Antragstellers, wenn der Verwaltungsakt offensichtlich rechtswidrig ist.
- Ist der Verwaltungsakt hingegen offensichtlich rechtmäßig, überwiegt nach nicht unumstrittener Auffassung das öffentliche Vollzugsinteresse.[497] Der Antrag nach §80 V VwGO ist in diesem Fall unbegründet.
- Lässt sich bei summarischer Prüfung weder die Rechtswidrigkeit noch die Rechtmäßigkeit des Verwaltungsakts feststellen, hat eine von den Erfolgsaussichten der Hauptsache unabhängige Interessenabwägung zu erfolgen. Zu fragen ist: „Was wäre, wenn die Entscheidung sofort vollzogen würde, die Klage letztlich aber erfolgreich bliebe? Was wäre, wenn die aufschiebende Wirkung wiederhergestellt würde, die Klage sich aber als unbegründet erwiese?“[498]

---

[497] BVerwG DVBl 1974, 566; OVG NRW NWVBl. 1990, 385; *Brühl* JuS 1995, 722 (724).
[498] *Hufen*, Verwaltungsprozessrecht, 11. Aufl. 2019, §32 Rn. 39.

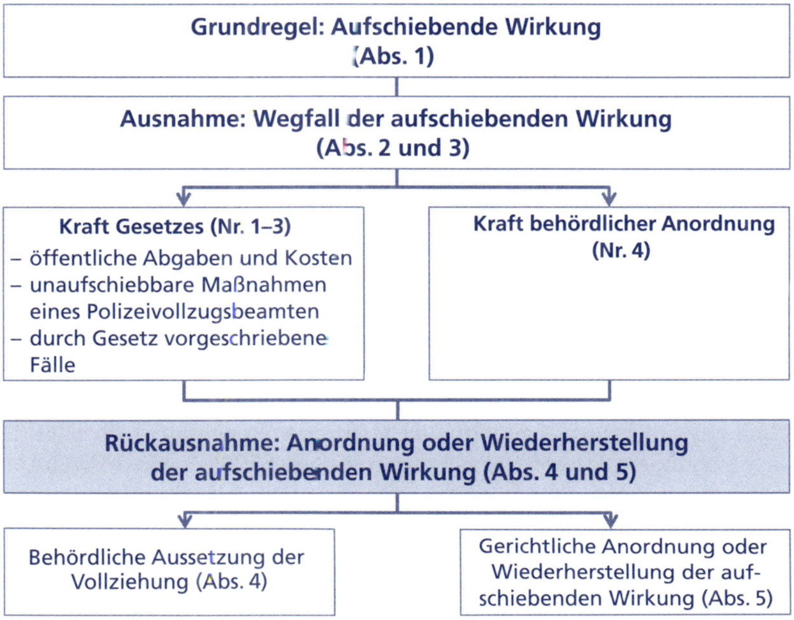

Abb. 75: Anordnung oder Wiederherstellung der aufschiebenden Wirkung (§ 80 IV, V VwGO)

C. Vorläufiger Rechtsschutz nach § 123 VwGO

1. Antragsziel und Antragsgegenstand

Liegen kein belastender Verwaltungsakt und keine Anfechtungsklage in der Hauptsache vor, gewährt die VwGO vorläufigen Rechtsschutz in Gestalt einer einstweiligen Anordnung nach § 123 VwGO. Ein Antrag nach § 123 VwGO kommt in allen Fällen in Betracht, die nicht unter §§ 80, 80a VwGO fallen (§ 123 V VwGO). Vorläufiger Rechtsschutz gem. § 123 VwGO ist folglich nur statthaft, wenn kein Anfechtungsbegehren, sondern ein Verpflichtungs-, Leistungs- oder Feststellungsbegehren im Raum steht. 35

§ 123 I VwGO unterscheidet zwischen der Sicherungsanordnung und der Regelungsanordnung: 36

- Mit der Sicherungsanordnung nach § 123 I 1 VwGO soll die Schaffung vollendeter Tatsachen verhindert werden, damit der Antragsteller seine Rechte bei einem Obsiegen im Hauptsacheverfahren durchsetzen kann. Die Sicherungsanordnung dient somit der Sicherung des bestehenden Zustands.

> **Beispiele:** Verhinderung der Ernennung eines Mitbewerbers im beamtenrechtlichen Konkurrentenstreitverfahren bis zur Entscheidung in der Hauptsache; vorläufige Abwehr eines Bauvorhabens durch den Nachbarn, wenn der Bauherr keine Baugenehmigung besitzt.

- Geht es dem Antragsteller weniger um die vorläufige Sicherung einer Rechtsposition, sondern um die Erweiterung seines Rechtskreises in einer Interimszeit, kann die einstweilige Anordnung nur als Regelungsanordnung nach §123 I 2 VwGO erlassen werden. Da eine Regelungsanordnung sogar vorläufige Veränderungen des bestehenden Zustands bewirken kann, geht sie über die Bewahrung des Status quo hinaus.

Beispiele: vorläufige Zulassung zum Studium oder zur Laufbahnprüfung; vorläufige Zuteilung von Sendezeiten an politische Parteien während eines Wahlkampfes; vorläufige Gewährung von Ausbildungsförderung an eine Studentin.

37 Beide Arten der einstweiligen Anordnung sind nur schwer voneinander abgrenzbar. Denn eine Sicherungsanordnung kann immer auch als Regelungsanordnung erlassen werden. So begründet die konkrete Gefährdung der Rechtsverwirklichung iSd §123 I 1 VwGO zugleich ein streitiges Rechtsverhältnis iSd §123 I 2 VwGO. Eine nach Satz 1 erforderliche Sicherung des bestehenden Zustands rechtfertigt regelmäßig auch eine Regelung nach Satz 2. Die Praxis differenziert daher nicht präzise zwischen §123 I 1 und 2 VwGO.[499]

2. Zulässigkeit eines Antrags

38 Im Rechtsschutzverfahren nach §123 VwGO wird das Verwaltungsgericht nur auf Antrag tätig. Bei einem Antrag sind die folgenden Sachentscheidungsvoraussetzungen zu beachten:

- Eine einstweilige Anordnung nach §123 VwGO ist nur in Betracht zu ziehen, wenn im Hauptsacheverfahren der Verwaltungsrechtsweg eröffnet ist.
- Der Antrag auf Erlass einer einstweiligen Anordnung muss nach §123 V VwGO statthaft sein. Dies ist dann der Fall, wenn vorläufiger Rechtsschutz nicht nach §§80, 80a VwGO zu gewähren ist, also nicht die Vollziehung eines belastenden Verwaltungsakts in Rede steht. Im Rahmen der Prüfung der Statthaftigkeit eines Antrags nach §123 VwGO ist die in der Hauptsache statthafte Klageart herauszuarbeiten und die Anfechtungsklage von den übrigen Klagearten abzugrenzen.
- Wie bei der in der Hauptsache zu erhebenden Klage setzt auch die einstweilige Anordnung eine Antragsbefugnis analog §42 II VwGO voraus. Der Antragsteller muss einen Anspruch geltend machen können, der ihm zusteht und der möglicherweise verletzt oder gefährdet ist.
- Anders als im Rahmen des §80 V VwGO setzt der Antrag auf Erlass einer einstweiligen Anordnung nicht voraus, dass das Hauptsacheverfahren (Widerspruchs- oder Klageverfahren) bereits anhängig ist. Betreibt der Antragsteller das Hauptsacheverfahren jedoch nicht durch Befassung der zuständigen Behörde oder Erhebung des Widerspruchs oder der Klage, entfällt nachträglich das Rechtsschutzbedürfnis (§123 III VwGO iVm §926 ZPO).
- Nach §123 III VwGO iVm §920 ZPO muss ein ordnungsgemäßer Antrag gestellt werden.
- Ein Fristerfordernis für den Antrag auf einstweilige Anordnung stellt die VwGO nicht auf.
- Der Antragsgegner richtet sich nach dem Klagegegner der Hauptsache. Es gilt insoweit §78 VwGO analog.

---

499 Kritisch *Schoch* JURA 2002, 318 (321).

Zulässigkeit eines Antrags nach § 123 I VwGO

- Eröffnung des Verwaltungsrechtswegs
- Statthaftigkeit (§ 123 V VwGO)
- Antragsbefugnis (§ 42 II VwGO analog)
- Keine Durchführung eines Vorverfahrens
- Ordnungsgemäßer Antrag (§ 123 III VwGO iVm § 920 ZPO)
- Keine Einhaltung einer Antragsfrist
- Rechtsschutzbedürfnis
- Richtiger Antragsgegner (§ 78 I VwGO analog)

3. Begründetheit eines Antrags

Der Antrag auf Erlass einer einstweiligen Anordnung ist begründet, wenn der 39 Antragsteller tatsächliche Umstände glaubhaft macht, die einen Anordnungsanspruch und einen Anordnungsgrund begründen (§ 123 III VwGO iVm § 920 II ZPO). Der Anordnungsanspruch ist identisch mit dem im Hauptsacheverfahren geltend zu machenden materiellen Anspruch. Der Anordnungsgrund betrifft die Dringlichkeit einer Maßnahme.[500] Anders als im Klageverfahren genügt im Anordnungsverfahren die bloße Glaubhaftmachung der tatsächlichen Voraussetzungen (§ 123 III VwGO iVm §§ 920 II, 294 ZPO).

Beispiele: Versicherung an Eides statt; Vorlage von Urkunden; Aussagen von Zeugen.

a) Sicherungsanordnung

Der Antrag auf Erlass einer Sicherungsanordnung ist begründet, wenn die 40 Gefahr besteht, dass durch eine Veränderung des bestehenden Zustands die Verwirklichung eines Rechts des Antragstellers vereitelt oder wesentlich erschwert werden könnte (§ 123 I 1 VwGO). Bei der Würdigung des Anordnungsanspruchs und Anordnungsgrundes hat das Gericht eine umfassende Interessenabwägung vorzunehmen. In die Abwägung einzustellen sind unter anderem die Dringlichkeit des geltend gemachten Anspruchs, die Zumutbarkeit des Abwartens und die Irreparabilität der drohenden Schäden.

Beispiele: vorläufiges Verbot der Versteigerung einer Fundsache; vorläufiges Verbot der Ernennung eines Mitbewerbers.

b) Regelungsanordnung

Der Antrag auf Erlass einer Regelungsanordnung ist begründet, wenn die vor- 41 läufige Regelung eines streitigen Rechtsverhältnisses zur Abwendung wesentlicher Nachteile oder zur Verhinderung drohender Gewalt oder aus anderen Gründen nötig erscheint (§ 123 I 2 VwGO). Hierbei erfolgt – wie auch bei der Sicherungsanordnung – eine Interessenabwägung zwischen den Interessen des Antragstellers und etwaigen entgegenstehenden öffentlichen oder privaten Interessen. Maßgebend ist, ob dem Antragsteller das Abwarten des Hauptsa-

---

500 Vgl. *Mückl* JA 2000, 329 (332).

cheverfahrens zugemutet werden kann oder ob die Gefahr besteht, dass der später gewährte Rechtsschutz im Hauptsacheverfahren wirkungslos bleibt.

Beispiele: Zulassung zu einer Laufbahnprüfung; vorläufige Zahlung eines Stipendiums.

c) Verbot der Vorwegnahme der Hauptsache

42 Der Erlass einer einstweiligen Anordnung nach §123 I VwGO dient lediglich der vorläufigen Sicherung der Rechte des Antragstellers. Einem Antrag auf einstweilige Anordnung darf daher nicht stattgegeben werden, wenn mit der Anordnung die Entscheidung in der Hauptsache vorweggenommen würde.

Beispiele: Endgültige Zulassung zum Studium; endgültige Erteilung einer Baugenehmigung; Erlaubnis zum Fällen eines Baumes.

43 Das Verbot der Vorwegnahme der Hauptsache gilt jedoch nicht uneingeschränkt. Wegen des Gebots effektiver Rechtsschutzgewährung gem. Art. 19 IV GG ist ausnahmsweise eine Vorwegnahme der Hauptsache zulässig, wenn der Antragsteller ansonsten unzumutbare Nachteile erleiden würde, die bei einem Obsiegen in der Hauptsache nicht mehr ausgeglichen werden könnten. Dies gilt vor allem für termingebundene Entscheidungen sowie Entscheidungen, die für die Existenz des Antragstellers wesentlich sind.

Beispiele: Nutzung einer Stadthalle für einen bestimmten Parteitag; Gestattung der Teilnahme am Unterricht der nächsthöheren Schulklasse; Gestattung der Teilnahme an einer Laufbahnprüfung.

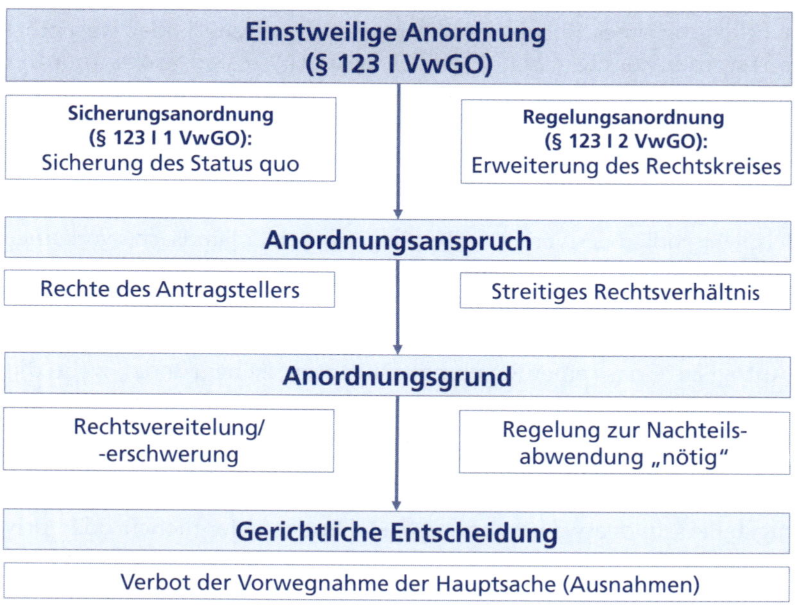

Abb. 76: Begründetheit eines Antrags nach §123 VwGO

D. Kontrollfragen

1. Welchem Zweck dient vorläufiger Rechtsschutz? (→ Rn. 2)
2. Welche beiden Arten des vorläufigen Rechtsschutzes sieht die VwGO vor? (→ Rn. 3)
3. Worin unterscheidet sich vorläufiger Rechtsschutz gem. §§ 80, 80a VwGO vom vorläufigen Rechtsschutz gem. § 123 VwGO? (→ Rn. 3 f.)
4. Unter welchen Voraussetzungen und zu welchem Zeitpunkt tritt die aufschiebende Wirkung ein? (→ Rn. 8 f.)
5. Worin bestehen die Folgen der aufschiebenden Wirkung? (→ Rn. 6)
6. Wann entfällt die aufschiebende Wirkung? (→ Rn. 10)
7. Was ist die Funktion des § 80 II 2 Nr. 1 VwGO? (→ Rn. 12)
8. Wozu dient die Vorschrift in § 80 II 2 Nr. 2 VwGO? (→ Rn. 14)
9. Unter welchen Voraussetzungen darf die zuständige Behörde die sofortige Vollziehung eines Verwaltungsakts anordnen? (→ Rn. 19 ff.)
10. In welchen Fällen überwiegt das öffentliche Interesse an der sofortigen Vollziehung? (→ Rn. 23 f.)
11. Welche Sachentscheidungsvoraussetzungen sind bei einem Antrag auf Anordnung oder Wiederherstellung der aufschiebenden Wirkung gem. § 80 V VwGO zu beachten? (→ Rn. 31 f.)
12. Wann ist ein Antrag auf Anordnung oder Wiederherstellung der aufschiebenden Wirkung gem. § 80 V VwGO begründet? (→ Rn. 33 f.)
13. Welche Arten einstweiliger Anordnungen gem. § 123 VwGO kennen Sie und wie lassen sie sich voneinander abgrenzen? (→ Rn. 36)
14. Wann ist ein Antrag auf Erlass einer einstweiligen Anordnung gem. § 123 VwGO zulässig? (→ Rn. 38)
15. Wann ist ein Antrag auf Erlass einer einstweiligen Anordnung gem. § 123 VwGO begründet? (→ Rn. 39 ff.)
16. Was ist ein Anordnungsanspruch? Wann liegt ein Anordnungsgrund vor? (→ Rn. 39)
17. Die Entscheidung in der Hauptsache darf durch den Erlass einer einstweiligen Anordnung nicht vorweggenommen werden. Was bedeutet dieses Verbot? (→ Rn. 42)
18. Unter welchen Voraussetzungen darf das Gericht die Hauptsache ausnahmsweise durch den Erlass einer einstweiligen Anordnung vorwegnehmen? (→ Rn. 43)

§ 30 Verwaltungsgerichtliche Rechtsmittel

1 Rechtsmittel dienen der Kontrolle gerichtlicher Entscheidungen. Sie hemmen den Eintritt der Rechtskraft (Suspensiveffekt) und begründen die Zuständigkeit eines höheren Gerichts (Devolutiveffekt). Rechtsmittel im Verwaltungsprozess sind

- Berufung (§§ 124–130b VwGO),
- Revision (§§ 132–144 VwGO) und
- Beschwerde (§§ 146–152 VwGO).

2 Der Begriff des Rechtsbehelfs ist demgegenüber weiter, wie § 58 I VwGO verdeutlicht. Rechtsbehelfe sind alle prozessualen Mittel zur Verwirklichung eines Rechts. Rechtsbehelfe sind daher – neben den Rechtsmitteln – auch der Widerspruch, die Klage (und der Antrag auf mündliche Verhandlung nach § 84 II VwGO).

3 Die Berufung hat das erstinstanzliche Urteil zum Gegenstand. Sie führt zu einer umfassenden Überprüfung in rechtlicher **und** tatsächlicher Hinsicht. Statthaft ist die Berufung nur, wenn sie vom Oberverwaltungsgericht (bzw. dem Verwaltungsgerichtshof) zugelassen wird. Zulassungsgründe sind nach § 124 II VwGO

- ernstliche Zweifel an der Richtigkeit des Urteils,
- besondere tatsächliche oder rechtliche Schwierigkeiten der Rechtssache,
- grundsätzliche Bedeutung der Rechtssache,
- Abweichung des Urteils von einer Entscheidung des BVerwG, des Gemeinsamen Senats der obersten Gerichtshöfe des Bundes oder des BVerfG und
- Verfahrensmängel.

4 Die Revision bewirkt eine ausschließlich rechtliche Überprüfung der Urteile des Oberverwaltungsgerichts bzw. bei der sog. „Sprungrevision" der Urteile des Verwaltungsgerichts (§ 134 VwGO). Revisionsgericht ist – vorbehaltlich abweichender landesrechtlicher Regelungen – stets das BVerwG. Die Revision ist nur statthaft, wenn sie vom Oberverwaltungsgericht ausdrücklich zugelassen wurde (§ 132 VwGO) oder die Nichtzulassung der Revision mit der Beschwerde erfolgreich angegriffen worden ist (§ 133 VwGO). Als Gründe für die Zulassung der Revision nennt die VwGO in ihrem § 132 II

- die grundsätzliche Bedeutung der Rechtssache (Grundsatzrevision),
- die Abweichung von einer Entscheidung des BVerwG, des Gemeinsamen Senats der obersten Gerichtshöfe des Bundes oder des BVerfG (Divergenzrevision) und
- Verfahrensmängel (Verfahrensrevision).

5 Die Beschwerde ist statthaft gegen Entscheidungen des Verwaltungsgerichts, des Vorsitzenden Richters oder des Berichterstatters, die nicht Urteile oder Gerichtsbescheide sind, also insbesondere gegen Beschlüsse (§ 146 I VwGO).

Beispiele: Beschluss in Verfahren des vorläufigen Rechtsschutzes (§§ 80, 80a, 123 VwGO); Beschluss über Aktenherausgabe (§ 99 VwGO); Urteilsberichtigung (§ 118 VwGO).

Entscheidungen des Oberverwaltungsgerichts bzw. des Verwaltungsgerichtshofs können grundsätzlich nicht mit der Beschwerde angegriffen werden (§ 152 I VwGO). Der Beschwerde kommt keine aufschiebende Wirkung zu (§ 149 I VwGO). 6

Anhang 1: Rechtmäßigkeit eines Verwaltungsakts (Prüfschema)

A. Ermächtigungsgrundlage

I. Erforderlichkeit einer gesetzlichen Ermächtigungsgrundlage
II. Auswahl einer tauglichen Ermächtigungsgrundlage

B. Formelle Rechtmäßigkeit

I. Zuständigkeit
  1. Sachliche Zuständigkeit
  2. Örtliche Zuständigkeit
  3. Instanzielle Zuständigkeit
II. Verfahren (§§ 9 ff. VwVfG), insbesondere Anhörung (§ 28 VwVfG)
  1. Erforderlichkeit der Anhörung (§ 28 I VwVfG)
    a) Verwaltungsakt (§ 35 VwVfG)
    b) Eingriffsverwaltung
    c) Am Verwaltungsverfahren Beteiligte (§§ 11, 13 VwVfG)
  2. Entbehrlichkeit der Anhörung (§ 28 II VwVfG)
III. Form (Spezialgesetze, § 37 II VwVfG)
IV. Begründung (§ 39 VwVfG)
  1. Erforderlichkeit der Begründung (§ 39 I VwVfG)
  2. Entbehrlichkeit der Begründung (§ 39 II VwVfG)
V. Ordnungsgemäße Bekanntgabe (§ 41 VwVfG, gegebenenfalls VwZG, ZPO)
VI. Heilung formeller Fehler (§ 45 VwVfG)
  1. Verletzung von Vorschriften über das Verfahren oder die Form (§ 45 I VwVfG)
  2. Keine Nichtigkeit (§ 44 VwVfG)
  3. Nachholen der Verfahrenshandlung (§ 45 II VwVfG)
VII. Unbeachtlichkeit formeller Fehler (§ 46 VwVfG)
  1. Verletzung von Vorschriften über das Verfahren, die Form oder die örtliche Zuständigkeit
  2. Keine Nichtigkeit (§ 44 VwVfG)
  3. Fehlende Kausalität zwischen der Verletzung und der Entscheidung in der Sache
  4. Offensichtlichkeit der fehlenden Kausalität

C. Materielle Rechtmäßigkeit

I. Tatbestand der Ermächtigungsgrundlage
II. Allgemeine Rechtmäßigkeitsvoraussetzungen
  1. Bestimmtheit (§ 37 I, III VwVfG)
  2. Möglichkeit
    a) Tatsächliche Unmöglichkeit
      – Objektive Unmöglichkeit (§ 44 II Nr. 4 VwVfG)
      – Subjektive Unmöglichkeit

b) Rechtliche Unmöglichkeit (unter anderem § 44 II Nr. 5 VwVfG)

III. Rechtsfolge

1. Rechtsfolge der gebundenen Verwaltung **oder**
2. Ermessensfehler
   a) Ermessensnichtgebrauch
   b) Ermessensüberschreitung, insbesondere Verhältnismäßigkeitsgrundsatz
      - Legitimer Zweck
      - Geeignetheit
      - Erforderlichkeit
      - Angemessenheit
   c) Ermessensfehlgebrauch

Anhang 2: Zulässigkeit und Begründetheit eines Widerspruchs (Prüfschema)

A. Zulässigkeit des Widerspruchs

I. Eröffnung des Verwaltungsrechtswegs
  1. Aufdrängende Sonderzuweisung **oder**
  2. Generalklausel (§ 40 I 1 VwGO analog)
    a) Öffentlich-rechtliche Streitigkeit
    b) Nichtverfassungsrechtlicher Art
    c) Keine abdrängende Sonderzuweisung

II. Statthaftigkeit des Widerspruchs (§ 68 I, II VwGO)
  1. Auslegung des Begehrens des Widerspruchsführers (§ 133 BGB analog)
  2. Gegenstand des Widerspruchsverfahrens
    a) Aufhebung eines belastenden Verwaltungsakts **oder**
    b) Erlass eines abgelehnten begünstigenden Verwaltungsakts
  3. Keine Entbehrlichkeit eines Widerspruchsverfahrens
    a) Ausnahmetatbestände (§ 68 I 2, II VwGO)
    b) Erledigung des Verwaltungsakts

III. Widerspruchsbefugnis (§ 42 II VwGO analog)

IV. Form (§ 70 I 1, II VwGO)

V. Frist (§§ 70 I 1, II, 58 II VwGO)

VI. Erhebung des Widerspruchs bei der zuständigen Behörde (§ 70 I 1, 2 VwGO)

B. Begründetheit des Anfechtungswiderspruchs

Obersatz: „Der Widerspruch ist begründet, wenn der Verwaltungsakt rechtswidrig und der Widerspruchsführer dadurch in seinen Rechten verletzt ist oder der Verwaltungsakt unzweckmäßig und der Widerspruchsführer dadurch in seinen Interessen beeinträchtigt ist (§ 68 I, § 113 I 1 VwGO analog)."

I. Rechtswidrigkeit und Rechtsverletzung
  1. Rechtswidrigkeit des Verwaltungsakts
    a) Ermächtigungsgrundlage
    b) Formelle Rechtmäßigkeit
    c) Materielle Rechtmäßigkeit
  2. Rechtsverletzung

II. Unzweckmäßigkeit und Interessensbeeinträchtigung

Beachte: In der Klausur müssen Sie diesen Punkt gegebenenfalls nur in **einem Satz** erwähnen und verneinen, **nicht** aber durchprüfen, weil es sich um Fragen der Zweckmäßigkeit und nicht um Rechtsfragen handelt, die allein Gegenstand dieses Lehrbuchs sind.

oder

B. Begründetheit des Verpflichtungswiderspruchs

Obersatz: „Der Widerspruch ist begründet, wenn die Ablehnung des beantragten Verwaltungsakts rechtswidrig ist und der Widerspruchsführer dadurch in seinen Rechten verletzt ist oder unzweckmäßig ist und der Widerspruchsführer dadurch in seinen Interessen beeinträchtigt ist (§ 68 II VwGO iVm § 113 V 1 VwGO analog). Dies ist jedenfalls dann der Fall, wenn der Widerspruchsführer einen Anspruch auf den Erlass des begehrten Verwaltungsakts hat."

I. Anspruchsgrundlage
II. Formelle Anspruchsvoraussetzungen
III. Materielle Anspruchsvoraussetzungen

Stichwortverzeichnis